VIDA PRIVADA, PATRIMÔNIO E TECNOLOGIA

NOVOS RUMOS PARA O DIREITO DE FAMÍLIA E DAS SUCESSÕES

MARCOS EHRHARDT JÚNIOR
MARCOS CATALAN
Coordenadores

VIDA PRIVADA, PATRIMÔNIO E TECNOLOGIA

NOVOS RUMOS PARA O DIREITO DE FAMÍLIA E DAS SUCESSÕES

Belo Horizonte
FÓRUM
CONHECIMENTO
2025

FÓRUM
CONHECIMENTO

Luís Cláudio Rodrigues Ferreira
Presidente e Editor

Coordenação editorial: Leonardo Eustáquio Siqueira Araújo
Thaynara Faleiro Malta
Assistente editorial: Luísa Cardoso Freitas

Revisão: Cristiane Fogaça
Capa e projeto gráfico: Walter Santos
Diagramação: Derval Braga

Rua Paulo Ribeiro Bastos, 211 – Jardim Atlântico – CEP 31710-430
Belo Horizonte – Minas Gerais – Tel.: (31) 99412.0131
www.editoraforum.com.br – editoraforum@editoraforum.com.br

Técnica. Empenho. Zelo. Esses foram alguns dos cuidados aplicados na edição desta obra. No entanto, podem ocorrer erros de impressão, digitação ou mesmo restar alguma dúvida conceitual. Caso se constate algo assim, solicitamos a gentileza de nos comunicar através do *e-mail* editorial@editoraforum.com.br para que possamos esclarecer, no que couber. A sua contribuição é muito importante para mantermos a excelência editorial. A Editora Fórum agradece a sua contribuição.

Dados Internacionais de Catalogação na Publicação (CIP) de acordo com o ISBD

V648 Vida privada, patrimônio e tecnologia: novos rumos para o direito de família e das sucessões / Marcos Ehrhardt Júnior, Marcos Catalan (coord.). Belo Horizonte: Fórum, 2025.

338p. 14,5x21,5cm
ISBN impresso 978-85-450-0968-9
ISBN digital 978-85-450-0965-8

1. Direito civil e tecnologia. 2. Novas tecnologias. 3. Inteligência artificial. 4. Direito e tecnologia. 5. IA e direito. 6. Responsabilidade civil e tecnologia. 7. Contratos eletrônicos. I. Ehrhardt Júnior, Marcos. II. Catalan, Marcos. III. Título.

CDD 346
CDU 347

Ficha catalográfica elaborada por Lissandra Ruas Lima – CRB/6 – 2851

Informação bibliográfica deste livro, conforme a NBR 6023:2018 da Associação Brasileira de Normas Técnicas (ABNT):

EHRHARDT JÚNIOR, Marcos; CATALAN, Marcos (coord.). *Vida privada, patrimônio e tecnologia*: novos rumos para o direito de família e das sucessões. Belo Horizonte: Fórum, 2025. 338p. ISBN 978-85-450-0968-9.

SUMÁRIO

A FAMÍLIA EUDEMONISTA E OS RISCOS PREMENTES CARREADOS POR TSUNAMIS TECNOLÓGICOS

Em seu trabalho mais recente, o professor Paulo Lôbo sintetiza com invulgar maestria, peculiar objetividade e usual argúcia alguns dos momentos mais marcantes na travessia enfrentada pelo direito das famílias e, ainda, pelo direito das sucessões ao largo dos últimos séculos, ainda que essa última seara pareça ter sido exposta a tormentas menos intensas que a primeira.

O autor sublinha, ilustrando, aliás, sua escrita com muitos e riquíssimos exemplos, que ao lado da derrocada do patriarcado — um fenômeno ainda em marcha — é possível observar o lento desvanecimento das funções políticas, econômicas e religiosas introjetadas às famílias — e, pontualmente, às famílias brasileiras, desde o advento da colonização europeia —, sublinhando, ainda, que tais nuances não foram apagadas por completo,[1] fato que demanda constante atenção ante a possibilidade de retrocessos conservadores, mesmo quando, em tese, eventuais sístoles neste sentido viriam a ser capturadas pelo filtro da proibição do retrocesso. Salienta o autor, a partir dos avanços identificados com precisão cirúrgica, que o cenário hodierno reclama

> tutela jurídica mínima, que respeite a liberdade de constituição, convivência e dissolução; a autorresponsabilidade; a igualdade irrestrita de direitos, embora com o reconhecimento das diferenças naturais e culturais entre os gêneros; a igualdade entre irmãos biológicos e

[1] LÔBO, Paulo. *Direito civil em princípios*. Belo Horizonte: Fórum, 2025. p. 136.

> socioafetivos e o respeito a seus direitos fundamentais, como pessoas em formação [e] o forte senso de solidariedade recíproca, que não pode ser perturbada pelo predomínio de interesses patrimoniais.[2]

A absurda capacidade de síntese fundida à escrita de Paulo Lôbo lega ao presente lições reverberando a escorreita compreensão de que "a família deixou de ser concebida como base do Estado para ser um espaço de realizações existenciais". Com a influência do eudemonismo na compreensão normativa das famílias no direito brasileiro tem-se, consequentemente, o crescimento de demandas por maior autonomia, por mais liberdade e menor "intervenção estatal na vida privada",[3] nem sempre, de fácil resolução.

Cumpre destacar, enfim, que isso ocorreu também porque "a legislação sobre a família foi, historicamente, mais cristalizadora de desigualdades e menos emancipadora",[4] como podem perceber todas aquelas pessoas que se dedicam a temas como os direitos das mulheres, das crianças e adolescentes, dos idosos, de pessoas com algum grau de deficiência e ainda de tantas outras minorias.

O livro que tens em mãos alimentou-se — de forma direta ou indireta — das valiosas lições lapidadas pelo professor Paulo Lôbo. Os artigos socorrem-se de suas orientações e advertências, usando-as como a argamassa que lhes dá a sustentação necessária para que resistam às muitas mutações tecnológicas mapeadas no crepúsculo do primeiro quarto do século XXI, afinal, as tecnologias digitais, mesmo que inegavelmente possam ser percebidas como catalisadoras do *progresso*, engendram desafios que afetam de modo distinto crianças, adolescentes, adultos e idosos.

Ao largo da infância, a exposição prolongada a dispositivos eletrônicos pode comprometer o desenvolvimento motor, a capacidade de atenção e a qualidade do sono, além de limitar experiências presenciais essenciais à socialização. Dentre outros riscos, preocupam as condutas afetas ao *show do eu*[5] dentre as quais o *sharenting* merece atenção. Entre adolescentes, o cyberbullying, a imposição de padrões estéticos irreais, a crescente dependência de jogos eletrônicos e a miríade de problemas

---

2 *Id.* p. 136.

3 *Id.* p. 138.

4 *Id.* p. 138.

5 SIBILIA, Paula. *O show do eu*: a intimidade como espetáculo. Rio de Janeiro: Nova Fronteira, 2008.

gestados nos úteros das redes sociais são fatores que impactam sua saúde emocional e não apenas ela. Em ambos os grupos, a vulnerabilidade à exposição precoce a conteúdos impróprios constitui preocupação central. Por outro lado, para a população idosa, a exclusão digital emerge como obstáculo ao exercício da cidadania e acesso a serviços básicos, ao mesmo tempo em que aumenta a suscetibilidade a fraudes e golpes virtuais, dentre os quais não pode ser olvidado o estelionato afetivo.

Em paralelo, o sedentarismo, potencializado pelo uso prolongado das tecnologias, emerge como ameaça à saúde em todas as idades. A superabundância de informações e estímulos digitais favorece quadros de ansiedade, dispersão cognitiva e fadiga mental. Soma-se a isso a gradual substituição das interações presenciais por vínculos mediados por telas, com prejuízos à coesão afetiva, à democracia e, no limite, à alteridade.

Dito isto é possível dizer agora que os artigos que compõem essa obra, todos eles, têm como ponto de partida a descrição do estado da arte feita pelo professor de todos nós, explorando aspectos como a digitalização da vida privada e como isso impacta o direito das famílias, a vulnerabilidade de crianças e adolescentes no ambiente digital, a exposição da infância no mundo virtual e, ainda, a violação da proteção integral identificada também na publicidade dirigida às crianças e no *cyberstalking* e em crescentes cenários ocupados por *deep fakes*. Uma interessante discussão envolvendo gênero e tecnologia soma-se às preocupações descritas ao propor uma reflexão profunda sobre modismos, trabalho digital e a construção da imagem de esposas tradicionais.

A reprodução humana assistida não poderia ser esquecida, afinal, enquanto tecnologia intimamente fundida ao direito das famílias, segue em ebulição há mais de quatro décadas. A discussão sobre um dos problemas mais acentuados que a prática carrega consigo —e que diz respeito ao que fazer com os embriões excedentários —, igualmente, ganha vida entremeio os dilemas imantados aos biobancos e à disposição de material genético para fins de pesquisa com seres humanos.

A problemática afeta a imbricação entre avanços tecnológicos e o fim da vida fecha a parte final da obra com mais um belo estudo sobre herança digital de lavra da imperatriz do direito sucessório no Brasil, a professora Giselda Hironaka. A este estudo belíssimo, somam-se outros dois deliciosos textos sobre o assunto, outros dois com notas deveras interessantes sobre o planejamento sucessório de bens digitais e a iminente possibilidade de testamentos públicos eletrônicos e, por fim, um estudo acerca de cláusulas testamentárias e a iminente e bem-vinda alteração do Código Civil.

Antes de terminar essa singela apresentação, é imperioso registrar nossa gratidão as quase trinta pessoas que acreditaram nesse projeto e colaboraram com belíssimas reflexões. Obrigado, Ana Paula Correia de Albuquerque da Costa, Bruna Kern Graziuso, Camila Sampaio Galvão, Cláudia Fialho, Daniela Paiano, Epifanio Nunes, Fabíola Albuquerque Lôbo, Gabriela Nascimento Lima, Geovana de Carvalho Filho, Giselda Hironaka, Glenda Gonçalves Gondim, Gustavo Simões Pioto, Juliana Marques Cunha, Manuel Camelo Ferreira da Silva Netto, Maria Helena Bancillon de Aragão, Maria Rita de Holanda, Mariana Gomes Pedrosa Bezerra, Paula Falcão Albuquerque, Rita Tarifa Espolador, Roberta Candeia Gonçalves, Rodolfo Pamplona, Rosana Sampaio Pinheiro, Sarah França Mendonça Placido, Tathyanna Maria Monteiro e Vitor Almeida, bem como à editora Forum por seguir nos apoiando de modo incondicional.

Maceió, Porto Alegre,
Inverno de 2025.

Marcos Catalan
Marcos Ehrhardt Junior

A DIGITALIZAÇÃO DA VIDA PRIVADA E OS LIMITES DO DIREITO DAS FAMÍLIAS NO CONTEXTO DAS NOVAS TECNOLOGIAS

ANA PAULA CORREIA DE ALBUQUERQUE DA COSTA

ROBERTA CANDEIA GONÇALVES

1 Introdução

A transmutação de atividades socializantes do âmbito do concreto para a esfera virtual não é um fenômeno novo, mas é um signo inscrito na contemporaneidade. Em termos geracionais, podemos dizer que, assim como modelos ditos tradicionais de constituição familiar vêm sendo desafiados pela afirmação de direitos humanos que garantem equidade, dignidade, autodeterminação e, com isso, a diversidade das famílias, as formas mesmas de criação, aprofundamento e manutenção no tempo de laços afetivos defrontam-se com novos veículos para os afetos humanos, o qual ressignifica conceitos como os de intimidade, amor, sexo e, por consequência, de família.

A tradição jurídica também é afetada pela ascensão de novas tecnologias digitais, dado que há cada vez mais fatos juridicamente relevantes que habitam exclusivamente o ambiente virtual, ali produzem consequências e se dissolvem, compelindo o ordenamento a uma prestação jurisdicional inovativa, criativa, disruptiva.

É certo que o direito privado se beneficiou, ao longo das últimas décadas, com o giro hermenêutico dado pelo processo de constitucionalização de suas normas, uma consequência direta do fortalecimento dos sistemas internacionais de proteção dos direitos humanos e da consolidação do multilateralismo nas relações entre países, especialmente de *civil law*, que afirmou a materialidade e a cogência dos direitos fundamentais inscritos na Carta Magna.

Na seara do direito das famílias, a afirmação desses direitos veio acompanhada da revisão de padrões monolíticos, hierárquicos e biologizantes que alicerçaram a formação jurídica da família brasileira, operando sensível publicização desse ramo do direito privado, profundamente influenciado pelas dinâmicas sociais contemporâneas, de modo que o direito a ter uma família, seja qual seja sua configuração, é hoje considerado um direito universal, fundamental e humano.

A digitalização da vida, aqui entendida não apenas como a virtualização das relações afetivas, mas também como a fuga aos marcadores biologizantes e naturalizantes da família codificada, concedeu ao direito tecnologias que ampliam as ferramentas de produção de provas nas ações de família, facilitam a consecução da guarda compartilhada e a manutenção dos vínculos entre pais, mães e sua prole, e propiciam agilidade e conveniência para casamentos, uniões estáveis, inventários e partilhas.

Por outro lado, casos que envolvem novas tecnologias, com ênfase naquelas que permitem a interação social entre pessoas e a formação de laços familiares virtualmente dependentes, ainda são um lugar de prestação jurisdicional precária ou mesmo um lugar de não-direito, seja pela total ausência de previsão legal, seja pela incapacidade do sistema e de seus operadores em manejar o conceito de existência humana, com seus afetos e suas complexas formas de viver, em simbiose nunca antes vista com o universo digital.

Neste artigo, investigamos como tecnologias virtualizantes das relações familiares vêm forjando novas maneiras de constituição de vínculos socioafetivos e, assim, apresentando novos desafios ao direito das famílias. O método utilizado durante a pesquisa é o hipotético-dedutivo, uma vez que partimos da identificação de possíveis impasses entre o ordenamento jurídico dado e a emergência de novos arranjos familiares fomentados através de novas tecnologias, sem, contudo, oferecer hipótese vulgar, de modo que o processo de síntese ocorre através de análise de temas atuais, sustentada por pesquisa bibliográfica e documental, para entender o comportamento do direito das famílias brasileiro quando defrontado com tais desafios.

Neste diapasão, o primeiro tema analisado é o das técnicas de reprodução assistida, em que discutiremos a dinâmica da verdade registral em conflito com a verdade afetiva e como a reforma do Código Civil deve enfrentar a questão. Em seguida, analisaremos as chamadas uniões estáveis virtuais e as tendências do Poder Judiciário na tutela destas relações cada vez mais comuns na sociedade. Ainda, iremos abordar o influxo da inteligência artificial na família através do caso do casamento homem-máquina e a possibilidade, ou não, de reconhecimento no ordenamento pátrio.

2 Técnicas de reprodução assistida: dinâmica da verdade registral *vs* verdade afetiva e o desafio de normatização na reforma do código civil brasileiro

Há décadas, o ser humano já dispõe de meios para evitar a procriação, especialmente com a utilização de métodos contraceptivos. Para contextualizar, as políticas de planejamento familiar, voltadas ao controle da natalidade, ganharam força especialmente nas décadas de 1960 e 1970. Atualmente, observa-se um movimento oposto: a crescente capacidade de tornar realidade o desejo de ter filhos, no momento e na forma que melhor atenda à vontade individual ou do casal que queira aumentar a família. É notório, portanto, que paradigmas antes considerados inseparáveis vêm sendo desconstruídos. Com o auxílio das técnicas de reprodução assistida, a concepção passa a ocorrer de modo desvinculado do ato sexual, e mesmo da gestação tradicional (Raposo, 2014, p. 52–60). Nesse contexto, a natureza deixa de ser a única mediadora das relações de parentesco e passa a compartilhar esse papel com a ciência.

A Reprodução Humana Assistida (RHA) é considerada um procedimento médico. Conforme define Diniz (2012, p. 160), trata-se de um "conjunto de procedimentos que visa unir, de forma artificial, os gametas masculino e feminino, originando um novo ser humano [...]". Nessa mesma linha, Maluf (2010) explica que a RHA atua como um recurso médico destinado a auxiliar pessoas inférteis ou estéreis a realizarem o desejo de se tornarem pais.

A reprodução assistida constitui uma categoria ampla que abrange diferentes métodos, como a fertilização in vitro, a inseminação artificial e a gestação por substituição (Mascarenhas e Costa, 2019). Embora essas práticas tenham surgido com o intuito de resolver impedimentos reprodutivos — tanto de origem biológica quanto social — atualmente elas também são utilizadas com o objetivo de preservar a saúde do futuro filho. Os avanços tecnológicos no campo da medicina viabilizaram, por exemplo, o diagnóstico genético pré-implantacional, permitindo o tratamento de doenças hereditárias ou a prevenção da gestação de embriões portadores de condições adversas à saúde.

A filiação por meio da reprodução assistida se caracteriza pela manipulação de gametas humanos, isto é, pela intervenção médica que realiza a fecundação fora do ambiente biológico natural. Na fertilização *in vitro*, por exemplo, os ovócitos são fecundados em laboratório com a utilização de técnicas especializadas e, posteriormente, os embriões são implantados no útero de uma mulher. A doadora dos óvulos pode ou não ser a mesma que receberá os embriões, e o doador do sêmen também não precisa ser aquele que assumirá juridicamente a paternidade da criança gerada.

Atualmente, essas técnicas se dividem principalmente em dois ramos: a reprodução assistida homóloga e a heteróloga. Embora ambas derivem de um mesmo conceito geral, distinguem-se de forma significativa, especialmente quanto às suas implicações jurídicas.

A reprodução assistida homóloga é caracterizada pelo uso dos gametas do próprio casal, reproduzindo, assim, um modelo tradicional de parentalidade. Nesse caso, embora não haja relação sexual, a origem genética da criança está vinculada diretamente aos dois integrantes da entidade familiar que desejam ter filhos.

Por outro lado, a reprodução assistida heteróloga envolve a utilização de gametas provenientes de terceiros — podendo ser o óvulo ou o espermatozoide, ou ambos, de doadores externos ao casal. Nesse contexto, estabelece-se uma analogia com o instituto da adoção, já que um dos pais não possui vínculo genético com a criança, caracterizando uma relação de filiação essencialmente civil. O doador, por sua vez, não exerce qualquer direito ou dever relacionado à criança gerada, abrindo mão, desde o início, de qualquer pretensão jurídica quanto à filiação decorrente do procedimento.

Nesse sentido, Gama (2003, p. 628) demonstra, de forma muito pertinente, o conceito de verdade biológica e os pilares da filiação na contemporaneidade, os quais têm se firmado, sobretudo, em fundamentos afetivos e volitivos:

> Enquanto a maternidade normalmente se definiu pela consanguinidade (verdade biológica), a paternidade se estabeleceu em outras bases: a vontade, a efetividade, o projeto parental, o consenso. Sob tal prisma deve ser analisado o tema envolvendo a reprodução assistida heteróloga que, ao menos relativamente a um dos pais jurídicos, não produz parentesco com fundamento na verdade biológica.

A respeito das presunções legais, e até mesmo sociais, Fernando Araújo (1999, p. 45) afirma que a presunção de paternidade no caso de inseminação artificial heteróloga feita com o consentimento do cônjuge ou companheiro, o afastamento da possibilidade da dadora do óvulo ser reconhecida juridicamente como mãe, o que faz crer na possibilidade da verdade social se sobrepor à verdade biológica, considerando as "consequências sociais, psicológicas e econômicas que advêm do estabelecimento de nexos jurídicos estáveis, como os do estatuto familiar".

Para Barboza (1993, p. 107), "é hora de se reconhecer que houve, pelo menos em parte, uma desbiologilização da paternidade". Hoje, dadas as possibilidades de se chegar a uma gestação com óvulos de doadora, ou mesmo o embrião já concebido com gametas de doadores, há de se acrescentar, ao lado da paternidade, a desbiologização também da maternidade. Dessa forma, o principal prisma para uma relação de filiação é justamente o desejo da filiação, o carinho e afeto, além da idealização de um projeto de vida.

Há ainda a possibilidade de ambos os ascendentes do futuro embrião não serem os pais biológicos, no caso de doação de ambos os gametas necessários.

Na inseminação artificial homóloga, a questão da filiação não vai ocasionar muitas divergências, porquanto o material genético empregado no método é fornecido pelas pessoas que formam o casal em questão, aquele que se submeterá ao procedimento e se tornarão pais da criança que nascer a partir do embrião gerado, logo há união de filiação afetiva e biológica. Por outro lado, a inseminação artificial heteróloga é causadora de possíveis incertezas, já que passarão a existir "dois pais" para as crianças que sejam fruto deste método de reprodução na situação fática, o que irá lhe acolher, e o biológico que é o doador.

Rodrigues dizia em 2002 (p. 321), que "filiação é a relação de parentesco, em primeiro grau e em linha reta, que liga uma pessoa àquelas que a geraram, ou a receberam como se as tivesse gerado". Contudo, no ambiente do Direito, o conceito de filiação vem evoluindo constantemente, mudando-se a visão que se tinha a respeito de seu real significado, seus limites e extensões. Frequentemente, a filiação socioafetiva vem preponderando sobre a filiação genética, ganhando, assim, grande relevância a discussão a respeito daquela.

A mudança na ideia de filiação veio acompanhando as transformações na constituição da entidade familiar, que, ao deixar de ser predominantemente patriarcal, vem dando papel de destaque ao afeto, ao cuidado e ao carinho quando se vão determinar as relações familiares muito mais que os meros laços genéticos.

Com a Constituição de 1988, que abre o leque dos tipos familiares e veda discriminações entre filhos, a família atual passa a embasar-se muito mais na estima e nos laços sentimentais. O pai socioafetivo, portanto, é aquele que toma a criança por filho de fato, o que inclui dar atenção, cuidados, sustento, educação e amor. Grande parte da doutrina vem se posicionando a favor da desconsideração do pai biológico na questão de filiação nos casos de inseminação heteróloga, para serem levados em conta somente os pais socioafetivos, analogamente ao que acontece na adoção.

Verifica-se o fenômeno que ficou conhecido como "desbiologização", que nada mais é que uma troca na importância do elemento carnal na filiação, pelo elemento psicológico, sendo a troca advinda do desenvolvimento na tecnologia de reprodução que influiu no direito de família. Com a devida vênia às opiniões contrárias, o posicionamento aqui adotado seguirá o norte estabelecido pelo Conselho Nacional de Justiça na I Jornada Nacional da Saúde, realizada em 2014, cujos enunciados de número 39, 40 e 45 privilegiam os laços sociais em detrimento dos biológicos no estabelecimento da filiação. É o que se pode concluir a partir de sua leitura:

> ENUNCIADO Nº 39. O estado de filiação não decorre apenas do vínculo genético, incluindo a reprodução assistida com material genético de terceiro, derivando da manifestação inequívoca de vontade da parte.
>
> ENUNCIADO Nº 40. É admissível, no registro de nascimento de indivíduo gerado por reprodução assistida, a inclusão do nome de duas pessoas do mesmo sexo, como pais.
>
> [...]
>
> ENUNCIADO Nº 45. Nas hipóteses de reprodução humana assistida, nos casos de gestação de substituição, a determinação do vínculo de filiação deve contemplar os autores do projeto parental, que promoveram o procedimento.

Em que pese as técnicas de reprodução humana assistida já serem utilizadas no Brasil há mais de quatro décadas, posto que a primeira bebê de proveta cuja gestação decorreu de tratamento de fertilização *in vitro* realizado em território nacional ocorreu em 1984, a legislação brasileira ainda não dispõe de modo específico sobre a matéria.

O tema da reprodução assistida, embora tratado pontualmente em alguns dispositivos legais — como o artigo 1.597 do Código Civil brasileiro —, ainda carece de uma regulamentação abrangente e específica que contemple todos os aspectos relevantes da matéria. A ausência de uma normatização mais detalhada contribui para a persistência de dúvidas jurídicas e a possibilidade de abusos na aplicação dessa vertente da medicina.

O Código Civil de 2002, apesar de ter sido promulgado nos anos 2000, é um diploma legislativo que já nasce velho, uma vez que o projeto data de 1975, com as ideias vigentes à época sobre família e filiação. Percebe-se, assim, que a lei civil, assim, é insuficiente para regulamentar os fatos sociais relacionados à filiação já reconhecidos pela doutrina e jurisprudência.

Convém ressaltar, conforme lembra Scalquette (2024), que "só no ano de 2023, foram realizados 56.821 ciclos de fertilização in vitro, sendo 2.584 ciclos com sêmen de doador com 508 gestações clínicas obtidas, restando, ao todo, 115.745 embriões congelados". Ainda assim, em que pese o Conselho Federal de Medicina já dispor de normas éticas sobre a matéria há décadas, a legislação brasileira é muito tímida a respeito, dispondo apenas do já citado art. 1597 do Código Civil e da Lei Nacional de Biossegurança (Lei 11.105/2005), que é uma lei que disciplina a realização de pesquisa com organismos vivos e trata sobre a possibilidade de destinação de embriões excedentários para atividades de investigação científica.

A reforma do Código Civil atualmente em tramitação, inseriu um capítulo denominado "Filiação Decorrente de Reprodução Humana Assistida" no Livro de Família. O capítulo conta com 22 (vinte e dois) artigos, do 1.629A ao 1.629V, dispondo sobre alguns temas que não foram enfrentados, até então, pela legislação brasileira.

As regras que constam na proposta legislativa em análise reconhecem a possibilidade de RHA homóloga e heteróloga, muito embora o artigo 1.629U disponha que é necessária "a manifestação do cônjuge ou convivente, concordando expressamente com o procedimento indicado e com o uso ou não de material genético de doador".

Todavia, convém ressaltar que o parágrafo único do mesmo dispositivo reconhece o valor do vínculo socioafetivo ao dispor que se houver "vício de consentimento quanto ao uso de qualquer uma das técnicas de reprodução assistida heteróloga, será admitida ação negatória de parentalidade, *mas subsistirá a relação parental se comprovada a socioafetividade*".

Apesar das dificuldades existentes, a verdade afetiva se encaminha para ser reconhecida como determinante para estabelecimento da relação parental na legislação civil. A proposta normativa, ainda que tardia e passível de críticas, acerta nesse ponto, em consonância com os princípios constitucionais que regem as relações familiares.

3 União estável virtual: o desafio do direito das famílias quanto às novas formas de exercício da afetividade

O ordenamento jurídico brasileiro reconheceu a união pública, contínua e duradoura, com o objetivo imediato de constituição de família com o *nomen juris* de união estável, instituída com a Constituição Federal de 1988 (226, §3º), a qual, diferentemente do concubinato, ostenta o status de entidade familiar para fins de proteção do Estado.

Mais tarde, em 2011, por ocasião do julgamento da ADI 4277 em conjunto com a ADPF 132, o Supremo Tribunal Federal decidiu, por unanimidade, que a união estável é constituída entre duas pessoas e não somente entre homem e mulher, aplicando interpretação conforme à Constituição ao artigo 1723, do Código Civil Brasileiro.

Tal reconhecimento abriu espaço para que no ano seguinte o Conselho Nacional de Justiça publicasse em 2013 a Resolução nº 175, materializando o casamento igualitário no Brasil. A inscrição desses direitos na norma comum deve ocorrer com a vigência do texto da Reforma do Código Civil, se aprovada a previsão atualmente contida no PL 04/2025, do Senado Federal.

Foi também no âmbito das uniões estáveis que as relações poliafetivas encontraram guarida no ordenamento brasileiro. Conquanto a rejeição, no Ocidente, à monogamia e a papéis tradicionais de gênero refletiram mudanças sociais já eram observadas em outros momentos históricos de luta por direitos, que embalaram viradas culturais e mudanças paradigmáticas nos usos dos corpos, intimidade e na subjetividade, o poliamor é um fenômeno inscrito na pós-modernidade.

Não dispostos a conformar seus desejos amorosos às regras cerradas do casamento, pessoas que desenvolvem laços afetivos estáveis com mais de uma pessoa simultaneamente, compondo este conjunto uma única unidade familiar, viram na união estável poliafetiva uma maneira de garantir direitos a que fazem jus as pessoas em relação binária. Tal reconhecimento chegou a ocorrer no Brasil, mas atualmente carece de chancela na Corte Suprema.[1]

---

[1] Veja-se, a este respeito, a decisão do juiz Adolfo Theodoro Naujorks Neto, em Ação Declaratória de União Estável entre um trisal (Rondônia, 2008), uma das primeiras sentenças

O instituto da união estável tem sido cada vez mais utilizado no Brasil. Até setembro de 2024, mais de 110 mil escrituras de união estável já haviam sido lavradas (Anoreg/BR, 2024, p. 94), mas o montante dessas uniões é ainda maior se consideramos as uniões estáveis constituídas e não reconhecidas, uma subnotificação que responde à própria característica de informalidade que faz com que sejam arranjos familiares mais espontâneos e acessíveis à população sem distinguir classe, nível de escolaridade, orientação sexual, raça ou território.

Isto posto, desde um ponto de vista histórico, as uniões não eventuais entre pessoas desimpedidas de casar ocuparam um papel vanguardista no nosso ordenamento jurídico desde sempre arraigado a valores morais de herança canônica, quebrando a lógica sacral do casamento e abrindo caminho para que outras conjugalidades pudessem existir e, idealmente, ter reconhecimento legal.

É nesse contexto que vemos emergir novo arranjo familiar, atualmente denominado de *união estável virtual*, que é constituída e se desenvolve no ambiente das plataformas online — redes sociais, aplicativos de relacionamento, chats e videochamadas. Não é o caso de interações em rede — como encontros online, simuladores de namoro, plataformas de sexo virtual ou até mesmo o uso de realidade aumentada para experiências sensoriais realistas —, pertencentes à cibercultura dos relacionamentos interpessoais e podem, ou não, conter o componente da presencialidade. Aqui, tratamos de laços *reais* exclusiva ou majoritariamente *virtuais*, isto é, pessoas que dividem o cotidiano da vida, fazem planos para o futuro, amealham patrimônio e constituem vínculo familiar através da convivência online.

Durante a pandemia da COVID-19, o desafio global pela manutenção de vínculos durante o isolamento social fez com que o convívio familiar mediado por dispositivos se tornasse comum entre pessoas de todas as gerações, mesmo aquelas nativas do antigo mundo analógico. Isso fez com que empresas como o *Tinder*, o *Grindr* e o *Bumble* traba-

---

a prever a triação, *i. e.*, a divisão do patrimônio comum em três partes iguais. Em 2021, com os Temas 526 e 529 da repercussão geral, o Supremo Tribunal Federal decidiu ser incompatível com o ordenamento jurídico o reconhecimento de laço afetivo concomitante a casamento ou união estável anterior e, com isso, proibiu a lavratura de uniões estáveis entre mais de duas pessoas. Já em 2023, a 2ª Vara de Família e Sucessões da comarca de Novo Hamburgo/RS reconheceu a união estável entre trisal e concedeu direito ao registro multiparental do filho de uma das mulheres participantes da relação poliafetiva (Rio Grande do Sul, 2023). Esta é uma pequena amostra das celeumas que, ainda hoje, envolvem o instituto da união estável e os novos arranjos familiares e vêm testando os limites do direito das famílias.

lhassem para reconstruir os encontros virtuais como mais "socialmente significativos" e, em última análise, afirmar a sua relevância numa época em que os encontros presenciais não eram uma opção segura (Gibson, 2021).

Mesmo com mudanças no contexto social, essas plataformas vêm se consolidando como parte da rotina socioafetiva da população mundial. Aplicativos de relacionamentos online proporcionam não apenas a busca por amizades, encontros casuais ou parceiros sexuais, como também permitem a formação de laços afetivos duradouros, que podem evoluir para a formação de uma nova família.

Famílias já estabelecidas fora da internet têm cada vez mais utilizado a mediação digital para manter e aprofundar laços afetivos, através da complementação ou substituição da convivência presencial pelo ambiente online, conforme encontramos na jurisprudência pátria. Os usos das tecnologias neste caso podem ser vistos na decisão da 3ª Turma do Superior Tribunal de Justiça que entendeu ser possível a guarda compartilhada de filho mesmo que pais morem em cidades, estados ou até países diferentes. De acordo com a relatora, a Ministra Nancy Andrighi, a guarda compartilhada não exige a custódia *física* da criança de maneira conjunta, e complementa (Brasil, 2023):

> Segundo o cuidadoso plano de convivência desenvolvido pelo juiz em primeiro grau [...], existe a previsão de [...] utilização ampla e irrestrita de videochamadas ou outros meios tecnológicos de conversação e a convivência diária.

O Judiciário brasileiro vem sendo desfiado com casos de reconhecimento de união estável cujas provas exibem tempo de convivência virtual como uma consequência esperada das mudanças sociais em comento. No entanto, não há número significativo de decisões que autorizem destacar padrões processuais para dar ou negar provimento a pedido baseado em convivência não-presencial, como os meios de prova aceitos ou se foram aplicados os mesmos critérios legais do CCB 1723, o que torna tênue a identificação de tendências neste sentido.

Nos casos em que o casal possua meios hábeis para comprovar (por mensagens de *chat*, gravação de videochamadas, *logs* de tempo de tela em aplicativos, além de provas testemunhal e documental) a convivência pública, contínua, duradoura e com ânimos de constituição de família, dar provimento ao pedido será a decisão acertada, pois há que se distinguir convivência e coabitação, esta que é prescindível quando da análise da constituição de qualquer união estável ou mesmo do concubinato.[2] Por outro lado, a convivência, esta sim, faz parte do conjunto elementar que constitui uma união estável; é ela que inicia a conjugalidade e propicia o vínculo familiar.

Conviver é dividir a vida cotidiana, mas também é o desejo de manter-se conectado no plano subjetivo pertencente aos sujeitos, que dita as regras do exercício do amor entre eles. No caso das uniões estáveis virtuais, podemos entender as mídias como um veículo que permite a certas pessoas exercerem sua vontade de família que de outra forma seria obstaculizada por limitações materiais de várias ordens, considerando, em nossas análises, que distância física não significa, necessariamente, distância afetiva.

> Esse conceito [de ciberespaço], que sobrevive até nossos dias com novas definições, faz parte do conjunto de termos antigos que foram acionados para falar de uma realidade nova. Entre seus usos, destaco o que se baseou na superada distinção virtual/real que seguia a — hoje sabemos — ingênua interpretação de que interações online ocorriam em um outro espaço (...). A comunidade mediada não é um espaço, é uma ferramenta adicional que as pessoas usam para se conectar, é uma ferramenta que só pode ser entendida como profundamente embebida e influenciada pelas realidades diárias corporificadas (Miskolci, 2017, p. 12).

A família está virtualizada também nos instrumentos protetivos do Estado brasileiro. A Lei Maria da Penha[3] já reconhece que a violência doméstica e familiar pode ocorrer em ambiente eletrônico, tipifica a violência psicológica ocorrida online, além de estabelecer medidas protetivas a vítimas na esfera virtual.

O caso das uniões estáveis virtuais é disruptivo pois abre um debate necessário e que encontra relutância entre os aparatos jurídicos brasileiros: até que ponto é possível desconstruir o dogma da família tradicional, aqui amplamente entendida para abarcar inclusive modos da "convivência analógica", e dar espaço de coexistência a novos modos de vida e novos vínculos afetivos formados por uma "convivência digital" (Schreiber, 2020)?

Por um silogismo lógico, se o casal convive em *more uxorio*, presente o *affectio maritalis*, se são capazes de consentir, têm capacidade

---

[2] *v.* Súmula 382, do STF, *verbis*: "A vida em comum sob o mesmo teto, *more uxorio*, não é indispensável à caracterização do concubinato".

[3] Lei nº 11.340/2006.

núbil e não são impedidos de casar, não caberia ao Judiciário operar juízo decisório diferenciado em relação a qualquer outro caso de união estável. Desse modo, ao casal que oferta meios de prova hábeis a demonstrar a convivência virtual pública (não clandestina), contínua (sem interrupções) duradoura (com *animus* de permanência) e com o objetivo imediato de constituição de família deve poder ter reconhecida a união estável entre eles, seja pela via administrativa — podendo inclusive utilizar a certificação eletrônica em Cartório de Registro Civil das Pessoas Naturais através do e-Notariado —, seja pela judicial.

Na prática, a tendência dos Tribunais deverá ser a da aplicação, ainda que cautelosa, das mesmas regras legais para o reconhecimento de união estável convencional. Muito embora não haja previsão legal expressa para uniões estáveis virtuais, tampouco existe proibição, de modo que a regra do direito privado tende à permissão.

Do ponto de vista axiológico, não há qualquer sentido normativo em se privilegiar a convivência em seus contornos tradicionais para negar tutela jurídica a um fato social componente da realidade contemporânea. Em atenção à hermenêutica constitucional, o direito das famílias deve esforçar-se para ampliar e jamais suprimir direitos em relação à diversidade de modos de vida dos jurisdicionados.

4 Casamento homem-máquina: a (im)possibilidade de reconhecimento no direito brasileiro

Pergunta-se aqui se a inteligência artificial será reconhecida como pessoa e um dia poderá ser cônjuge, herdeira ou exercer a parentalidade. Inicialmente, o questionamento pode causar estranheza e, de fato, há de se reconhecer que não é um pensamento convencional a ideia de uma pessoa, homem ou mulher, ter uma relação conjugal com um objeto, máquina, robô ou boneca, mas eis algumas notícias que foram veiculadas:

i. "No Japão, existe uma onda de pessoas se casando com bonecos. Sim, você leu certo. E uma indústria já se formou no país para atender quem vive esse tipo de relacionamento: os fictossexuais" (G1, 2022).
ii. "O japonês Akihiko Kondo realizou o sonho da vida ao se casar com a mulher pela qual se apaixonou. Contudo, acabou viúvo pouco tempo depois: a inteligência artificial que a "alimentava" foi desligada. Uma história triste do ponto de vista

romântico, mas que fica mais curiosa quando descobrimos que a ex-mulher de Kondo era simplesmente uma boneca" (Mendes, 2022).

No filme *Her* (2013), em meio ao processo de divórcio, o personagem Theodore encontra consolo na inteligência artificial Samantha, e uma relação que se inicia movida pela curiosidade e praticidade acaba evoluindo, aos poucos, para um vínculo intenso e multifacetado, profundo e complexo, colocando em xeque as concepções convencionais sobre amor e relacionamentos (Alves, 2024).

Talvez a intenção do filme fosse apenas trazer uma reflexão sobre a relação entre o ser humano e a tecnologia e sobre como isso afetará a forma como as pessoas se relacionam entre si, nas dinâmicas sociais e familiares, uma reflexão profunda e necessária. Ocorre que, anos depois, a vida parece querer imitar a arte.

Notadamente no Japão, há vários relatos de pessoas se relacionando com personagens criados por tecnologia, ao ponto de as empresas fornecerem, inclusive, uma espécie de certidão de casamento entre a pessoa e a IA. São histórias como a de Kondo, que realizou uma cerimônia de casamento onde vários de seus amigos estavam presentes, e se reconheceu como viúvo quando a inteligência artificial que alimentava sua "amada" foi desligada.

Em que pese a liberdade que todos têm de viver do modo que mais lhe traz felicidade, que represente para si uma vida digna, há de se questionar que modalidade de família surgiria da interação entre o homem e o seu robô. A resposta, no estado atual da arte, segundo a legislação brasileira, é: nenhuma.

Com efeito, a Constituição Federal de 1988 trouxe o conceito de família plural. Embora o Código Civil de 2002 não tenha sido eficaz em acolher plenamente as transformações no conceito de entidade familiar — agora mais centrado no afeto, amor e dignidade do que em convenções sociais tradicionais — a Constituição Federal de 1988, em seu artigo 226,[4] *caput,* estabelece a proteção da família como base

---

[4] Art. 226. A família, base da sociedade, tem especial proteção do Estado.
§1º O casamento é civil e gratuita a celebração.
§2º O casamento religioso tem efeito civil, nos termos da lei.
§3º Para efeito da proteção do Estado, é reconhecida a união estável entre o homem e a mulher como entidade familiar, devendo a lei facilitar sua conversão em casamento.
§4º Entende-se, também, como entidade familiar a comunidade formada por qualquer dos pais e seus descendentes.
§5º Os direitos e deveres referentes à sociedade conjugal são exercidos igualmente pelo homem e pela mulher.

da sociedade. A doutrina do direito civil constitucional interpreta que os modelos familiares descritos nos parágrafos desse artigo são meramente exemplificativos, permitindo a inclusão de outras formas de família no escopo do conceito amplo e indeterminado de família mencionado no *caput*.

Uma análise sistemática das normas e princípios constitucionais, especialmente os que tratam da dignidade da pessoa humana (art. 1º, III) e da solidariedade (art. 3º, I), conduz à superação de uma interpretação restritiva do artigo 226. Assim, reconhece-se que o rol de entidades familiares ali presente é exemplificativo, refletindo os modelos mais comuns. Barboza (2008, p. 323) argumenta que uma leitura limitada desse artigo não se alinha aos demais princípios constitucionais, pois resultaria na criação de famílias de "segunda classe", incompatíveis com o princípio da dignidade da pessoa humana.

Dados do IBGE evidenciam um novo perfil das entidades familiares, indicando que os laços afetivos têm prevalecido sobre os laços sanguíneos. Exemplos disso incluem famílias monoparentais, famílias recompostas e famílias homoafetivas.

É pertinente analisar brevemente a evolução das entidades familiares e os princípios que regem a família contemporânea. Nesse sentido, Villela (1980, p. 10) discute a relação entre liberdade e família, destacando a ambiguidade dessa relação, onde a família pode tanto limitar quanto promover a liberdade individual. Ele observa que, embora a constituição da família imponha certos deveres, ela também proporciona a realização de direitos e liberdades, promovendo o crescimento pessoal sem restringir a autonomia individual.

Villela (1980, p. 10) também traça a evolução da família desde o modelo tradicional, composto por pai, mãe e filhos "matrimoniais", baseado no casamento e em vínculos formais, até o conceito atual de família, pautado na liberdade e na socioafetividade.

Parafraseando Sen (2000), pode-se conceber a família como um espaço de liberdade. O casamento, como instituição familiar, deve servir à realização individual. Quando essa realização não é alcançada no âmbito matrimonial, os cônjuges devem se sentir livres para buscar caminhos que melhor atendam às suas necessidades pessoais.

A Constituição Federal de 1988 desempenhou um papel fundamental nesse processo. Sensível às demandas sociais, ela reconheceu a evolução nas formas de composição do núcleo familiar, atendendo às necessidades de realização individual. Com base nos princípios da liberdade e da dignidade, o conceito de família, conforme Fachin (2010,

p. 339), tornou-se plural. De fato, a Constituição Federal de 1988 representa um marco significativo para o Direito de Família, pois ampliou o conceito de entidade familiar, que deixou de se identificar exclusivamente com o matrimônio. Famílias monoparentais, uniões estáveis heterossexuais e uniões homoafetivas são exemplos desse novo modelo.

Lôbo (2024) destaca que os princípios que regem o Direito de Família refletem essa nova percepção, fundamentada no afeto e na realização pessoal. Com base no princípio da igualdade, não se fala mais em hierarquias dentro da família; a função econômica e procriativa cede lugar ao afeto, e a filiação não se baseia mais exclusivamente em laços consanguíneos, mas sim em laços de afeição.

Os princípios consagrados na Constituição Federal de 1988, especialmente nos artigos 226 e 227, devem servir como marco normativo para a regência da família brasileira contemporânea. Em linhas gerais, o conceito se desvincula daquela figura tradicional composta pelos pais e filhos biológicos e passa para formas mais amplas de aceitação, incluindo a modalidade de família conhecida como família unipessoal.

As famílias unipessoais são compostas por apenas um indivíduo, que vive sozinho, sem compartilhar despesas ou outras questões existenciais com outra pessoa. Apesar de não ser mencionada explicitamente pelo Código Civil ou pela Constituição Federal, o reconhecimento legal desse modo de existência familiar ocorre por meio de políticas públicas e do Cadastro Único do Governo Federal (Brasil, 2023), que entende como família unipessoal aquela composta por uma pessoa que vive sozinha e se sustenta de forma independente.

Dentro do conceito de pluralidade, tanto o Código Civil brasileiro quanto a Constituição Federal de 1988 falam em homens e mulheres. Portanto, as famílias, qualquer que seja a modalidade, são compostas por pessoas, entendendo-se estas por pessoas físicas ou naturais.

Dessa forma, verifica-se que, no ordenamento jurídico brasileiro, a família é composta por pessoas, ainda que sua composição consista em um só indivíduo. No atual estado da arte, não há possibilidade jurídica da relação entre um indivíduo e uma máquina/IA ser reconhecida como entidade familiar.

A relação jurídica entre o homem e a inteligência artificial com a qual se relacionaria se enquadra, portanto, como uma relação de direito real entre a pessoa titular do direito de propriedade sobre a máquina ou objeto com o que se pretende estabelecer vínculo. Nesse cenário, indivíduos como Kondo, citado acima, viveriam em uma família unipessoal.

5 Considerações finais

As atuais configurações das relações humanas são fortemente influenciadas pelo caminhar indômito das novas tecnologias. De certa maneira, os modos complexos com os quais seres humanos se relacionam respondem à própria complexidade humana, capaz de criar técnicas de reprodução da vida, instrumentos mediadores de interação social e até mesmo desafiar a interpessoalidade, sugerindo um mundo em que limites conceituais são cada vez mais esgarçados, ressignificados.

Neste artigo, investigamos o comportamento do direito das famílias brasileiro frente à emergência de novas tecnologias que desafiam conceitos-chave do campo, como os de filiação, união estável e casamento. São, portanto, casos que lidam com elementos associados canonicamente ao conceito de família, como a consanguinidade, a convivência e a afetividade.

Parece-nos que, quanto às técnicas de reprodução assistida, o ordenamento jurídico tem caminhado para privilegiar a verdade afetiva em detrimento do que é possível chamar de "família genética" (Fonseca, 2011). Em relação às uniões estáveis virtuais, é possível prever discreta tendência jurisprudencial ao reconhecimento, utilizando, para tal, os mesmos elementos constitutivos e critérios probatórios já requeridos para o reconhecimento previstos em lei, equiparando a convivência analógica à digital. No que toca o paradoxo do casamento homem-máquina, o ordenamento brasileiro encontra o limite máximo de esgarçamento, uma vez que nem a norma *infra* nem os princípios constitucionais parecem autorizar a conversão da máquina em nubente; não obstante, o núcleo da família unipessoal poderia operar como vetor para a proteção jurídica do indivíduo em situação semelhante.

O processo aqui denominado amplamente de *digitalização da vida privada* expõe a fragilidade do sistema jurídico frente o dinamismo de fatos sociais que a norma comum não previu, num anacronismo inerente às legislações civis, e com os quais podem não estar aptas a lidar na esfera prática, dado que as instâncias judiciárias se mostram ainda dependentes de certa indexação e monismo de seus conceitos-chave.

Os temas aqui discutidos, assim como outros que envolvem o caráter disruptivo das novas tecnologias nas relações humanas, têm testado e irão seguir testando os limites do direito das famílias. Contudo, conceitos como parentesco, família, amor, amizade... sempre foram dados de cultura; não existem sem que nós os tenhamos criado e moldado às nossas necessidades e expectativas.

Cultura, por sua vez, é a dimensão simbólica da existência humana, capaz de criar realidades (Giddens, 1997). Se está na cultura, existe na concretude da experiência; se não há um modelo "natural" para o fazer humano, é importante discutir novas formas de se relacionar sem o estigma da dinâmica normalidade/anormalidade para buscar a melhor prestação jurisdicional às demandas sociais. Está em jogo a própria noção de família para fora dos limites analógicos.

Referências

ALVES, Emilio. Inteligência Artificial e o Filme Ela (Her): resumo e análise crítica. *Educa. ai*, 01 fev. 2024. Disponível em: https://eduka.ai/inteligencia-artificial-e-o-filme-ela-her-resumo-e-analise-critica/. Acesso em: 05 maio 2025.

ANOREG/BR – ASSOCIAÇÃO DE NOTÁRIOS E REGISTRADORES DO BRASIL. *Cartório em Números* – especial desjudicialização. 6. ed., 2024. Disponível em: https://www.anoreg.org.br/site/wp-content/uploads/2025/01/Cartorios-em-Numeros-Edicao-2024-V02.pdf. Acesso em: 05 jun. 2025.

BRASIL. Ministério do Desenvolvimento e Assistência Social, Família e Combate à Fome. *INSTRUÇÃO NORMATIVA CONJUNTA SAGICAD/SENARC/SNAS/MDS Nº 4, DE 14 DE JUNHO DE 2023*. Disponível em: Microsoft Word - 3b5523e79afcc82b27ac6c0f233796a75d-fa7bb8dfa5ed8377b3507d4512c273. Acesso em: 05 maio 2025.

BRASIL. Superior Tribunal de Justiça. *Guarda compartilhada não impede mudança da criança para o exterior, define Terceira Turma*. Brasília/DF: Superior Tribunal de Justiça, 2023. Disponível em: https://www.stj.jus.br/sites/portalp/Paginas/Comunicacao/Noticias/2023/07022023-Guarda-compartilhada-nao-impede-mudanca-da-crianca-para-o-exterior--define-Terceira-Turma.aspx. Acesso em: 05 jun. 2025.

BARBOZA, Heloisa Helena. *A Filiação em face da inseminação artificial e da fertilização 'in vitro'*. Rio de Janeiro: RENOVAR, 1993.

BARBOZA, Heloisa Helena Gomes. Aspectos controversos do direito das sucessões: considerações à luz da Constituição da República. *In:* TEPEDINO, Gustavo (org.). *Direito Civil Contemporâneo:* novos problemas à luz da legalidade constitucional. São Paulo: Atlas, 2008.

ARAÚJO, Fernando. *A Procriação Assistida e o Problema da Santidade da Vida*. Coimbra: Almedina, 1999.

DINIZ, Maria Helena. *O Estado Atual do Biodireito*. 8.ed. São Paulo: Saraiva, 2012.

FACHIN, Luiz Edson. Inovação e Tradição no Direito Contemporâneo sob o Novo Código Civil Brasileiro. *In:* Bastos, Eliane Ferreira (coord.). *Afeto e estudos familiares*. Belo Horizonte: Del Rey, 2010.

FONSECA, Claudia. As novas tecnologias legais na produção da vida familiar: Antropologia, direito e subjetividades. *In*: Dossiê: Pertencimentos, individualização e subjetividades. *Civitas Revista de Ciências Sociais*. Jan-Apr 2011.

GAMA, Guilherme Calmon Nogueira da. *A Nova Filiação:* O Biodireito e as Relações Parentais: o estabelecimento da parentalidade-filiação e os efeitos jurídicos da reprodução assistida heteróloga. Rio de Janeiro: Renovar, 2003.

GIBSON, Alexandra. Farren. Exploring the impact of COVID-19 on mobile dating: Critical avenues for research. *Social and Personality Psychology Compass*, 2021.

GIDDENS. Anthony. *Sociologia,* Lisboa: Fundação Calouste Gulbenkian, 1997.

LÔBO, Paulo. *Direito Civil:* Famílias. 14.ed. São Paulo: Saraiva, 2024

MASCARENHAS, Igor de Lucena; COSTA, Ana Paula Correia de Albuquerque de. Fertilização *in vitro* e o direito ao planejamento familiar: a ilegalidade do Enunciado 20 da I Jornada de Direito da Saúde do Conselho Nacional de Justiça e a teoria da captura aplicada à ANS. *In: Revista de Direito do Consumidor,* v. 121, jan-fev 2019, p. 323-345.

MENDES, Felipe. Homem que se casou com boneca no Japão fica viúvo após "morte" de IA. *UOL,* 06 maio 2022. Disponível em: https://www.uol.com.br/tilt/noticias/redacao/2022/05/06/homem-que-se-casou-com-boneca-no-japao-fica-viuvo-apos-morte-de-ia.htm?cmpid=copiaecola. Acesso em: 05 maio 2025

MISKOLCI, Richard. *Desejos digitais:* uma análise sociológica da busca por parceiros on-line. Belo Horizonte: Autêntica, 2017.

Por que as pessoas estão se casando com bonecos no Japão? G1 Explica. *G1,* 14 maio 2022. Disponível em: Por que as pessoas estão se casando com bonecos no Japão? G1 Explica | G1 Explica | G1. Acesso em: 05 maio 2025.

RAPOSO, Vera Lúcia. *O Direito à Imortalidade*: o exercício de direitos reprodutivos mediante técnicas de reprodução assistida e o estatuto jurídico do embrião *in* vitro. Coimbra: Almedina, 2014.

RIO GRANDE DO SUL. Tribunal de Justiça do Rio Grande do Sul. *Justiça reconhece união poliamorosa.* Porto Alegre: Tribunal de Justiça do Rio Grande do Sul, 2023. Disponível em: https://www.tjrs.jus.br/novo/noticia/justica-reconhece-uniao-poliamorosa/. Acesso em: 05 jun. 2025.

RONDÔNIA. 4ª Vara de Família de Porto Velho. Processo nº 001.2008.005553-1. *Ação Declaratória de União Estável.* Juiz: Adolfo Theodoro Naujorks Neto. DJE. n. 216/2008.

SCALQUETTE, Ana Claudia. *Reprodução Humana Assistida no Anteprojeto de Reforma do CC.* Disponível em: https://www.migalhas.com.br/coluna/reforma-do-codigo-civil/421667/reproducao-humana-assistida-no-anteprojeto-de-reforma-do-cc. Acesso em: 02 jun. 2025.

SCHREIBER, Anderson. A chamada união estável virtual: transformações do direito de família à luz da pandemia. *In*: NEVARES, A. L. M.; XAVIER, L. P.; MARZAGÃO, S. F. (coord.). *Coronavírus*: impactos no Direito de Família e Sucessões. Indaiatuba, SP: Editora Foco, 2020.

SEN, Amartya. *O Desenvolvimento como Liberdade.* 3. ed. São Paulo: Cia das Letras, 2002.

VILLELA, João Baptista. *Liberdade e família.* Belo Horizonte: Faculdade de Direito da UFMG, 1980.

Informação bibliográfica deste livro, conforme a NBR 6023:2018 da Associação Brasileira de Normas Técnicas (ABNT):

COSTA, Ana Paula Correia de Albuquerque da; GONÇALVES, Roberta Candeia. A digitalização da vida privada e os limites do direito das famílias no contexto das novas tecnologias. *In*: EHRHARDT JÚNIOR, Marcos; CATALAN, Marcos (coord.). *Vida privada, patrimônio e tecnologia*: novos rumos para o direito de família e das sucessões. Belo Horizonte: Fórum, 2025. p. 17-34. ISBN 978-85-450-0968-9.

A TUTELA DA VULNERABILIDADE DE CRIANÇAS E ADOLESCENTES NO AMBIENTE DIGITAL

FABÍOLA ALBUQUERQUE LÔBO

CAMILA SAMPAIO GALVÃO

1 Introdução

A revolução tecnológica pela qual a humanidade passou, sobretudo com o surgimento da internet e do ambiente digital que trouxe consigo, gerou uma conexão indissociável entre a vida e o contexto digital. "Não há dúvidas de que a vida digitalizou-se. Não há mais uma separação entre o universo *on-line* e o *off-line*."[1]

As pessoas passaram a ter os *smartphones* como ferramentas imprescindíveis para o desenvolvimento de atividades cotidianas, especialmente aquelas relacionadas a trabalho, educação, e, com peculiar importância, à socialização, sendo cruciais para a comunicação dos sujeitos, incluindo crianças e adolescentes. Esses aparelhos permitem que se carregue no bolso a grandiosidade do ambiente digital, possibilitando um acesso total e irrestrito, a qualquer momento.

A internet tornou-se, assim, "um instrumento essencial para o funcionamento das mais diversas estruturas sociais, proporcionando a

1 TEIXEIRA, Ana Carolina Brochado. Herança digital dos influenciadores. *In: Influenciadores digitais e seus desafios jurídicos*. HACKEROOT, Nadia Andreotti Tüchumantel (Coord.). São Paulo: Thomson Reuters, 2023, p. 199-222, p. 199.

difusão, o armazenamento e o processamento de dados com velocidade instantânea e grande precisão".[2]

Tudo isto já estava a modificar as relações sociais, porém, essa metamorfose foi intensificada sobremaneira no contexto da pandemia da Covid-19, quando medidas sanitárias forçaram uma migração do presencial para o virtual em escala acelerada, e as relações sociais outrora presenciais passaram a ser desenvolvidas em grande parte no ambiente digital.

Apesar do arrefecimento das referidas medidas, entretanto, verifica-se uma continuidade do cotidiano predominantemente no ambiente digital, onde ainda se desenvolvem atividades escolares, no qual muitos pais e mães passaram a trabalhar total ou parcialmente em *home office*, na proliferação do ensino à distância, etc.: "a pandemia acabou, mas a sua herança ficou: muito do que só acontecia na modalidade presencial virou híbrido, reforçando novas bases econômicas que chegaram para ficar."[3]

Um dos principais espectros do mundo digital se refere às redes sociais cujo desenvolvimento vem impactando sobremaneira as relações interpessoais e jurídicas.[4]

> As relações humanas possivelmente jamais serão as mesmas após a invenção das denominadas redes sociais. A própria ampliação do uso da Internet em muito está ligada ao interesse dos indivíduos em participar destas redes interativas. É, portanto, sem dúvida, uma das ferramentas virtuais que mais tem transformado a sociedade da informação na última década.[5]

A utilização da internet por crianças e adolescentes também não é novidade, e se intensificou nos últimos anos, novamente sobretudo em razão da pandemia, quando estudo, entretenimento e convívio social ficaram restritos quase totalmente ao ambiente digital.

---

2 TEIXEIRA, Ana Carolina Brochado. Herança digital dos influenciadores. *In: Influenciadores digitais e seus desafios jurídicos*. HACKEROOT, Nadia Andreotti Tüchumantel (Coord.). São Paulo: Thomson Reuters, 2023, p. 199-222, p. 199, 2017.

3 TEIXEIRA, Ana Carolina Brochado. Herança digital dos influenciadores. *In: Influenciadores digitais e seus desafios jurídicos*. HACKEROOT, Nadia Andreotti Tüchumantel (Coord.). São Paulo: Thomson Reuters, 2023. p. 199-222, p. 199.

4 DE TEFFÉ, Chiara Spadaccini; DE MORAES, Maria Celina Bodin. Redes sociais virtuais: privacidade e responsabilidade civil. Análise a partir do Marco Civil da Internet. *Pensar-Revista de Ciências Jurídicas*, v. 22, n. 1, p. 108-146, 2017, p. 110.

5 ZAMPIER, Bruno. *Bens Digitais*: cybercultura, redes sociais, e-mails, músicas, livros, milhas aéreas, moedas virtuais. Editora Foco, 2021, p. 35.

Ainda na constância da emergência sanitária, estudiosos já apontavam o contraste pelo qual os pais confiavam na segurança de seus filhos, acreditando estarem sãos e salvos dentro de casa, trancados em seus quartos. Seguramente estavam a salvo dos perigos externos trazidos pelo vírus, e até mesmo dos riscos clássicos, referentes ao mundo exterior (sequestro, assalto, etc.). Porém, esses pais não perceberam que ao permitirem que seus filhos se trancassem em seu próprio mundo, com um *smartphone* na mão, explorando a imensidão da internet sozinhos, estavam aquiescendo com o acesso dos filhos a um conteúdo ilimitado e sem controle, além de permitir que o mundo inteiro tivesse acesso — digital — ao filho.

É o perigo ao qual as crianças e adolescentes se sujeitam ao surfarem a internet, sobretudo de forma não vigiada, que se pretende debater neste artigo, partindo especialmente da concepção de que, ao contrário da crendice popular de que a internet é "terra sem lei", tem-se um ordenamento jurídico repleto de mecanismos de proteção à criança e ao adolescente, de forma que

> As relações desenvolvidas na internet, assim como todas as demais, devem obediência estrita aos princípios constitucionais, em especial ao princípio fundador do Estado Democrático de Direito brasileiro, a dignidade da pessoa humana, e o intérprete, à luz da legalidade constitucional, diante do conflito ou do litígio, deverá colocar os interesses existenciais em posição de preeminência.[6]

Em razão disto, é pertinente investigar a tutela dos seres vulneráveis no ambiente digital, notadamente as crianças e os adolescentes.

2 A vulnerabilidade decorrente da condição de seres humanos em desenvolvimento

A constitucionalização do direito civil ensejou uma mudança de paradigma que trouxe a pessoa para o centro do direito e das prioridades. A família, enquanto núcleo especialmente eleito para "garantir a realização existencial e o desenvolvimento de cada um dos integrantes

---

6 DE TEFFÉ, Chiara Spadaccini; DE MORAES, Maria Celina Bodin. Redes sociais virtuais: privacidade e responsabilidade civil. Análise a partir do Marco Civil da Internet. *Pensar-Revista de Ciências Jurídicas*, v. 22, n. 1, p. 108-146, 2017.

do grupo familiar, em observância ao princípio da dignidade da pessoa humana",[7] deixa de ser vista como um fim em si mesma, para ser protegida enquanto instrumento para a realização da personalidade e da dignidade de todos os seus integrantes

Com o posicionamento da pessoa humana no centro da proteção conferida pelo ordenamento jurídico, as vulnerabilidades passaram a ser vistas com a importância que lhes é adequada pelo direito brasileiro,[8] englobando grupos como idosos, crianças, adolescentes e pessoas com deficiência. E essa vulnerabilidade passa a ser tutelada inclusive e principalmente dentro do ambiente familiar, ao qual foi dado o papel constitucional de proteção aos vulneráveis e de proteção e promoção dos direitos de seus integrantes.

> A Constituição Federal de 1988, refletindo a nova realidade, dedica seus artigos 227 a 230 à tutela das pessoas portadoras de vulnerabilidade, consignando-lhes proteção especial em razão de déficit psicofísico causado por algum tipo de fragilidade. Por isso, a criança, o adolescente, o jovem, o deficiente físico e o idoso recebem tutela diferenciada, com referências específicas à sua dignidade, reforçando, ainda mais, o valor dos direitos fundamentais previstos para a pessoa humana de maneira geral. Além dessa tutela especial, as pessoas em desenvolvimento (crianças e adolescentes) recebem proteção prioritária, conferindo-se-lhes, por esta razão, enfoque diferenciado, mesmo dentre os portadores de vulnerabilidade.[9]

No que importa ao presente artigo, as crianças e adolescentes passaram a receber proteção especial e prioritária do ordenamento constitucional, em razão de seu estágio de seres em desenvolvimento.[10]

---

[7] LÔBO, Fabíola Albuquerque. A responsabilidade dos pais e a proteção da pessoa dos filhos. In Carlos Eduardo Pianovski; SOUZA, Eduardo Nunes; MENEZES, Joyceane Bezerra e EHRHARDT JR, Marcos. *Direito Civil Constitucional:* a ressignificação da função dos institutos fundamentais do direito civil contemporâneo e suas consequências. Florianópolis: Editora Conceito, 2014, p. 468.

[8] TEIXEIRA, Ana Carolina Brochado; NERY, Maria Carla Moutinho. Vulnerabilidade digital de crianças e adolescentes: a importância da autoridade parental para uma educação nas redes. *In:* EHRHARDT JR., Marcos; LOBO, Fabiola. (Org.). *Vulnerabilidade e sua compreensão no direito brasileiro*. Indaiatuba: Foco, 2021, v. 1, p. 133-147, p. 133.

[9] BODIN DE MORAES, Maria Celina. Instrumentos para a proteção dos filhos frente aos próprios pais. *Civilistica.com*, Rio de Janeiro, v. 7, n. 3, p. 13, 2019. Disponível em: https://civilistica.emnuvens.com.br/redc/article/view/391. Acesso em: 5 jul. 2024.

[10] TEIXEIRA, Ana Carolina Brochado; NERY, Maria Carla Moutinho. Vulnerabilidade digital de crianças e adolescentes: a importância da autoridade parental para uma educação nas redes. In: EHRHARDT JR., Marcos; LOBO, Fabiola. (Org.). *Vulnerabilidade e sua compreensão no direito brasileiro*. Indaiatuba: Foco, 2021, v. 1, p. 133-147, p. 135.

> De objeto de direito o filho alça à condição de sujeito de direito, tal mudança provoca uma inversão no foco, quer dizer, os principais interessados quanto ao exercício do poder familiar passam a ser os filhos e não mais os pais.[11]

As crianças e os adolescentes são, dessa forma, sujeitos de direitos fundamentais, cuja proteção incide inclusive no ambiente familiar.[12]

A proteção conferida pela Constituição Federal de 1988 às crianças e adolescentes vem principalmente de sua eleição enquanto seres destinatários de prioridade absoluta (art. 227/CF), sobretudo através da doutrina da proteção integral e do princípio do melhor interesse da criança e do adolescente.

A doutrina da proteção integral se concretiza num encadeamento de proteção à criança e ao adolescente, cujo mandamento constitucional é destinado à sociedade, à família e ao poder público, consumando estes seres em sua ínsita vulnerabilidade não mais como objeto, mas como sujeitos de direitos, sujeitos dos direitos fundamentais, recebendo o outro lado, das responsabilidades e deveres fundamentais.[13]

Entende-se, assim, que toda e qualquer decisão que envolva crianças e adolescentes precisa ser tomada levando em conta seu melhor interesse, sob pena de violação à proteção integral, o que torna as crianças e adolescentes protagonistas no seio familiar, bem como perante a sociedade.[14]

Essa proteção constitucional concretizada na absoluta prioridade define que quando imbróglios envolvam crianças e adolescentes, seus interesses deverão ser privilegiados em relação aos de outras pessoas ou instituições.[15]

---

11 LÔBO, Fabíola Albuquerque. A responsabilidade dos pais e a proteção da pessoa dos filhos. In Carlos Eduardo Pianovski; SOUZA, Eduardo Nunes; MENEZES, Joyceane Bezerra e EHRHARDT JR, Marcos. *Direito Civil Constitucional:* a ressignificação da função dos institutos fundamentais do direito civil contemporâneo e suas consequências. Florianópolis: Editora Conceito, 2014, p. 468.

12 MENEZES, Joyceane Bezerra de; MORAES, Maria Celina Bodin de. *Autoridade parental e privacidade do filho menor*: o desafio de cuidar para emancipar. *In*: ENCONTRO DE INTERNACIONALIZAÇÃO DO CONPEDI, I, 2015, Barcelona. João Marcelo de Lima Assafim, Monica Navarro Michel (Orgs.). Barcelona: Ediciones Laborum, 2015. v. 7. p. 163-196. Disponível em: http://repositorio.ufc.br/bitstream/riufc/55699/1/2015_eve_jbmenezes.pdf. Acesso em: 10 jun. 2021.

13 LÔBO, Paulo. *Direito civil* — volume 5: famílias. São Paulo: Saraiva Educação, 2021, p. 58.

14 LÔBO, Paulo. *Direito civil* — volume 5: famílias. São Paulo: Saraiva Educação, 2021, p. 58.

15 PEREIRA, Tânia da Silva. O princípio do "melhor interesse da criança": da teoria à prática. *Revista Brasileira de Direito de Família*, v. 6, p. 1-6, 2000, p. 2. Disponível em: https://direitodefamilia.adv.br/2020/wp-content/uploads/2020/07/tania-da-silva-pereira-o-principio-do-melhor-interesse-da-crianca.pdf. Acesso em: 05 jul. 2024.

O ambiente digital, que, como dito, consolidou-se no exercício das relações sociais atuais, conquistou também as crianças e os adolescentes. Ocorre que, diante da proteção integral e do melhor interesse, é primordial que se analise a presença infantojuvenil no mundo digital, notadamente em razão de sua vulnerabilidade.

Os pais são naturalmente os responsáveis pelos filhos, sendo seu papel, assim, garantir que o acesso de suas crianças e adolescentes à internet se dê em seu melhor interesse, de acordo com suas necessidades e possibilidades, intelectuais, morais e emocionais. Assim, a segurança da presença infantil online recai em grande parte sobre os ombros dos pais e mães, que, através do exercício da autoridade parental, gerem estes aspectos da vida dos filhos.

Por este motivo, a educação digital se mostra como um dever inerente ao exercício da autoridade parental na realidade contemporânea, permeada pelas revoluções tecnológicas. Afinal, deixar os filhos na internet sem a adequada orientação significa deixar-lhes indefesos, sujeitos aos perigos do ambiente digital.

Observe-se que por um longo período na vida de uma criança ela não tem discernimento para compreender e expressar sua vontade, o que justifica a intervenção dos pais neste aspecto da vida, mais uma vez, para garantir sua proteção integral.[16] A autoridade parental expressa-se de forma decrescente, diminuindo gradativamente à medida em que o adolescente adquire autonomia para tomar suas próprias decisões, mas só se extingue com a maioridade. Até então, os pais são plenamente responsáveis por garantir a segurança dos filhos, inclusive no ambiente digital.

3 Vulnerabilidade digital

A interlocução entre crianças e redes sociais traz uma imensidão de riscos que precisam ser levados em consideração. Tomando como ponto de vista as crianças enquanto usuárias da internet, quando os pais lhes dão acesso irrestrito a *smartphones*, diversas são as preocupações pertinentes, "principalmente para aqueles que não estão prontos para

---

[16] RETTORE, Anna Cristina de Carvalho *et al.* A exposição da imagem dos filhos pelos pais: regular exercício da autoridade parental ou violação ao direito da personalidade da criança e do adolescente?. *Direito & Justiça*, Porto Alegre, v. 42, n. 2, p. 193-207, 2016. Disponível em: https://revistaseletronicas.pucrs.br/ojs/index.php/fadir/article/view/22003. Acesso em: 20 jan. 2024.

usá-la, ou seja, com malícia suficiente para distinguir os riscos dos benefícios para se proteger."[17]

> O uso da tecnologia traz uma miríade de outras potenciais consequências, por exemplo, cyberbullying (assédio virtual), privação do sono, postura inadequada, dores nas costas e no pescoço, sedentarismo, obesidade, solidão, redução da visão, ansiedade, depressão, distúrbio da imagem corporal e vício. Todo esse cenário está afetando as crianças, interrompendo a conexão de impulsos biológicos básicos para que interajam, tornem-se independentes e até mesmo procriem.[18]

De outro lado, os termos de uso dos aplicativos, redes sociais e provedores, juntamente com suas políticas de privacidade que são "verdadeiros contratos de adesão nos quais não se tem liberdade de escolha senão a de aderir a estes para, assim, obter o acesso pretendido."[19] Esses termos são tão longos que praticamente impossibilitam sua leitura e compreensão, estando ausente o consentimento informado.

Paralelamente, as redes sociais possuem algoritmos próprios, cujo funcionamento o público desconhece, e que conduzem a navegação no aplicativo em questão, direcionando o público aos interesses da plataforma. São ferramentas de propriedade das plataformas, às quais os usuários não têm livre acesso, impossibilitando-se a compreensão de seu funcionamento.

Tudo isso adquire peculiar gravidade no contexto da presença de crianças e adolescentes no ambiente digital, uma vez que lhes falta maturidade para compreender o funcionamento desses algoritmos e desses termos de uso, deixando assim esses seres ainda mais vulneráveis, pois impossibilitados de se blindar dos efeitos deletérios.

> Talvez seja ainda mais preocupante o fato de que não estejam vivendo como de fato o desejam. Afinal, se desconhecem como a tecnologia os influencia, correm o risco de permitir que seu comportamento seja por

---

17 TEIXEIRA, Ana Carolina Brochado; NERY, Maria Carla Moutinho. Vulnerabilidade digital de crianças e adolescentes: a importância da autoridade parental para uma educação nas redes. *In:* EHRHARDT JR., Marcos; LOBO, Fabiola. (Org.). *Vulnerabilidade e sua compreensão no direito brasileiro.* Indaiatuba: Foco, 2021, v. 1, p. 133-147, p. 135.

18 KANG, Shimi. *Tecnologia na Infância*: Criando hábitos saudáveis para crianças em um mundo digital. Editora Melhoramentos, 2021, p. 21.

19 TEIXEIRA, Ana Carolina Brochado; NERY, Maria Carla Moutinho. Vulnerabilidade digital de crianças e adolescentes: a importância da autoridade parental para uma educação nas redes. *In*: EHRHARDT JR., Marcos; LOBO, Fabiola. (Org.). *Vulnerabilidade e sua compreensão no direito brasileiro.* 1ed. Indaiatuba: Foco, 2021, v. 1, p. 133-147, p. 135.

> ela controlado. É importante refletir: as crianças estão usando a tecnologia ou a tecnologia as está usando?[20]

Nesse sentido, já se teve notícia de denúncias referentes ao algoritmo do YouTube, que estaria direcionando usuários de maneira temerária, em incentivo à pedofilia.[21]

Vê-se, assim, que a presença infanto-juvenil online faz ser imperiosa interpretação constitucional voltada à proteção das crianças e adolescentes inseridos no contexto digital, como medida de respeito aos direitos humanos.

Em concreto, a vulnerabilidade de crianças e adolescentes que navegam na internet se verifica não apenas, mas especialmente nos riscos de *cyberbullying*, contato com conteúdos inadequados, pornográficos, contato com pessoas desconhecidas, jogos online, sexting, entre outros. Além disso, ficam sujeitas ao contato com desconhecidos, o que pode ensejar chantagem, indução e incentivo à automutilação, estupro virtual, incitação ao suicídio,[22] *grooming*, indução ao *sexting* e à hipersexualização.

> O incremento do acesso à rede aumentou também, infelizmente, os casos de violações dos direitos humanos pela internet e tem exposto crianças e adolescentes a novas modalidades de violência sexual, como abuso, aliciamento e disseminação de pornografia infantojuvenil on-line, e ao *cyberbullying*.[23]

O Governo Federal editou o Guia sobre usos de dispositivos digitais, discutindo questões atinentes a crianças, adolescentes e telas. O referido documento destaca que o uso excessivo de telas por crianças e adolescentes é visto pela literatura como fator de risco para atrasos no desenvolvimento da fala na primeira infância; sedentarismo e

---

[20] KANG, Shimi. *Tecnologia na Infância*: Criando hábitos saudáveis para crianças em um mundo digital. Editora Melhoramentos, 2021, p. 22.

[21] Vide: https://oglobo.globo.com/brasil/pesquisa-de-harvard-acusa-algoritmo-do-youtube-de-alimentar-pedofilia-23714288. Acesso em: abr. 2023.

[22] Disponível em: https://g1.globo.com/fantastico/noticia/2025/04/07/como-os-pais-podem-ajudar-na-experiencia-e-seguranca-digital-dos-filhos.ghtml?utm_source=share-universal&utm_medium=share-bar-app&utm_campaign=materias. Acesso em: 07 jun. 25.

[23] Disponível em: https://www.childhood.org.br/a-vulnerabilidade-de-criancas-e-adolescentes-na-era-da-internet/#:~:text=O%20pr%C3%B3prio%20site%20da%20Safernet%20(www.safernet.org.br)%20abriga,redes%20de%20relacionamento%20e%20demais%20conte%C3%BAdos%20on%2Dline. Acesso em: 09 jun. 25.

obesidade; problemas de visão; impactos negativos sobre a capacidade de desenvolvimento de raciocínio e socialização; prejuízos à capacidade de foco, entre muitos outros.[24]

O guia relaciona o uso das redes sociais por crianças e adolescentes, também, com sintomas depressivos; problemas de sono; transtornos alimentares, problemas relacionados à autoimagem — sobretudo de meninas — e o *fear of missing out:* "medo de ficar de fora",[25] que gera uma ansiedade e um anseio por estar sempre conectado, para evitar perder a *trend* do momento, a novidade que se está a discutir e, assim, ficar por fora do que se debate no círculo social — tanto presencial quanto online.

Tudo isto se exacerba sobremaneira quando as crianças e adolescentes estão na internet de forma desamparada, sem a orientação e fiscalização dos pais. "O fato de os filhos estarem em casa — mas expostos ao ambiente virtual — transmite aos pais uma falsa sensação de segurança, pois a exposição à Rede acaba gerando riscos invisíveis".[26]

Ao contrário da segurança percebida pelos pais, em razão de estarem os filhos sob a proteção do lar, as "crianças se tornaram escravas de um aparelho que supostamente deveria nos libertar, nos conectar com os outros, nos dar mais tempo para aproveitar a vida e aqueles a quem amamos".[27]

3.1 Questões comportamentais e cognitivas

A psiquiatra Shimi Kang destaca o "custo humano" do uso de aparelhos tecnológicos pelas crianças e adolescentes:

> Os aparelhos de seus filhos estão roubando o tempo deles, devorando-lhes aos poucos os anos de vida. Cada hora diante de uma tela equivale ao tempo que poderiam estar correndo e interagindo com outras

---

24 Disponível em: chrome-extension://efaidnbmnnnibpcajpcglclefindmkaj/https://www.gov.br/secom/pt-br/assuntos/uso-de-telas-por-criancas-e-adolescentes/guia/guia-de-telas_sobre-usos-de-dispositivos-digitais_versaoweb.pdf. Acesso em: 08 jun. 25.

25 Disponível em: chrome-extension://efaidnbmnnnibpcajpcglclefindmkaj/https://www.gov.br/secom/pt-br/assuntos/uso-de-telas-por-criancas-e-adolescentes/guia/guia-de-telas_sobre-usos-de-dispositivos-digitais_versaoweb.pdf. Acesso em: 08 jun. 25.

26 TEIXEIRA, Ana Carolina Brochado; NERY, Maria Carla Moutinho. Vulnerabilidade digital de crianças e adolescentes: a importância da autoridade parental para uma educação nas redes. *In:* EHRHARDT JR., Marcos; LOBO, Fabiola. (Org.). *Vulnerabilidade e sua compreensão no direito brasileiro*. Indaiatuba: Foco, 2021, v. 1, p. 133-147, p. 139.

27 KANG, Shimi. *Tecnologia na Infância*: Criando hábitos saudáveis para crianças em um mundo digital. Editora Melhoramentos, 2021, p. 22.

crianças de sua idade ou observando e aprendendo com o que existe ao redor; interações com o mundo real são essenciais para o saudável desenvolvimento físico e social.[28]

A psiquiatra conta que em sua atuação clínica, pais relatam que os filhos têm tido mudanças de comportamento preocupantes, no sentido de perda de interesse pela escola, pelos esportes e até pela família, em prol de videogames,[29] por exemplo. Segundo ela, diversos adolescentes "reagiram com ameaças de violência, fuga de casa, mutilação e suicídio aos limites impostos pelos pais quanto ao uso das redes sociais".[30]

De forma semelhante, em 2022, no Brasil, um menino de 13 anos confessou ter assassinado a mãe e o irmão por ter sido proibido de utilizar o aparelho celular.[31] A preocupação da psiquiatra é de extrema pertinência:

> Na minha prática profissional, vejo cada vez mais crianças e adolescentes bonitos, inteligentes e de bom coração, cheios de potencial, que estão perdendo o controle da mente e da vida para as telas. Muitos deles passam horas intermináveis olhando para um monitor brilhante, negligenciando deveres escolares, famílias e a si mesmos enquanto navegam nas redes sociais ou discutem estratégias para o *World of Warcraft* usando fones estranhos de ouvido. Eles não diferem de pacientes viciados em cocaína ou álcool: vidas arruinadas, relacionamentos interpessoais inexistentes e forma física péssima.[32]

A alteração no comportamento infantil é tão acentuada que está sendo relacionada até ao aumento da obesidade infantil, uma vez que as crianças têm preferido atividades com pouco ou nenhum movimento,[33] notadamente referentes a videogames, redes sociais e entretenimento digital, em detrimento de brincadeiras tradicionais, que envolvem pelo menos um certo grau de exercício físico.

---

[28] KANG, Shimi. *Tecnologia na Infância*: Criando hábitos saudáveis para crianças em um mundo digital. Editora Melhoramentos, 2021, p. 22.

[29] KANG, Shimi. *Tecnologia na Infância*: Criando hábitos saudáveis para crianças em um mundo digital. Editora Melhoramentos, 2021, p. 23.

[30] KANG, Shimi. *Tecnologia na Infância*: Criando hábitos saudáveis para crianças em um mundo digital. Editora Melhoramentos, 2021, p. 23.

[31] Disponível em: https://www.bbc.com/portuguese/geral-60853962. Acesso em: 09 jun.25.

[32] KANG, Shimi. *Tecnologia na Infância*: Criando hábitos saudáveis para crianças em um mundo digital. Editora Melhoramentos, 2021, p. 59.

[33] Disponível em: https://www.bbc.com/portuguese/brasil-60796823. Acesso em: 09 jun. 25.

Algumas tecnologias, tanto plataformas de redes sociais, videogames, etc., funcionam no sentido de conferir ao indivíduo ondas imediatas de prazer, que proporcionam ao indivíduo uma dose de dopamina.[34]

> Mas a dopamina em excesso (ou o prazer) à custa de oxitocina (ou vínculo) fará com que se sintam sozinhos, ansiosos e deprimidos. Para neutralizar essas sensações, eles vão querer outra dose de dopamina, que, por essa razão, é o principal neuroquímico por trás do vício. Os likes nas redes sociais também fornecem dopamina. No entanto, enquanto nos comparamos negativamente com os outros, também desencadeamos a liberação de hormônios do estresse.[35]

Dessa forma, tem-se a interação direta entre a utilização das redes sociais e aspectos bioquímicos do cérebro infanto-juvenil, cujos estudos preliminares demonstram interferir na formação dessas crianças e adolescentes, com efeitos ainda desconhecidos.

Do ponto de vista comportamental, já restou claro que as crianças e os adolescentes não possuem maturidade suficiente para navegar na internet sem supervisão, pois não são capazes, em grande parte, de identificar os riscos ali existentes.

> Comunidades online relacionadas à autolesão ou a transtornos alimentares podem ser fáceis de encontrar, com acesso público e sem avisos sobre a natureza do conteúdo sensível disponível. Frequentemente, essas comunidades são amplificadas por algoritmos projetados para reter a atenção dos usuários.[36]

Ainda, vê-se uma proliferação de desafios digitais, publicados na internet, que incitam as crianças e os adolescentes a realizar tarefas arriscadas. São desafios que estimulam autolesão,[37] encorajam

---

34 KANG, Shimi. *Tecnologia na Infância*: Criando hábitos saudáveis para crianças em um mundo digital. Editora Melhoramentos, 2021, p. 26.

35 KANG, Shimi. *Tecnologia na Infância*: Criando hábitos saudáveis para crianças em um mundo digital. Editora Melhoramentos, 2021, p. 26.

36 Disponível em: chrome-extension://efaidnbmnnnibpcajpcglclefindmkaj/https://www.gov.br/secom/pt-br/assuntos/uso-de-telas-por-criancas-e-adolescentes/guia/guia-de-telas_sobre-usos-de-dispositivos-digitais_versaoweb.pdf. Acesso em: 08 jun. 25.

37 Disponível em: chrome-extension://efaidnbmnnnibpcajpcglclefindmkaj/https://www.gov.br/secom/pt-br/assuntos/uso-de-telas-por-criancas-e-adolescentes/guia/guia-de-telas_sobre-usos-de-dispositivos-digitais_versaoweb.pdf. Acesso em: 08 jun. 25.

comportamentos humilhantes e a realização de tarefas perigosas pelas crianças e adolescentes.

Exemplificativamente, em 2025, duas crianças faleceram no Brasil por terem inalado aerossol em razão de desafios lançados online.[38] Como dito, como as crianças e adolescentes estão em estágio de desenvolvimento — daí o reconhecimento de sua vulnerabilidade ínsita — especialmente no desenvolvimento emocional, são particularmente sensíveis à pressão dos colegas, tornando-se sugestionáveis por esse tipo de conteúdo.[39]

3.2 Sexualização precoce

Quando os jovens têm acesso sem a adequada supervisão ao ambiente digital, pode-se perceber uma sexualização precoce, que vem tanto do contato com a pornografia, inclusive explícita e violenta, quanto do *sexting* e do contato com conteúdo adulto e hipersexualizado nas redes sociais.

As crianças passam longos períodos em contato íntimo com o ambiente digital, sobretudo nas redes sociais. Nestas plataformas, percebe-se um ambiente adultizado, habitado em grande parte por crianças e adolescentes que tendem a replicar o conteúdo que consomem nas plataformas, como forma de conformar-se às pressões sociais, especialmente de seus pares.

Nas redes sociais, os infantes acessam o conteúdo publicado, muitas vezes sem qualquer supervisão. Ali, encontram material adulto, sátiras, piadas, conteúdo de cunho sexual ou com conotações sexuais, etc. Apesar de serem inegáveis os efeitos desse contato precoce com temas adultos em meninos, as repercussões parecem ser mais cruéis em relação às meninas.

> A imagem corporal das meninas tem vindo a torná-las, "crianças — mulheres — sexualizadas". Tratando-se de crianças, as imagens reenviam para a sexualização das suas expressões, posturas ou códigos de vestuário, demasiado precoces e evidenciando sinais de disponibilidade sexual, forjados e desajustados para a idade. Num mundo em que as

---

[38] Disponível em: https://www.sbp.com.br/imprensa/detalhe/news/sbp-reforca-alerta-sobre-perigo-de-desafios-online-envolvendo-criancas-e-adolescentes/. Acesso em: 09 jun. 2025.

[39] Disponível em: chrome-extension://efaidnbmnnnibpcajpcglclefindmkaj/https://www.gov.br/secom/pt-br/assuntos/uso-de-telas-por-criancas-e-adolescentes/guia/guia-de-telas_sobre-usos-de-dispositivos-digitais_versaoweb.pdf. Acesso em: 08 jun. 25.

crianças estão sob o olhar atento de pedófilos e sujeitas a diversa formas de abusos sexuais, esta situação é, verdadeiramente, preocupante.[40]

Da mesma forma, o acesso irrestrito ao ambiente digital permite que crianças e adolescentes tenham contato — até por acidente — com pornografia explícita, por vezes violenta e degradante. Para além do contato acidental, com alarmante facilidade, meninos e meninas buscam — e encontram — conteúdo pornográfico online.

Ainda no conteúdo hipersexualizante, percebe-se a troca de conteúdo explícito entre as crianças e adolescentes. O chamado sexting ganha força entre os adolescentes, que trocam fotografias e vídeos de conteúdo explícito de si mesmos. A prática pode até ser considerada normal, no sentido de ser um comportamento natural do desenvolvimento da sexualidade. Porém, ao transpor o descobrimento íntimo dos jovens para o ambiente digital, tem-se o perigo de eternizar decisões ruins por eles tomadas, pondo os jovens — especialmente as jovens — em risco de pornografia de vingança, de exposição vexatória e de ataques misóginos.

3.3 Machismo, "manosfera", cultura *Incel, bullying* e violência

Recentemente uma minissérie do *streaming* Netflix causou comoção e levantou o debate acerca da interferência da cultura *Incel* no comportamento infantojuvenil, sobretudo na internet.

O termo *Incel* é uma abreviação para "*involuntary celibate*" — ou celibatários involuntários, em tradução livre — e diz respeito a um grupo de indivíduos na internet que não conseguem encontrar parceiros afetivos (principalmente sexuais), apesar de quererem ter esse tipo de relacionamentos,[41] e expressam seu ódio especialmente por mulheres, a quem culpam por não terem sucesso nos vínculos românticos.

A minissérie retrata o caso de um adolescente que assassinou brutalmente uma colega de classe. Ao desenrolar da história, percebe-se uma interlocução entre o adolescente e a cultura *Incel*, especialmente a teoria 80/20, segundo a qual 80% das mulheres são atraídas por 20% dos

---

40 TEIXEIRA, Filomena. Hipersexualização, género e media. *Interacções*, v. 11, n. 39, 2015, p. 4.

41 https://dictionary.cambridge.org/us/dictionary/english/incel#google_vignette. Acesso em: 09 jun. 25.

homens, que seriam os únicos fisicamente e socialmente desejáveis,[42] o que tornaria os 80% de indesejáveis injustiçados pelas mulheres, vistas como as grandes vilãs. Isso se desenrola no comportamento do assassino através de uma raiva explosiva, sobretudo em face de mulheres e meninas, que recebem a culpa por suas frustrações.

Na série, a menina assassinada passa por uma situação vexatória, pois teve uma fotografia íntima publicada na plataforma Snapchat, o que gerou embaraços na escola, perante os pares. Aproveitando-se disso, entendendo que a menina estaria em situação de maior vulnerabilidade em razão da humilhação, o protagonista resolveu chamar a colega para sair, querendo se aproveitar da vulnerabilidade da colega, pensando que, nessa situação, ela poderia se interessar por ele.[43] Aparentemente, a rejeição da menina, ainda neste momento de fragilidade, agravou sobremaneira a raiva do assassino, numa expressão da misoginia à qual fora exposto e que aprendeu na internet.

A minissérie fomentou o debate de maneira incisiva, uma vez que o adolescente em questão vem de uma família aparentemente ajustada, sem que tenham sido demonstradas situações de abuso, ou questões psicológicas antecessoras que justifiquem o comportamento do menino. Ao contrário, trata-se de um filho de pais amorosos e presentes.

Não obstante, esses pais não perceberam que, ao deixar o filho se trancar no quarto para surfar na internet sozinho, sem fiscalizar e orientar o conteúdo que está consumindo, permitiram que o filho tivesse contato com o que há de pior na internet, deixando que ele se fechasse num mundo próprio, sem dividir seus anseios e preocupações, sendo influenciado pela dita "manosfera" ou "machosfera", comunidade virtual na qual proliferam discursos de ódio voltados às mulheres, a quem culpam por quaisquer desafios que lhes aflijam.[44]

O que se percebe, com isso, é o perigo de deixar um adolescente sem supervisão na internet. Não se sabe qual conteúdo o adolescente terá acesso, e qual efeito que isso terá no emocional do adolescente, caso não seja adequadamente orientado em relação ao que viu.

---

[42] CANTRELL, Kate; HOPKINS, Susan. Adolescence is a technical masterpiece that exposes the darkest corners of incel culture and male rage. *The Conversation*, v. 19, 2025.

[43] CANTRELL, Kate; HOPKINS, Susan. Adolescence is a technical masterpiece that exposes the darkest corners of incel culture and male rage. *The Conversation*, v. 19, 2025.

[44] Disponível em: https://www.terra.com.br/nos/adolescencia-especialista-explica-o-que-e-manosfera-teoria-8020-e-como-meninos-caem-em-misoginia,a8fa09f9264cb90db240f7a9d6c84854iobifpy8.html#google_vignette. Acesso em: 07 jun. 25.

> Embora as motivações de Jamie permaneçam obscuras, a série deixa uma coisa clara: os adolescentes de hoje habitam um mundo online que os adultos, por mais bem-intencionados que sejam, são incapazes de compreender se não ouvirem.
>
> No centro do coração partido da série está uma verdade devastadora: o lugar mais perigoso do mundo para um adolescente é sozinho em seu quarto. Preso no espelho escuro das mídias sociais, Jamie — como um número crescente de adolescentes — recorre à "manosfera" digital e à lógica sombria dos misóginos online.[45]

O *bullying*, os comentários maldosos, e essa violência virtual impacta o cérebro infantojuvenil, que reage a essa ameaça — seja ela virtual ou presencial da mesma forma, desencadeando uma das reações biológicas clássicas de congelar, lutar ou fugir.[46] Assim sendo, essas crianças estão submetidas a um estresse considerável, sobretudo no ambiente digital, em razão da dificuldade de pais, responsáveis e educadores de saber o que está acontecendo, e assim orientar adequadamente a criança.

A internet fomenta um ambiente em que o *bullying* obtém material e o *cyberbullying* se prolifera. "A prática de *bullying* consiste em ações negativas persistentes por parte dos colegas (daí seu outro nome, *peer victimization* [victimização entre pares]), sejam eles de escola, de trabalho ou de qualquer outro ambiente social".[47]

> O cyberbullying transformou-se no bullying de alta dimensão porque é praticado por meio dos ambientes virtuais, cujo alcance é extraordinariamente maior e corresponde à prática da intimidação, humilhação,

---

45 CANTRELL, Kate; HOPKINS, Susan. Adolescence is a technical masterpiece that exposes the darkest corners of incel culture and male rage. *The Conversation*, v. 19, 2025. Em tradução livre. No original: "While Jamie's motives remain murky, the show makes one thing clear: today's teens inhabit an online world that adults, however well-intentioned, are incapable of understanding if they do not listen.
At the centre of the show's broken heart is a devastating truth: the most dangerous place in the world for a teenager is alone in their bedroom. Trapped in the dark mirror of social media, Jamie — like a growing number of teenage boys — turns to the digital "manosphere" and the grim logic of online misogynists."

46 KANG, Shimi. *Tecnologia na Infância*: Criando hábitos saudáveis para crianças em um mundo digital. Editora Melhoramentos, 2021, p. 53.

47 ANDRADE, Gustavo Henrique Baptista, HOLANDA, Maria Rita. Cyberbullying e o espaço digital: entre a ética e o direito. *In:* EHRHARDT JR, Marcos e CATALAN, Marcos. Tecnologia, família e relações sucessórias: tutela das pessoas e proteção patrimonial. Belo Horizonte: Fórum, 2024, p. 13-30, p. 21.

> exposição vexatória, perseguição, calúnia e difamação, que agora ocorrem não apenas no ambiente escolar, mas se estendem nos lugares considerados mais seguros, sobretudo para a criança e adolescente, na privacidade de sua casa e de seu quarto.[48]

As vítimas deste comportamento deplorável na internet sentemse sozinhas, à mercê dos agressores, e poderão agir de forma violenta, depressiva ou autoagressiva.

4 Tutela das vulnerabilidades no ambiente digital

Sendo certo que a autoridade parental — poder familiar, na dicção do Código Civil — é instrumentalizada à realização do melhor interesse do menor,[49] e que as transformações das relações sociais, sobretudo em razão do ambiente digital trazem desafios próprios para a segurança e higidez moral e física das crianças e adolescentes, os pais têm papel fundamental no resguardo de seus filhos perante o ambiente digital.

> No âmbito dos deveres constitucionais de criação, assistência e, principalmente de educação (art. 229 CF), está o dever de fiscalização dos pais. Fiscalização está atrelada ao acompanhamento diário da criança e do adolescente, do comportamento, das atitudes, das amizades e das reflexões construídas sobre a vida.[50]

Nesse sentido, os pais têm não só o direito, mas o dever de fiscalizar seus filhos, sobretudo em sua navegação na internet, não com o fito de invadir-lhes a privacidade, mas no sentido de evitar o acesso a conteúdo impróprio, orientar e proteger. Esses filhos têm "o direito a receber limites, de ser corrigidos, como decorrência do direito à

---

48 ANDRADE, Gustavo Henrique Baptista, HOLANDA, Maria Rita. Cyberbullying e o espaço digital: entre a ética e o direito. *In:* EHRHARDT JR, Marcos e CATALAN, Marcos. *Tecnologia, família e relações sucessórias*: tutela das pessoas e proteção patrimonial. Belo Horizonte: Fórum, 2024, p. 13-30, p. 22.

49 PERLINGIERI, Pietro. *O Direito Civil na legalidade constitucional*. Rio de Janeiro: Renovar, 2008, p. 1002.

50 TEIXEIRA, Ana Carolina Brochado; NERY, Maria Carla Moutinho. Vulnerabilidade digital de crianças e adolescentes: a importância da autoridade parental para uma educação nas redes. *In:* EHRHARDT JR., Marcos; LOBO, Fabiola. (Org.). *Vulnerabilidade e sua compreensão no direito brasileiro*. Indaiatuba: Foco, 2021, v. 1, p. 133-147, p. 137.

educação, formal e informal, de modo a serem preparados para o exercício da cidadania."[51]

Os pais que falham nesses deveres exercem a chamada paternidade distraída, que consiste na omissão desses cuidados, sobretudo os referentes ao ambiente digital,[52] incorrendo em abandono digital, ao deixar seus filhos sozinhos na internet, submetidos aos perigos do ambiente virtual, sem orientação e acompanhamento.[53]

> É preciso reconhecer o desafio de lidar com um ordenamento jurídico pensado para uma realidade puramente analógica, num contexto de relações jurídicas que cada vez mais se desenvolvem num mundo digital, sem nenhum tipo de suporte físico, sujeito a impactos tecnológicos verdadeiramente disruptivos que põem em xeque categorias tradicionais que precisam ser ressignificadas diante de um cenário que só reforça a importância da utilização de métodos que privilegiem a realidade do caso concreto e a proteção dos legítimos interesses dignos da tutela jurídica.[54]

É imprescindível que as famílias invistam fortemente no diálogo com as crianças e os adolescentes, no sentido de orientar sobre a proteção à privacidade e intimidade no ambiente digital,[55] em paralelo à orientação sobre a navegação digital segura, para afastar-lhes de conteúdo impróprio e perigoso.

---

[51] TEIXEIRA, Ana Carolina Brochado; NERY, Maria Carla Moutinho. Vulnerabilidade digital de crianças e adolescentes: a importância da autoridade parental para uma educação nas redes. *In*: EHRHARDT JR., Marcos; LOBO, Fabiola. (Org.). *Vulnerabilidade e sua compreensão no direito brasileiro*. Indaiatuba: Foco, 2021, v. 1, p. 133-147, p. 137.

[52] MARUCO, Fábia de Oliveira Rodrigues; RAMPAZZO, Lino. O abandono digital de incapaz e os impactos nocivos pela falta do dever de vigilância parental. *Revista de Direito de Família e Sucessão*, v. 6, n. 1, p. 35-54, 2020, p. 2.

[53] TEIXEIRA, Ana Carolina Brochado; NERY, Maria Carla Moutinho. Vulnerabilidade digital de crianças e adolescentes: a importância da autoridade parental para uma educação nas redes. In: EHRHARDT JR., Marcos; LOBO, Fabiola. (Org.). *Vulnerabilidade e sua compreensão no direito brasileiro*. Indaiatuba: Foco, 2021, v. 1, p. 133-147, p. 139.

[54] ANDRADE, Gustavo Henrique Baptista, HOLANDA, Maria Rita. *Cyberbullying* e o espaço digital: entre a ética e o direito. *In:* EHRHARDT JR, Marcos e CATALAN, Marcos. *Tecnologia, família e relações sucessórias*: tutela das pessoas e proteção patrimonial. Belo Horizonte: Fórum, 2024, p. 13-30, p. 17/18.

[55] Disponível em: chrome-extension://efaidnbmnnnibpcajpcglclefindmkaj/https://www.gov.br/secom/pt-br/assuntos/uso-de-telas-por-criancas-e-adolescentes/guia/guia-de-telas_sobre-usos-de-dispositivos-digitais_versaoweb.pdf. Acesso em: 08 jun. 25.

5 Considerações finais

As crianças e adolescentes são seres vulneráveis, por estarem em estágio de desenvolvimento físico, psíquico e emocional. Diante disto, o ambiente digital traz consigo riscos específicos a esse grupo.

Não se pode olvidar que a internet "veio para ficar" e que será necessário lidar com ela e com seus reflexos pelos próximos tempos. Não obstante, não se pode conceber do ambiente digital como um aparte à realidade física, sem a aplicação das normas que protegem os indivíduos considerados em concreto.

Assim, todo o sistema de proteção constitucional à pessoa e, sobretudo, à criança e ao adolescente, aplica-se por inteiro ao ambiente digital, sendo imperioso que pais e responsáveis exerçam seus deveres parentais também em relação ao ambiente virtual; que o Estado e a sociedade concretizem a proteção integral à criança e ao adolescente também no ambiente virtual.

Não o fazer significaria falhar enquanto entidades (família, Estado, sociedade) que receberam a incumbência constitucional de proteger os vulneráveis.

Dessa forma, a tutela da vulnerabilidade das crianças e adolescentes tem que ser exercida por essas três instituições protetoras. Porém, o foco deste trabalho disse respeito aos pais, por serem os mais próximos às crianças e adolescentes, sendo, também, os mais capazes de proteger-lhes adequadamente.

No que se refere ao ambiente digital, a vulnerabilidade infanto-juvenil tem que ser tutelada através de ações sobretudo dos pais, no sentido de orientar, fiscalizar e proteger, para evitar que os riscos se concretizem e causem danos às crianças e adolescentes.

Referências

ANDRADE, Gustavo Henrique Baptista, HOLANDA, Maria Rita. Cyberbullying e o espaço digital: entre a ética e o direito. *In*: EHRHARDT JR, Marcos e CATALAN, Marcos. *Tecnologia, família e relações sucessórias*: tutela das pessoas e proteção patrimonial. Belo Horizonte: Fórum, 2024, p. 13-30.

BBC. *Como uso excessivo de celular impacta cérebro da criança.* Disponível em: https://www.bbc.com/portuguese/geral-60853962. Acesso em: 09 jun. 2025.

BBC. *Obesidade infantil*: as razões por trás do aumento de peso entre as crianças brasileiras. Disponível em: https://www.bbc.com/portuguese/brasil-60796823. Acesso em: 09 jun. 2025.

BODIN DE MORAES, Maria Celina. Instrumentos para a proteção dos filhos frente aos próprios pais. *Civilistica.com*, Rio de Janeiro, v. 7, n. 3, p. 13, 2019. Disponível em: https://civilistica.emnuvens.com.br/redc/article/view/391. Acesso em: 5 jul. 2024.

CAMBRIDGE DICTIONARY. Disponível em: https://dictionary.cambridge.org/us/dictionary/english/incel#google_vignette. Acesso em: 09 jun. 25.

CANTRELL, Kate; HOPKINS, Susan. Adolescence is a technical masterpiece that exposes the darkest corners of incel culture and male rage. *The Conversation*, v. 19, 2025.

CHILDHOOD. *A vulnerabilidade de crianças e adolescentes na era da internet*. Disponível em: https://www.childhood.org.br/a-vulnerabilidade-de-criancas-e-adolescentes-na-era-da-internet/#:~:text=O%20pr%C3%B3prio%20site%20da%20Safernet%20(www.safernet.org.br)%20abriga,redes%20de%20relacionamento%20e%20demais%20conte%C3%BAdos%20on%2Dline. Acesso em: 09 jun. 2025.

DE TEFFÉ, Chiara Spadaccini; DE MORAES, Maria Celina Bodin. Redes sociais virtuais: privacidade e responsabilidade civil. Análise a partir do Marco Civil da Internet. *Pensar-Revista de Ciências Jurídicas*, v. 22, n. 1, p. 108-146, 2017.

G1. *Como os pais podem ajudar na experiencia e segurança digital dos filhos*. Disponível em: https://g1.globo.com/fantastico/noticia/2025/04/07/como-os-pais-podem-ajudar-na-experiencia-e-seguranca-digital-dos-filhos.ghtml?utm_source=share-universal&utm_medium=share-bar-app&utm_campaign=materias. Acesso em: 07 jun. 2025.

GOV.BR. *Uso de telas por crianças e adolescentes*. Disponível em: https://www.gov.br/secom/pt-br/assuntos/uso-de-telas-por-criancas-e-adolescentes/guia. Acesso em: 08 jun. 2025.

KANG, Shimi. *Tecnologia na Infância*: Criando hábitos saudáveis para crianças em um mundo digital. Editora Melhoramentos, 2021.

LÔBO, Fabíola Albuquerque. A responsabilidade dos pais e a proteção da pessoa dos filhos. In Carlos Eduardo Pianovski; SOUZA, Eduardo Nunes; MENEZES, Joyceane Bezerra e EHRHARDT JR, Marcos. *Direito Civil Constitucional:* a ressignificação da função dos institutos fundamentais do direito civil contemporâneo e suas consequências. Florianópolis: Editora Conceito, 2014.

LÔBO, Paulo. *Direito civil* — volume 5: famílias. São Paulo: Saraiva Educação, 2021.

MARUCO, Fábia de Oliveira Rodrigues; RAMPAZZO, Lino. O abandono digital de incapaz e os impactos nocivos pela falta do dever de vigilância parental. *Revista de Direito de Família e Sucessão*, v. 6, n. 1, p. 35-54, 2020.

MENEZES, Joyceane Bezerra de; MORAES, Maria Celina Bodin de. *Autoridade parental e privacidade do filho menor*: o desafio de cuidar para emancipar. *In*: ENCONTRO DE INTERNACIONALIZAÇÃO DO CONPEDI, I, 2015, Barcelona. João Marcelo de Lima Assafim, Monica Navarro Michel (Orgs.). Barcelona: Ediciones Laborum, 2015. v. 7. p. 163-196. Disponível em: http://repositorio.ufc.br/bitstream/riufc/55699/1/2015_eve_jbmenezes.pdf. Acesso em: 10 jun. 2021.

O GLOBO. Pesquisa de Harvard acusa algoritmo do youtube de alimentar pedofilia. Disponível em: https://oglobo.globo.com/brasil/pesquisa-de-harvard-acusa-algoritmo-do-youtube-de-alimentar-pedofilia-23714288. Acesso em: abr. 2023.

PEREIRA, Tânia da Silva. O princípio do "melhor interesse da criança": da teoria à prática. *Revista Brasileira de Direito de Família*, v. 6, p. 1-6, 2000, p. 2. Disponível em: https://direitodefamilia.adv.br/2020/wp-content/uploads/2020/07/tania-da-silva-pereira-o-principio-do-melhor-interesse-da-crianca.pdf. Acesso em: 05 jul. 2024.

PERLINGIERI, Pietro. *O Direito Civil na legalidade constitucional*. Rio de Janeiro: Renovar, 2008.

RETTORE, Anna Cristina de Carvalho *et al*. A exposição da imagem dos filhos pelos pais: regular exercício da autoridade parental ou violação ao direito da personalidade da criança e do adolescente?. *Direito & Justiça*, Porto Alegre, v. 42, n. 2, p. 193-207, 2016. Disponível em: https://revistaseletronicas.pucrs.br/ojs/index.php/fadir/article/view/22003. Acesso em: 20 jan. 2024.

SBP. SBP reforça alerta sobre perigo de desafios online envolvendo crianças e adolescentes. Disponível em: https://www.sbp.com.br/imprensa/detalhe/news/sbp-reforca-alerta-sobre-perigo-de-desafios-online-envolvendo-criancas-e-adolescentes/. Acesso em: 09 jun. 2025.

TEIXEIRA, Ana Carolina Brochado. Herança digital dos influenciadores. *In: Influenciadores digitais e seus desafios jurídicos*. HACKEROOT, Nadia Andreotti Tüchumantel (Coord.). São Paulo: Thomson Reuters, 2023, p. 199-222.

TEIXEIRA, Ana Carolina Brochado; NERY, Maria Carla Moutinho. Vulnerabilidade digital de crianças e adolescentes: a importância da autoridade parental para uma educação nas redes. *In*: EHRHARDT JR., Marcos; LOBO, Fabiola. (Org.). *Vulnerabilidade e sua compreensão no direito brasileiro*. Indaiatuba: Foco, 2021, v. 1, p. 133-147.

TEIXEIRA, Filomena. Hipersexualização, género e media. *Interacções*, v. 11, n. 39, 2015.

TERRA. 'Adolescência': especialista explica o que é manosfera, teoria 80/20 e como meninos caem em misoginia. Disponível em: https://www.terra.com.br/nos/adolescencia-especialista-explica-o-que-e-manosfera-teoria-8020-e-como-meninos-caem-em-misoginia,a8fa09f9264cb90db240f7a9d6c84854iobifpy8.html?utm_source=clipboard. Acesso em: 07 jun. 2025.

ZAMPIER, Bruno. *Bens Digitais*: cybercultura, redes sociais, e-mails, músicas, livros, milhas aéreas, moedas virtuais. Editora Foco, 2021.

Informação bibliográfica deste livro, conforme a NBR 6023:2018 da Associação Brasileira de Normas Técnicas (ABNT):

LÔBO, Fabíola Albuquerque; GALVÃO, Camila Sampaio. A tutela da vulnerabilidade de crianças e adolescentes no ambiente digital. *In*: EHRHARDT JÚNIOR, Marcos; CATALAN, Marcos (coord.). *Vida privada, patrimônio e tecnologia*: novos rumos para o direito de família e das sucessões. Belo Horizonte: Fórum, 2025. p. 35-54. ISBN 978-85-450-0968-9.

PUBLICIDADE INFANTIL NAS PLATAFORMAS DIGITAIS E A VIOLAÇÃO DA PROTEÇÃO INTEGRAL

MARIA RITA DE HOLANDA

JULIANA MARQUES CUNHA

1 Introdução

Com a evolução tecnológica contínua e a consolidação da sociedade da informação atualmente vivenciada, crianças e adolescentes usam a internet, cada vez mais, para aprofundamento em pesquisas e estudos, comunicação e entretenimento, através de jogos eletrônicos, mídias sociais, plataformas de *streaming*, entre tantos outros.

A contemporaneidade é marcada pela imbricação da tecnologia digital na composição da vida social, fenômeno este que, inaugurado com a massificação do acesso à internet e à disseminação de dispositivos móveis inteligentes, transmutou radicalmente as dinâmicas interacionais, os padrões comportamentais e a própria concepção de infância e adolescência.

O advento da "infância baseada no celular", na precisa expressão de Jonathan Haidt (2024, p. 47), não apenas reconfigurou o lazer e a socialização, mas também expôs crianças e adolescentes, de maneira precoce e desprotegida, a um ciberespaço complexo, cujas arquiteturas foram concebidas sob a égide dos interesses comerciais das grandes empresas de tecnologia (doravante denominadas simplesmente de *Big Techs*).

De fato, a incapacidade e/ou a vulnerabilidade desses sujeitos não obstam a sua inserção digital em largas medidas. Acontece que a acessibilidade promovida pelos sistemas garante uma igualdade formal, mas não uma igualdade material, e isso, ao contrário do que se anuncia e propõe, pode inverter a promessa de uma inclusão e, pior, pode gerar danos irreparáveis cuja responsabilidade é difusa.

O presente estudo se debruça sobre as práticas manipuladoras e abusivas perpetradas pelas plataformas digitais, sob a ótica do arcabouço normativo pátrio, alicerçado no postulado da proteção integral e no princípio do superior interesse da criança e do adolescente — consagrados no art. 227 da Constituição Federal e no Estatuto da Criança e do Adolescente (Lei nº 8.069/1990). Essas práticas, sob o manto de uma aparente gratuidade de serviços, instrumentalizam sofisticados mecanismos de coleta de dados, perfilamento (*profiling*), publicidade direcionada e exploração de vulnerabilidades neuropsicológicas, com o fito de moldar o comportamento dos usuários infantojuvenis e fomentar a construção de "consumidores mirins".

Destarte, o presente estudo visa analisar as tensões normativas e fáticas concernentes a essa problemática, buscando responder ao seguinte questionamento: como conciliar o imperativo da proteção integral infantojuvenil com as práticas acessíveis e inerentes ao modelo de negócios das plataformas digitais na contemporaneidade?

Para tanto, serão abordadas as dimensões da responsabilidade parental, estatal e social na salvaguarda dos direitos fundamentais de crianças e adolescentes na era digital, e a urgente necessidade de se conferir efetividade aos mecanismos de proteção existentes diante de um cenário tecnológico em constante e vertiginosa evolução.

2 Crianças e adolescentes na era digital

A década de 1990 notabilizou-se pela ascensão vertiginosa da tecnologia computacional pessoal e pela disseminação do acesso à internet. Na transição para o século XXI, a tecnologia experimentou uma guinada exponencial, impulsionada, em particular, pelas inovações disruptivas promovidas por Steve Jobs e pela empresa Apple, com seus inovadores dispositivos de reprodução musical (*iPods*),[1] os primeiros *smartphones* (*iPhones*)[2] e a concepção de aparelhos celulares como

---

1 Disponível em: https://www.apple.com/newsroom/2001/10/23Apple-Presents-iPod/. Acesso em: 28 dez. 2024.

2 Disponível em: https://www.apple.com/newsroom/2007/01/09Apple-Reinvents-the-Phone-with-iPhone/. Acesso em: 28 dez. 2024.

"minicomputadores", transpondo para a mobilidade experiências antes confinadas aos computadores de mesa (*desktops*). Antes disso, os aparelhos celulares ostentavam funcionalidades primordialmente comunicacionais, cingindo-se à troca de mensagens textuais e à realização de chamadas telefônicas. Todavia, a partir da virtualização, os artefatos tecnológicos foram objeto de contínuo aperfeiçoamento, incorporação de novas funcionalidades e crescente automatização (Haidt, 2024, p. 43-47).

A progressiva digitalização do mundo, principalmente verificada na primeira década do século XXI, transfigurou de maneira radical os costumes sociais, modificando desde as atividades lúdicas até os modelos comportamentais e os padrões sociais vigentes. Esse fenômeno alterou, em sua essência qualitativa, a própria natureza da infância, inaugurando, nas palavras de Jonathan Haidt (2024, p. 47), a "infância baseada no celular, que marca o fim definitivo da infância baseada no brincar". Nesse ínterim, infere-se que a internet, as redes de computadores e, sobretudo, os *smartphones*, impeliram a população global a uma trajetória tecnológica unidirecional e, quiçá, irreversível, em constante progressão, cujos efeitos, não raro, se revelam particularmente prejudiciais ao desenvolvimento infanto-juvenil.

Constata-se que a utilização contumaz da internet por indivíduos em fase de desenvolvimento enseja a projeção de sua personalidade e dos atributos a ela inerentes no ambiente digital, demandando a máxima proteção por parte do ordenamento jurídico brasileiro. Hodiernamente, a identidade virtual consubstancia-se em uma exigência social, configurando uma modalidade de interação que atrai crescente adesão do público infantojuvenil (Leal, 2017, p. 278).

Em termos quantitativos, a pesquisa TIC Kids Online Brasil 2024 (NIC.br, 2024, p. 04) evidenciou um incremento significativo na conectividade de indivíduos com idade entre 9 e 17 anos no território nacional. Esse avanço se manifesta tanto pelo aumento da proporção de usuários de Internet nessa faixa etária quanto pela intensificação do uso da rede. Os dados coligidos indicam que 89% da população entre 9 e 10 anos eram usuários de Internet, percentual que se fixou em 88% para a faixa de 11 a 12 anos, 94% para 13 a 14 anos e alcançou 97% entre os jovens de 15 a 17 anos. Adicionalmente, verificou-se que 97% dos usuários pertencentes às classes socioeconômicas AB reportaram a posse de um aparelho celular, proporção que se reduziu para 80% na classe C e 77% nas classes DE. Dessarte, afigura-se indubitável que, com o progresso tecnológico, a utilização individualizada de dispositivos eletrônicos se consolidou como uma realidade imanente à vivência de crianças e adolescentes brasileiros.

A referida pesquisa (NIC.br, 2024, p. 10) também constatou que 71% da população entre 9 e 17 anos usa o aplicativo WhatsApp, 66% o YouTube, 60% o Instagram e 50% o TikTok. Embora o acesso de jovens entre 13 e 17 anos seja mais expressivo, 23% das crianças entre 9 e 10 anos acessam o Instagram e 34% o TikTok. Esses dados aumentam para 42% e 41%, respectivamente, para os jovens entre 11 e 12 anos. Quanto à titularidade das contas (NIC.br, 2024, p. 11), 60% das crianças entre 9 e 10 anos têm perfil em plataformas digitais, 70% entre 11 e 12 anos, 93% entre 13 e 14 anos e 99% entre 15 e 17 anos. Contudo, apesar da crescente utilização de redes sociais pelo grupo infantojuvenil, as principais plataformas, como TikTok, Facebook e Instagram, estabeleceram a idade mínima de 13 anos para a criação de uma conta.

As novas tecnologias, mormente com o advento da Internet e a popularização das redes sociais, exercem um impacto transformador sobre as dinâmicas relacionais em sua totalidade. A tutela da personalidade e diversos institutos jurídicos correlatos assumem novas roupagens e conotações, considerando a circulação ubíqua dos dados pessoais do indivíduo na rede e a consequente formação de uma autêntica identidade virtual (Leal, 2016, p. 263). Essa virtualização impõe uma releitura dos deveres inerentes à autoridade parental, bem como dos direitos fundamentais titularizados por crianças e adolescentes.[3]

O direito à privacidade, outrora sumariamente entendido como o "direito de ser deixado em paz" (*right to be let alone*), evoluiu para abarcar, de forma indissociável, o direito à autodeterminação informativa, a qual se traduz na faculdade do indivíduo de exercer controle sobre as informações que lhe concernem e, minimamente, de anuir com quem tais informações devam ser compartilhadas (Leal, 2016, p. 265).

Nessa esteira, cumpre salientar que as tecnologias de informação e comunicação (TIC) podem, por um lado, instrumentalizar a efetivação dos direitos fundamentais de crianças e adolescentes e o exercício de sua cidadania. Todavia, em contrapartida às oportunidades que engendram, tais tecnologias também introduzem riscos suscetíveis de ocasionar violações de direitos e lesões que obstaculizam o pleno desenvolvimento dessa parcela da população.

---

[3] Francisco Amaral (2021, p. 60), nesse sentido, enfatiza que "Vivemos numa sociedade complexa, pluralista e fragmentada, para a qual os tradicionais modelos jurídicos já se mostraram insuficientes, impondo-se à ciência do direito a construção de novas e adequadas "estruturas jurídicas de resposta", capazes de assegurar a realização da justiça e da segurança, em uma sociedade em rápido processo de mudança".

Essa realidade digital pode demandar uma acentuada vigilância parental, porquanto os riscos e os potenciais danos no ciberespaço não são tão facilmente evitáveis pelas condutas tradicionais, que se limitavam, por exemplo, a coibir a frequência a determinados locais físicos ou ao convívio com pessoas consideradas de influência negativa.

Dentre os possíveis riscos, destacam-se o uso indevido de dados pessoais, a elaboração de perfis comportamentais de usuários (*profiling*) com finalidades eminentemente comerciais e, por corolário, a veiculação de publicidade direcionada, a prática de marketing agressivo e o emprego de técnicas de neuromarketing. Tais práticas, muitas vezes, operam em dissonância com a legislação pátria, fomentando comportamentos consumistas no público infantojuvenil, vulnerável por sua própria condição peculiar de desenvolvimento.

3 O perfilamento e a publicidade direcionada: violação da doutrina da proteção integral

Antes de adentrar nos mecanismos operados pelos algoritmos das plataformas digitais, afigura-se imprescindível compreender que as *Big Techs* empreenderam estudos aprofundados da psique humana, desvendando metodologias para a modulação do comportamento por intermédio do denominado esquema de reforço de razão variável (Haidt, 2024, p. 137). Esse esquema é centrado na lógica da recompensa intermitente e aleatória, e nos fatores neurobiológicos de liberação de dopamina (neurotransmissor responsável por gerar uma sensação de prazer e de desejo), que são suscetíveis de induzir à dependência e à adicção tecnológica, notadamente na ausência de uma criteriosa regulação do uso por parte dos genitores em relação à sua prole.

O aprendizado da psicologia humana no que concerne aos fatores propulsores do comportamento — o binômio estímulo-recompensa — revela-se primordial para a efetividade da tecnologia persuasiva, pois é através dela que as plataformas arquitetam suas sofisticadas estratégias de captação da atenção do consumidor, de automatização da alteração comportamental e, em uma perspectiva de longo prazo, de previsão e predição das experiências a serem vivenciadas por seus usuários.

O documentário *O Dilema das Redes* (Netflix, 2020) expõe que os desenvolvedores conceberam as mais proeminentes redes sociais valendo-se de investigações no campo da psicologia comportamental, especificamente sobre os "esquemas de reforço" e o florescente mercado da atenção. As redes foram construídas para conferir estímulos constantes e reforços positivos variáveis, tanto em termos de temporalidade quanto de quantidade, assemelhando-se a máquinas caça-níqueis (*slot machines*).

Ocorre que esse ciclo de dopamina, intrinsecamente vinculado à técnica comportamental, é extremamente nocivo às crianças e adolescentes. Isso exsurge do fato de o córtex pré-frontal (região encefálica responsável por funções cognitivas e executivas cruciais, como o controle dos impulsos, o julgamento, a atenção seletiva, a memória de trabalho, a inibição comportamental, a resolução de problemas e a tomada de decisões) é a última estrutura cerebral a atingir a plena maturação, cujo desenvolvimento se intensifica a partir da puberdade, alcançando sua completude por volta dos 25 anos de idade (Sociedade Brasileira de Pediatria, 2024, p. 04-05).

Ora, se o córtex pré-frontal governa o desenvolvimento das emoções, da memória, da aprendizagem e, fundamentalmente, do autocontrole, torna-se patente que as crianças e adolescentes, portadores de um sistema nervoso ainda em fase de maturação, são facilmente captados pelos sistemas de recompensa e de gratificação instantânea orquestrados pelas plataformas digitais.

Nessa vertente, percebe-se que o *smartphone* é um provedor constante e virtualmente inesgotável de dopamina para a denominada "geração conectada", oferecendo um fluxo incessante de entretenimento e diversão, o que conduz o usuário a um estado de dependência literal da conduta estimulante. Quem gostaria de se distanciar do conteúdo infinito gerador de prazer?

Para além dessa perspectiva preocupante, cumpre assinalar que a totalidade dos serviços disponibilizados pelas *Big Techs*, conquanto ostentem uma aparente gratuidade, utilizam os dados pessoais dos usuários para o mapeamento de interesses, a identificação de *hobbies* e costumes, o gerenciamento das interações nas redes e a elaboração de perfis de consumo (*profiling*). Doravante a realização do perfilamento, os dados coletados são explorados com o fito de maximizar o retorno financeiro, precipuamente mediante a veiculação de anúncios direcionados somente aos potenciais consumidores, que constituem a principal fonte de receita dessas plataformas (Pinheiro, 2021, p. 67-69).

Sucede que o modelo de negócios alicerçado na publicidade não apenas transforma os usuários em mercadoria, mas também exacerba a importância dos dados ("dados são o novo petróleo")[4] e eleva a

---

[4] Capa da revista The Economist, de 06-12 de maio de 2017, em que as petrolíferas são empresas de tecnologia, com o seguinte título: "The world's most valuable resource: Data and the new rule of competition".

personalização algorítmica, implementada pelas redes sociais, à condição de instrumento de poder e manancial de lucro. Nas palavras da psiquiatra Shimi Kang (2021, p. 22):

> Esta é a força motriz por trás da "economia da atenção" da tecnologia: aquele aplicativo gratuito, ou aquela rede social, ou aquele mecanismo de pesquisa que parece ter sido criado para ajudar você, na verdade se destina a apreender seus dados, que podem então ser agrupados e vendidos para alguém. Atualmente, essa indústria acumula mais de 1 trilhão de dólares por ano. Os dados que coletam recentemente ultrapassaram o petróleo em valor, tornando-se o bem mais valioso do planeta. E o custo humano é enorme.

Nessa conjuntura, em 2022, reconhecendo a importância do sistema informacional e desse novo ambiente para as relações econômicas e pessoais, o Brasil instituiu uma tutela jurídica específica aos dados através da Emenda Constitucional nº 115, inserindo, no inciso LXXIX do artigo 5º da Constituição Federal, a proteção de dados pessoais como um direito e garantia fundamentais.

Para além dessa primordial previsão legal e tentativa de salvaguarda das informações pessoais, é preciso identificar o real motivo pelo qual tais dados são tão preciosos. Segundo Jaron Lanier (Netflix, 2020), o escopo comercial precípuo e genuíno dessa intrincada dinâmica negocial reside na "gradativa, leve e imperceptível mudança em nosso comportamento e percepção".

De acordo com Shoshana Zuboff (2021, p. 21), o capitalismo de vigilância instrumentaliza a experiência humana — manifestada, por exemplo, em buscas online, interações como "curtidas" (*likes*) e cliques fortuitos no ciberespaço — como matéria-prima gratuita para a tradução em dados comportamentais, os quais, ulteriormente processados, resultam em produtos de predição a serem comercializados. A *ratio operandi* que permeia tal dinâmica mercantil consiste na extração e mineração da maior quantidade de dados possível para elaborar produtos de predição precisos e acurados. Com efeito, estabelece-se uma correlação direta: quanto maior a capacidade preditiva do produto, menor o coeficiente de risco para os agentes anunciantes e, concomitantemente, maior o volume de vendas e, por corolário, a margem de lucratividade (Zuboff, 2021, p. 116).

Isto posto, no âmbito do capitalismo de vigilância, repara-se a consolidação de um mercado que não apenas assegura o êxito das estratégias publicitárias, mas que transaciona e exerce influência manipuladora sobre as projeções futuras do comportamento humano. Para uma elucidação mais detalhada dessa tese, colacionam-se as palavras de Zuboff (2021, p. 347):

> De modo mais enfático, a declaração do Facebook de autoridade experimental reivindica as prerrogativas dos capitalistas de vigilância quanto à trajetória futura do comportamento de outrem. Ao declarar o direito de modificar ação humana de maneira sigilosa, e por lucro, o capitalismo de vigilância efetivamente nos exila de nosso próprio comportamento, mudando o *locus* de controle sobre o tempo futuro de "Eu farei" para "Você fará". Cada um de nós poderá seguir um caminho distinto, mas as economias de ação asseguram que o caminho já está moldado pelos imperativos econômicos do capitalismo de vigilância. A luta por poder e controle na sociedade não está mais associada aos fatos velados de classe e sua relação com a produção, e sim pelos fatos velados da modificação de comportamento arquitetada e automatizada.

Em termos pragmáticos, o aludido fluxo de mineração de dados fornecidos, voluntária ou involuntariamente, pelo consumidor e de comercialização dos artefatos preditivos (perpetrado pelas plataformas digitais em favor dos anunciantes) cria uma bolha informacional, individualizada para cada usuário (independentemente da sua idade), repleta de propagandas e conteúdos refinados e estrategicamente selecionados. A despeito do conhecimento do usuário e da consciência humana, essa trilha procedimental é operacionalizada, exemplificativamente, pelos algoritmos do Google, responsáveis pela seleção e hierarquização dos resultados de busca, bem como pelos algoritmos do Facebook ou Instagram, que determinam a curadoria e a ordem de apresentação do conteúdo no *feed* de notícias do usuário (Zuboff, 2021, p. 217).

A publicidade, que antes se limitava a mídias tradicionais como outdoors, panfletos e televisão, agora expandiu seu alcance para as telas de dispositivos digitais como celulares, computadores, *laptops* e *tablets*. Com a inclusão digital, as crianças também passaram a ter acesso facilitado à internet e a outras tecnologias da informação e comunicação, ambientes férteis em anúncios publicitários (Silveira Júnior; Verbicaro, jul.-ago. 2017, p. 206). Trata-se, pois, de um imenso *shopping center* virtual, onde a coleta de informações sobre os consumidores e a publicidade esteiam boa parte dos serviços ofertados (Basan; Rosa, 2018, p. 53).

Não obstante a vulnerabilidade do titular de dados pessoais no ambiente digital ser uma preocupação recorrente e consolidada na doutrina, emerge, com crescente acuidade, uma "preocupação ainda maior em relação às crianças e adolescentes, reconhecida sua hipervulnerabilidade, decorrente de sua condição peculiar de pessoa em desenvolvimento" (Leal, 2021, p. 157). Considerando um sistema jurídico baseado na proteção integral, com espeque no *caput* do artigo 14 da Lei Geral de Proteção de Dados (LGPD), não se deve permitir que os indivíduos que ainda não possuem a capacidade crítica necessária para tomar decisões sejam influenciados pelo consumo excessivo e voluptuário que caracteriza a sociedade atual (Pasqualotto, 2018, v. 2, p. 7).

Diante disso, infere-se que a coleta de dados infantis, a elaboração de perfis de consumo, a mercantilização de informações pessoais, a veiculação de publicidade direcionada, a manipulação comportamental e a aplicação de mecanismos de gratificação variável colidem frontalmente com o postulado do superior interesse da criança e do adolescente, com a dogmática da proteção integral e com as diretrizes emanadas do Comentário Geral nº 25 do Comitê sobre os Direitos da Criança das Nações Unidas (2021, Item 42) acerca dos direitos das crianças em relação ao ambiente digital, que determina:

> Estados Partes devem proibir por lei o perfilamento ou publicidade direcionada para crianças de qualquer idade para fins comerciais com base em um registro digital de suas características reais ou inferidas, incluindo dados grupais ou coletivos, publicidade direcionada por associação ou perfis de afinidade. As práticas que dependem de neuromarketing, análise emocional, publicidade imersiva e publicidade em ambientes de realidade virtual e aumentada para promover produtos, aplicações e serviços, também devem ser proibidas de se envolver direta ou indiretamente com crianças.

No ordenamento jurídico pátrio, o artigo 37, §2º do Código de Defesa do Consumidor (Lei nº 8.078/1990) considera abusiva toda a publicidade que se aproveita da deficiência de julgamento e da inexperiência da criança. Considerando que a inexperiência e a imaturidade neuropsicológica são atributos inerentes ao público infantojuvenil, a proibição da publicidade infantil é corolária desse dispositivo legal e busca tutelar a integridade psíquica e moral das crianças e dos adolescentes — a qual é inviolável segundo o artigo 17 do Estatuto da Criança e do Adolescente (Lei nº 8.069/1990). Além disso, esse diploma consumerista, em seu artigo 39, inciso IV, também preconiza a vedação ao fornecedor de prevalecer-se da fraqueza ou ignorância do consumidor, tendo em vista sua idade, o que reforça a especial proteção conferida aos vulneráveis.

Há, portanto, uma hipervulnerabilidade a ser considerada para esse sujeito, já que, para além da condição de consumidor, estar-se-ia facilitando a apropriação indevida de dados da criança, sem que houvesse qualquer autorização dos representantes legais, o que colide com o art. 14 da LGPD.

A Resolução nº 163 do Conselho Nacional dos Direitos da Criança e do Adolescente (CONANDA), editada em 2014, em seu artigo 2º, estabelece a abusividade da prática do direcionamento de publicidade e de comunicação mercadológica à criança, com a intenção de persuadi-la para o consumo de qualquer produto ou serviço. Nesta senda, é importante sobrelevar que o §1º do mencionado artigo especificou os meios e os locais de aplicação da referida vedação, incluindo, ainda que de forma incipiente, "as páginas da internet". Por sua vez, o Marco Legal da Primeira Infância (Lei nº 13.257/2016), ao elencar em seu artigo 5º as áreas prioritárias para as políticas públicas destinadas à primeira infância, contempla a "adoção de medidas que evitem a exposição precoce à comunicação mercadológica" (Carvalho, 2022, p. 16-22).

Nesse cenário, é interessante pontuar que o Senador Alessandro Vieira, identificando o potencial de abusividade e de prejudicialidade das ferramentas de tecnologia, propôs o Projeto de Lei nº 2.628, de 2022, que já foi aprovado no Senado Federal e no momento está em tramitação na Câmara dos Deputados Federais, buscando proteger as crianças e adolescentes em ambientes digitais. Dentre os vários dispositivos propostos, o parlamentar, no art. 6º, inciso III, aventou que os fornecedores de produtos ou serviços de TIC direcionados ou que possam ser utilizados por crianças e adolescentes devem evitar "padrões de uso que indiquem ou incentivem comportamentos semelhantes ao vício ou transtornos de saúde mental", bem como sugeriu expressamente, no artigo 17, a vedação da "utilização de técnicas de perfilamento para direcionamento de publicidade a crianças e adolescentes, bem como o emprego de análise emocional, realidade aumentada, realidade estendida e realidade virtual para esse fim".[5]

Em uma perspectiva sistêmica, apesar de existirem defensores de que a publicidade é um aspecto do direito à informação, entende-se que o arcabouço normativo brasileiro veda a publicidade infantil,

---

[5] https://www25.senado.leg.br/web/atividade/materias/-/materia/154901

fundamentando tal interdição na premissa de que essa prática vulnera a integridade da criança enquanto pessoa em peculiar fase de desenvolvimento e desconsidera sua vulnerabilidade intrínseca que é tutelada constitucionalmente.

Não obstante o robusto aparato legal proibitivo, a interação das crianças e adolescentes com conteúdo de índole mercadológica no ciberespaço configura-se uma realidade fática recorrente. Essa interação pode ser observada em jogos virtuais, videogames e aplicativos de uso disseminado pelo público infanto-juvenil, assim como através do engajamento desses usuários com páginas ou perfis de marcas/produtos em redes sociais, manifestado por curtidas, compartilhamentos de vídeos ou fotografias de produtos/marcas, ou ainda por meio de comentários em postagens de natureza publicitária (NIC.br, 2022, p. 26-28). Conquanto algumas formas de propaganda sejam facilmente identificáveis, outras se apresentam de maneira velada, frequentemente veiculadas por influenciadores digitais patrocinados por marcas, mediante a publicação de vídeos demonstrativos de uso de produtos ou da prática conhecida como "unboxing" (desembalagem de produtos).[6]

Conforme a pesquisa TIC Kids Online Brasil (NIC.br, 2024, p. 08), 62% dos usuários com idade compreendida entre 09 e 17 anos acessaram a internet com o propósito de pesquisar o preço de bens ou serviços ou para adquirir algum produto, sendo que 17% efetivamente realizaram compras online. Tais percentuais demonstram, inequivocamente, a capilaridade da disseminação de conteúdos publicitários e mercadológicos nas plataformas digitais e, de modo particular, a eficácia do perfilamento algorítmico desenvolvido pelas *Big Techs*, cujo escopo basilar, como anteriormente explicitado, reside no incremento do lucro próprio e na indução ao consumo pelos usuários.

O referido estudo também evidenciou que menos da metade das crianças e adolescentes demonstraram aptidão para identificar o conteúdo patrocinado nas redes (NIC.br, 2024, p. 12). Esse resultado ressalta a reiterada prática mercadológica de violação ao princípio da identificação da oferta, previsto no artigo 36 do CDC.

Assim, observa-se que a realidade digital atual indica a existência de um ambiente que, devido às suas práticas abusivas de exploração de dados e manipulação comportamental, incentiva o consumo e a formação de valores materialistas em seus usuários, independentemente

---

[6] https://criancaeconsumo.org.br/noticias/mattel-continua-fazendo-publicidade-infantil/

da idade e dos possíveis danos causados. Se essa prática já é nociva para adultos, torna-se inquestionável a gravidade para os sujeitos em desenvolvimento, o que demanda notavelmente um preciso e minucioso cuidado parental.

Os pais, além de fornecer os mecanismos tecnológicos no intuito de promover a inclusão digital de seu filho, precisam ensiná-lo a utilizar suas diferentes funções, orientando-o acerca dos cuidados necessários e das formas de agir eticamente. Como avalia Patrícia Peck (2021, 309-310), a educação digital deve ser promovida simultaneamente à inclusão digital dos usuários, formando-os para o uso correto dos meios eletrônicos disponíveis. Essa doutrinadora sustenta, ainda, que educar é preparar indivíduos adaptáveis e criativos com competências que lhes permitam lidar facilmente com a rapidez na circulação de informações e transformações.

Esse dever de educar deve abarcar, principalmente, a orientação das crianças para a importância da segurança na rede. Isso significa que os genitores precisam praticar condutas como o monitoramento, a vigilância, o acompanhamento do uso do perfil em redes sociais, WhatsApp, jogos online, aplicativos interativos, tudo com o fito de possibilitar uma intervenção estratégica parental e impulsionar uma vivência digital de forma segura e saudável à prole (Teixeira; Multedo, 2022, p. 31).

Os pais precisam desenvolver um papel ativo para que seus filhos entendam a importância da segurança nas redes e, futuramente, com o seu desenvolvimento e maturidade, possam navegar sozinhos, independente de seus pais.

Contudo, embora os atos adstritos à autoridade parental sejam inafastáveis, não há como atribuir a responsabilidade pela postura do infante no mercado unicamente aos seus responsáveis legais, já que o Estado tem o dever fundamental de tutelar os vulneráveis, sobretudo quando o mercado se posiciona de forma mais invasiva e abusiva em desfavor do público infantojuvenil.

O problema ora exposto deve ser interpretado à luz do artigo 227 da Constituição Federal Brasileira e assimilado como sendo de responsabilidade trinária, conjunta e solidária, entre os pais, o Estado e a sociedade. Nessa circunstância, para além dos deveres de regulação e controle, nos termos do artigo 29 do Marco Civil da Internet, a responsabilidade pela promoção da educação digital e pelas boas práticas informacionais dos menores é conjunta do poder público, dos provedores de conexão e de aplicações da internet e da sociedade civil.

4 Considerações finais

Ao cabo desta análise, manifesta-se de forma inequívoca a substancial e inquietante dissonância existente entre o paradigma da tutela integral, que o arcabouço jurídico pátrio se propõe a assegurar à população infantojuvenil, e as práticas nocivas adotadas pelas plataformas digitais, que visam, mediante a utilização dos dados pessoais dos usuários, o incentivo do consumo e o aumento do lucro.

A "infância baseada no celular", imersa em um ciberespaço saturado por estímulos mercadológicos, revela a engenhosa arquitetura do capitalismo de vigilância, que, conforme demonstrado, converte a experiência humana, especialmente a de seus usuários mais jovens e, por conseguinte, hipervulneráveis, em insumo para a elaboração de perfis comportamentais (*profiling*), veiculação de publicidade direcionada, prática de marketing agressivo e o emprego de técnicas de neuromarketing.

O ordenamento jurídico pátrio, embora robusto em sua intenção protetiva, revela fissuras em sua capacidade de antecipar e coibir eficazmente as estratégias cada vez mais sofisticadas e opacas das *Big Techs*. A proibição da publicidade direcionada a crianças, como preconiza o Comentário Geral nº 25 do Comitê sobre os Direitos da Criança das Nações Unidas e a própria lógica sistêmica da legislação brasileira, afigura-se frequentemente contornada pela publicidade velada, pelo marketing de influência e pela incapacidade de grande parte do público infantojuvenil em discernir o conteúdo patrocinado, malferindo o princípio da identificação da oferta insculpido no art. 36 do CDC.

A responsabilidade trinária, portanto, tem se mostrado ineficaz na realidade social. Diante do robusto arcabouço legal protetivo, os mecanismos de coibição vêm se revelando frágeis, pela ausência de controle de atuação das *Big Techs* e seus interesses econômicos.

Para além do tríduo, importante discussão tem sido empreendida pelo Supremo Tribunal Federal, por meio do Tema 987, que tem como objeto o Recurso Extraordinário nº 1037396, sobre a possível inconstitucionalidade do artigo 19 do Marco Civil da Internet, já que a regra estabelece a responsabilidade civil também das plataformas (intermediadoras da publicidade), mas apenas quando já houver determinação judicial para a retirada de conteúdos, e consequente descumprimento, quando, em verdade, essa responsabilidade deveria se estabelecer, independentemente de prévia determinação judicial. Na realidade, as plataformas lucram com a publicidade de terceiros, assumindo um papel agenciador, sem que possua a responsabilidade como tal, atribuída a toda e qualquer agência de publicidade, de acordo com a Lei nº 4.680/65.

Recentemente, o estado brasileiro estabeleceu novo parâmetro de proteção, por meio da Lei nº 15.100/2025, ao proibir o uso do aparelho celular no âmbito da escola, para crianças até 14 anos de idade, diante dos dados estarrecedores de comprometimento cognitivo pela tecnologia. A medida promove uma educação mais eficaz que poderá repercutir para o estímulo de uma maior consciência crítica, pelo próprio público infantojuvenil, além da diminuição do tempo de tela.

Ante o potencial lesivo da era digital, torna-se cada vez mais necessária e urgente a implementação de uma verdadeira e efetiva educação digital, como reflexo da inclusão digital, de modo a propiciar um mínimo de consciência das peculiaridades do ambiente da rede.

Impõe-se a urgente necessidade de concretização das responsabilidades do estado, da família e da sociedade civil preconizada no artigo 227 da Carta Magna. Para além da responsabilidade parental de cuidado, educação, fiscalização, vigilância e controle, incumbe: (i) ao Estado, o papel de legislador, de fiscalizador e promotor de políticas públicas que contemplem a educação digital crítica e a efetiva responsabilização dos provedores de aplicações de internet; e (ii) às empresas, a internalização de princípios éticos e o respeito incondicional à legislação brasileira e aos preceitos internacionais que tutelam as crianças e os adolescentes, transcendendo a lógica da maximização do lucro a qualquer custo.

Em derradeira análise, o paradoxo ora destacado demanda uma reflexão jurídica contínua e uma atuação coordenada e multidisciplinar, apta a reequilibrar a balança em favor da proteção da dignidade, da integridade psíquica e do sadio desenvolvimento de crianças e adolescentes. A infância e a adolescência, fases cruciais para a formação do indivíduo, não podem ser vilipendiadas pela voracidade de um mercado que as enxerga primordialmente como objetos ou nichos de consumo e devem ser analisadas cronologicamente para liberação de suas autonomias.

A efetividade da proteção integral na era digital depende, inexoravelmente, da proibição das práticas publicitárias que utilizam novas tecnologias para captar indevidamente dados pessoais, formular perfis de consumo e personalizar publicidades direcionando-se a usuários, sobretudo crianças e adolescentes, de modo a impor limites claros e intransponíveis à exploração comercial da vulnerabilidade infantojuvenil.

Referências

AMARAL, Francisco. O Direito Civil na pós-modernidade. *In*: CAMPOS, Adriana Pereira; JORGE, Flávio Cheim; SILVESTRE, Gilberto Fachetti; GUIMARÃES, Jader Ferreira (Orgs.). *Perspectivas jurídicas*: estudos em homenagem aos 30 anos de magistério de Francisco Vieira Lima Neto. Vitória: Edição dos Organizadores, 2021, e-book.

BASAN, Arthur Pinheiro; ROSA, Luís Fernando. A tutela do corpo eletrônico da criança e do adolescente. *In*: TEIXEIRA, Ana Carolina Brochado (coord.); FALEIROS JÚNIOR, José Luiz de Moura (coord); DENSA, Roberta (coord.). *Infância, adolescência e tecnologia*: o Estatuto da Criança e do Adolescente na sociedade de informação. Indaiatuba, SP: Editora Foco, 2022.

BRASIL, Conselho Nacional dos Direitos da Criança e do Adolescente (CONANDA). *Resolução nº 163, 13 de março de 2014*. Dispõe sobre a abusividade do direcionamento de publicidade e de comunicação mercadológica à criança e ao adolescente. Disponível em: https://www.gov.br/mdh/pt-br/acesso-a-informacao/participacao-social/conselho-nacional-dos-direitos-da-crianca-e-do-adolescente-conanda/resolucoes/resolucao-163-publicidade-infantil.pdf. Acesso em: 26 abr. 2025.

BRASIL, Congresso Nacional. *Projeto de Lei nº 2.628, de 2022*. Dispõe sobre a proteção de crianças e adolescentes em ambientes digitais. Disponível em: https://www.camara.leg.br/proposicoesWeb/prop_mostrarintegra?codteor=2837130&filename=PL%202628/2022. Acesso em: 27 abr. 2025. Texto aprovado no Senado Federal.

BRASIL. *Constituição da República Federativa do Brasil*. Brasília-DF, 1988. Disponível em: http://www.planalto.gov.br/ccivil_03/constituicao/constituicao.htm. Acesso em: 24 maio 2025.

BRASIL. *Lei nº 8.069, de 13 de julho de 1990*. Dispõe sobre o Estatuto da Criança e do Adolescente e dá outras providências. Disponível em: http://www.planalto.gov.br/ccivil_03/leis/l8069.htm. Acesso em: 25 maio 2025.

BRASIL. *Lei nº 8.078, de 11 de setembro de 1990*. Dispõe sobre a proteção do consumidor e dá outras providências. Disponível em: https://www.planalto.gov.br/ccivil_03/leis/l8078compilado.htm. Acesso em: 25 maio 2025.

BRASIL. *Lei nº 10.406, de 10 de janeiro de 2002*. Institui o Código Civil. Brasília-DF, 2002. Disponível em: http://www.planalto.gov.br/ccivil_03/leis/2002/l10406compilada.htm. Acesso em: 25 maio 2025.

BRASIL. *Lei nº 12.965, de 23 de abril de 2014*. Estabelece princípios, garantias, direitos e deveres para o uso da Internet no Brasil. Disponível em: https://www.planalto.gov.br/ccivil_03/_ato2011-2014/2014/lei/l12965.htm. Acesso em: 25 maio 2025.

BRASIL. *Lei nº 13.257, de 8 de março de 2016*. Dispõe sobre as políticas públicas para a primeira infância e altera a Lei nº 8.069, de 13 de julho de 1990 (Estatuto da Criança e do Adolescente), o Decreto-Lei nº 3.689, de 3 de outubro de 1941 (Código de Processo Penal), a Consolidação das Leis do Trabalho (CLT), aprovada pelo Decreto-Lei nº 5.452, de 1º de maio de 1943, a Lei nº 11.770, de 9 de setembro de 2008, e a Lei nº 12.662, de 5 de junho de 2012. Disponível em: https://www.planalto.gov.br/ccivil_03/_ato2015-2018/2016/lei/l13257.htm. Acesso em: 26 abr. 2025.

CARVALHO, Adriana *et al*. *Publicidade infantil é ilegal no Brasil*. Organização: ACT Promoção da Saúde, Instituto Alana, Instituto Brasileiro de Defesa do Consumidor — Idec. São Paulo: Instituto Alana, 2022, ebook.

COMITÊ DOS DIREITOS DA CRIANÇA. *Comentário geral nº 25 (2021) sobre os Direitos das Crianças em relação ao ambiente digital*. Disponível em: https://criancaeconsumo.org.br/wp-content/uploads/2021/04/comentario-geral-n-25-2021.pdf. Acesso em: 04 maio 2025.

GODINHO, Adriano Marteleto; DRUMOND, Marcela Maia de Andrade. Autoridade Parental: A Autonomia dos Filhos Menores e a Responsabilidade dos Pais pela Prática de Cyberbullying. *In*: TEIXEIRA, Ana Carolina Brochado e DADALTO, Luciana (Coord.). *Autoridade parental*: dilemas e desafios contemporâneos. Indaiatuba: Foco, 2021.

HAIDT, Jonathan. *A geração ansiosa*: Como a infância hiperconectada está causando uma epidemia de transtornos mentais. 1. ed. São Paulo: Companhia das letras, 2024.

KANG, Shimi. *Tecnologia na infância*: Criando hábitos saudáveis para crianças em um mundo digital. São Paulo: Editora Melhoramentos, 2021.

LEAL, Lívia Teixeira. *O Cuidado na Era Digital*: As Novas Facetas da Afetividade no Mundo Tecnológico e seus Impactos Jurídicos. *In*: PEREIRA, Tânia da Silva; COLTRO, Antônio Carlos Mathias; OLIVEIRA, Guilherme (Orgs.). São Paulo: Atlas, 2016.

LEAL, Lívia Teixeira. *O Cuidado na Era Digital*: As Novas Facetas da Afetividade no Mundo Tecnológico e seu Impactos Jurídicos. *In*: Cuidado e afetividade: projeto Brasil/Portugal — 2016-2017 / organização Tânia da Silva Pereira, Antônio Carlos Mathias Coltro, Guilherme de Oliveira. — São Paulo: Atlas, 2017.

LEAL, Lívia Teixeira. *Internet of Toys*: Os Brinquedos Conectados à Internet e a Necessária Proteção da Criança e do Adolescente. *In*: TEIXEIRA, Ana Carolina Brochado e DADALTO, Luciana (Coord.). Autoridade parental: dilemas e desafios contemporâneos. Indaiatuba: Foco, 2021.

NETFLIX. *O Dilema das Redes*. Estados Unidos: 2020. Disponível em: https://www.netflix.com/br/title/81254224. Acesso em: 02 mar. 2025.

NÚCLEO DE INFORMAÇÃO E COORDENAÇÃO DO PONTO BR (NIC.br). *TIC Kids Online Brasil 2024*: Pesquisa sobre o uso da Internet por crianças e adolescentes no Brasil. Disponível em: https://cetic.br/media/analises/tic_kids_online_brasil_2024_principais_resultados.pdf. Acesso em: 25 maio 2025.

ORGANIZAÇÃO PARA COOPERAÇÃO E DESENVOLVIMENTO ECONÔMICO (OCDE ou OECD em inglês). *Empowering Young Children in the Digital Age, Starting Strong*. Paris: OECD Publishing, 2023. Disponível em: https://doi.org/10.1787/50967622-en. Acesso em: 25 abr. 2025.

PARKER, Sean. *Sean Parker unloads on Facebook: "God only knows what it's doing to our children's brains"*. [Entrevista concedida a] Mike Allen. Virtual, nov./2017. Disponível em: https://www.axios.com/2017/12/15/sean-parker-unloads-on-facebook-god-only-knows-what-its-doing-to-our-childrens-brains-1513306792. Acesso em: 03 maio 2025.

PASQUALOTTO, Adalberto (Org.). *Publicidade e proteção da infância*. Porto Alegre: Livraria do Advogado, 2018, v.2.

PINHEIRO, Patricia Peck. *Direito digital*. — 7. ed. — São Paulo: Saraiva Educação, 2021, e-book.

SILVEIRA JÚNIOR, Antônio de Morais da; VERBICARO, Dennis. A tutela normativa da publicidade infantil na relação de consumo e seus desafios. *Revista de Direito do Consumidor*, São Paulo, v. 26, n. 112, jul.-ago. 2017.

SOCIEDADE BRASILEIRA DE PEDIATRIA. *Manual de Orientação*: #Menos Telas #Mais Saúde — Atualização 2024. Grupo de Trabalho Saúde na Era Digital (gestão 2022-2024). Nº 163, 13 de agosto de 2024. Disponível em: https://www.sbp.com.br/fileadmin/user_upload/24604c-MO__MenosTelas__MaisSaude-Atualizacao.pdf. Acesso em: 22 maio 2025.

TEIXEIRA, Ana Carolina Brochado; MULTEDO, Renata. Autoridade Parental: Os deveres dos pais frente aos desafios do ambiente digital. *In*: TEIXEIRA, Ana Carolina Brochado (coord.); FALEIROS JÚNIOR, José Luiz de Moura (coord); DENSA, Roberta (coord.). *Infância, adolescência e tecnologia*: o Estatuto da Criança e do Adolescente na sociedade de informação. Indaiatuba, SP: Editora Foco, 2022.

TEIXEIRA, Ana Carolina Brochado; RETTORE, Anna Cristina de Carvalho. A autoridade parental e o tratamento de dados pessoais de crianças e adolescentes. *In*: FRAZÃO, Ana; TEPEDINO, Gustavo; OLIVA, Milena Donato (Coord.). *Lei geral de proteção de dados pessoais e suas repercussões no direito brasileiro*, 2. ed., São Paulo: Thompson Reuters Brasil, 2020.

UNITED NATIONS CHILDREN'S FUND (UNICEF). *The State of the World's Children 2017* — Children in a Digital World, 2017. Disponível em: chrome-extension://efaidnbmnnnibpcajpcglclefindmkaj/https://www.unicef.org/media/48581/file/SOWC_2017_ENG.pdf. Acesso em: 07 maio 2025.

ZUBOFF, Shoshana. *A Era do Capitalismo de Vigilância*: a luta por um futuro humano na nova fronteira do poder. 1ª ed., e-book. Rio de Janeiro: Editora Intrínseca Ltda., 2021.

Informação bibliográfica deste livro, conforme a NBR 6023:2018 da Associação Brasileira de Normas Técnicas (ABNT):

HOLANDA, Maria Rita de; CUNHA, Juliana Marques. Publicidade infantil nas plataformas digitais e a violação da proteção integral. *In*: EHRHARDT JÚNIOR, Marcos; CATALAN, Marcos (coord.). *Vida privada, patrimônio e tecnologia*: novos rumos para o direito de família e das sucessões. Belo Horizonte: Fórum, 2025. p. 55-71. ISBN 978-85-450-0968-9.

A TUTELA DA REPARAÇÃO POR DANOS NAS RELAÇÕES VIRTUAIS: UMA ANÁLISE SOB A ÓTICA DO *CYBERSTALKING*

GLENDA GONÇALVES GONDIM

GEOVANA DE CARVALHO FILHO

1 Introdução

No final de agosto de 1997, o mundo foi surpreendido pela morte trágica da princesa Diana, membro da Família Real Britânica, em um túnel de Paris, ao tentar escapar da perseguição de um *paparazzi*. Embora o episódio envolva figuras públicas e a imprensa, certo é que revela a essência de uma prática que, a despeito de ser potencialmente invisível, é profundamente invasiva: o comportamento obsessivo de vigiar, seguir e assediar alguém, ainda que à distância.

No caso de *Lady Di*, como também era conhecida a princesa, esse comportamento foi motivado pelo sensacionalismo midiático. Nas redes sociais contemporâneas, o mesmo impulso se manifesta de forma digitalizada, configurando o que se denomina hoje de *cyberstalking*.

A exemplo da perseguição vivida por Diana, a era digital escancarou portas para novas modalidades de violação à privacidade, em especial aquelas que ocorrem sem o consentimento da vítima, por meio de monitoramentos constantes, mensagens repetidas, vigilância disfarçada e coletas indevidas de dados pessoais. O *cyberstalking* se caracteriza por uma ação reiterada, insistente e invasiva, praticada com o objetivo de controlar, intimidar ou constranger a vítima.[1]

1 SANTOS, Bárbara Fernandes Rito dos. *Stalking*: parâmetros de tipificação e o bem-jurídico da integridade psíquica. Coimbra: Almedina, 2017. p. 53.

O fenômeno do *stalking*, embora não seja recente, ganhou contornos particulares nas relações virtuais. A chamada "sociedade em rede", expressão cunhada por Manuel Castells,[2] potencializou a hiperconectividade entre usuários da *internet*, dissolvendo barreiras geográficas e permitindo interações instantâneas. No entanto, essa mesma conectividade, quando não acompanhada por uma cultura de respeito à privacidade e à dignidade, dá margem a novas formas de assédio e controle, muitas vezes naturalizadas sob o véu da liberdade de acesso à informação e liberdade de expressão.

No *cyberstalking*, a *internet* se transforma em um ambiente fértil para a repetição obsessiva de atos de perseguição, normalmente velados, mas de profundos impactos. As redes sociais, ao mesmo tempo em que promovem a exposição voluntária, não revogam o direito à autodeterminação informativa, princípio segundo o qual cada pessoa deve decidir o que, quando e como suas informações são compartilhadas.[3]

A vítima do *cyberstalking* não enfrenta apenas o incômodo de ser observada; ela é constantemente violada em seus direitos da personalidade, como a intimidade, a privacidade, a liberdade e, em casos mais extremos, a própria integridade física. E mais, o efeito dessas condutas não se limita ao plano moral ou psicológico. Em muitos casos, a vítima altera sua rotina, muda de emprego, de cidade ou se isola socialmente, o que configura também um prejuízo patrimonial indireto.

Nesse contexto, o Direito Civil, notadamente por meio da responsabilidade civil, tem papel crucial. A proteção jurídica vai além de reparar um dano, assumindo também função preventiva e punitiva, com o intuito de desestimular a repetição de práticas semelhantes. A análise da responsabilidade civil, portanto, deve considerar não apenas o dano efetivo, mas, ainda, a ameaça reiterada e sistemática, que por si só já é bastante para justificar a tutela jurisdicional.[4]

O presente artigo propõe investigar o *cyberstalking* sob a ótica da responsabilidade civil, com ênfase nas formas de reparação aos danos causados e na necessidade de respostas jurídicas compatíveis com a

---

[2] CASTELLS, Manuel. *A sociedade em rede*. A era da informação: economia, sociedade e cultura. Tradução de Roneide Venancio Majer. 20. ed., rev. e ampl. v. 1. São Paulo: Paz e Terra, 2019. p. 431-432.

[3] RODOTÀ, Stefano. *A vida na sociedade de vigilância*: a privacidade hoje. Tradução de Danilo Doneda e Luciana Cabral Doneda. Organização, seleção e apresentação de Maria Celina Bodin de Moraes. Rio de Janeiro: Renovar, 2008. p. 17.

[4] LOPEZ, Teresa Ancona. *Princípio da precaução e evolução da responsabilidade civil*. São Paulo: Quartier Latin, 2010. p. 241.

complexidade das relações virtuais contemporâneas. A abordagem adotada parte da cláusula geral da dignidade da pessoa humana, prevista no artigo 1º, inciso III, da Constituição Federal, para reconhecer os direitos da personalidade como bens jurídicos merecedores de tutela, mesmo (ou principalmente) quando violados em espaços virtuais.

É nesse cenário em que a perseguição ganha contornos invisíveis, mas não menos danosos, que se justifica a investigação sobre a eficácia da reparação civil como resposta à lesão existencial provocada pelo *cyberstalking*. Em um mundo cada vez mais exposto e interconectado, pensar a dignidade humana é também garantir, na esfera privada, o direito de estar só e ter sua privacidade resguardada.

2 A privacidade e a dignidade humana na era digital

A sociedade contemporânea é marcada por uma intensa circulação de informações. A ascensão da *internet* e das redes sociais redesenhou as fronteiras entre o público e o privado, fazendo com que aspectos da vida íntima dos indivíduos se tornem, frequentemente, de livre acesso a terceiros. Nesse novo cenário, o direito à privacidade precisa ser compreendido não apenas como uma proteção contra intromissões externas, mas como uma expressão da autonomia e do controle que cada indivíduo exerce sobre seus próprios dados e sua imagem.

Stefano Rodotà, membro do comitê do Centro NEXA para *Internet* e Sociedade, centro de pesquisa fundado no Departamento de Controle e Engenharia de Computação da Universidade Politécnica de Turim, na Itália, ao analisar o conceito de privacidade na chamada "sociedade da vigilância", propõe uma evolução da noção clássica de "direito de ser deixado só",[5] para a ideia de autodeterminação informativa,[6] ou seja, o poder do sujeito de decidir o que deseja tornar público ou manter reservado. A privacidade, nessa perspectiva, está diretamente ligada à dignidade da pessoa humana, pois assegura a construção livre e consciente da identidade pessoal, inclusive em ambientes digitais.

Esse panorama encontra ressonância na legislação europeia, especialmente no Regulamento Geral sobre a Proteção de Dados (GDPR

---

5 WARREN, Samuel D.; BRANDEIS, Louis D. The right to privacy. *Harvard Law Review*, v. 4, n. 5, dez., 1890.

6 RODOTÀ, Stefano. *A vida na sociedade de vigilância*: a privacidade hoje. Tradução de Danilo Doneda e Luciana Cabral Doneda. Organização, seleção e apresentação de Maria Celina Bodin de Moraes. Rio de Janeiro: Renovar, 2008. p. 17.

— *General Data Protection Regulation*),[7] que consagra a autodeterminação informativa como direito fundamental, garantindo ao titular o controle sobre o uso de seus dados pessoais (art. 5º, GDPR). A abordagem do regulamento reforça a ideia de que, mesmo em ambientes digitais, a privacidade deve ser resguardada como expressão da dignidade humana.

Manuel Castells, ao caracterizar a sociedade atual como uma "sociedade em rede",[8] destaca os fluxos comunicacionais intensos e descentralizados, os quais favorecem a criação de perfis que expõem hábitos, opiniões, preferências e localizações. A construção de identidades digitais, muitas vezes, não ocorre sob pleno controle do indivíduo, mas mediada por algoritmos, que capturam, tratam e compartilham dados de forma nem sempre transparente.

Nesse contexto, é preciso compreender que a privacidade não desapareceu; ela se transformou. Como aponta Rodotà, o indivíduo segue como titular do direito de delimitar o que pode ser conhecido sobre si e por quem, mesmo quando opta por participar de redes sociais ou compartilhar informações. A exposição voluntária de certos dados não anula o direito ao controle sobre a forma e o alcance dessas informações.[9]

Este controle é o que fundamenta a definição mais atualizada do direito à privacidade.[10] Acontece que, baseado no "fenômeno do estranho", mencionado por Danilo Doneda, que trata da predisposição em confessar ou tornar público segredos a pessoas estranhas do convívio social, que não teriam razão para revelar essas informações, para o ambiente *on-line* há esta predisposição de uma maneira geral, como se ali estivessem estranhos que não teriam razão para revelar os segredos apresentados.[11] Todavia, a partir do momento em que se

---

7 UNIÃO EUROPEIA. *Regulamento (UE) 2016/679 do Parlamento Europeu e do Conselho*, de 27 de abril de 2016, relativo à proteção das pessoas singulares no que diz respeito ao tratamento de dados pessoais e à livre circulação desses dados (Regulamento Geral sobre a Proteção de Dados — GDPR). Disponível em: https://eur-lex.europa.eu/legal-content/PT/TXT/?uri=CELEX%3A32016R0679. Acesso em: 04 maio 2025.

8 CASTELLS, Manuel. *A sociedade em rede*. A era da informação: economia, sociedade e cultura. Tradução de Roneide Venancio Majer. 20 ed., rev. e ampl. v. 1. São Paulo: Paz e Terra, 2019. p. 431-432.

9 RODOTÀ, Stefano. *A vida na sociedade de vigilância*: a privacidade hoje. Tradução de Danilo Doneda e Luciana Cabral Doneda. Organização, seleção e apresentação de Maria Celina Bodin de Moraes. Rio de Janeiro: Renovar, 2008, p. 93.

10 RODOTÀ, Stefano. *A vida na sociedade de vigilância*: a privacidade hoje. Tradução de Danilo Doneda e Luciana Cabral Doneda. Organização, seleção e apresentação de Maria Celina Bodin de Moraes. Rio de Janeiro: Renovar, 2008, p. 109.

11 DONEDA, Danilo. *Da privacidade à proteção de dados pessoais*: elementos da formação da Lei geral de proteção de dados. 2 ed. São Paulo: Thomson Reuters, 2019, p. 299.

compartilha uma informação ou imagem neste espaço *online*, que se espera não seja utilizada para nada além do que é proposto pelo seu titular, a presença de estranhos não terá a mesma repercussão do que uma confissão a uma única pessoa, e o controle, elemento primordial da privacidade, pode ser perdido.

O problema se acentua quando terceiros, valendo-se da estrutura aberta e muitas vezes permissiva do ambiente virtual, ultrapassam os limites do que seria um interesse legítimo, iniciando práticas de vigilância obsessiva, coleta reiterada de dados, envio de mensagens insistentes ou monitoramento disfarçado.[12] Essas condutas são manifestações típicas do *cyberstalking*, que, embora ocorram em um ambiente digital, produzem impactos reais sobre a liberdade e a saúde psíquica da vítima.

A dignidade da pessoa humana, enquanto cláusula geral de proteção dos direitos fundamentais (art. 1º, III, da Constituição Federal), opera como fundamento para a tutela jurídica nesses casos. Ora, a dignidade exige a preservação da integridade física, psíquica e moral do indivíduo,[13] valores muitas vezes abalados quando a privacidade é violada de forma reiterada e obsessiva. Trata-se, portanto, de um bem jurídico existencial que deve ser protegido mesmo (ou especialmente) em ambientes digitais, cujas interações tendem a ser mais fluidas, despersonalizadas e persistentes.

Dentro da perspectiva contemporânea, a interferência para além da informação fornecida ou da destinação desejada pelo seu titular contraria o direito fundamental à privacidade e poderá lesar os bens considerados como essenciais para a formação da pessoa humana. Por isso, há a necessidade não apenas de reconhecimento dos direitos envolvidos, mas também o desenvolvimento de mecanismos jurídicos eficazes de prevenção e responsabilização, capazes de superar a complexidade das interações na era digital.

3 *Cyberstalking*: elementos, efeitos e especificidades jurídicas

A conduta social do *stalking* não é recente, mas a preocupação para com o tema ganhou repercussão nas últimas décadas. Afirma-se que o termo surgiu na literatura norte-americana nos anos 1980, e

---

12 SANTOS, Bárbara Fernandes Rito dos. *Stalking*..., *op. cit.*, p. 53.

13 AZEVEDO, Antonio Junqueira de. Caracterização jurídica da dignidade da pessoa humana. *Revista dos Tribunais*, São Paulo, v. 91, n. 797, 2002, p. 19-24.

com o propósito de analisar casos de assédio de homens em relação a mulheres,[14] mas ganhou repercussão após crimes cometidos com famosas atrizes americanas[15] naquela mesma década. O assassinato da atriz Rebecca Shaeffer, ocorrido no ano de 1989,[16] iniciou uma preocupação com a elaboração de leis *anti-stalking*.

Nos Estados Unidos, foram criadas leis específicas sobre *stalking* já na década de 1990, com destaque para a *California Penal Code* §646.9,[17] que tipifica a perseguição obsessiva como crime. Essas legislações inspiraram debates em diversos países e promoveram a percepção de que a perseguição obsessiva compromete gravemente a integridade psíquica e a liberdade da vítima.

A conceituação do *stalking* tem algumas variações, mas os elementos comuns são a *"perseguição persistente e obsessiva a outra pessoa"*[18] refletida por condutas de *"perseguição, vigilância, monitorização, intimidação, ameaça ou outras formas de comunicação ou contacto, repetido e indesejado"*.[19]

Embora anterior à era digital, o fenômeno ganhou novos contornos com o uso da *internet* e das redes sociais. A perseguição obsessiva, antes restrita a espaços físicos, passou a se manifestar também no ambiente virtual, assumindo feições mais sutis, persistentes e potencialmente

---

[14] PRANDO, Camila Cardoso de Mello; BORGES, Maria Paula Benjamim. Concepções genderizadas na análise de deferimento de medidas protetivas de urgência. *Revista Direito FGV*, São Paulo, v.16, n.1, p.1-17, 2020, p. 01.

[15] Os crimes cometidos e relatados como fatos que fizeram com que houvesse a divulgação da expressão *Stalking* "no país de língua inglesa depois da tentativa de homicídio da atriz Theresa Saldana, em 1982, do assassinato da atriz Rebecca Schaeffer, em 1988, e da perseguição à cantora Madonna, em 1995" (PRANDO e BORGES. Obra citada, p. 02).

[16] Rebecca Schaeffer foi assassinada por um suposto fã. Ele enviara diversas cartas que foram por ela consideradas como inofensivas, tendo inclusive respondido a uma delas. Mas, ele desenvolveu pela atriz um sentimento que dizia ser incontrolável. Ao vê-la em uma cena de amor que lhe desagradou, ele foi até a casa da atriz, que atendeu a porta, pois aguardava um roteiro para um teste, quando Robert John Bardo *"tirou uma arma de um saco de papel e atirou no peito da atriz à queima roupa. Assim que o corpo dela caiu no chão, o assassino fugiu"* (MALVA, Pamela. Paixão obsessiva: caso Rebecca Schaeffer, a atriz que foi morta por um fã. *Aventuras na História*. Disponível em https://aventurasnahistoria.com.br/noticias/reportagem/paixao-assassina-o-caso-da-atriz-que-foi-morta-por-um-fa.phtml. Acesso em: 05 mar. 2025).

[17] CALIFÓRNIA. *California Penal Code §646.9* — Stalking. Disponível em: https://leginfo.legislature.ca.gov/faces/codes_displaySection.xhtml?sectionNum=646.9&lawCode=PEN. Acesso em: 04 maio 2025.

[18] SANTOS, Bárbara Fernandes Rito dos. *Stalking*: parâmetros de tipificação e o bem-jurídico da integridade psíquica. Coimbra: Almedina, 2017, p. 53.

[19] MATOS, Marlene; GRANGEIA, Helena; FERREIRA, Célia; AZEVEDO,Vanessa. *Inquérito de vitimação por stalking:* Relatório de investigação. Minho: Grupo de Investigação sobre Stalking em Portugal, 2011, p. 124.

mais invasivas.[20] A essa nova modalidade dá-se o nome de *cyberstalking* ou *cyber-stalking*, caracterizada pela utilização de meios digitais para vigiar, monitorar, controlar ou intimidar uma pessoa de forma recorrente e, também, indesejada.

Como destaca Bárbara Fernandes Rito dos Santos,[21] o *cyberstalker* — designação que se dá ao indivíduo que pratica o *cyberstalking* —, persegue sua vítima de maneira insistente, muitas vezes valendo-se de informações pessoais extraídas de perfis públicos, interações nas redes ou dados obtidos por terceiros. A ação é marcada pela repetição e pela obsessão, o que a distingue de um simples ato incômodo ou isolado. Isto é, o elemento-chave do *cyberstalking* é a intrusão reiterada e não consentida, que desperta na vítima sentimentos de medo, angústia, vigilância constante e, em muitos casos, isolamento social.[22]

Essa perseguição pode se manifestar de diversas formas: envio de mensagens constantes, mesmo após a manifestação de desinteresse da vítima; monitoramento de suas atividades *online*; invasão de contas e perfis; disseminação de informações falsas; ou, ainda, o uso indevido de imagens e dados pessoais. A depender do grau de obsessão e da relação preexistente entre o agente e a vítima, o *cyberstalking* pode ser classificado como emocional (quando há vínculo afetivo anterior), ocupacional (relacionado ao ambiente de trabalho), familiar ou, ainda, voltado a figuras públicas.[23]

Em 2014, a atriz britânica Emma Watson foi vítima de ameaças virtuais após discursar na Organização das Nações Unidas (ONU) em defesa da igualdade de gênero, por meio da campanha *HeForShe*.[24] Poucos dias depois, foi criado um *site* com uma contagem regressiva para a divulgação de supostas fotos íntimas da atriz. Embora o vazamento não tenha se concretizado, o episódio demonstrou como figuras públicas, sobretudo mulheres, são frequentemente alvos de ataques com motivações de controle, intimidação e punição por sua exposição ou posicionamentos.

---

20 CHUGH, Ritesh; GUGGISBERG, Marika. Stalking and Other Forms of Dating Violence: Lessons Learned from You in Relation to Cyber Safety. *Journal of Interpersonal Violence*, 2020.

21 SANTOS, Bárbara Fernandes Rito dos. *Stalking*..., *op. cit.*, p. 53.

22 GERBOVIC, Luciana. *Stalking*. São Paulo: Almedina, 2016, p. 37.

23 GERBOVIC, Luciana. *Stalking*. São Paulo: Almedina, 2016, p. 37.

24 THE GUARDIAN. Emma Watson threatened with nude photo leak after feminist speech. *The Guardian*, 24 set. 2014. Disponível em: https://www.theguardian.com/film/2014/sep/24/emma-watson-threatened-nude-photo-leak-feminist-speech. Acesso em: 21 abr. 2025.

Noutro bordo, salienta-se que os efeitos do *cyberstalking* extrapolam o ambiente digital. Não raro, as vítimas experimentam um intenso abalo psicológico, com sintomas como ansiedade, depressão, insônia, medo e alteração de rotina. Ademais, em algumas situações há a necessidade de mudança de residência, troca de número telefônico, afastamento de redes sociais e até abandono de vínculos profissionais, configurando também prejuízos patrimoniais indiretos. Em casos extremos, os atos persecutórios evoluem para agressões físicas ou ameaças à integridade da vítima.[25]

A doutrina reconhece que tais condutas afetam diretamente os direitos da personalidade, especialmente a privacidade, a intimidade, a liberdade e a integridade psíquica. Por essa razão, mesmo antes da positivação do crime de perseguição no Código Penal brasileiro (art. 147-A, incluído pela Lei nº 14.132/2021),[26] já era possível responsabilizar civilmente o agressor, com base nos princípios constitucionais da dignidade da pessoa humana e da vedação ao abuso de direito (arts. 186 e 187 do Código Civil).

Nada obstante seja o *cyberstalking* praticado por meio de plataformas digitais, tal fato não implica a exclusão da responsabilidade do agente com base em seu eventual anonimato ou localização remota. A partir de medidas adequadas, incluindo as judiciais, como a quebra de sigilo de dados e IPs, é possível identificar o autor das condutas e viabilizar sua responsabilização. Isso reforça o papel das tecnologias não apenas como instrumento de possíveis violações, mas também como aliadas na proteção e investigação de comportamentos ilícitos.

A jurisprudência brasileira, ainda que incipiente, tem reconhecido o *cyberstalking* como violação a direitos da personalidade e, portanto, apto a ensejar indenização por danos morais e materiais. Também é crescente a compreensão de que a ameaça reiterada de dano, mesmo sem agressão direta, já configura ilícito civil passível de reparação.[27]

Portanto, é possível afirmar que o *cyberstalking* exige do Direito um olhar atento e contemporâneo, capaz de interpretar a repetição de

---

[25] MATOS, Marlene. GRANGEIA, Helena. FERREIRA, Célia. AZEVEDO, Vanessa. Vitimação do stalking: preditores do medo. *Análise psicológica*. v. 30 (1-2), jan-jun.2012. Lisboa: ISPA (Instituto Universitário), 2012. p. 162.

[26] Redação do artigo: "Art. 147-A. Perseguir alguém, reiteradamente e por qualquer meio, ameaçando-lhe a integridade física ou psicológica, restringindo-lhe a capacidade de locomoção ou, de qualquer forma, invadindo ou perturbando sua esfera de liberdade ou privacidade. Pena — reclusão, de 6 (seis) meses a 2 (dois) anos, e multa".

[27] LOPEZ, Teresa Ancona. *Princípio da precaução e evolução da responsabilidade civil*. São Paulo: Quartier Latin, 2010. p. 243.

condutas abusivas e os efeitos desproporcionais que elas geram na esfera subjetiva da vítima. A responsabilização, neste caso, deve ser compreendida não apenas como resposta à lesão já consumada, mas incluir por objetivo, ainda, prevenir a repetição do ciclo de perseguição e proteger, de maneira eficaz, a dignidade da pessoa humana no ambiente virtual.

4 A responsabilidade civil como instrumento de reparação e prevenção do *cyberstalking*

A responsabilidade civil desempenha papel central na proteção da dignidade da pessoa humana, especialmente quando se trata de comportamentos lesivos que emergem no ambiente digital. Diante da natureza insidiosa e repetitiva das condutas persecutórias virtuais, o ordenamento jurídico deve oferecer uma resposta que vá além da simples compensação pecuniária, atuando também como ferramenta de dissuasão e prevenção.[28]

Tradicionalmente associada à reparação de danos, a responsabilidade civil evoluiu para abarcar também as funções de prevenção e dissuasão. A lógica contemporânea da responsabilidade civil deve incluir a dimensão inibitória, isto é, a possibilidade de se evitar a repetição da conduta lesiva, por meio de mecanismos que desestimulem sua reiteração.[29] Isso é especialmente importante em contextos como o do *cyberstalking*, em que o retorno ao *status quo ante* é, muitas vezes, impossível, dados os efeitos psicológicos da perseguição virtual.

Nos moldes do direito civil-constitucional, a responsabilidade civil não se limita à reparação de danos patrimoniais, mas abrange também a proteção de bens existenciais, tais como a privacidade, a integridade psíquica e a liberdade, todos alicerçados na cláusula geral da dignidade da pessoa humana (art. 1º, III, da CF/88). Como destaca Fernando Noronha, qualquer ofensa a um interesse juridicamente tutelado, ainda que imaterial, pode ensejar reparação.[30]

---

28 ROSENVALD, Nelson. *As funções da responsabilidade civil:* a reparação e a pena civil. São Paulo: Atlas, 2013.

29 GONDIM, Glenda Gonçalves. *Responsabilidade civil sem dano*: da lógica reparatória à lógica inibitória. Tese apresentada perante o Programa de Pós-Graduação da Universidade Federal do Paraná. Disponível em: https://acervodigital.ufpr.br/handle/1884/40367. Acesso em: 02 out. 2022.

30 NORONHA, Fernando. *Direito das obrigações*: fundamentos do direito das obrigações: introdução à responsabilidade civil. 2. ed. rev. e atual. São Paulo: Saraiva, 2007. v. 1.

Para mais, no sistema jurídico brasileiro, a responsabilidade civil pode ser acionada mesmo diante da ameaça de dano, como previsto no artigo 12 do Código Civil, e no artigo 5º, XXXV, da Constituição Federal. A reiteração de atos persecutórios, mesmo que individualmente considerados "inofensivos", pode gerar um ciclo de intrusão emocional e psicológica, que, por si só, justifica a tutela inibitória e indenizatória.[31] O que diferencia um mero incômodo de um dano juridicamente relevante é, sobretudo, a repetição, que configura um comportamento obsessivo, lesivo e antijurídico.

Além da função compensatória, o caráter punitivo-pedagógico da responsabilidade civil deve desencorajar a reiteração das condutas danosas, especialmente em contextos de difícil reversibilidade,[32] como é o caso do *cyberstalking*.

Ainda que muitos dos danos causados pelo *cyberstalking* não sejam mensuráveis em termos estritamente econômicos, como o medo, a sensação de vigilância e a perda de liberdade, a doutrina reconhece a reparabilidade desses danos como expressão da proteção da pessoa.[33] A jurisprudência, cada vez mais atenta à complexidade das relações virtuais, vem reconhecendo o direito à indenização por danos morais[34] e patrimoniais indiretos, estes últimos nos casos em que a vítima precisa mudar de emprego, residência ou abandonar as redes sociais.

Sob a ótica preventiva, a função inibitória da responsabilidade civil visa coibir violações futuras,[35] especialmente quando a tutela reparatória se mostra insuficiente para restaurar o *status quo ante*. Em um ambiente como o digital, onde a exposição é potencializada e os efeitos da violação se perpetuam no tempo, a antecipação da tutela do direito torna-se essencial.

---

31 LOPEZ, Teresa Ancona. *Princípio da precaução e evolução da responsabilidade civil*. São Paulo: Quartier Latin, 2010. p. 241.

32 GONDIM, Glenda Gonçalves. *Responsabilidade civil sem dano*: da lógica reparatória à lógica inibitória. 2015. Tese (Doutorado) — Universidade Federal do Paraná, Curitiba. Disponível em: https://acervodigital.ufpr.br/handle/1884/40367. Acesso em: 21 abr. 2025.

33 CARVALHO, André Furegate de. *Responsabilidade Civil em casos de Stalking e Cyberstalking*. 2022. Disponível em: https://repositorio.pucsp.br/bitstream/handle/39278/1/Andr%C3%A9%20Furegate%20de%20Carvalho.pdf. Acesso em: 21 abr. 2025.

34 Em decisão sobre *cyberstalking*, o TJSP reconheceu a configuração de conduta ilícita e determinou a indenização por danos morais, destacando a utilização indevida de imagem para montagem de perfil falso como fator agravante. — TJ-SP — AC: 1002596-16.2018.8.26.0484, Relator: Ronnie Herbert Barros Soares, Data de Julgamento: 27/03/2020, 10ª Câmara de Direito Privado, Data de Publicação: 27/03/2020.

35 VENTURI, Thaís Goveia Pascoaloto. *Responsabilidade civil preventiva*: a proteção contra a violação dos direitos e a tutela inibitória material. São Paulo: Malheiros, 2014, p. 204.

Há, neste ponto, que se ressaltar que a legislação atual, no âmbito do Direito Civil, não alcança as necessidades e celeridade necessárias. Isso é notável quando ocorre a necessidade de identificação do IP, ou de dados de registros dos provedores de conexão e de aplicação da *internet* para identificar a autoria de ataques ou ameaças que tenham sido feitas de maneira autônoma. Este pedido poderá ser feito judicialmente, com fundamento no art. 22, do Marco Civil da Internet.[36] Contudo, não haverá responsabilização pelo provedor de *internet* pela conduta do terceiro, de acordo com o teor do art. 18, do Marco Civil da Internet. E quanto ao provedor de conexão, a sua responsabilidade é limitada à obrigação de fazer, que significa a obrigação de excluir um conteúdo publicado por terceiro e sob determinação judicial. Quando não cumprida a ordem judicial, haverá responsabilização, afora a exceção para conteúdos que incluam nudez ou tenham conotação sexual.

Para o *cyberstalking*, pode ocorrer não apenas a perseguição, mas, também, a criação de perfis falsos e com conteúdos lesivos à honra e à privacidade. Neste contexto, poderá a vítima requerer as informações daquele que criou estes perfis, além do pedido de retirada do conteúdo do ar aos provedores de conexão e aplicativos, respectivamente. Após ter o conhecimento da autoria, poderão ser adotadas as medidas em face do causador direto do dano, com a obtenção de indenização e/ou outras responsabilizações de natureza criminal.

À vista disso, também é fundamental pontuar que, em muitos casos, a responsabilização não se limita ao agente direto da conduta danosa (o *stalker*). Em determinadas hipóteses, pode-se cogitar a responsabilidade de plataformas ou provedores de serviços que, mesmo cientes da prática de *cyberstalking*, deixam de adotar medidas eficazes para impedir sua continuidade. Em que pese não se trate de responsabilidade automática, a jurisprudência brasileira já trilhou caminhos que permitem a responsabilização dos provedores e plataformas por atos de terceiros, quando configurada a sua omissão culposa.[37]

Essa linha jurisprudencial dialoga com o entendimento de que a responsabilidade civil deve alcançar não apenas o agente direto do

---

36 BRASIL. *Lei n. 12.965, de 23 de abril de 2014*. Lei do Marco Civil da Internet. Disponível em https://www.planalto.gov.br/ccivil_03/_ato2011-2014/2014/lei/l12965.htm. Acesso em: 03 maio 2025.

37 BRASIL. *Superior Tribunal de Justiça*. Recurso Especial nº 1501603/RN. Relatora: Ministra Nancy Andrighi. Terceira Turma. Julgado em: 12 dez. 2017. DJe 20 dez. 2017. Disponível em: https://processo.stj.jus.br/processo/revista/documento/mediado/?componente=ITA&sequencial=1668833&num_registro=201402900716&data=20171218&formato=PDF. Acesso em: 21 abr. 2025.

dano, mas também terceiros que, por omissão, contribuam para sua perpetuação. Em casos de *cyberstalking*, isso significa admitir a responsabilização de plataformas digitais que se mantenham inertes diante de comportamentos claramente abusivos e reiterados, após terem sido formalmente notificadas a seu respeito.

No direito europeu, o Regulamento Geral sobre a Proteção de Dados (GDPR) impõe aos controladores e operadores de dados o dever de implementar medidas técnicas e organizacionais adequadas para proteger os dados dos titulares (art. 24 e 32, GDPR).[38] Essa lógica se aproxima da responsabilização solidária defendida na doutrina brasileira para casos de omissão culposa.

Como destaca André Furegate de Carvalho, a aplicação da responsabilidade solidária nesses casos decorre da ideia de que o dever de cuidado é compartilhado entre os participantes do ecossistema digital.[39] Se a plataforma, que detém os meios técnicos para cessar ou mitigar o dano, se omite injustificadamente, acaba contribuindo para sua continuidade, assumindo, por consequência, parcela da responsabilidade.

Deste modo, a responsabilidade civil surge como um verdadeiro instrumento de proteção da pessoa humana nas relações virtuais, respondendo tanto à necessidade de compensação quanto à urgência de prevenção.

No caso específico do *cyberstalking*, esse instituto ganha especial relevância ao proporcionar à vítima uma via de reação eficaz frente a um comportamento que, embora muitas vezes invisível aos olhos sociais, é devastador em sua repercussão individual. Ao tratar de fenômenos como esse, o Direito deve reconhecer os novos contornos do dano e oferecer respostas proporcionais, humanas e eficazes.

5 Considerações finais

A emergência do *cyberstalking* como fenômeno social e jurídico impõe ao Direito Civil contemporâneo o desafio de reinterpretar categorias

---

[38] UNIÃO EUROPEIA. *Regulamento (UE) 2016/679 do Parlamento Europeu e do Conselho*, de 27 de abril de 2016, relativo à proteção das pessoas singulares no que diz respeito ao tratamento de dados pessoais e à livre circulação desses dados (Regulamento Geral sobre a Proteção de Dados — GDPR). Disponível em: https://eur-lex.europa.eu/legal-content/PT/TXT/?uri=CELEX%3A32016R0679. Acesso em: 04 maio 2025.

[39] CARVALHO, André Furegate de. *Responsabilidade Civil em casos de Stalking e Cyberstalking*. 2022. Disponível em: https://repositorio.pucsp.br/bitstream/handle/39278/1/Andr%C3%A9%20Furegate%20de%20Carvalho.pdf. Acesso em: 21 abr. 2025.

tradicionais, como a responsabilidade civil, à luz das novas formas de lesão à dignidade da pessoa humana. O ambiente digital, embora promotor de liberdades comunicativas e de interações amplificadas, também se revela espaço fértil para práticas invasivas, obsessivas e silenciosas, cujos efeitos sobre a vítima ultrapassam o plano virtual e reverberam na vida concreta.

Ao longo deste estudo, demonstrou-se que o *cyberstalking* não se resume a um incômodo passageiro ou a meras interações inconvenientes. Trata-se de uma conduta que, por sua reiteração e pela obsessão do agente, compromete a liberdade, a privacidade, a integridade psíquica e a autodeterminação informativa da vítima, atingindo direitos da personalidade protegidos pela Constituição Federal e pelo Código Civil brasileiro.

Nesse contexto, a responsabilidade civil assume papel central. Mais do que compensar o dano já concretizado, ela deve cumprir função punitivo-pedagógica e inibitória, evitando a perpetuação de condutas lesivas e assegurando que o ordenamento jurídico reaja à altura dos valores constitucionais que se propõe a proteger. A partir da cláusula geral da dignidade da pessoa humana (art. 1º, III, da CF/88), se torna possível a construção de uma tutela civil sensível à complexidade dos danos extrapatrimoniais, muitas vezes imensuráveis economicamente, mas de profundo impacto existencial.

Também se ressaltou que, em determinadas hipóteses, a responsabilização pode alcançar não apenas o autor direto do *cyberstalking*, mas também terceiros que, por omissão culposa, contribuam para a lesão, como no caso de provedores de aplicação que se mantêm inertes diante de denúncias fundadas. A jurisprudência nacional já começa a reconhecer essa possibilidade, sinalizando uma evolução do entendimento tradicional sobre a responsabilidade civil.

Destaca-se, ainda, o papel crescente da responsabilidade civil preventiva como instrumento eficaz de contenção do dano antes de sua efetiva concretização. Isto é, a função preventiva da responsabilidade deve ganhar protagonismo especialmente em ambientes digitais, nos quais as violações de direitos se propagam rapidamente e podem causar efeitos irreversíveis. Tutelas inibitórias, obrigações de fazer e não fazer, remoção de conteúdo e bloqueios judiciais são medidas possíveis nesses casos, a fim de impedir a escalada de comportamentos lesivos e resguardar os direitos da personalidade.

Diante de todo o exposto, é possível concluir que o Direito Civil, por meio de uma responsabilidade civil de caráter multifuncional

— compensatória, punitiva, inibitória e preventiva —, dispõe de ferramentas valiosas para tratar do tema do *cyberstalking*, desde que adaptado à realidade de uma sociedade em rede. A proteção da dignidade humana nas relações virtuais exige não apenas reparação, mas, sobretudo, respostas jurídicas aptas a prevenir a violação, conscientizar os sujeitos e transformar práticas sociais marcadas por uma forma de violência invisível.

Referências

AZEVEDO, Antonio Junqueira de. Caracterização jurídica da dignidade da pessoa humana. *Revista dos Tribunais*, São Paulo, v. 91, n. 797, p. 19-24, 2002.

BRASIL. Constituição (1988). *Constituição da República Federativa do Brasil de 1988*. Disponível em: https://www.planalto.gov.br/ccivil_03/constituicao/constituicao.htm. Acesso em: 26 abr. 2025.

BRASIL. Lei nº 12.965, de 23 de abril de 2014. *Marco Civil da Internet*. Disponível em: https://www.planalto.gov.br/ccivil_03/_ato2011-2014/2014/lei/l12965.htm. Acesso em: 26 abr. 2025.

BRASIL. *Superior Tribunal de Justiça. Recurso Especial nº 1501603/RN*. Relatora: Ministra Nancy Andrighi. Terceira Turma. Julgado em: 12 dez. 2017. DJe 20 dez. 2017. Disponível em: https://processo.stj.jus.br/processo/revista/documento/mediado/?componente=ITA&sequencial=1668833&num_registro=201402900716&data=20171218&formato=PDF. Acesso em: 21 abr. 2025.

CALIFÓRNIA. *California Penal Code §646.9* — Stalking. Disponível em: https://leginfo.legislature.ca.gov/faces/codes_displaySection.xhtml?sectionNum=646.9&lawCode=PEN. Acesso em: 04 maio 2025.

CARVALHO, André Furegate de. *Responsabilidade Civil em casos de Stalking e Cyberstalking*. 2022. Disponível em: https://repositorio.pucsp.br/bitstream/handle/39278/1/Andr%C3%A9%20Furegate%20de%20Carvalho.pdf. Acesso em: 21 abr. 2025.

CASTELLS, Manuel. *A sociedade em rede:* A era da informação: economia, sociedade e cultura. Tradução de Roneide Venâncio Majer. 20. ed. rev. e ampl. v. 1. São Paulo: Paz e Terra, 2019.

CHUGH, Ritesh; GUGGISBERG, Marika. *Stalking and Other Forms of Dating Violence:* Lessons Learned from You in Relation to Cyber Safety. Journal of Interpersonal Violence, 2020.

DONEDA, Danilo. *Da privacidade à proteção de dados pessoais:* elementos da formação da Lei Geral de Proteção de Dados. 2. ed. São Paulo: Thomson Reuters, 2019.

GERBOVIC, Luciana. *Stalking*. São Paulo: Almedina, 2016.

GONDIM, Glenda Gonçalves. *Responsabilidade civil sem dano:* da lógica reparatória à lógica inibitória. 2015. Tese (Doutorado) — Universidade Federal do Paraná, Curitiba. Disponível em: https://acervodigital.ufpr.br/handle/1884/40367. Acesso em: 21 abr. 2025.

LOPEZ, Teresa Ancona. *Princípio da precaução e evolução da responsabilidade civil*. São Paulo: Quartier Latin, 2010.

MALVA, Pamela. Paixão obsessiva: caso Rebecca Schaeffer, a atriz que foi morta por um fã. *Aventuras na História*. Disponível em: https://aventurasnahistoria.com.br/noticias/reportagem/paixao-assassina-o-caso-da-atriz-que-foi-morta-por-um-fa.phtml. Acesso em: 05 mar. 2025.

MATOS, Marlene; GRANGEIA, Helena; FERREIRA, Célia; AZEVEDO, Vanessa. *Inquérito de vitimação por stalking:* Relatório de investigação. Minho: Grupo de Investigação sobre Stalking em Portugal, 2011.

MATOS, Marlene; GRANGEIA, Helena; FERREIRA, Célia; AZEVEDO, Vanessa. *Vitimação do stalking:* preditores do medo. Análise Psicológica, v. 30, n. 1-2, p. 157-168, jan./jun. 2012.

NORONHA, Fernando. *Direito das obrigações:* fundamentos do direito das obrigações: introdução à responsabilidade civil. 2. ed. rev. e atual. São Paulo: Saraiva, 2007. v. 1.

PRANDO, Camila Cardoso de Mello; BORGES, Maria Paula Benjamim. Concepções genderizadas na análise de deferimento de medidas protetivas de urgência. *Revista Direito FGV*, São Paulo, v. 16, n. 1, p. 1-17, 2020.

RODOTÀ, Stefano. *A vida na sociedade de vigilância:* a privacidade hoje. Tradução de Danilo Doneda e Luciana Cabral Doneda. Organização de Maria Celina Bodin de Moraes. Rio de Janeiro: Renovar, 2008.

ROSENVALD, Nelson. *As funções da responsabilidade civil:* a reparação e a pena civil. São Paulo: Atlas, 2013.

SANTOS, Bárbara Fernandes Rito dos. *Stalking:* parâmetros de tipificação e o bem-jurídico da integridade psíquica. Coimbra: Almedina, 2017.

THE GUARDIAN. Emma Watson threatened with nude photo leak after feminist speech. *The Guardian*, 24 set. 2014. Disponível em: https://www.theguardian.com/film/2014/sep/24/emma-watson-threatened-nude-photo-leak-feminist-speech. Acesso em: 21 abr. 2025.

UNIÃO EUROPEIA. *Regulamento (UE) 2016/679 do Parlamento Europeu e do Conselho*, de 27 de abril de 2016, relativo à proteção das pessoas singulares no que diz respeito ao tratamento de dados pessoais e à livre circulação desses dados (Regulamento Geral sobre a Proteção de Dados — GDPR). Disponível em: https://eur-lex.europa.eu/legal-content/PT/TXT/?uri=CELEX%3A32016R0679. Acesso em: 04 maio 2025.

VENTURI, Thaís Goveia Pascoaloto. *Responsabilidade civil preventiva:* a proteção contra a violação dos direitos e a tutela inibitória material. São Paulo: Malheiros, 2014.

WARREN, Samuel D.; BRANDEIS, Louis D. The right to privacy. *Harvard Law Review*, vol. 4, n. 5, dez. 1890.

Informação bibliográfica deste livro, conforme a NBR 6023:2018 da Associação Brasileira de Normas Técnicas (ABNT):

GONDIM, Glenda Gonçalves; CARVALHO FILHO, Geovana de. A tutela da reparação por danos nas relações virtuais: uma análise sob a ótica do cyberstalking. *In*: EHRHARDT JÚNIOR, Marcos; CATALAN, Marcos (coord.). *Vida privada, patrimônio e tecnologia*: novos rumos para o direito de família e das sucessões. Belo Horizonte: Fórum, 2025. p. 73-87. ISBN 978-85-450-0968-9.

INFÂNCIA HIPEREXPOSTA E A RESPONSABILIDADE CIVIL: PARA ALÉM DO DANO IMEDIATO

SARAH FRANÇA MENDONÇA PLACIDO

1 Introdução

Pela primeira vez na história da humanidade, uma geração inteira de crianças está crescendo sob os holofotes digitais antes mesmo de desenvolver qualquer consciência sobre sua própria identidade. O fenômeno do *(over)sharenting*[1] materializa essa realidade através da prática sistemática de genitores que transformam a intimidade familiar em "espetáculo público" nas redes sociais.

Não se cuidará de estabelecer juízo de valor sobre as razões que levam os pais a compartilharem, desenfreadamente, a imagem de suas crianças nas redes sociais, mas de analisar o problema jurídico formado quando tal prática colide com os direitos fundamentais da criança, mais precisamente o direito à privacidade, especialmente porque estes indivíduos, por sua própria condição de desenvolvimento, são incapazes de consentir com tal exposição ou de compreender as implicações futuras.

A complexidade dessa questão se revela ainda mais acentuada ao considerar que o tradicional modelo de responsabilidade civil brasileira, em sua concepção clássica, se baseia no princípio do *neminem laedere* (não lesar a outrem) e tem como objetivo primordial a reparação do

---

1 A expressão "*sharenting*" decorre da junção entre as palavras *share* (compartilhar) e *parenting* (parentalidade) para designar o ato de "compartilhar a parentalidade" nas redes sociais. Entretanto, entendendo-se que o problema jurídico se encontra na forma exacerbada de compartilhamento, utiliza-se a expressão com o prefixo "*over*", para designar a "hiperexposição", cuja natureza, na visão autoral, é antijurídica.

dano, que se mede pela sua extensão conforme o artigo 944, do Código Civil (o que atualmente parece ser o único aceito por grande parte da doutrina civilista), e estruturado sobre o paradigma da reparação *post factum*, mostra-se inadequado — ou melhor, insuficiente — para tutelar direitos em contextos em que não se sabe quando o dano irá se materializar de forma quantificável, embora se tenha a certeza de que, em algum momento, ele será experimentado, dado que a violação aos direitos da criança, a exemplo do direito à privacidade, é concreto e verificável.

De que forma sua estrutura, que exige a comprovação de um prejuízo concreto e quantificável para gerar o dever de indenizar, poderia tutelar efetivamente uma violação que ocorre de forma imediata (o dano-evento), mas cujas consequências mensuráveis (o dano-prejuízo) podem se manifestar somente anos depois? A rigidez do sistema clássico não estaria, na prática, criando um vácuo protetivo e deixando a criança desamparada no exato momento da lesão ao seu direito fundamental?

Surge, assim, um dilema: como proteger direitos fundamentais da criança manifestamente violados quando os próprios institutos de proteção civil foram concebidos para uma realidade pré-digital? Mais ainda: ter-se-á que admitir a possibilidade de responsabilidade civil tão somente após a manifestação do dano concreto quantificável ou o instituto deve apresentar uma função precaucional?

Diante disso, a pesquisa se justifica pela necessidade de adaptar os institutos do Direito Civil às novas realidades impostas pela sociedade digital, garantindo proteção efetiva a sujeitos em situação de especial vulnerabilidade. Assim, indaga-se de que forma é possível proteger o direito fundamental à privacidade da criança frente ao *(over) sharenting*, quando o modelo de responsabilidade civil vigente se mostra inadequado para prevenir a lesão, atuando apenas após a ocorrência de um dano quantificável?

2 A responsabilidade civil em sua concepção clássica: o dano como pressuposto inarredável

2.1 O princípio do *neminem laedere* e a função reparadora tradicional

O instituto da responsabilidade civil no direito brasileiro edificou-se no princípio do *neminem laedere*, que estabelece o dever geral de abstenção de atos lesivos ao direito alheio, impondo ao autor do dano a obrigação de reparar o prejuízo causado. Sob tal perspectiva, torna-se inócuo tratar da obrigação de reparar o dano sem a sua existência.[2]

A premissa é corroborada pelo artigo 927, do Código Civil, segundo o qual, *aquele que, por ato ilícito (artigos 186 e 186, do Código Civil), causar dano a outrem, fica obrigado a repará-lo*. A redação do dispositivo permite concluir que à responsabilidade civil se atribui a função precípua de reparação do dano, focada na restituição do bem jurídico (por vezes, patrimonial) violado, condicionando o surgimento da obrigação reparatória à efetiva ocorrência do dano.

Sendo assim, pode-se, de antemão, afirmar que a máxima de que inexiste responsabilidade sem dano é, praticamente, um dogma inquestionável, condicionando o dever de indenizar à prova inequívoca do prejuízo sofrido pela vítima. O dano, neste contexto, configura-se como elemento *sine qua non* para o surgimento da obrigação indenizatória.

Esta exigência se fundamenta na própria lógica do sistema reparatório: se o objetivo precípuo da responsabilidade civil é restabelecer o equilíbrio patrimonial e moral rompido pelo ato ilícito, a ausência de ruptura torna desnecessária qualquer medida corretiva. Tal entendimento encontra respaldo na jurisprudência dos tribunais superiores,[3] que consistentemente exige a comprovação do dano para o reconhecimento do dever indenizatório.

Esse modelo tradicional reconhece duas modalidades principais de reparação: a *restituição in natura*, que busca recuperar o *status quo ante* da vítima, e a *reparação pecuniária*, consistente na indenização em pecúnia, quando a concretização da primeira hipótese não se faz possível.

A primeira, e teoricamente preferencial, consiste na reparação específica, que busca restabelecer materialmente a situação anterior à ocorrência do dano, proporcionando à vítima a reconstituição exata do bem jurídico lesado. Essa modalidade reparatória encontra particular aplicação nos casos em que é possível restituir o bem jurídico violado,

---

2 PONTES, Sérgio. A viabilidade da responsabilidade civil sem dano no seu viés clássico. *Jusbrasil*. Disponível em: https://www.jusbrasil.com.br/artigos/a-viabilidade-da-responsabilidade-civil-sem-dano-no-seu-vies-classico/612643920. Acesso em: 8 jun. 2025.

3 A título exemplificativo, confira-se: "2. Nos termos da jurisprudência desta Corte, em regra, os *danos* materiais exigem efetiva comprovação, não se admitindo indenização de *danos* hipotéticos ou presumidos. Precedentes." (STJ — *AgInt nos EDcl no AREsp: 1651269 MG 2020/0013371-9*, Relator.: Ministro RAUL ARAÚJO, Data de Julgamento: 24/08/2020, T4 — QUARTA TURMA, Data de Publicação: DJe 15/09/2020).

evitando, inclusive, que a responsabilidade civil se traduza em caráter meramente financeiro.[4]

A modalidade em questão, segundo o Enunciado 589, da VII Jornada de Direito Civil, revela-se compatível com uma lógica de despatrimonialização do instituto, de modo a garantir que o ofendido possa ser integralmente reparado pelo dano sofrido, o que, nem sempre, pode ser alcançado mediante simples pagamento em dinheiro.

Subsidiariamente, quando a restituição *in natura* se revela impossível, inadequada ou excessivamente onerosa, opera-se a reparação pecuniária, consistente na compensação em dinheiro equivalente ao valor do bem lesado. Esta modalidade, embora teoricamente secundária (e apenas teoricamente), constitui, na prática, a forma mais comum de reparação, dada a frequente impossibilidade de restauração integral do estado anterior à prática do ato lesivo.

Ato contínuo, há que se determinar a extensão da reparação. Sobre isto, traz-se à baila a dicção do artigo 944, do Código Civil, que preconiza que "a indenização se mede pela extensão do dano", o qual estabelece que a compensação deve ser a mais completa possível, buscando restabelecer o equilíbrio social rompido pelo ato ilícito. Contudo, essa integralidade encontra limite na própria extensão do prejuízo, vedando o enriquecimento sem causa da vítima.

É facilmente perceptível que o dispositivo em comento exige o exame da proporcionalidade no sistema reparatório. De um lado, assegura à vítima a compensação adequada e suficiente para a reparação integral de seu prejuízo, impedindo a sub-reparação que perpetuaria o desequilíbrio causado pelo ato ilícito. De outro, impede o enriquecimento sem causa da vítima, vedando indenizações que excedam a extensão real do dano sofrido.

Essa limitação encontra justificativa nos próprios fundamentos da responsabilidade civil. Se o objetivo do instituto é a restauração do equilíbrio rompido, qualquer compensação que ultrapasse este objetivo se transforma em fonte de novo desequilíbrio, agora em detrimento do causador do dano. E, se assim o fosse permitido, o instituto da responsabilidade civil serviria como fonte de enriquecimento ilícito, o que é incompatível com o Direito.

Todavia, embora a tradicional concepção da responsabilidade civil possa ter cumprido satisfatoriamente sua função ao longo do tempo,

---

4 Enunciado 589, da VII Jornada de Direito Civil: A compensação pecuniária não é o único modo de reparar o dano extrapatrimonial, sendo admitida a reparação *in natura*, na forma de retratação pública ou outro meio.

não se pode discordar que, atualmente, estar-se diante de limitações que advêm das crescentes transformações sociais. Em outras palavras, o modelo centrado exclusivamente na reparação *a posteriori* se mostra insuficiente para enfrentar os desafios de uma sociedade caracterizada pela complexidade das relações jurídicas, pela multiplicação dos riscos e pela valorização crescente da dignidade da pessoa humana.

O Direito, como ciência intrinsecamente dependente do fenômeno social, não pode permanecer imutável sob pena de não cumprir sua *ratio essendi*: atender às demandas da sociedade. Isto possui particular relevância no campo da responsabilidade civil, em que a rapidez das transformações tecnológicas e sociais tem gerado situações jurídicas novas, não adequadamente contempladas pelo modelo reparatório tradicional.

Nesse contexto, é válido trazer à baila a doutrina de Ulrich Beck,[5] que utilizou a expressão *sociedade de risco* para designar um cenário em que os riscos deixaram de ser meramente naturais ou imprevisíveis para se tornarem consequência direta do avanço científico e tecnológico. São riscos produzidos pelo próprio processo de modernização, que extrapolam fronteiras territoriais e desafiam os modelos tradicionais de controle e responsabilização.

Sendo assim, na medida em que as transformações sociais estão acontecendo, o direito também deve caminhar no sentido de adaptar-se a elas. Desta sorte, a visão contemporânea da Responsabilidade Civil, pautada nos princípios constitucionais da dignidade da pessoa humana e da solidariedade, deve-se aprofundar sob o viés preventivo ou precaucional[6] do instituto.

2.2 A distinção entre dano-prejuízo e dano-evento e as inadequações do modelo clássico

Como se verá, a evolução da doutrina civilística contemporânea vem, de forma incipiente, estabelecendo importantes reflexões acerca da natureza jurídica do dano, revelando que a sua existência vai muito

5 BECK, Ulrich. *Sociedade de risco:* rumo a uma outra modernidade. São Paulo: Editora 34, 2011.

6 Ainda que se reconheça a distinção conceitual entre os termos "precaução" e "prevenção", este artigo não se propõe a aprofundar tal diferenciação. Assim, ambos os vocábulos poderão ser empregados ao longo do texto com o propósito de se referirem ao momento anterior à ocorrência do dano-prejuízo (cuja definição será oportunamente esclarecida).

além do que a simples existência do dano "concreto" e quantificável que se costuma tratar ao adentrar no dever de reparação.

Nesse contexto, emerge a distinção fundamental entre "dano-evento" e "dano-prejuízo", categorização que, embora ainda não pacificada, oferece instrumental teórico de grande valia para a compreensão das limitações do modelo clássico de responsabilidade civil e, também, para o reconhecimento de que se faz possível (re)prensar a função do instituto para além do caráter *post-factum*, especialmente porque o elemento a ele indissociável, o dano, continua presente, embora sob uma nova roupagem.

Segundo Leal,[7] o dano-evento é a lesão ao direito subjetivo ou ao interesse juridicamente tutelado. Em outras palavras, caracteriza-se pela violação objetiva de um direito ou interesse juridicamente tutelado, independentemente da produção imediata de consequências econômicas quantificáveis. Constitui a lesão *in re ipsa*, ou seja, o próprio ato de violação do direito configura o dano, prescindindo de demonstração adicional de prejuízos concretos. Esta modalidade, no sentir autoral, encontra particular aplicação na tutela de direitos de personalidade, em que a mera violação já configura dano juridicamente relevante.

Doutra banda, o dano-prejuízo se refere às consequências efetivas e mensuráveis decorrentes da violação do direito, manifestando-se através de perdas patrimoniais ou extrapatrimoniais concretamente demonstráveis. Esta categoria se alinha à concepção tradicional de dano, exigindo a comprovação de prejuízos específicos para o reconhecimento da obrigação reparatória.

Ousa-se dizer que modelo clássico de responsabilidade civil, estruturado exclusivamente sobre o paradigma do dano-prejuízo, revela-se inadequado para a tutela efetiva de situações em que ocorre a violação de direitos sem a imediata materialização de consequências quantificáveis. Esta limitação torna-se particularmente evidente na Era Digital, período em que práticas como o *(over)sharenting* promovem violações sistemáticas de direitos fundamentais da criança sem que os prejuízos dela decorrentes se manifestem imediatamente.

No *(over)sharenting*, observa-se, com clareza, a ocorrência do dano-evento: a exposição não consentida da criança nas redes sociais

---

[7] LEAL, Pastora do Socorro Teixeira; BONNA, Alexandre Pereira. Responsabilidade civil sem dano-prejuízo? *Direito em Movimento*, Rio de Janeiro, v. 15, n. 2, p. 56–71, 2º sem. 2017. Disponível em: https://www.emerj.tjrj.jus.br/revistadireitoemmovimento_online/edicoes/volume_15_numero_2.html. Acesso em: 8 jun. 2025.

constitui violação objetiva de seu direito fundamental à privacidade, independentemente da demonstração de prejuízos imediatos. A criança tem seu direito violado a partir do momento em que se estabelece a rotina de hiperexposição, criando-se uma situação jurídica lesiva que, na concepção da autora, transcende a necessidade de comprovação de consequências futuras.

Por outro lado, o dano-prejuízo pode permanecer latente por anos, manifestando-se quando a criança, atingindo idade suficiente para entender a conjuntura de exposição a qual estava submetida, vem a experimentar constrangimentos, seja de ordem profissional, social ou, mesmo, psicológica, decorrentes da exposição precoce. Esta defasagem temporal entre a violação do direito (dano-evento) e suas consequências mensuráveis (dano-prejuízo) evidencia a insuficiência do modelo tradicional, que condiciona a tutela jurídica à demonstração de prejuízos concretos.

Os casos de *(over)sharenting* se apresentam como exemplo paradigmático das inadequações do modelo clássico da responsabilidade civil, sobretudo porque, nestas situações, os pais, no exercício disfuncional da autoridade parental, transformam a intimidade familiar em verdadeiro "espetáculo público" digital, expondo sistematicamente seus filhos menores a plataformas de amplo alcance social.

Sob a perspectiva do dano-evento, a violação é inequívoca e imediata: estas pegadas digitais, criadas pelos pais, sem o consentimento dos próprios titulares do direito (as crianças), ocasionam lesão ao direito fundamental à privacidade, configurando dano juridicamente relevante independentemente de suas consequências futuras. A criança, por sua condição de desenvolvimento, encontra-se impossibilitada de consentir com tal exposição ou de compreender suas implicações, caracterizando situação de especial vulnerabilidade que demanda proteção jurídica imediata.

Todavia, repita-se, o dano-prejuízo pode permanecer em estado de "adormecimento", podendo se manifestar em contextos futuros diversos, tais como constrangimentos na vida escolar, dificuldades no mercado de trabalho, comprometimento da formação da identidade pessoal, prejuízos psicológicos decorrentes da exposição precoce, ou, ainda, situações hoje imprevisíveis que emergirão com a evolução tecnológica e social.

Diante disso, aguardar a materialização quantificável do dano significa, na prática, perpetuar a violação e agravar suas consequências, negando proteção efetiva ao direito fundamental da criança, o que não parece a opção mais adequada ao Direito.

2.3 A necessidade de tutela preventiva precaucional

A distinção entre dano-evento e dano-prejuízo acima realizada, fundamenta a necessidade de evolução da responsabilidade civil em direção a mecanismos preventivos e precaucionais.

Quando a violação do direito (dano-evento) é objetivamente verificável, mas suas consequências (dano-prejuízo) permanecem incertas quanto ao momento e extensão de sua manifestação (e não quanto à sua existência futura, que é incontestável), o ordenamento jurídico não pode permanecer inerte aguardando a materialização de prejuízos concretos.

Essa premissa ganha particular relevância na tutela de direitos de crianças, sujeitos em condição peculiar de desenvolvimento que merecem proteção integral nos termos do artigo 227 da Constituição Federal e desdobramentos específicos no Estatuto da Criança e do Adolescente (ECA — Lei n. 8.069/90) e no Marco Legal da Primeira Infância (Lei nº 13.257/16).

O *(over)sharenting*, ao promover violação sistemática do direito à privacidade destes sujeitos de direito vulneráveis por sua própria essência, demanda resposta jurídica imediata, independentemente da demonstração de prejuízos quantificáveis. A tutela preventiva justifica-se não apenas pela violação já ocorrida (dano-evento), mas pela potencialidade de danos futuros cuja prevenção se mostra mais eficaz que sua posterior reparação, sobretudo por se estar falando do contexto digital, em que as informações possuem perenidade e capacidade de disseminação praticamente ilimitadas, a intervenção preventiva constitui muitas vezes a única forma efetiva de proteção do direito violado.

A superação das limitações do modelo clássico de responsabilidade civil passa necessariamente pelo reconhecimento da autonomia conceitual entre dano-evento e dano-prejuízo, admitindo-se a possibilidade de tutela jurídica mesmo na ausência de prejuízos imediatamente quantificáveis. Esta evolução não implica o abandono dos fundamentos tradicionais do instituto, mas sua complementação e aperfeiçoamento.

O reconhecimento do dano-evento como categoria autônoma permite a construção de mecanismos de tutela preventiva que atuem no momento da violação do direito, independentemente da manifestação futura de seus efeitos. No *(over)sharenting*, esta perspectiva possibilitaria a intervenção jurídica no momento da exposição não consentida, protegendo efetivamente o direito à privacidade da criança sem aguardar a materialização de prejuízos futuros. Evolução que se harmoniza com os princípios constitucionais da dignidade da pessoa humana e da proteção integral da criança e adolescente, oferecendo instrumentos mais efetivos para a tutela de direitos fundamentais na sociedade digital contemporânea.

A responsabilidade civil, assim reformulada, possibilita o cumprimento não apenas de sua função reparatória tradicional, mas assume, também, importante e necessário papel preventivo na proteção de direitos fundamentais, especialmente de sujeitos com proteção especial conferida pela própria Constituição. E há de convir que, no contexto estudado, medidas de caráter inibitório se mostram mais eficazes na proteção do direito violado que a posterior reparação pecuniária.

3 A responsabilidade civil sem dano-prejuízo: contornos e aplicações

3.1 Fundamentos teóricos e jurídicos da responsabilidade preventiva

Entende-se que, na atual conjuntura da sociedade de risco, em que se verifica a ameaça constante aos direitos fundamentais, especialmente quando a titularidade é de sujeitos de direito em situação de vulnerabilidade, como no caso das crianças, não parece mais razoável limitar a responsabilidade civil apenas à ocorrência do dano-prejuízo. Isto, com base na constitucionalização do direito civil e na funcionalização dos institutos jurídicos.

Inclusive, posiciona-se no sentido de que o reconhecimento da responsabilidade civil independente de dano-prejuízo quantificável representa uma superação do modelo predominantemente patrimonialista do instituto, pelo qual o instituto se resumia a mera reparação dos danos (dano-prejuízo) concretos e nada mais.[8]

É cediço que a Constituição Federal de 1988 estabeleceu novo paradigma axiológico para o direito civil brasileiro (assim como para as demais searas), erigindo a dignidade da pessoa humana como fundamento da República (artigo 1º, inciso III) e consagrando a proteção integral da criança e do adolescente como dever da família, sociedade e Estado (artigo 227). Estes princípios constitucionais, por sua vez, im-

---

[8] FARIAS, Cristiano Chaves de; BRAGA NETTO, Felipe Peixoto; ROSENVALD, Nelson. *Novo Tratado de responsabilidade civil*. São Paulo: Atlas, 2015, p. 57.

põem a releitura dos institutos civilísticos tradicionais, orientando-os para a máxima efetividade dos direitos fundamentais.[9]

A doutrina da proteção integral, insculpida pelo artigo 227, da Constituição de 1988, não parece ser compatível com a mera reparação de danos já consumados, sendo mais adequada a adoção de medidas preventivas destinadas a evitar a violação de direitos fundamentais de crianças e adolescentes. No contexto do *(over)sharenting*, a criança sistematicamente exposta nas redes sociais pelos próprios genitores se encontra em situação de dupla vulnerabilidade: pela condição de desenvolvimento que a impede de compreender as implicações da exposição e pela impossibilidade prática de resistir à conduta dos responsáveis legais. Esta situação de especial vulnerabilidade justifica e exige a intervenção preventiva do Estado, independentemente da demonstração de prejuízos imediatos.

A necessidade de reconhecer o caráter preventivo da responsabilidade civil está corroborada no fato de que a prevenção de dano se revela mais eficaz e adequada aos casos de *(over)sharenting* que a sua reparação, especialmente por se tratar de direitos extrapatrimoniais de difícil, senão, impossível compensação. A condição peculiar de desenvolvimento da criança impede que ela compreenda as implicações presentes e futuras desta exposição, caracterizando situação de vulnerabilidade que demanda proteção jurídica imediata. Aguardar a materialização de prejuízos quantificáveis significa, na prática, perpetuar a violação de direitos fundamentais e potencializar suas consequências futuras.

Entende-se que tal posicionamento se harmoniza com princípios constitucionais da dignidade da pessoa humana e da proteção integral da criança. Isto porque a dignidade humana, compreendida em sua dimensão objetiva, impõe ao Estado o dever de criar condições institucionais que assegurem a proteção efetiva dos direitos fundamentais, incluindo mecanismos preventivos de tutela.

Para além disso, não se pode olvidar que a doutrina da proteção integral exige que o ordenamento jurídico disponha de instrumentos eficazes para a cessação imediata de condutas lesivas aos direitos fundamentais infantis, independentemente da demonstração de prejuízos

---

[9] Corroborando com o pensamento, *vide*: LEAL, Pastora do Socorro Teixeira; BONNA, Alexandre Pereira. Responsabilidade civil sem dano-prejuízo? *Direito em Movimento*, Rio de Janeiro, v. 15, n. 2, p. 56–71, 2º sem. 2017. Disponível em: https://www.emerj.tjrj.jus.br/revistadireitoemmovimento_online/edicoes/volume_15_numero_2.html. Acesso em: 8 jun. 2025.

futuros. Esta proteção qualifica-se como integral precisamente porque não se limita à reparação posterior, abrangendo todas as modalidades de tutela necessárias à efetiva proteção dos direitos da criança.

Essa perspectiva encontra precedente na própria jurisprudência brasileira, que já reconhece o dano moral *in re ipsa* em diversas situações. A inclusão indevida em cadastros de proteção ao crédito, por exemplo, gera dever indenizatório independentemente da demonstração de prejuízos específicos, bastando a comprovação da inscrição irregular.[10] Se o ordenamento admite presunção de dano em violações de direitos patrimoniais, com maior razão deve reconhecê-la na tutela de direitos fundamentais de sujeitos vulneráveis.

Ademais, o reconhecimento do dano-evento como categoria autônoma não elimina o elemento "dano" da estrutura da responsabilidade civil, mas o identifica em momento anterior à manifestação de prejuízos quantificáveis. A violação objetiva de direitos fundamentais constitui, *per si*, lesão juridicamente relevante, especialmente quando se trata de direitos de personalidade, cuja tutela transcende considerações meramente patrimoniais.

3.2 Possíveis critérios para configuração da responsabilidade sem dano-prejuízo

Embora a responsabilidade civil sem a presença do dano prejuízo não seja consenso na doutrina e, provavelmente, ainda tenha que percorrer um longo caminho até a sua aceitabilidade, ao tratar da possibilidade do instituto, entende-se necessário que sua aplicação seja precedida de critérios que orientem a atividade jurisdicional. Do contrário, a completa ausência de parâmetros pode conduzir à insegurança jurídica e à aplicação inadequada do instituto, comprometendo a sua legitimidade perante o ordenamento pátrio.

No contexto específico do *(over)sharenting*, esta sistematização se revela particularmente necessária, dada a complexidade das relações familiares envolvidas e a necessidade de harmonização entre direitos aparentemente conflitantes. Portanto, adiante, estabelecer-se-á alguns

[10] *Vide*: STJ — *AgInt no REsp: 1846222 RS 2019/0326486-1*, Relator: Ministro LUIS FELIPE SALOMÃO, Data de Julgamento: 10/08/2020, T4 — QUARTA TURMA, Data de Publicação: DJe 13/08/2020; STJ — *AgInt no REsp: 2085054 TO 2023/0241523-0*, Relator.: Ministro HUMBERTO MARTINS, Data de Julgamento: 23/10/2023, T3 — TERCEIRA TURMA, Data de Publicação: DJe 25/10/2023.

critérios que deixarão clara a necessidade de recorrer ao caráter preventivo do instituto.

Primeiro critério: violação a direito fundamental

O primeiro e mais fundamental critério para a configuração da responsabilidade sem dano-prejuízo é a verificação objetiva da violação de direito fundamental e/ou da personalidade, que, diga-se de passagem, poderá servir como cláusula geral à aplicação do caráter preventivo do instituto. Não se trata de mera possibilidade de violação, mas da constatação efetiva de que a conduta questionada importa em lesão a direito juridicamente tutelado, ainda que o dano-prejuízo só venha a se manifestar em momento futuro.

No *(over)sharenting*, este critério se revela na exposição não consentida da criança em plataformas digitais de amplo alcance social. A publicação de imagens, vídeos ou informações sobre a criança sem seu consentimento válido constitui violação objetiva dos direitos à privacidade, intimidade e imagem, independentemente do conteúdo específico compartilhado ou das intenções dos genitores, que ocasionará danos que, possivelmente, só serão verificados no futuro.

A objetividade dessa violação se fundamenta na própria natureza dos direitos de personalidade, que possuem caráter absoluto e oponibilidade *erga omnes*. A criança possui direito fundamental à privacidade, que não pode ser disponibilizado pelos genitores, especialmente por ser incompatível do caráter funcional da autoridade parental, que está na finalidade de possibilitar, aos filhos menores, o gozo de seus direitos fundamentais, e, sobretudo quando tal disponibilização pode comprometer seu desenvolvimento futuro e/ou sua capacidade de autodeterminação.

Segundo critério: vulnerabilidade da vítima

O segundo critério que pode ser estabelecido em casos como estes, reside na verificação da vulnerabilidade específica da vítima, que a impede de proteger adequadamente seus próprios direitos ou de consentir validamente com sua violação. Esta vulnerabilidade deriva de fatores etários, psicológicos, sociais ou circunstanciais que comprometem a capacidade de autodeterminação do sujeito. Ou seja, a vulnerabilidade no contexto do *(over)sharenting* é multidimensional.

Primeiramente, tem-se uma vulnerabilidade *etária*, decorrente da condição de desenvolvimento que impede a compreensão adequada das implicações da exposição digital. É dizer que a criança não possui maturidade cognitiva suficiente para avaliar os riscos presentes e futuros decorrentes da publicação de informações sobre sua vida privada.

Ademais, verifica-se a vulnerabilidade decorrente da *dependência*, por vezes absoluta, da criança em relação aos pais que promovem sua exposição. Esta vulnerabilidade é particularmente grave porque a própria fonte de proteção da criança, os genitores, transforma-se em agente da violação de seus direitos, criando situação de especial desamparo que demanda intervenção externa.

A terceira vulnerabilidade que se constitui relevante é aquela que diz respeito ao cerne do conceito de "sociedade de risco", idealizado por Beck. No caso estudado, esta pode ser traduzida na vulnerabilidade *tecnológica* (podendo ser de outro tipo, a depender do caso), eis que: (a) a criança (vítima) não possui conhecimento técnico adequado sobre o funcionamento das redes sociais; (b) há uma permanência indeterminada (ou eterna) das informações digitais; e, (c) existem vultosos mecanismos de disseminação de conteúdo postado e os riscos inerentes do ambiente digital. Este desconhecimento técnico potencializa sua vulnerabilidade e justifica a adoção de medidas protetivas especiais. No caso das crianças, é ainda mais agravante, pois, não se trata apenas do "desconhecimento", mas da verdadeira ausência de autodeterminação. Não há escolha sobre produzir, ou não, as pegadas digitais. E, ainda que houvesse, em terna idade, esta não poderia ser vislumbrada como uma aquiescência válida, justamente pelo desconhecimento específico acerca das tecnologias e suas consequências.

Além disso, identifica-se uma vulnerabilidade *temporal*, relacionada à impossibilidade de a criança (na hipótese estudada) prever as consequências futuras da exposição presente ou mesmo experimentá-las ao tempo da prática da exposição, ante a já mencionada ausência de discernimento para tanto. As implicações do *(over) sharenting* podem se manifestar em contextos futuros imprevisíveis (vida escolar, profissional, afetiva) quando a reparação integral se torna praticamente impossível.

Terceiro critério: potencialidade lesiva e irreversibilidade das consequências

É imprescindível verificar a potencialidade lesiva da conduta questionada e de sua tendência à irreversibilidade ou dificuldade de reparação posterior. Este critério justifica a intervenção preventiva mesmo na ausência de danos já materializados, fundamentando-se na maior eficácia da prevenção em relação à reparação.

Especificamente ao falar-se em permanência temporal das informações digitais estar-se a dizer que o conteúdo publicado sobre a criança permanecerá acessível indefinidamente, podendo ser recuperado e utilizado em contextos futuros diversos. Esta característica transforma cada publicação em fonte potencial de constrangimentos futuros, independentemente das intenções originais dos genitores.

Diante disso, há uma inconteste irreversibilidade ou dificuldade extrema de reparação posterior, vindo a fundamentar a tutela preventiva. Uma vez disseminado o conteúdo sobre a criança, torna-se praticamente impossível controlar sua circulação ou recuperar plenamente a privacidade violada. A reparação pecuniária posterior, além de inadequada, mostra-se insuficiente para restaurar o direito fundamental violado.

Quarto critério: sistematicidade da exposição

Deve-se avaliar, ainda, a intensidade e sistematicidade da exposição promovida pelos genitores. Não se trata de vedar absolutamente qualquer compartilhamento de informações sobre a criança (daí porque o problema está no *(over)sharenting* e não no *sharenting* propriamente dito), mas de identificar situações em que a exposição assume caráter excessivo, sistemático ou inadequado que compromete os direitos fundamentais infantis.

Nesse contexto, a criança se transforma em "personagem" regular das publicações dos genitores, caracterizando verdadeiro "espetáculo" da vida privada infantil. Esta sistematicidade diferencia o *(over) sharenting* de compartilhamentos ocasionais e limitados, configurando prática que compromete estruturalmente o direito à privacidade da criança.

A sistematicidade, por sua vez, manifesta-se através da documentação exaustiva da rotina infantil: as primeiras palavras, os momentos íntimos, as situações constrangedoras, eventuais "informações médicas" (a exemplo da exposição de patologias, neurodivergências etc.), a publicização de conflitos familiares, o desenvolvimento físico e psicológico. Esta documentação sistemática transforma a criança em produto de consumo digital, violando sua dignidade e comprometendo seu desenvolvimento autônomo.

Quinto critério: inadequação da tutela reparatória posterior

Por último, observa-se a inadequação ou insuficiência da tutela reparatória posterior para a proteção efetiva do direito violado. Este aparenta ser um importante critério a justificar a adoção de medidas preventivas, mesmo quando ainda não se manifestaram prejuízos quantificáveis, fundamentando-se na maior eficácia da prevenção.

No *(over)sharenting*, a inadequação da tutela reparatória posterior se manifesta de forma particularmente evidente. Os direitos fundamentais violados, especialmente o da privacidade, possuem caráter extrapatrimonial que impede sua reconstituição integral através de compensação pecuniária. Uma vez violados, estes direitos não podem ser plenamente restaurados, se é que, de alguma forma, poderão ser compensados, especialmente considerando a permanência e capacidade de disseminação das informações digitais. Salvo melhor juízo, esvaindo-se a privacidade, jamais haverá como retornar ao *status quo ante*, e eventual indenização pecuniária não será capaz de reparar os prejuízos da violação em questão.

Os críticos ao modelo preventivo poderiam questionar se esses critérios não conferem margem interpretativa excessiva ao julgador. Contudo, outros institutos jurídicos já consolidados operam com conceitos jurídicos indeterminados sem comprometer a segurança jurídica. A função social da propriedade, o interesse público, a dignidade da pessoa humana são exemplos de conceitos que demandam concretização judicial caso a caso, sem que isso gere instabilidade sistemática.

Ademais, a proposta não elimina a demonstração de prejuízos, mas reconhece modalidades de dano que transcendem a quantificação imediata. O dano-evento constitui lesão juridicamente relevante que justifica medidas preventivas, sem prejuízo da eventual reparação de danos-prejuízos que venham a se manifestar posteriormente.

Os danos decorrentes do *(over)sharenting*, repita-se, podem perdurar e se manifestar na vida adulta da vítima, através de constrangimentos profissionais, sociais ou psicológicos decorrentes da exposição precoce, comprometendo definitivamente aspectos fundamentais da vida adulta sem possibilidade de reparação adequada.

A aplicação destes critérios ao fenômeno do *(over)sharenting* demonstra sua adequação à proteção de direitos fundamentais infantis. A exposição sistemática da criança nas redes sociais pelos próprios genitores preenche todos os requisitos estabelecidos: violação objetiva do direito à privacidade, vulnerabilidade multidimensional da vítima, potencialidade lesiva da conduta, sistematicidade da exposição e inadequação da tutela reparatória posterior.

Sendo assim, entende-se por insuficiente limitar a responsabilidade civil em casos como este à tutela reparatória posterior, o que justifica, e exige, a adoção de medidas preventivas imediatas. A cessação da exposição, a remoção de conteúdo publicado e o estabelecimento de limitações futuras constituem medidas mais eficazes para a proteção dos direitos da criança que eventual reparação pecuniária posterior.

4 O enfrentamento às objeções ao modelo precaucional da responsabilidade civil

Toda proposta de releitura de um instituto tão antigo e consolidado como o da responsabilidade civil deve, para que se afirme com solidez, suportar o crivo da crítica. Longe de enfraquecê-la, o debate honesto com as objeções doutrinárias permite o amadurecimento e o refinamento da tese. As resistências à concepção de uma responsabilidade civil independente do dano-prejuízo são consistentes e merecem cuidadosa consideração, pois tocam em pilares conceituais, legislativos e funcionais do sistema jurídico brasileiro.

Levantam-se as vozes mais reverentes à tradição para afirmar, com aparente contundência, que a "responsabilidade sem dano" seria uma impossibilidade lógica, uma *contradictio in terminis*. Como se pode "responder" por algo que não existiu? A responsabilidade, em sua própria essência etimológica e jurídica, pressuporia a existência de um resultado lesivo a ser reparado.[11]

Conforme ressaltado logo de início, refutar esta crítica não é uma tarefa fácil, sobretudo porque o princípio do *neminem laedere*, sobre o qual a responsabilidade civil fincou suas raízes, não permite dissociar a necessidade responsabilização da existência do "dano", mais especificamente, do "dano-prejuízo".[12]

A proposta aqui apresentada, contudo, não defende uma responsabilização por algo que inexiste, mas pelo reconhecimento de que a violação do direito em si — o dano-evento — já constitui o dano jurídico relevante. Como se verifica, não se trata de uma responsabilidade "sem dano" propriamente dita, mas independente da demonstração do "dano-prejuízo" imediato. Esta distinção é

---

[11] SCHREIBER, Anderson. *Responsabilidade civil*: Novos paradigmas da responsabilidade civil: da erosão dos filtros da reparação à diluição dos danos. 3 ed. São Paulo: Atlas, 2011, p. 206.

[12] [...] O ato ilícito nunca será aquilo que os penalistas chamam de crime de mera conduta; será sempre um delito material, com resultado de dano. Sem dano pode haver responsabilidade penal, mas não há responsabilidade civil. (CAVALIERI FILHO, Sérgio. *Programa de responsabilidade civil*. 10. ed. São Paulo: Atlas, 2012, p. 76-77).

fundamental para compreender que não há um vácuo ontológico, mas sim expansão conceitual.

Uma questão intimamente ligada à objeção ora apresentada é a redação do já citado artigo 944, do Código Civil, a qual estabelece que a indenização mede-se pela extensão do dano. Como, então, admitir uma condenação que não se paute em um prejuízo mensurável?

A resposta a esse questionamento reside na compreensão da multifuncionalidade do instituto. O artigo 944 é norma que rege, com precisão, a função reparatória da responsabilidade civil, estabelecendo como quantificar a reparação quando devida para restabelecer o equilíbrio perdido. Todavia, ele não esgota as funções do instituto, tampouco proíbe que a responsabilidade civil exerça outras missões, como a preventiva e a punitiva.

Essa interpretação se robustece ao considerar que as funções preventiva e punitiva não visam "medir" um dano passado, mas inibir condutas lesivas presentes e futuras. Especialmente quando demandadas por imperativos constitucionais superiores, como a proteção integral da criança, essas funções encontram legitimidade que transcende a literalidade do dispositivo civil.

Outra crítica que pode ser aventada é a que apresenta Carrá, alertando ao risco da insegurança jurídica ao desvincular a responsabilidade de um prejuízo concreto.[13] No entanto, ao contrário do que se acredita, não se pretende conferir ao Judiciário a possibilidade de punir pela "ameaça" à produção de danos, mas se pretende prevenir o dano-prejuízo e a punir o "dano-evento", ou seja, a própria violação ao bem-jurídico fundamental.

As críticas à proposta, embora valiosas para orientar a construção de uma tutela preventiva responsável e criteriosa, não se revelam suficientes para invalidar a necessidade de evolução do instituto. Com toda a reverência, partem, em sua maioria, de premissa monofuncional e reparatória que se mostra, contemporaneamente, insuficiente para as demandas da sociedade digital.

---

13 [...] Surgia então um modelo de responsabilidade civil diferente, no qual a ameaça de uma dano já permitiria a aplicação de sanções jurídicas que passariam a ser por ela abrangidos. A questão é que tal proposta viria a desconfigura-la, deixando-a irreconhecível. Além de inúmeros inconvenientes práticos, aceitá-la significaria na prática refundar ontologicamente essa tradicional disciplina, fazendo incluir nela elementos que histórica e epistemologicamente sempre lhe foram excluídos de maneira reiterada (CARRÁ, Bruno Leonardo Câmara. *É possível uma responsabilidade civil sem dano? (I)*. 2016. Disponível em: https://www.conjur.com.br/2016-abr-18/direito-civil-atual-possivel-responsabilidade-civil-dano/. Acesso em: 23 maio 2025).

Manter a Responsabilidade Civil adstrita ao paradigma puramente reparatório, sob o pretexto de preservar sua pureza conceitual ou evitar riscos de aplicação, significaria negar proteção efetiva às vítimas dos novos danos digitais, deixando a infância em inaceitável lacuna protetiva.

5 Considerações finais

O estudo realizado neste artigo conduz a uma reflexão sobre a adequação dos institutos jurídicos tradicionais à realidade da atual "sociedade de risco", especialmente no que tange aos danos emergentes na Era Digital. O fenômeno do *(over)sharenting*, consistente na exposição sistemática das crianças nas redes sociais, revela não apenas uma lacuna protetiva, mas uma insuficiência estrutural do modelo clássico de responsabilidade civil para enfrentar os desafios contemporâneos.

Conforme ficou claro ao longo do texto, o posicionamento adotado é no sentido de que o instituto da responsabilidade civil não pode permanecer aprisionado a paradigmas exclusivamente reparatórios quando direitos fundamentais, sobretudo de sujeitos em situação de especial vulnerabilidade, encontram-se objetivamente violados.

A distinção entre dano-evento e dano-prejuízo, utilizada para fundamentar a aplicação do instituto da responsabilidade civil independente do "dano-prejuízo", longe de constituir mero exercício acadêmico, representa, no ver autoral, instrumental teórico indispensável à construção de uma tutela jurídica efetivamente protetiva, particularmente porque, com isso, rompe-se a premissa de que a responsabilidade civil em seu caráter preventivo (ou precaucional) prescinde o dano. Do contrário, busca-se, neste contexto, a reparação pela ocorrência do "dano-evento", independentemente da sua existência conjugada com o "dano-prejuízo".

O dano-evento, materializado na violação imediata do direito à privacidade infantil através da exposição digital não consentida, configura lesão juridicamente relevante que dispensa a demonstração de consequências quantificáveis futuras, pois sua existência já demanda intervenção jurídica. Esta compreensão, repito, não implica o abandono dos fundamentos tradicionais do instituto, mas sua necessária complementação em face das demandas constitucionais de proteção integral da criança.

Ademais, a constitucionalização do direito civil brasileiro, erigindo a dignidade da pessoa humana como valor fundante e consagrando a proteção integral da criança como dever, impõe a releitura dos institutos civilísticos sob ótica funcionalizante. O princípio da proteção integral não se compatibiliza com modelos jurídicos que aguardam a consumação de danos para então oferecer tutela reparatória, frequentemente inadequada ou insuficiente. Isto porque, no contexto digital, a permanência e capacidade de disseminação das informações tornam a prevenção da violação mais eficaz que sua posterior reparação, justificando plenamente a adoção de mecanismos preventivos de responsabilização.

Contudo, entende-se que a inovadora proposta da responsabilidade civil preventiva não pode prescindir de critérios objetivos que orientem sua aplicação, isto como forma de mitigar riscos de insegurança jurídica. Para tanto, sob a ótica da violação do direito à privacidade das crianças expostas pelo contexto do *(over)sharenting*, identificou-se cinco situações que podem servir como critérios (não exaustivos) para a identificação de situações que justifiquem a intervenção preventiva, sendo eles: a violação objetiva de direito fundamental; a vulnerabilidade específica da vítima; a potencialidade lesiva da conduta; a sistematicidade da exposição; e a inadequação da tutela reparatória posterior.

Esses critérios, aplicados conjuntamente, permitem distinguir o *(over)sharenting* de compartilhamentos ocasionais e legítimos, focalizando a tutela jurídica nas situações efetivamente lesivas aos direitos fundamentais infantis e, por sua vez, denotam a necessidade de intervenção do Direito em seu caráter *ex ante*. A sistematicidade da exposição, em particular, revela a transformação da criança em "produto" de consumo digital, violando sua dignidade e comprometendo seu desenvolvimento autônomo, situação a que não se pode ficar inerte.

Sabe-se, todavia, que uma das consequências de apresentar ao mundo jurídico a repaginação de um instituto antigo e consolidado é a presença de objeções à sua instituição. Sob esse viés, elencou-se algumas das resistências à concepção preventiva da responsabilidade civil, que, embora compreensíveis à luz da tradição jurídica, não se sustentam diante dos imperativos constitucionais contemporâneos. A crítica à "responsabilidade sem dano" (que, em verdade, não exclui o dano) revela incompreensão conceitual, pois a proposta reconhece o dano-evento como modalidade autônoma de lesão jurídica, não defendendo responsabilização civil sem que haja violação a, ao menos, um bem-jurídico fundamental (no caso do *(over)sharenting*, a privacidade).

É insofismável que a responsabilidade civil nos moldes aqui defendidos demanda a concentração de esforços no mundo jurídico, seja no campo da pesquisa, como, também, da legislação e da atividade jurisdicional, para que sua implementação seja viabilizada. Todavia, não é pela ausência (momentânea) de consenso sobre tal instituto que se pode afastar, de plano, a ideia. Sobretudo porque a atual concepção de proteção integral da criança exige instrumentos jurídicos compatíveis com as realidades contemporâneas, capazes de prevenir violações antes de sua consumação irreversível.

Portanto, posiciona-se no sentido de que a evolução da responsabilidade civil em direção à multifuncionalidade, incorporando dimensões preventiva e punitiva complementares à função reparatória tradicional, representa não apenas possibilidade teórica, mas necessidade prática imposta pelas transformações sociais e tecnológicas contemporâneas. O direito civil brasileiro, alicerçado em sólidos princípios constitucionais, possui instrumental suficiente para promover esta evolução, desde que superadas as resistências paradigmáticas e construídos critérios seguros de aplicação.

A infância hiperexposta demanda, portanto, uma responsabilidade civil à altura de sua vulnerabilidade preventiva, protetiva e efetivamente tuteladora dos direitos fundamentais que não podem aguardar a manifestação de prejuízos quantificáveis para merecer proteção jurídica integral.

Referências

ALBUQUERQUE JÚNIOR, Roberto Paulino. Notas sobre a teoria da responsabilidade civil sem dano. *Revista de Direito Civil Contemporâneo (RDCC)*, v. 6, p. 89-103, 2016. Disponível em: https://www.cidp.pt/revistas/rjlb/2018/6/2018_06_2661_2679.pdf. Acesso em: 13 jun. 2025.

BARBOSA, Ana Mafalda Castanheira Neves de Miranda. *Danos*: uma leitura personalista da responsabilidade civil. São Paulo: Principia Editora, 2023.

BECK, Ulrich. *Sociedade de risco*: rumo a uma outra modernidade. São Paulo: Editora 34, 2011.

BRASIL. [Constituição (1988)]. *Constituição da República Federativa do Brasil de 1988*. Brasília, DF: Presidência da República. Disponível em: http://www.planalto.gov.br/ccivil_03/constituicao/constituicao.htm. Acesso em: 14 jun. 2025.

BRASIL. Conselho da Justiça Federal. *Enunciado 589*. VII Jornada de Direito Civil. Brasília, DF, 2015.

BRASIL. Lei nº 8.069, de 13 de julho de 1990. Dispõe sobre o Estatuto da Criança e do Adolescente e dá outras providências. *Diário Oficial da União*, Brasília, DF, 16 jul. 1990.

BRASIL. Lei nº 10.406, de 10 de janeiro de 2002. Institui o Código Civil. *Diário Oficial da União*, Brasília, DF, 11 jan. 2002.

BRASIL. Lei nº 13.257, de 8 de março de 2016. Dispõe sobre as políticas públicas para a primeira infância e altera a Lei nº 8.069, de 13 de julho de 1990 (Estatuto da Criança e do Adolescente). *Diário Oficial da União*, Brasília, DF, 9 mar. 2016.

BRASIL. Superior Tribunal de Justiça. *Agravo Interno no Agravo em Recurso Especial nº 1.651.269 MG*. Relator: Ministro Raul Araújo. Brasília, 24 de agosto de 2020. DJe: 15 set. 2020.

BRASIL. Superior Tribunal de Justiça. *Agravo Interno no Recurso Especial nº 1.846.222 — RS*. Relator: Ministro Luis Felipe Salomão. Brasília, 10 de agosto de 2020. DJe: 13 ago. 2020.

BRASIL. Superior Tribunal de Justiça. *Agravo Interno no Recurso Especial nº 2.085.054 — TO*. Relator: Ministro Humberto Martins. Brasília, 23 de outubro de 2023. DJe: 25 out. 2023.

CARRÁ, Bruno Leonardo Câmara. É possível uma responsabilidade civil sem dano? (1). *Consultor Jurídico*, 18 abr. 2016. Disponível em: https://www.conjur.com.br/2016-abr-18/direito-civil-atual-possivel-responsabilidade-civil-dano/. Acesso em: 23 maio 2025.

CARRÁ, Bruno Leonardo Câmara; CARRÁ, Denise Sá Vieira. Dano *in re ipsa*, responsabilidade civil sem dano e o feitiço de Áquila: ou de como coisas distintas podem coexistir sem se tocar. *Revista Jurídica da FA7*, v. 16, n. 2, p. 115-131, 2019. Disponível em: https://periodicos.uni7.edu.br/index.php/revistajuridica/article/view/1181/765. Acesso em: 10 jun. 2025.

CAVALIERI FILHO, Sérgio. *Programa de responsabilidade civil*. 10. ed. São Paulo: Atlas, 2012.

FARIAS, Cristiano Chaves de; BRAGA NETTO, Felipe Peixoto; ROSENVALD, Nelson. *Novo Tratado de responsabilidade civil*. São Paulo: Atlas, 2015.

LEAL, Pastora do Socorro Teixeira; BONNA, Alexandre Pereira. Responsabilidade civil sem dano-prejuízo? *Direito em Movimento*, Rio de Janeiro, v. 15, n. 2, p. 56-71, 2º sem. 2017. Disponível em: https://www.emerj.tjrj.jus.br/revistadireitoemmovimento_online/edicoes/volume_15_numero_2.html. Acesso em: 8 jun. 2025.

PONTES, Sérgio. A viabilidade da responsabilidade civil sem dano no seu viés clássico. *Jusbrasil*, 2018. Disponível em: https://www.jusbrasil.com.br/artigos/a-viabilidade-da-responsabilidade-civil-sem-dano-no-seu-vies-classico/612643920. Acesso em: 8 jun. 2025.

SCHREIBER, Anderson. *Responsabilidade civil*: Novos paradigmas da responsabilidade civil: da erosão dos filtros da reparação à diluição dos danos. 3. ed. São Paulo: Atlas, 2011.

Informação bibliográfica deste livro, conforme a NBR 6023:2018 da Associação Brasileira de Normas Técnicas (ABNT):

PLACIDO, Sarah França Mendonça. Infância hiperexposta e a responsabilidade civil: para além do dano imediato. *In*: EHRHARDT JÚNIOR, Marcos; CATALAN, Marcos (coord.). *Vida privada, patrimônio e tecnologia:* novos rumos para o direito de família e das sucessões. Belo Horizonte: Fórum, 2025. p. 89-109. ISBN 978-85-450-0968-9.

VENDENDO ESTILO DE VIDA: NOTAS SOBRE TRABALHO DIGITAL, PUBLICIDADE E USO DE IMAGEM POR ESPOSAS TRADICIONAIS NO INSTAGRAM

BRUNA KERN GRAZIUSO

1 Introdução: de "mamães blogueiras" a influenciadoras digitais

O presente capítulo trata sobre o trabalho digital de mulheres brasileiras que criam conteúdo na plataforma de mídia social Instagram sobre temas orientados à família e estilo de vida.[1] Esse nicho de conteúdo é conhecido como *"tradwives"* ("esposas tradicionais", em tradução livre), mulheres conservadoras que reproduzem papéis tradicionais de gênero como esposas, mães e donas de casa, compartilhando com seus seguidores suas rotinas de trabalho doméstico e reprodutivo[2] com uma estética de feminilidade e amplo idioma religioso.

As pesquisas na área da Comunicação vêm analisando a presença de influenciadores em ambientes digitais desde as *webcelebridades* em blogs (Primo, 2009; Pedroni, 2015; Karhawi, 2016), na chamada "cultura

[1] *Lifestyle* — "estilo de vida" em tradução livre — é um nicho de conteúdo digital na forma escrita, visual ou de áudio sobre a vida cotidiana, com temas como viagem, saúde, beleza, cuidados com o lar e decoração, atividades físicas, cozinha, jardinagem e maternidade, entre outros tópicos.

[2] Por trabalho doméstico e reprodutivo entende-se a realização de atividades de cuidados com familiares, crianças, idosos, pessoas doentes ou com deficiência, bem como daquelas atividades chamadas comumente de afazeres domésticos como lavar roupas, cozinhar, limpar a casa, entre outras atividades realizadas no espaço de residência sem remuneração (Pinheiro, 2016).

da participação" (Shirky, 2011) que permite a produção e monetização de conteúdo por qualquer usuário. A criação de conteúdo digital feita por mulheres é especialmente relevante para discutir a representação de papéis tradicionais de gênero em redes e mídias sociais, o que não é um fenômeno novo: teve início no final da década de 90 com o surgimento de fóruns online de discussão e *blogs*, com o objetivo de debater temas específicos, partilhar opiniões e trocar informações, principalmente sobre temas como gestação, amamentação e maternidade.

O fenômeno intitulado *"mommy bloggers"* (Lopez, 2009; Morrison, 2011; Gibson, 2019) — "mamães blogueiras" em tradução livre — teve início nos anos 2000, com mulheres conservadoras mórmons e cristãs compartilhando suas experiências com a maternidade. Suas narrativas já começavam a ser monetizadas nesse período, através de *banners* e anúncios pagos em seus *blogs* pessoais, em um momento em que tecnologias digitais — hoje retrospectivamente referidas como "web 1.0" (Lupton, 2015) — eram baseadas em páginas estáticas que forneciam informações, mas com interatividade bastante limitada.

Narrativas sobre gestação e maternidade foram analisadas em fóruns de discussão online, nos já citados estudos de *blogs* e grupos de Facebook (Holtz, Smock e Gatelum, 2015), comunidades digitais que costumam ter regras e hierarquias internas entre seus membros. Na era da "web 2.0" (Lupton, 2015), sites como MySpace, Orkut, X (antigo Twitter) e Facebook incorporavam cada vez mais novas ferramentas de informação e comunicação, como conectividade móvel e compartilhamento de fotos e vídeos. O lançamento do Instagram em 2010 marca uma nova era das interações sociais digitais, sendo uma plataforma bastante estudada, principalmente como parte de estudos interdisciplinares de mídias sociais e na sociologia digital (Borges-Rey, 2015; Lupton, 2015; Leaver, Highfield e Abidin, 2020).

A centralidade da plataforma mudou as interações sociais, permitindo o surgimento de uma *cultura de criação de conteúdo digital* por *influenciadores, vloggers, YouTubers, TikTokers,* entre outros (Cunningham e Craig, 2021). Nesse cenário, *criadoras de conteúdo digital* são mulheres que criam conteúdo em mídias sociais com propósitos *educacionais, informativos, de entretenimento* ou *monetários*. Essas são consideradas *influenciadoras digitais* quando possuem um número significativo de seguidores e relacionamentos padronizados com parceiros comerciais (Duffy, 2021).

Seguindo o avanço das mídias sociais, o conteúdo hoje produzido por esposas tradicionais está presente principalmente em plataformas como YouTube, Instagram e TikTok e é majoritariamente analisado na literatura dentro das temáticas de antifeminismo e conservadorismo (Sales, 2017; Love, 2020; Zahay, 2022; Agendes, 2023). As chamadas "esposas tradicionais" se inserem no campo da produção/economia através de parcerias pagas com marcas na divulgação de produtos e serviços ("*publiposts*"), venda de seus próprios produtos informacionais e serviços (como cursos online e livros digitais) e com a criação de comunidades exclusivas para assinantes, algumas dentro do próprio Instagram, outras em sites pessoais.

O presente capítulo apresenta dados preliminares de etnografia digital (Hine, 2000; Murthy, 2008) em andamento, pesquisa na qual busco compreender as peculiaridades do trabalho digital de esposas tradicionais brasileiras através da análise de dez perfis na plataforma Instagram de influenciadoras digitais que se encaixam nesse nicho. Considerando questões éticas, os desafios de utilizar dados públicos do Instagram já foram discutidos (Highfield and Leaver, 2016; Locatelli, 2017), sendo uma plataforma com configurações confiáveis para a busca de conteúdo público. Em concordância com as diretrizes propostas pela *Association of Internet Researchers* (2019) meu posicionamento contempla o entendimento que perfis públicos são públicos, contando que o pesquisador não utilize nenhuma informação pessoal. Para nomes, utilizo pseudônimos e nomes fictícios quando, por exemplo, citar nomes de produtos, cursos ou comunidades criadas por esposas tradicionais.[3] Mesmo diante da possibilidade de considerar imagens de influenciadores como públicas (Graziuso, 2024), não reproduzirei fotos nesse capítulo, apenas descrevendo as imagens de forma narrativa quando necessário.

Quanto à estrutura do capítulo, primeiramente discuto a reestruturação das dinâmicas laborais no Brasil — com o crescimento das plataformas de mídias sociais — focando na ausência de regulamentação dessas plataformas e no conteúdo publicitário divulgado nos perfis do referido nicho. Em um segundo momento, apresento o tipo de conteúdo produzido pelo nicho específico de esposas tradicionais brasileiras, discutindo as diferentes formas de monetização adotadas por essas influenciadoras. Na última seção do capítulo, com escopo

---

3 As diretrizes éticas da referida associação citam os crescentes riscos de assédio aos pesquisadores de comunidades digitais de extrema-direita, incentivando o uso de nomes fictícios. Essa escolha já foi feita em trabalho sobre esposas tradicionais estadunidenses no YouTube (Zahay, 2022).

exemplificativo, apresento dados de uma influenciadora digital da minha amostra, utilizando esses dados empíricos — embora ainda preliminares — para evidenciar os desafios enfrentados por operadores do direito ao tratar de questões como publicidade abusiva, direito de imagem e a ausência de regulamentação adequada do trabalho digital em plataformas.

2 Vendendo estilo de vida: mídias sociais e o mercado de trabalho brasileiro

Essa seção tem a importante contribuição teórica do recente relatório sobre mídias sociais como plataforma de trabalho digital publicado pelo DeepLab,[4] laboratório de economia digital e políticas extremistas vinculado à University College Dublin, que analisa a ascensão da plataforma como dominante modelo infraestrutural e econômico da internet. As plataformas são poderosos formadores culturais, estabelecendo regras sobre quais conteúdos e comportamentos são permitidos e quais são desencorajados (Burgess, 2021). Embora a literatura acadêmica sobre carreiras específicas de mídias sociais seja bastante desenvolvida (Abidin, 2017; Long e Wilhoit, 2018; Cunningham e Craig, 2021; Duffy, 2021), o relatório do DeepLab alerta que as plataformas de mídias sociais — com destaque para o Instagram — deveriam ser vistas não como meras *plataformas de comunicação*, mas sim *plataformas de trabalho*, uma reivindicação praticamente inexistente na literatura (Pinheiro-Machado *et al.*, 2024).

No Brasil, os formuladores de políticas públicas tendem a enfatizar plataformas e aplicativos já considerados de trabalho, com destaque para o fenômeno conhecido como "uberização" do trabalho[5] (Antunes, 2020). O trabalho específico de criadores de conteúdo digital em redes sociais é tema de projetos de lei em tramitação, como o PL n. 1282/2022 (Negromonte Junior, 2022), PL n. 3117/2023 (Teruel, 2023) e PL n. 1547/2023 (Prudente, 2023), estabelecendo diretrizes para a atividade

[4] O laboratório investiga transformações globais na política e no trabalho no século 21, produzindo pesquisa sobre precariedade econômica, trabalho em plataformas, movimentos sociais, novas tecnologias e extrema-direita. O laboratório tem como diretora a antropóloga brasileira Rosana Pinheiro-Machado. Disponível em: https://labdeep.com/ Acesso em: 13 nov. 2024.

[5] Atualmente tramita perante o Congresso Nacional o Projeto de Lei Complementar 12/2024, que trata da regulamentação do trabalho de motoristas que prestam serviços por empresas de aplicativo.

profissional de criadores e influenciadores digitais, regulamentando a profissão com a inclusão de direitos, deveres e competências do exercício profissional, bem como exigência de regularidade fiscal, idade mínima e responsabilidades sobre publicidade. A Classificação Brasileira de Ocupação já reconhece o exercício da profissão de influenciador digital (Ministério do Trabalho, 2022), sendo o Brasil líder mundial em número de influenciadores digitais na rede social Instagram, com 10,5 milhões de usuários que contemplam a categoria (Nielsen, 2022).

Pinheiro-Machado *et al.* (2024, p. 05) salientam que o mercado de trabalho brasileiro está passando por uma migração em massa para plataformas de mídias sociais como o Instagram, sendo uma tendência de empreendedorismo digital que foi acelerada pela pandemia de COVID-19. Dada a magnitude e o alcance dessa mudança laboral, é crucial a consideração das mídias sociais como plataformas de trabalho digital, o que permitirá repensar as estatísticas atuais sobre o número de trabalhadores envolvidos no trabalho em plataformas, suas aspirações e as "dinâmicas de poder e questões políticas envolvidas em trabalhar por meio de plataformas como o Instagram".

O uso intensivo do Instagram para empreendedorismo digital se torna parte da economia informal brasileira, com usuários engajados em atividades reguladas e não reguladas que misturam setores formais e informais, considerando principalmente a falta de regulação das grandes empresas de tecnologia (*"big techs"*) que lucram com as mudanças no mercado de trabalho digital. Medir essa economia informal é tarefa desafiadora, considerando que a Meta[6] — proprietária do Instagram — não fornece dados sobre o número de perfis comerciais por país:

> Quantificar a economia oculta do Instagram impõe desafios (...) primeiro, e mais criticamente, a Meta não fornece dados sobre o número de perfis comerciais por país. Nosso rastreamento quantitativo dos aspirantes[7] releva que apenas 54% dos indivíduos que realizam negócios no Instagram abriram um perfil comercial, o que significa que 46% estão

6 Meta, anteriormente conhecida como Facebook, é um conglomerado estadunidense de tecnologia e mídia social fundada por Mark Zuckerberg. A empresa comprou o Instagram no ano de 2012 por um bilhão de dólares, desenvolvendo novas ferramentas na plataforma, como por exemplo o lançamento do "Instagram Stories" em 2016. Fonte: Instagram's History: Full Evolution of Instagram Timeline. Disponível em: https://postbuilderapp.com/blog/instagram-history-and-updated-timeline.

7 Dentro do já citado conceito de influenciador digital, "aspirantes" são considerados criadores de conteúdo que ainda não possuem um número significativo de seguidores, mas apresentam propósitos monetários com seu conteúdo (Duffy, 2021).

> operando sem ela. (...) muitos indivíduos operam no Instagram para vendas, mas não se formalizam como Microempreendedores Individuais (MEIs).[8] Além disso, como a Meta não divulga o número de perfis comerciais por país, a falta de transparência em torno desse fenômeno se torna ainda mais crítica. Como resultado, esse fenômeno emergente permanece não documentado e, consequentemente, não regulamentado (Pinheiro-Machado *et al.*, 2024, p. 15-17).

Mesmo com a falta de transparência da Meta, empresas de marketing digital costumam mapear periodicamente a economia de criação de conteúdo (*"creator economy"*) no Brasil, com informações como perfil de criadores de conteúdo no país, nichos de conteúdo mais populares e formas de monetização. Narrativas da vida cotidiana estão cada vez mais rentáveis com a ascensão do conteúdo de estilo de vida, conceito amplo que contempla diversos tipos de conteúdo relacionados à família, como cuidados com o lar (decoração e organização), maternidade, vida matrimonial e educação infantil. O "estilo de vida" é atualmente o nicho de conteúdo que mais cresce entre influenciadores brasileiros (Brunch e Youpix, 2024).

Em um primeiro momento, empreender através do Instagram parece ser uma atividade sem custo e sem barreiras de acesso, tornando-se uma fonte teoricamente fácil de renda extra. À medida que o Instagram se torna central para a construção de carreiras digitais, as atividades econômicas formais e informais precisam ser remodeladas para se adequar à estrutura algorítmica (Pinheiro-Machado *et al.*, 2024) e à cultura e estética do próprio Instagram (Leaver, Highfield e Abidin, 2020; Graziuso, 2024). Por essas razões, seus perfis possuem uma estética similar em fotos e vídeos, uma linguagem e estratégia de divulgação similares, um idioma religioso comum e valores conservadores que reforçam papéis tradicionais de gênero. Para Pinheiro-Machado *et al.* (2024), essas similaridades fazem parte do que chamam de *"homogeneização de carreiras"*: influenciadores aplicam as mesmas técnicas para atrair clientes, tornando suas carreiras — e consequentemente suas identidades digitais — cada vez mais homogêneas.

Através de narrativas digitais, a categoria de "esposa tradicional" é construída: é uma "mulher de verdade" (Zahay, 2022) que abraça a

---

[8] MEI é uma pessoa que trabalha como pequeno empresário de forma individual. Existem exigências para que o empreendedor individual possa se formalizar, como, por exemplo a necessidade de o faturamento anual ser de no máximo R$ 81 mil reais. O rendimento médio é determinado pela Lei Complementar 123/2006.

sua feminilidade e seu papel doméstico de mãe, esposa e dona de casa. Mas como esposas tradicionais vendem estilo de vida conservador? Começam vendendo produtos informacionais como cursos online sobre *marketing* digital, organização e otimização da rotina familiar, treinamento de sono[9] dos filhos e oferecem clubes de leitura, principalmente voltado para obras religiosas. Muitas se definem apenas como "mentoras", sem especificar qual sua área de atuação. A venda de livros digitais (*ebooks*) e outros produtos informacionais também são comuns, como agendas e *planners* "da mulher católica" (com orações diárias) e livros de receitas. Esse ecossistema é mantido por uma constelação de plataformas de *e-commerce*[10] interligadas. Por exemplo, para venda de cursos online e livros digitais, utilizam sites como Hotmart e Monetizze. Para publicidade, vendem produtos físicos de gigantes do *e-commerce* através de links afiliados de empresas como Amazon, Shopee e Mercado Livre e fazem postagens pagas para empresas, divulgando produtos e serviços. Mais recentemente, parte significativa da remuneração de esposas tradicionais é obtida através da criação de comunidades exclusivas para assinantes dentro do próprio Instagram.

De acordo com o Instagram Brasil (2024), a assinatura de conteúdo é uma oportunidade de o criador ter uma renda mensal recorrente, oferecendo "experiências e conteúdos exclusivos para seus seguidores mais engajados". O assinante paga uma mensalidade para ter acesso ao conteúdo exclusivo, representado na plataforma pelo símbolo de um anel na cor roxa. Também recebem um selo de assinante ao lado do nome para que possam se destacar nos comentários e mensagens diretas. Essas comunidades são comercializadas de forma a criar uma sensação de exclusividade e proximidade entre influenciador e seu público, uma forma desse influenciador negociar visibilidade e vulnerabilidade, expondo algumas partes de seus "bastidores" (Goffman, 1959) — sua "vida real" — para seus fãs mais exclusivos e fiéis.

Ao vender ingressos para essas comunidades em lotes ou por meio de listas de espera, os influenciadores geram a percepção de alta

9 O treinamento de sono é uma estratégia que visa ensinar ao bebê a adormecer sem ajuda e a voltar a dormir quando acordar durante a noite. Em sites de busca na internet, é possível encontrar diversos cursos online sobre o tema tendo como público-alvo pais, mães e cuidadores de bebês pequenos.

10 Sistema responsável pela criação de uma loja virtual, onde o usuário pode gerenciar o seu negócio, incluir produtos, administrar estoques e promoções. Nos exemplos citados, a Hotmart permite a distribuição e comercialização de conteúdos digitais, como cursos, *ebooks* e videoaulas. A Monetizze é uma plataforma para gestão e venda de produtos informacionais e físicos, sendo intermediadora entre consumidores, produtores e afiliados.

demanda e disponibilidade limitada (Pinheiro-Machado *et al.*, 2024). Contudo, esse serviço não está disponível na plataforma para todos os usuários, e muitas esposas tradicionais acabam criando comunidades digitais fora da plataforma — geralmente em sites pessoais — para assim aumentar o alcance do público.

Estamos diante de um cenário complexo e desafiador, principalmente para operadores do direito: a economia oculta do trabalho exercido em plataformas digitais como o Instagram passa pela ausência de regulação das *"big techs"* — que consequentemente atuam com pouca transparência e não divulgam dados cruciais para a análise do fenômeno — pela informalidade que acompanha essas atividades laborais e pela ausência de regulamentação da profissão de influenciador digital. Como salientam Oliveira e Lima (2024), embora não seja uma profissão regulamentada por lei específica, as atividades realizadas por influenciadores, as relações entre eles e as empresas que os contratam e com os consumidores dos produtos por eles divulgados são regulamentadas por um conjunto de legislações, como o Código Civil (Brasil, 2002), o Código de Defesa do Consumidor (Brasil, 1990) e as normas do Conselho Nacional de Autorregulamentação Publicitária (Conar, 2021a). No próximo tópico, discutiremos algumas implicações desse trabalho digital no caso prático de uma esposa tradicional que é influenciadora digital na plataforma Instagram.

3 Família como mercadoria: publicidade e uso de imagem

Marta[11] é uma mulher branca na faixa dos trinta anos, casada e mãe de cinco filhos. Cria conteúdo no Instagram há 10 anos e possui mais de meio milhão de seguidores. Sua criação de conteúdo tem relação direta com sua profissão, porém a mesma sofreu mudanças significativas ao longo dos anos, hoje apresentando uma narrativa mais conservadora, religiosa e com muitos elementos e imagens de sua vida pessoal. Suas formas de monetização são vastas e nem sempre transparentes: além de oferecer diversos cursos online e livros digitais, também faz diversas publicidades não sinalizadas, muitas com a presença de seus filhos.

Entre as diversas formas de monetização do conteúdo de Marta, destaca-se para a presente discussão a publicidade de produtos e

[11] O nome adotado é um pseudônimo.

serviços divulgados através dos chamados *"publiposts"*. Quando um influenciador promove um produto ou serviço, assume a função de garantidor em relação ao que está recomendado em seu perfil, pois seu vasto e fiel público confia no que é ofertado. Karhawi (2016) destaca que o sucesso dos antigos blogs de moda se relacionava não apenas com o fato de serem temáticos, mas principalmente por serem pessoais, escritos em primeira pessoa e dividindo experiências genuínas de seu autor. É o que ocorre hoje com conteúdos de estilo de vida: as narrativas de história de vida (Linde, 1993) são pessoais, gerando identificação, credibilidade e confiança entre o influenciador e seu público.

Marta compartilha valores conservadores e cristãos com suas seguidoras, enxergando a família e a maternidade como uma vocação divina. Compartilha momentos e relatos extremamente pessoais com seu público, como nascimento dos filhos, problemas financeiros e até mesmo uma dolorosa perda gestacional avançada. Habitualmente afirma que suas seguidoras são suas amigas e "merecem saber de tudo". Karhawi (2016) salienta a proximidade de influenciadores e seu público, como pessoas comuns e não celebridades:

> Esse ponto é crucial quando se pensa em reputação e influenciadores digitais: o Eu. A diferença entre um influenciador digital e uma celebridade é justamente o sujeito, o Eu. O influenciador digital, *digital influencer*, *creator*, ou a denominação vigente que for, é um sujeito que preserva o seu Eu. Enquanto uma celebridade está distante, sob holofotes, traçando um caminho de sucesso que parece muito distante de quem os assiste no cinema ou na televisão, os influenciadores digitais estão no Facebook, no Instagram, no Snapchat, em espaços ocupados por "pessoas comuns" com quem dialogam em igualdade. (...) a proximidade desses sujeitos de seus públicos, de sua rede, a partir da escrita íntima, do uso da primeira pessoa (no caso dos blogs, Instagram, *Twitter*) e da pessoalidade cria uma aproximação entre o criador de conteúdo e seus públicos. É nessa sustentação que se ergue o capital simbólico dos blogueiros e, muito fortemente, das blogueiras de moda que são encaradas como melhores amigas de suas leitoras (Karhawi, 2016, p. 46-47).

A vida pessoal de Marta nem sempre fez parte da sua criação de conteúdo. Quando criou seu perfil em 2015, seu conteúdo era educacional e informativo, relacionado à sua profissão e com uma linguagem técnica e científica. Ao participar de um curso online com um famoso influenciador e estrategista de marketing digital em 2019, seu conteúdo muda e passa ser mais conservador, polêmico, religioso e pessoal, com fotos e vídeos de seus filhos. Assim, o "Eu" passa a ser mostrado, compartilhado e comercializado: sua imagem — bem como de sua família — passa a ter valor de troca (Karhawi, 2016).

Construindo essa relação de amizade e proximidade com suas seguidoras, Marta faz sua primeira publicidade no ano de 2020. No conteúdo, Marta indica uma loja de doces da sua cidade, oferecendo cupom de desconto para suas seguidoras. O referido conteúdo não está identificado como publicidade, uma exigência do Código de Defesa do Consumidor (Brasil, 1990) que determina, em seus Artigos 36 e 37, que a publicidade deve ser veiculada de tal forma que o consumidor, fácil e imediatamente, a identifique como tal, proibindo toda publicidade enganosa ou abusiva.[12]

A publicidade não identificada também está em desacordo com as normas do Conselho Nacional de Autorregulamentação Publicitária (Conar, 2021a), que lançou o "Guia de publicidade por influenciadores digitais" em 2021 (Conar, 2021b). O guia determina que todo conteúdo publicitário precisa ser claramente identificado, com menção explícita e expressões como *"publicidade"*, *"publi"* e *"publipost"*. Essas menções costumam ser feitas através de hashtags, termo associado a tópicos que podem ser pesquisados na mídia, usando o símbolo # antes de uma palavra, frase ou expressão. Na plataforma Instagram, muitos influenciadores utilizam a marcação de localização em uma postagem — comumente utilizada para determinar o local onde a imagem foi feita, como cidade, bairro ou estabelecimento — para marcar a postagem *como "publicidade paga"*.

Entre os anos de 2020 e início de 2025, Marta realizou 19 postagens publicitárias, divulgando produtos como "roupas modestas" (consideradas apropriadas para mulheres conservadoras e cristãs), livros católicos, e produtos infantis, como roupas, fraldas, livros e até mesmo material didático. Marta e sua família também realizaram quatro viagens gratuitas para hotéis e *resorts*, na modalidade de *"permuta"*, uma

[12] Art. 37. É proibida toda publicidade enganosa ou abusiva.
§1º É enganosa qualquer modalidade de informação ou comunicação de caráter publicitário, inteira ou parcialmente falsa, ou, por qualquer outro modo, mesmo por omissão, capaz de induzir em erro o consumidor a respeito da natureza, características, qualidade, quantidade, propriedades, origem, preço e quaisquer outros dados sobre produtos e serviços.
§2º É abusiva, dentre outras a publicidade discriminatória de qualquer natureza, a que incite à violência, explore o medo ou a superstição, se aproveite da deficiência de julgamento e experiência da criança, desrespeita valores ambientais, ou que seja capaz de induzir o consumidor a se comportar de forma prejudicial ou perigosa à sua saúde ou segurança (Brasil, 1990).

estratégia de marketing onde a empresa oferece um produto ou serviço em troca de divulgação da marca por um influenciador. A permuta também é considerada uma forma de publicidade, sendo divulgação de um serviço, tendo uma relação comercial entre as partes e controle editorial por parte da marca na postagem realizada pelo influenciador (Conar, 2021b).

Das 19 postagens publicitárias, apenas duas foram corretamente sinalizadas como publicidade de acordo com as normas brasileiras citadas. Entre as publicidades não sinalizadas, 11 contam com a participação ativa de seus filhos, todos menores com idades entre 06 meses e 10 anos. A publicidade voltada ao público infantil é discutida dentre diversas normas: O artigo 227 da Constituição Federal determina a obrigação compartilhada entre família, sociedade e Estado para assegurar os direitos das crianças e adolescentes (Brasil, 1988). O Estatuto da Criança e do Adolescente (ECA) reconhece a criança como pessoa em fase de desenvolvimento físico, social e emocional (Brasil, 1990). O próprio Código de Defesa do Consumidor (CDC) considera abusiva toda publicidade que se aproveite da deficiência de julgamento e experiência da criança. O Marco Legal da Primeira Infância, em seu artigo 5º, determina a proteção da criança contra toda forma de violência e pressão consumista (Brasil, 2016). Por fim, a Resolução nº 163 de 2014 do Conselho Nacional dos Direitos da Criança e do Adolescente (Conanda) reforça as normas anteriores, detalhando o conceito de abusividade no direcionamento de publicidade e de comunicação mercadológica à criança e ao adolescente (Conanda, 2014)

Contudo, o uso da imagem dos filhos em suas postagens publicitárias não se trata propriamente de uma publicidade voltada ao público infantil, sendo o público-alvo as suas seguidoras: mulheres — majoritariamente esposas e mães — que confiam coletivamente no produto ou serviço indicado pela influenciadora que compartilha dos mesmos valores conservadores, enfatizando estruturas familiares tradicionais e colocando a criação dos filhos no centro da narrativa. A discussão mais urgente desse trabalho digital não está em uma publicidade supostamente infantil, mas sim na *exposição da imagem dos filhos menores* nas mídias sociais de pais e mães influenciadores.

Os filhos de Marta não aparecem em seu perfil apenas em postagens publicitárias, mas também são filmados diariamente em ambiente doméstico,[13] auxiliando a mãe em tarefas, fazendo refeições, brincando entre si e em atividades comunitárias, principalmente na igreja. Suas imagens também são utilizadas para a divulgação dos cursos e a comunidade digital de Marta, tanto em seu perfil no Instagram quanto em seu site pessoal. Para vender seu estilo de vida conservador, a imagem da família é mercadoria: os filhos ocupam uma posição central na demonstração da domesticidade privada da vida cotidiana (Abidin, 2017).

O ECA trata sobre a preservação da imagem de crianças e adolescentes primeiro em seu Artigo 17, e posteriormente no Artigo 100, V, ressaltando que a promoção dos direitos e proteção da criança e do adolescente deve ser efetuada no respeito pela intimidade, direito à imagem e reserva da sua vida privada (Brasil, 1990). Affonso (2019) destaca que os direitos à privacidade e imagem dos menores devem ser tutelados de forma a serem compatibilizados com o princípio do melhor interesse da criança e do adolescente, ressaltando que nem sempre o intuito comercial da exploração da imagem de menores é claro:

> Em grande parte dos casos, este [o intuito comercial] fica escamoteado, velado, pois o foco não é a criança ou os produtos e serviços que ela possa consumir. Ela apenas participa da vida da mãe, é um enfeite para o quadro principal. Noutros casos, contudo, a própria criança, sem ter consciência daquilo, divulga um produto ou serviço. Veste uma roupa, sorri, come um doce, brinca com um jogo e, a pedido da mãe ou do pai, agradece aos "tios e tias" que enviaram o presente. No mundo infantil, ainda mais em crianças de tenra idade, os menores não possuem qualquer discernimento para saber que os "tios e tias" que mandaram aqueles presentes na verdade estão fazendo uma parceria com a própria criança, em troca das visualizações dos seguidores de sua mãe (Affonso, 2019, p. 14).

Os filhos de Marta mostram as roupas que ganham, sorrindo e girando seus vestidos novos para a câmera da mãe. Em uma publicidade para uma editora de livros infantis, indicam as obras que mais gostaram, enquanto respondem perguntas da mãe sobre os benefícios da leitura. Quando recebem materiais didáticos, posam sorridentes ao lado das tarefas realizadas, mostrando também os desenhos que fizeram

---

[13] Esse conteúdo tem origem no fenômeno de *"family vlogging"*, um nicho de conteúdo popular na plataforma YouTube em que criadores de conteúdo compartilham suas rotinas diárias com os filhos. Possui muitas similaridades com o fenômeno das "mamães blogueiras", e hoje faz parte majoritariamente do próprio nicho de conteúdo de estilo de vida (Abidin, 2017; Graziuso, 2024).

da família. Affonso (2019) classifica os riscos da exploração comercial de menores em riscos de *origem existencial* e de *origem patrimonial*. A primeira diz respeito aos potenciais danos à integridade física, moral ou psicológica do menor, enquanto a segunda trata dos valores auferidos em função da atividade desempenhada. O Artigo 1.689 do Código Civil trata do exercício do poder familiar dos pais, determinando que estes são usufrutuários dos bens dos filhos, administrando-os sob sua autoridade, em benefício do menor. Nos casos em que menores participam diretamente de postagens publicitárias, o caráter comercial no uso de suas imagens é facilmente perceptível. Contudo, permanece a questão: como mensurar os ganhos financeiros decorrentes do compartilhamento de fotos e vídeos que retratam a rotina dos filhos de influenciadores?

Nos Estados Unidos, estados como Minnesota, Illinois, California e Utah aprovaram legislações sobre a presença de menores em criação de conteúdo digital. Na California, a Lei dos Direitos de Criadores de Conteúdo Infantil (SB 764), sancionada em setembro de 2024, oferece proteções financeiras para menores que aparecem em conteúdos digitais monetizados. A legislação, que entrou em vigor em 1º de janeiro de 2025, exige que criadores de conteúdo que apresentem menores em pelo menos 30% de seu conteúdo (mesmo que os menores não tenham contrato formal para isso) depositem 65% dos ganhos brutos da criança em uma conta fiduciária, a ser acessada quando atingirem a maioridade (California, 2024). Assim, a nova lei garante proteções a crianças que possam ser expostas por seus pais ou responsáveis legais em campanhas de marketing familiar, mesmo sem qualquer vínculo empregatício ou formalização de participação. A lei também exige que o pai, mãe ou responsável legal comprove a existência da conta fiduciária, inclusive por meio da manutenção de determinados registros escritos, bem como preserve registros do conteúdo produzido, que deverão ser fornecidos ao menor mediante solicitação (Fitzpatrick, Johnson e Kumar, 2024).

Todas essas questões inserem-se em uma zona de indefinição normativa, associada tanto à economia oculta que permeia o Instagram quanto à ausência de regulamentação formal da atividade de influenciador digital. Como alerta Pinheiro-Machado *et al.* (2024), é urgente a compreensão das plataformas de mídias sociais como plataformas de trabalho, o que possibilitará uma nova perspectiva sobre o trabalho digital no Brasil e no mundo, fornecendo quadro mais favorável para a elaboração de políticas públicas e expandindo a noção de trabalho em plataformas para além de plataformas específicas como aplicativos de transporte:

> Formuladores de políticas, agentes reguladores governamentais e não governamentais e corporações de mídia social precisam estar ciente de que trabalhadores autônomos, pequenos empreendedores e negócios locais estão utilizando plataformas como o Instagram para marketing digital e vendas, e devem responder com medidas educativas e regulatórias adequadas. Os chamados influenciadores não estão apenas trabalhando para empresas nacionais e multinacionais; eles estão fazendo propaganda de si mesmos. Eles precisam aprender — ou serem lembrados — que enganar, envergonhar e assustador pessoas para consumir seus produtos e serviços é antiético (Pinheiro-Machado *et al.*, 2024, p. 61-62).

A atividade de criação de conteúdo no Instagram permanece, em grande medida, não documentada e desprovida de regulamentação específica, o que resulta em uma lacuna preocupante no ordenamento jurídico brasileiro. Nesse espaço de indefinição — comumente referido como "zona cinzenta" — os riscos recaem sobre os sujeitos mais vulneráveis: as crianças envolvidas na produção de conteúdo por parte de seus pais e a audiência fiel dos influenciadores, que se torna alvo da comercialização de produtos e serviços (próprios ou de terceiros) e, sobretudo, da veiculação de publicidade irregular, muitas vezes não sinalizada de forma adequada. O trabalho digital no Instagram é uma realidade, e precisa de regulamentação para ser uma atividade ética e justa, protegendo tanto os trabalhadores quanto consumidores.

4 Considerações finais

A análise do trabalho digital de influenciadoras do nicho de esposas tradicionais no Instagram revela a complexidade de um campo marcado pela sobreposição entre vida privada, empreendedorismo informal e práticas de publicidade nem sempre transparentes. O estudo evidenciou que essas mulheres constroem identidades digitais baseadas em valores conservadores e religiosos, utilizando a imagem da família, principalmente dos filhos menores, como ativo central na monetização de conteúdos.

Esse fenômeno insere-se em um contexto marcado por múltiplas lacunas normativas: trata-se de um trabalho digital predominantemente informal e pouco documentado, realizado por criadores de conteúdo cuja atividade profissional ainda não é devidamente regulamentada ou definida. Soma-se a isso a ausência de transparência por parte das grandes empresas de tecnologia, que se beneficiam da inexistência de uma regulação adequada para suas próprias práticas e modelos de negócio. Essas lacunas fragilizam a proteção de sujeitos vulneráveis, como crianças envolvidas na criação de conteúdo, e também do público consumidor, exposto a práticas publicitárias muitas vezes irregulares e abusivas.

Ao vender um estilo de vida como produto, essas influenciadoras reforçam papéis tradicionais de gênero, mobilizando uma relação de intimidade com suas fiéis seguidoras, que compartilham dos mesmos valores conservadores e visão tradicional sobre família. Essa relação envolve a venda de produtos e serviços, como cursos, livros digitais e produtos de terceiros — muitos voltados ao público infantil — exigindo um olhar atento sobre os limites entre exposição digital, trabalho e exploração da imagem, especialmente quando se trata de menores.

Diante disso, torna-se urgente a criação de políticas públicas sobre o trabalho em plataformas, reconhecendo as mídias sociais como espaços de produção econômica e simbólica. A regulamentação da atividade de influenciadores digitais, com especial atenção às questões de publicidade, proteção infantil e direitos de imagem, é condição fundamental para garantir a ética, a transparência e a justiça nesse mercado em expansão. O reconhecimento do trabalho digital como trabalho, com direitos e deveres claramente definidos, é um passo necessário para assegurar a dignidade tanto dos criadores quanto daqueles que os acompanham.

Referências

ABIDIN, Crystal. #familygoals: Family influencers, calibrated amateurism, and justifying young digital labor. *Social Media + Society*, April-June 2017, p. 1-15.

AFFONSO, Filipe José Medon. Influenciadores Digitais e o Direito à Imagem de seus Filhos: Uma Análise a Partir do Melhor Interesse da Criança. *Revista Eletrônica da Procuradoria Geral do Estado do Rio de Janeiro — PGE-RJ*, Rio de Janeiro, v. 2, n. 2, maio/agosto 2019.

AGENDES, Daniela. Casamento, Mulheres e Antifeminismo no Instagram: Uma Análise de Discurso do Perfil de Mariana Brito Garschagen. *Revista Tabuleiro de Letras*, v. 17, n. 01, jan/jun. 2023, p. 192-204.

ANTUNES, Ricardo. *Uberização, Trabalho Digital e Indústria 4.0*. São Paulo: Boitempo, 2020.

ASSOCIATION OF INTERNET RESEARCHERS. *Internet Research:* Ethical Guidelines 3.0. 2019. Disponível em: https://aoir.org/reports/ethics3.pdf. Acesso em: 02 dez. 2024.

BORGES-REY, E. New images on Instagram. *Digital Journalism*, 2015, p. 571-593.

BRASIL. *Código Civil, Lei nº 10.406 de 10 de janeiro de 2022. Institui o Código Civil.* Disponível em: https://www.planalto.gov.br/ccivil_03/leis/2002/l10406compilada.htm. Acesso em: 20 maio 2025.

BRASIL. *Código de Defesa do Consumidor, Lei nº 8.078 de 11 de setembro de 1990.* Dispõe sobre a proteção do consumidor e dá outras providências. Disponível em: https://www.planalto.gov.br/ccivil_03/leis/l8078compilado.htm. Acesso em: 20 maio 2025.

BRASIL. *Constituição da República Federativa do Brasil de 1988.* Disponível em: https://www.planalto.gov.br/ccivil_03/constituicao/constituicao.htm. Acesso em: 20 maio 2025.

BRASIL. *Estatuto da Criança e do Adolescente, Lei nº 8.069 de 13 de julho de 1990.* Dispõe sobre o Estatuto da Criança e do Adolescente e dá outras providências. Disponível em: https://www.planalto.gov.br/ccivil_03/leis/l8069.htm. Acesso em: 20 maio 2025.

BRASIL. *Marco Legal da Primeira Infância, Lei nº 13.257 de 08 de março de 2016.* Disponível em: https://www.planalto.gov.br/ccivil_03/_ato2015-2018/2016/lei/l13257.htm. Acesso em: 20 maio 2025.

BRUNCH. YOUPIX. *Creators e Negócios 2024:* O Maior Mapeamento da Creator Economy no Brasil. 5ª Edição, 2024.

BURGESS, Jean. Platform Studies. *In*: CUNNINGHAM, Stuart. CRAIG, David. *Creator Culture: An Introduction to Global Social Media Entertainment.* New York: New York University Press, 2021.

CALIFORNIA. *Senate Bill 764.* Minors: Online platforms. 2024. Disponível em: https://legiscan.com/CA/text/SB764/id/2868488. Acesso em: 26 maio 2025.

CONANDA (Conselho Nacional dos Direitos da Criança e do Adolescente). *Resolução nº 163 de 13 março de 2014.* Dispõe sobre a abusividade do direcionamento de publicidade e de comunicação mercadológica à criança e adolescente. Disponível em: https://www.gov.br/mdh/pt-br/acesso-a-informacao/participacao-social/conselho-nacional-dos-direitos-da-crianca-e-do-adolescente-conanda/resolucoes/resolucao-163-publicidade-infantil.pdf/view. Acesso em: 27 maio 2025.

CONAR (Conselho Nacional de Autorregulamentação Publicitária). *Código Brasileiro de Autorregulação Publicitária.* 2021a. Disponível em: http://www.conar.org.br/pdf/codigo-conar-2021_6pv.pdf. Acesso em: 27 maio 2025.

CONAR (Conselho Nacional de Autorregulação Publicitária). *Guia de Publicidade por Influenciadores Digitais.* 2021b. Disponível em: http://www.conar.org.br/pdf/CONAR_Guia-de-Publicidade-Influenciadores_2021-03-11.pdf. Acesso em: 27 maio 2025.

CUNNINGHAM, Stuart. CRAIG, David. *Creator Culture:* An Introduction to Global Social Media Entertainment. New York: New York University Press, 2021.

DUFFY, Brooke Erin. Social Media Influencers. *In*: ROSS, Karen. *The International Encyclopedia of Gender, Media, and Communication.* New Jersey: JohnWiley & Sons, 2021.

FITZPATRICK, Allison. JOHNSTON, James. KUMAR, Paavana. *Alert, Are Your Influencers Putting You At Risk? California's New Law Will Change The Way Marketers Engage Child Influencers.* Disponível em: https://www.dglaw.com/californias-new-laws-will-change-the-way-marketers-engage-child-influencers/. Acesso em: 26 maio 2025.

GIBSON, Charity. Enacting Motherhood Online: How Facebook and Mommy Blogs Reinforce White Ideologies of the New Momism. *Feminist Encounters:* A Journal of Critical Studies in Culture and Politics, 3(1-2), 06, 2019.

GOFFMAN, Erving. *The Presentation of Self in Everyday Life*. New York: Anchor Books, 1959.

GRAZIUSO, Bruna Kern. *Faith, Trust, and Baby Dust: The Storytelling of U.S. Surrogates*. 2024, 248 p. Tese (Doutorado em Sociologia). Universidade Federal do Rio Grande do Sul (UFRGS), Porto Alegre.

HIGHFIELD, T. LEAVER, T. Instagrammatics and digital methods: Studying visual social media, from selfies and GIFs to memes and emoji. *Communication Research and Practice*, 2016, n. 2, p. 47-62.

HINE, Christine. *Virtual Ethnography*. Londres: Sage, 2000.

HOLTZ, Bree. SMOCK, Andrew. Gastelum, David. Connected Motherhood: Social Support for Moms and Moms-to-Be on Facebook. *Telemedicine and e-Health*, v. 21, n. 05, 2015.

INSTAGRAM BRASIL. *Criadores de Conteúdo*. 2024. Disponível em: https://creators.instagram.com/earn-money/subscriptions?locale=pt_BR. Acesso em: 10 dez. 2024.

KARHAWI, Issaaf. Influenciadores Digitais: o Eu como Mercadoria. *In*: SAAD, Elizabeth. SILVEIRA, Stefanie. *Tendências em Comunicação Digital*. São Paulo — ECA/USP, 2016.

LEAVER, Tama. HIGHFIELD, Tim. ABIDIN, Crystal. Instagram: *Visual Social Media Cultures* (Digital Media and Society). Oxford: Polity Press, 2020.

LINDE, Charlotte. *Life Stories*: The Creation of Coherence. Oxford: Oxford University Press, 1993.

LOCATELLI, Elisabetta. Images of breastfeeding on Instagram: self-representation, publicness, and privacy management. *Social Media + Society*, 2017, p. 1-14.

LONG, Z. WILHOIT, E. Discipline freedom, branded authenticity, and dependable independence: how tensions enact flexibility in lifestyle blogging careers. *Journal of Applied Communication Research*, 2018, v. 46, p. 368-387.

LOPEZ, Lori Kido. The Radical Act of "Mommy Blogging": Redefining Motherhood Through the Blogosphere. *New Media Society*, 2009, v. 11, p. 729-747.

LOVE, Nancy. Shield Maidens, Fashy Femmes and Tradwives: Feminism, Patriarchy, and Right-Wing Populism. *Frontiers in Sociology*, 2020, v. 5.

LUPTON, Deborah. *Digital Sociology*. London: Routledge, 2015.

MINISTÉRIO DO TRABALHO. *Classificação Brasileira de Ocupações (CBO). 2534: Profissionais de Mídias Digitais e Afins. 2534-10: Influenciador Digital*. 2022. Disponível em: http://www.mtecbo.gov.br/cbosite/pages/pesquisas/BuscaPorTituloResultado.jsf. Acesso em: 23 nov. 2024.

MORRISON, Aimee. "Suffused by Feeling and Affect": The Intimate Public of Personal Mommy Blogging. *Biography*, 2011, v. 34, p. 37-55.

MURTHY, Dhiraj. Digital Ethnography: An Examination of the Use of New Technologies for Social Research. *Sociology*, 2008, v. 42 (5), p. 837-855.

NEGROMONTE JUNIOR, Mário. *Projeto de lei nº 1.282 de 2022*. Dispõe sobre a regulamentação da profissão de influenciador digital. Disponível em: https://www.camara.leg.br/proposicoesWeb/prop_mostrarintegra?codteor=2171582&filename=PL%20 1282/2022. Acesso em: 23 nov. 2024.

NIELSEN. *Building Better Connections:* Using Influencers to Grow your Brand. 2022, p. 01-15.

OLIVEIRA, Amanda Lima. LIMA, Walber Cunha. A responsabilidade civil dos "influencers": uma análise jurídica acerca do impacto da publicidade abusiva na era digital. *Revista de Estudos Jurídicos do UNI-RN*, Natal, n. 8, jan/dez. 2024.

PATTON, Michael. *Qualitative Research & Evaluation Methods*. London: Sage, 2002.

PEDRONI, Marco. "Stumbling on the heels of my blog": Career, forms of capital and strategies in the (sub)field of fashion blogging. *Fashion Theory*, v. 19, n. 2, p. 179-199, 2015.

PINHEIRO, Luana Simões. Determinantes da Alocação de Tempo em Trabalho Reprodutivo: Uma Revisão sobre os Achados em Pesquisas Nacionais e Internacionais. *In*: FONTOURA, Natália. ARAÚJO, Clara. *Uso do Tempo e Gênero*. Rio de Janeiro: UERJ, 2016.

PINHEIRO-MACHADO, R. MATHEUS, J. ALVES-SILVA, W. FRID, M. PETRA, P. PENALVA, J. Mídias sociais como plataforma de trabalho digital: avaliando os impactos sociais, culturais e políticos da migração do mercado de trabalho para o Instagram. *Digital Economy and Extreme Politics*, n. 1, 2024.

PRIMO, Alex. Existem celebridades da e na blogoesfera? Reputação e renome em blogs. *Revista Líbero*, v. 12, n. 24, p. 107-116. São Paulo, 2009.

PRUDENTE, Rafael. *Projeto de Lei nº 1.547 de 2023*. Regulamenta a profissão de criador de conteúdo digital e dá outras providências. Disponível em: https://www.camara.leg.br/proposicoesWeb/prop_mostrarintegra?codteor=2253190&filename=PL%201547/2023. Acesso em: 23 nov. 2024.

SALES, Lígia. Bela, recatada e do lar? A construção da imagem da dona de casa na era do Instagram a partir de um estudo de caso do perfil @respiramulher. Intercom — Sociedade Brasileira de Estudos Interdisciplinares da Comunicação. *Anais do XIX Congresso de Ciências da Comunicação na Região Nordeste*. 2017.

SHIRKY, Clay. *A cultura da participação:* criatividade e generosidade no mundo conectado. Rio de Janeiro: Zahar, 2011.

TERUEL, Fábio. *Projeto de Lei nº 3.117 de 2023*. Estabelece diretrizes para a atividade profissional de criador de conteúdo para a internet e influenciador digital e dá outras providências. Disponível em: https://www.camara.leg.br/proposicoesWeb/prop_mostrarintegra?codteor=2289743&filename=Tramitacao-PL%203117/2023. Acesso em: 23 nov. 2024.

ZAHAY, Megan. What "Real" Women Want: Alt-Right Femininity Vlogs as an Anti-Feminist Populist Aesthetic. *Media and Communication*, 2022, v. 10, p. 170-179.

Informação bibliográfica deste livro, conforme a NBR 6023:2018 da Associação Brasileira de Normas Técnicas (ABNT):

GRAZIUSO, Bruna Kern. Vendendo estilo de vida: notas sobre trabalho digital, publicidade e uso de imagem por esposas tradicionais no Instagram. *In*: EHRHARDT JÚNIOR, Marcos; CATALAN, Marcos (coord.). *Vida privada, patrimônio e tecnologia:* novos rumos para o direito de família e das sucessões. Belo Horizonte: Fórum, 2025. p. 111-128. ISBN 978-85-450-0968-9.

DEEPFAKES: RISCOS E DESAFIOS AO DIREITO DA PERSONALIDADE NA ERA DA INTELIGÊNCIA ARTIFICIAL

RODOLFO PAMPLONA FILHO

EPIFANIO A. NUNES

1 Introdução

A rápida evolução das tecnologias digitais e das técnicas de manipulação audiovisual vem transformando profundamente nossa forma de perceber e interagir com a realidade. Nesse cenário, os *deepfakes* emergem como uma das mais inovadoras — e, simultaneamente, controversas — aplicações da inteligência artificial. Originados a partir do avanço dos algoritmos de aprendizado profundo, esses conteúdos sintéticos têm o poder de reproduzir com altíssima fidelidade imagens, vídeos e áudios, desafiando a tradicional distinção entre o real e o artificial.

Historicamente, a manipulação de mídias não é um fenômeno novo. Desde as primeiras intervenções em fotografias, passando pelos truques utilizados no cinema mudo e as edições realizadas em vídeos com o advento da era digital, o constante aperfeiçoamento das técnicas de alteração visual e sonora sempre acompanhou os avanços tecnológicos. Contudo, a combinação da vasta disponibilidade de dados com os recursos computacionais modernos propiciou o surgimento dos *deepfakes* — uma técnica que, a partir do uso de redes neurais, consegue criar representações digitais de uma verossimilhança surpreendente.

As *deepfakes* possuem uma característica essencialmente ambivalente. Por um lado, essas tecnologias oferecem inovações importantes para áreas como a produção cinematográfica, a educação e a preservação da memória histórica, permitindo a criação de conteúdos imersivos e interativos. Por outro, também propiciam abusos e malefícios, como a disseminação de notícias falsas, a manipulação de imagens em contextos políticos e a violação dos direitos de personalidade, configurando um verdadeiro paradoxo tecnológico. Essa contradição impõe desafios transdisciplinares, que demandam não apenas o aprimoramento das técnicas de detecção e monitoramento, mas também a atualização do arcabouço jurídico vigente, além da elaboração de políticas públicas voltadas à proteção dos direitos fundamentais e da integridade informacional.

No contexto jurídico, os *deepfakes* colocam em xeque os mecanismos tradicionais de proteção dos direitos da personalidade. A criação e divulgação de conteúdos manipulados podem afetar diretamente a honra, a imagem e a privacidade das pessoas, exigindo respostas céleres e eficazes do sistema legal para mitigar os danos causados. Essa problemática ganha ainda mais relevância diante da crescente difusão dos conteúdos digitais, que, aliados à velocidade das redes sociais, ampliam os riscos de fraudes, difamações e ataques à credibilidade de instituições e indivíduos.

Ao mesmo tempo, a interface entre a inovação tecnológica e a regulação jurídica coloca em evidência uma série de desafios técnicos e éticos. A necessidade de desenvolver métodos robustos de autenticação e verificação de informações torna-se imperativa para salvaguardar a integridade do ambiente digital. Nesse sentido, a articulação entre soluções tecnológicas — como algoritmos de inteligência artificial e sistemas de *blockchain* — e o aprimoramento normativo é fundamental para criar um cenário onde a inovação caminhe lado a lado com a proteção dos direitos fundamentais.

Diante dessa complexa teia de implicações, o presente artigo propõe uma análise aprofundada dos *deepfakes*, abordando desde sua origem e evolução histórica até os impactos sociais, jurídicos e as estratégias de enfrentamento dessa tecnologia disruptiva. A investigação busca oferecer uma reflexão crítica sobre as potencialidades e os riscos inerentes aos *deepfakes*, destacando a necessidade de uma resposta integrada que contemple tanto os avanços técnicos quanto as exigências éticas e legais da sociedade contemporânea.

Este artigo está estruturado em seis seções. Após esta introdução, o segundo tópico traça a evolução histórica e técnica dos *deepfakes*; o terceiro aborda os impactos nos direitos da personalidade, enfatizando os desafios na proteção da imagem, da honra e da privacidade, e as tensões com a liberdade de expressão; o quarto analisa as estratégias jurídicas de enfrentamento, incluindo lacunas legislativas e projetos em tramitação; o quinto apresenta soluções tecnológicas e destaca a importância da cooperação internacional e da responsabilidade das plataformas digitais; por fim, a conclusão sintetiza os achados e propõe diretrizes para uma regulação eficaz e proativa no contexto dos desafios atuais.

Vejamos a seguir como essa tecnologia surgiu e se desenvolveu até se tornar protagonista nos debates sobre inovação, uso responsável e os riscos à integridade informacional.

2 Surgimento e evolução dos *deepfakes*

A manipulação de mídias é uma prática que remonta ao século XIX, evoluindo desde a edição de fotografias até a alteração de vídeos e áudios. Para traçar essa trajetória histórica, começaremos pelos primeiros registros de manipulação fotográfica.

Desde os primórdios da fotografia, técnicas como retoques químicos em negativos já permitiam alterações em imagens. Um exemplo notável ocorreu em 1860, quando John Calhoun teve sua cabeça substituída pela de Abraham Lincoln, configurando uma das primeiras fraudes fotográficas documentadas.[1] Passaremos à evolução no campo cinematográfico.

No cinema, a manipulação adquiriu maior complexidade com efeitos práticos e ópticos, como os utilizados por Georges Méliès em *Viagem à Lua* (1902), que simulavam cenários fantásticos.[2]

Com o advento da era digital, as técnicas de manipulação ganharam nova escala e sofisticação, ampliadas por softwares de edição de imagens como o Adobe Photoshop (1990)[3] e algoritmos de síntese de voz desenvolvidos desde a década de 1960, que abriram caminho para tecnologias de clonagem vocal.[4]

---

1 Famous photos in the 1860s claimed to capture real spirits, including the ghost of Abraham Lincoln. The photographer, William Mulmer, was accused of fraud, and after a sensational trial in 1869, a columnist for the New York World wrote: "Who, henceforth, can trust the accuracy of a photograph?" *In*: HABGOOD-COOTE, J. *Deepfakes and the epistemic apocalypse*. Synthese, v. 201, n. 103, 2023.

2 GUNNING, T. The cinema of attractions: Early film, its spectator and the avant-garde. *Early Cinema*, v. 56, p. 58-67, 2006.

3 KELBY, S. *Adobe Photoshop:* The Complete Guide. San Jose: Adobe Press, 1999.

4 DUTOIT, T. *An Introduction to Voice Synthesis and Recognition*. Hoboken: Wiley, 1997.

A revolução do aprendizado de máquina, intensificada após a década de 2010, consolidou a base técnica para os *deepfakes*. Redes neurais profundas, como as *Generative Adversarial Networks* (GANs), propostas por Ian Goodfellow em 2014,[5] possibilitaram a geração automatizada de conteúdos hiper-realistas, superando as limitações das técnicas manuais ou baseadas em regras fixas.[6]

Dessa forma, a convergência entre capacidade computacional, disponibilidade de dados massivos e avanços algorítmicos transformou a manipulação midiática em um processo escalável e acessível.[7] Essa transformação culminou nos *deepfakes* contemporâneos, que desafiam a distinção entre realidade e ficção.[8]

Compreendido o percurso histórico até aqui, analisaremos a origem da expressão "*deepfake*". Como visto acima, a gênese dos *deepfakes* remonta à manipulação de mídias. Contudo, o termo em si surgiu apenas em 2017, quando um usuário anônimo do Reddit, sob o pseudônimo "*deepfakes*", disseminou vídeos nos quais os rostos de celebridades eram substituídos por meio de algoritmos de código aberto, como o FaceSwap.[9] Inicialmente, esses vídeos tinham um caráter lúdico, mas o rápido avanço tecnológico redirecionou a prática para contextos mais graves, incluindo fraudes, manipulação de informações e ataques à integridade da esfera pública.[10]

O que são *deepfakes*? O termo *deepfake* deriva da combinação entre *deep learning* (aprendizado profundo) e fake (falsificação) e refere-se a mídias sintéticas geradas por inteligência artificial (IA), capazes

---

5 GOODFELLOW, Ian J.; POUGET-ABADIE, Jean; MIRZA, Mehdi; XU, Bing; WARDE-FARLEY, David; OZAIR, Sherjil; COURVILLE, Aaron; BENGIO, Yoshua. Generative *Adversarial Nets*. Proceedings of the Neural Information Processing Systems (NeurIPS), 2014.

6 KARRAS, Tero; AILA, Timo; LAINE, Samuli; LEHTINEN, Jaakko. *Progressive Growing of GANs for Improved Quality, Stability, and Variation*. Disponível em: https://doi.org/10.48550/arXiv.1710.10196. Acesso em: 22 mar. 2025.

7 WAN, Ji; WANG, Dayong; HOI, S.; WU, Pengcheng; ZHU, Jianke; ZHANG, Yongdong; LI, Jintao. *Deep Learning for Content-Based Image Retrieval:* A Comprehensive Study. Proceedings of ACM Multimedia, 2014. Disponível em: https://doi.org/10.1145/2647868.2654948. Acesso em: 22 mar. 2025.

8 CITRON, Danielle K.; CHESNEY, Robert. Deep Fakes: A Looming Challenge for Privacy, Democracy, and National Security. *California Law Review*, v. 107, p. 1753, 2019. Disponível em: https://scholarship.law.bu.edu/faculty_scholarship/640. Acesso em: 22 mar. 2025.

9 KORSHUNOV, P.; MARCEL, S. *Deepfakes*: a New Threat to Face Recognition? *In*: IEEE International Joint Conference on Biometrics, 2018.

10 EUROPEAN COMMISSION. *Tackling online disinformation*: A European approach. Digital Single Market, 2021. Disponível em: https://digital-strategy.ec.europa.eu/. Acesso em: 15 out. 2023.

de produzir conteúdos audiovisuais hiper-realistas, mas totalmente fabricados. Os *deepfakes* representam a evolução da manipulação de mídias, utilizando redes neurais artificiais avançadas que permitem a substituição de rostos em vídeos, a clonagem de vozes e até a criação de personagens fictícios.

A geração de *deepfakes* é viabilizada pelo aprendizado profundo, um subcampo do aprendizado de máquina que emprega redes neurais com múltiplas camadas para processar dados de forma hierárquica.[11] Essa abordagem possibilita que sistemas de inteligência artificial aprendam representações complexas de dados — como imagens e áudios — a partir de grandes conjuntos de exemplos, sem necessidade de intervenção humana para definir características específicas.[12] Assim, o aprendizado profundo — parte integrante do amplo campo da inteligência artificial — torna-se essencial para a criação de modelos capazes de manipular conteúdos com alta fidelidade.[13]

Inicialmente associados a contextos artísticos e de entretenimento, os *deepfakes* ganharam notoriedade pelo uso em práticas fraudulentas, como disseminação de desinformação, manipulação política e até pornografia não consensual.[14] O avanço recente dessas técnicas tem atraído atenção tanto pelo potencial legítimo — como na produção cinematográfica — quanto pelos riscos, incluindo a fabricação de notícias falsas e fraudes financeiras.[15] A propagação descontrolada desses conteúdos em redes sociais estimulou o desenvolvimento de métodos de detecção e análise de manipulações em imagens e vídeos.[16]

Entretanto, além dos desafios, é crucial destacar que essas tecnologias também possuem aplicações positivas: na educação, possibilitam a criação de conteúdos históricos imersivos; na saúde, contribuem para

---

11 LECUN, Yann; BENGIO, Yoshua; HINTON, Geoffrey. *Deep learning*. Nature, v. 521, p. 436-444, 28 maio 2015. Disponível em: https://doi.org/10.1038/nature14539. Acesso em: 22 mar. 2025.

12 SCHMIDHUBER, Jürgen. *Deep learning in neural networks*: An overview. Neural Networks, v. 61, p. 85-117, 2015. Disponível em: https://doi.org/10.1016/j.neunet.2014.09.003. Acesso em: 22 mar. 2025.

13 Ibidem, Loc. Cit.

14 FLORIDI, Luciano. Artificial intelligence, deepfakes and a future of ectypes. *Philosophy & Technology*, v. 31, p. 317-321, 2018. Disponível em: https://doi.org/10.1007/s13347-018-0325-3. Acesso em: 22 mar. 2025.

15 LECUN, Y.; BENGIO, Y.; HINTON, G. Deep learning. *Nature*, v. 521, p. 436-444, 28 maio 2015. Disponível em: https://doi.org/10.1038/nature14539. Acesso em: 22 mar. 2025.

16 MIRSKY, Yisroel; LEE, Wenke. The creation and detection of deepfakes: a survey. *ACM Computing Surveys*, v. 54, p. 1-41, 2021. Disponível em: https://doi.org/10.1145/3425780. Acesso em: 22 mar. 2025.

a detecção de tumores em exames de imagem, demonstrando seu potencial transformador.[17] Essa dualidade ressalta a necessidade urgente de uma abordagem jurídica capaz de mitigar os riscos e assegurar a proteção dos direitos individuais, especialmente os direitos da personalidade. Com essa evolução histórica exposta, discutiremos a seguir os aspectos técnicos e as limitações inerentes aos *deepfakes*.

3 Direito da personalidade na era digital

A salvaguarda dos direitos da personalidade representa um fundamento essencial do sistema jurídico brasileiro, sustentado pelos princípios constitucionais da dignidade humana e pela proteção da honra, imagem, intimidade e vida privada. Esses direitos, consagrados tradicionalmente nos artigos 11 a 21 do Código Civil, garantem a individualidade e a autonomia do indivíduo, resguardando-o de ingerências indevidas em sua esfera pessoal.[18]

Essa proteção transcende a esfera patrimonial, focando-se na essência humana.[19] Mas, afinal, o que são os direitos da personalidade? São os direitos de natureza inalienável, imprescritível e irrenunciável, cuja proteção desses direitos visa garantir a integridade física, psíquica e moral da pessoa. Voltam-se à proteção dos atributos físicos, psíquicos e morais do indivíduo, tanto em sua individualidade quanto em suas relações sociais.[20]

Os *deepfakes* configuram um dos desafios tecnológicos mais complexos e controversos enfrentados pelo Direito da Personalidade, pois possibilitam a criação de conteúdos audiovisuais manipulados com um impressionante realismo, capazes de confundir os limites entre o real e o artificial. Essa tecnologia ameaça diretamente a integridade de direitos fundamentais — como honra, imagem e privacidade —, potencialmente ocasionando danos irreparáveis tanto a indivíduos quanto à coletividade. Embora tenham usos legítimos, seu emprego

---

[17] HOSNY, Ahmed; PARMAR, Chintan; QUACKENBUSH, John; SCHWARTZ, Lawrence H.; AERTS, Hugo J. W. L. Artificial intelligence in radiology. *Nature Reviews Cancer*, v. 18, n. 8, p. 500-510, ago. 2018. Disponível em: https://doi.org/10.1038/s41568-018-0016-5. Acesso em: 22 mar. 2025.

[18] STOLZE, Pablo; PAMPLONA FILHO, Rodolfo. *Novo curso de direito civil, volume 1*: parte geral. 21. ed. São Paulo: Saraiva, 2019, p. 241.

[19] STOLZE, Pablo; PAMPLONA FILHO, Rodolfo. *Novo curso de direito civil, volume 1*: parte geral. 21. ed. São Paulo: Saraiva, 2019, p. 241.

[20] STOLZE, Pablo; PAMPLONA FILHO, Rodolfo. *Novo curso de direito civil, volume 1*: parte geral. 21. ed. São Paulo: Saraiva, 2019, p. 242.

malicioso gera implicações jurídicas que incluem difamação, fraude e violação da imagem, além de riscos político-eleitorais, demandando uma resposta robusta do Ordenamento Jurídico Brasileiro.

O fato é que a era digital impõe desafios constantes à legislação, não só pela rápida disseminação de conteúdos manipulados — os *deepfakes* —, mas também pela necessidade de atualizar normas para enfrentar crimes cibernéticos em escala global. Nesse contexto de crescente sofisticação tecnológica, a ascensão da identidade digital — composta por dados biométricos, registros imagéticos e interações online — redefine os contornos dessa proteção. Se antes as violações restringiam-se ao âmbito físico, hoje ataques à reputação, falsificações de imagem e o uso não consentido de dados pessoais transcendem fronteiras geográficas e jurídicas.[21]

4 Estratégias jurídicas de enfrentamento dos *deepfakes*

Como visto acima, a crescente complexidade dos *deepfakes* exige uma reavaliação estratégica do direito, integrando avanços tecnológicos a um arcabouço normativo dinâmico e adaptável. Para enfrentar esse desafio, o Ordenamento Jurídico Brasileiro deve priorizar três eixos fundamentais.

O primeiro eixo é a *prevenção*. Sistemas de detecção automatizada, monitoramento contínuo e políticas de transparência algorítmica podem conter a disseminação de conteúdos fraudulentos antes que alcancem escala crítica.[22]

O segundo envolve a *adequação das normas existentes*. Instrumentos como o Código Civil, o Código de Defesa do Consumidor (CDC) e o Marco Civil da Internet precisam ser reinterpretados ou reformulados para abarcar danos intangíveis, como a manipulação massiva de identidades digitais, alinhando-se à Lei Geral de Proteção de Dados (LGPD).[23]

---

[21] LESSIG, Lawrence. *Code*: And Other Laws of Cyberspace. Basic Books, 2006, passim. FLORIDI, Luciano *et al*. AI4People-An Ethical Framework for a Good AI Society. *Science and Engineering Ethics*, v. 24, 2018. Disponível em: https://link.springer.com/article/10.1007/s11023-018-9482-5. Acesso em: 22 mar. 2025.

[22] GÜERA, David; DELP, Edward J. Deepfake Video Detection Using Recurrent Neural Networks. *IEEE Conference on Advanced Video and Signal Based Surveillance*, 2018. Disponível em: https://ieeexplore.ieee.org/document/8639383.

[23] DONEDA, Danilo. *Da privacidade à proteção de dados pessoais*: fundamentos da Lei Geral de Proteção de Dados. 2. ed. São Paulo: Revista dos Tribunais, 2019.

Por fim, a *autodeterminação informativa*[24] destaca-se como pilar essencial. Isso porque o uso não consentido de dados pessoais para criar versões sintéticas de indivíduos torna crucial a redefinição dos limites éticos e legais no manejo dessas informações, garantindo aos cidadãos o controle sobre sua identidade digital.[25]

Essa convergência entre tecnologia e direito requer um equilíbrio delicado: fomentar a inovação sem comprometer direitos fundamentais. Um diálogo transdisciplinar — reunindo juristas, especialistas em inteligência artificial e formuladores de políticas públicas — torna-se indispensável para uma abordagem holística, capaz de mitigar riscos como a erosão da confiança institucional e a violação sistêmica da privacidade.[26]

Em síntese, esta reflexão visa atualizar o debate jurídico e inspirar reformas normativas que fortaleçam a resiliência do Direito Digital brasileiro frente aos desafios da era algorítmica.

4.1 Contexto brasileiro e internacional

O cenário nacional enfrenta desafios significativos na regulamentação dos *deepfakes*, agravados pela ausência de normas específicas que coíbam a criação e disseminação de conteúdos ilícitos. Essa lacuna complica a aferição da legalidade, sobretudo diante do uso de servidores estrangeiros, técnicas de anonimização e da rapidez com que esses conteúdos "viralizam".

Embora instrumentos como o Código Penal — que trata de crimes contra a honra —, a Lei Geral de Proteção de Dados Pessoais (LGPD) — que tutela dados pessoais —, o Marco Civil da Internet (Lei nº 12.965/2014) e a própria Lei Geral de Proteção de Dados (Lei nº 13.709/2018) ofereçam certa proteção à privacidade, eles se mostram

[24] Conceituamos a autodeterminação informativa como sendo o direito fundamental do indivíduo de exercer controle livre, informado e consciente sobre seus dados pessoais, incluindo a decisão sobre coleta, tratamento, divulgação, acesso, correção e revogação do consentimento para o uso de informações que o identificam, assegurando proteção contra práticas abusivas ou ilegítimas.

[25] BYGRAVE, Lee A. Data Protection and Informational Self-Determination. *In*: GUTWIRTH, S. *et al.* (Eds.). *Computers, Privacy and Data Protection*: An Element of Choice. Springer, 2015. Disponível em: https://link.springer.com/chapter/10.1007/978-94-007-0641-5_2. Acesso em: 22 mar. 2025.

[26] BOLLIER, David. *Artificial Intelligence and the Good Society*: The Search for New Metrics, Governance, and Philosophical Perspective. A Report on the Third Annual Aspen Institute Roundtable on Artificial Intelligence. Washington, D.C. 2019.

insuficientes diante da complexidade das manipulações digitais modernas. Nesse cenário, torna-se indispensável articular princípios jurídicos tradicionais com inovações regulatórias, a fim de se estabelecer diretrizes importantes para o uso da internet e o tratamento de dados pessoais, integrando ainda referências internacionais como o Regulamento Geral de Proteção de Dados (GDPR), da União Europeia, bem como o regime de Identificação Eletrônica, Autenticação e Serviços de Confiança (eIDAS), para construir uma resposta mais robusta e eficaz às novas vulnerabilidades digitais.

Essa sinergia entre normas clássicas e contemporâneas é vital para preservar a coerência do sistema jurídico frente à complexidade tecnológica, assegurando que a tutela da personalidade não se torne obsoleta na era algorítmica.

No âmbito legislativo nacional, embora o Brasil ainda não possua uma norma específica para os *deepfakes*, o Decreto nº 11.491, de 12 de abril de 2023, representou um avanço ao promulgar a Convenção de Budapeste sobre crimes cibernéticos, aprovada pelo Congresso Nacional por meio do Decreto Legislativo nº 37/2021. Com isso, o tratado foi internalizado no ordenamento jurídico brasileiro. Sua aplicação direta pelos tribunais depende da natureza de suas disposições: enquanto normas autoexecutáveis produzem efeitos imediatos, outras exigem legislação complementar, o que faz com que a efetividade judicial varie conforme o conteúdo de cada norma.

No cenário internacional, instrumentos como o Regulamento Geral sobre a Proteção de Dados (GDPR) e iniciativas recentes da União Europeia — como a Lei de Serviços Digitais (DSA) e a Lei de Inteligência Artificial (AI Act) — demonstram avanços na proteção de dados e na responsabilização digital. Contudo, é importante notar que o GDPR não regula de forma específica a criação, disseminação ou responsabilização por conteúdos sintéticos fraudulentos, como os *deepfakes*, concentrando-se na proteção de dados pessoais reais.[27]

---

[27] CHIORINI, Tulio; ROCHA, Diandra. *União Europeia contra as big techs:* regulações digitais para equidade e segurança. 2024. Disponível em: https://www.ipea.gov.br/cts/pt/central-de-conteudo/artigos/artigos/417-uniao-europeia-contra-big-techs. Acesso em: 23 mar. 2025. Quanto ao GDPR, é preciso destacar que o direito à retificação (artigo 16) e o direito ao apagamento ("direito ao esquecimento", artigo 17) aplicam-se a dados pessoais inexatos ou tratados de forma ilícita. Contudo, *deepfakes* frequentemente envolvem a criação de informações falsas ou adulteradas que podem não se enquadrar diretamente no conceito de "dado inexato" sob o GDPR, já que são conteúdos sintéticos gerados artificialmente, e não meramente dados incorretos armazenados. Para exigir remoção, é necessário analisar se há violação de bases legais do GDPR (ex.: consentimento, legítimo interesse) ou de

Nos Estados Unidos, a ausência de uma lei federal unificada é suprida por iniciativas estaduais. Por exemplo, a Califórnia proíbe o uso de *deepfakes* em campanhas eleitorais e o Texas criminaliza a divulgação de conteúdos pornográficos manipulados sem consentimento.[28] Até 2024, diversos estados já contavam com leis específicas para *deepfakes* sexuais e em contextos políticos, evidenciando uma resposta legislativa crescente, embora ainda fragmentada.[29]

Diante de todo esse contexto, torna-se fundamental analisar os projetos de lei em tramitação que buscam preencher essas lacunas, oferecendo mecanismos mais eficazes de prevenção e responsabilização — tema que será abordado no próximo tópico.

4.2 *Deepfakes* e a legislação eleitoral

Como visto, a era digital traz desafios inéditos à proteção dos direitos da personalidade, sobretudo com o avanço de tecnologias capazes de criar vídeos e áudios falsificados com extrema verossimilhança. No contexto político e eleitoral, tais técnicas podem distorcer a percepção pública, afetando a honra, a imagem e a integridade dos indivíduos.

No contexto eleitoral, as *deepfakes* aumentam o risco de disseminação de *fake news* e de ataques direcionados a líderes políticos. Por exemplo, a divulgação de um vídeo falso em que um candidato faz declarações polêmicas pode gerar desconfiança e acirrar a polarização, comprometendo a governabilidade e a estabilidade democrática. Para conter esses abusos, a legislação eleitoral brasileira — especialmente a

---

outros direitos, como honra, imagem ou privacidade, protegidos por legislação nacional ou pelo Artigo 7 da Carta dos Direitos Fundamentais da UE.

28 CALIFORNIA LEGISLATURE. *AB-602*: Deepfakes in Elections. 2019. Disponível em: https://leginfo.legislature.ca.gov/faces/billTextClient.xhtml?bill_id=201920200AB602. Na Califórnia, o Assembly Bill 730 (2019) destinava-se a coibir a utilização de *deepfakes* em campanhas eleitorais, tendo sido revogado em 2023 e substituído por normas mais atualizadas (por exemplo, AB 970/2023). Atualmente, o estado mantém dispositivos legais, como o Penal Code §647(j)(4), que tipifica como crime a produção e divulgação de *deepfakes* de natureza pornográfica sem o consentimento dos envolvidos — prática comumente denominada "pornografia de vingança". No Texas, o House Bill 2045 (2019) criminaliza a criação ou divulgação de *deepfakes* com a intenção de influenciar processos eleitorais ou de prejudicar a reputação de terceiros, prevendo sanções que abrangem multa e prisão. *In*: BALKIN, Jack. *Free Speech in the Algorithmic Society*. Big Data, Private Governance and New School Speech Regulation. Yale Law School, Public Law Research Paper No. 615, 2018. Para saber mais sobre o tema, consulte: https://legislation.ballotpedia.org/ai-*deepfakes*/home.

29 CITRON, Danielle K.; CHESNEY, Robert. Deep Fakes: A Looming Challenge for Privacy, Democracy, and National Security. *California Law Review*, v. 107, p. 1753, 2019. Disponível em: https://scholarship.law.bu.edu/faculty_scholarship/640. Acesso em: 22 mar. 2025.

Lei nº 9.504/1997 — já dispõe de mecanismos, como o direito de resposta diante de conteúdos caluniosos, difamatórios, injuriosos ou falsos, ainda que indiretos, veiculados em qualquer meio de comunicação social (artigo 58), e os limites à propaganda eleitoral, estabelecidos no artigo 36 e seguintes.

Para enfrentar os desafios impostos pelas novas tecnologias, o Tribunal Superior Eleitoral (TSE) atualizou suas diretrizes por meio da Resolução nº 23.610/2019, posteriormente alterada pela Resolução nº 23.732/2024. Essa norma trata da Desinformação na Propaganda Eleitoral e proíbe os *deepfakes* em seu artigo 9º-C. Conforme a norma, é vedada a utilização de qualquer conteúdo — seja qual for sua forma ou modalidade — que tenha sido fabricado ou manipulado com o objetivo de difundir fatos notoriamente inverídicos ou descontextualizados, os quais possam prejudicar o equilíbrio do pleito ou comprometer a integridade do processo eleitoral. Em especial, o §1º veda o uso de conteúdo sintético em formato de *deepfake* (áudio, vídeo ou ambos) para alterar a imagem ou a voz de pessoas, sejam elas vivas, falecidas ou fictícias.

4.3 *Deepfakes* e a pornografia não consentida

O avanço da inteligência artificial trouxe consigo ferramentas poderosas, mas também desafios inéditos no campo ético e jurídico. Para abordar essa questão, iniciaremos destacando os impactos diretos na privacidade e na proteção da imagem.

Nesse sentido, a produção de pornografia não consentida, a falsificação de identidades digitais e a realização de fraudes e estelionatos representam abusos graves que violam os direitos fundamentais.

Nesse contexto, a criação e disseminação de conteúdos pornográficos não consentidos por meio de *deepfakes* representam uma das violações mais insidiosas possibilitadas pela inteligência artificial. Ao sobrepor digitalmente a imagem ou a voz de uma pessoa em vídeos de cunho sexual sem seu consentimento, os infratores cometem atos que atentam contra a integridade moral e psicológica da vítima, gerando danos muitas vezes irreparáveis à sua vida pessoal e profissional.[30]

---

[30] RODRIGUES, Paulo Gustavo. Deepfakes pornográficas não-consensuais: a busca por um modelo de criminalização. *Revista Brasileira de Ciências Criminais*, [S. l.], v. 199, n. 199, p. 277-311, 2023. DOI: 10.5281/zenodo.8380977. Disponível em: https://publicacoes.ibccrim.org.br/index.php/RBCCRIM/article/view/267. Acesso em: 23 mar. 2025.

Essa conduta pode ocasionar constrangimentos públicos, humilhação e, em casos extremos, traumas emocionais profundos, como ansiedade e depressão, conforme apontam estudos sobre os impactos psicológicos de crimes digitais.[31]

No Brasil, embora ainda não haja uma tipificação penal específica para *deepfakes* pornográficos, condutas correlatas podem ser enquadradas em dispositivos já existentes.[32]

I — Estatuto da Criança e do Adolescente (ECA).

O artigo 241-E do ECA define "cena de sexo explícito ou pornográfica" como qualquer representação que envolva criança ou adolescente em atividades sexuais real ou simulada, incluindo, assim, as manipulações digitais.

O artigo 241-C do Estatuto da Criança e do Adolescente (ECA) tipifica como crime "*simular a participação de criança ou adolescente em cena de sexo explícito ou pornográfica por meio de adulteração, montagem ou modificação de fotografia, vídeo ou qualquer outra forma de representação visual*". Essa redação também vai abranger diretamente o uso de *deepfakes*, pois pune a criação de representações simuladas que associem menores a conteúdos sexuais, independentemente de sua autenticidade. A pena prevista é de reclusão de 1 a 3 anos e multa. O parágrafo único do mesmo artigo estende essas penas a quem vende, expõe à venda, disponibiliza, distribui, publica, divulga, adquire, possui ou armazena esse material.

O artigo 241-A do ECA complementa essa proteção ao criminalizar oferta, troca, transmissão, distribuição, publicação ou divulgação, por qualquer meio, de registros que contenham cenas de sexo explícito ou pornográfica envolvendo crianças ou adolescentes com pena de reclusão de 3 a 6 anos e multa.

Em síntese, os artigos 241-A, 241-C e 241-E do ECA formam um conjunto de regras eficazes para punir quem utiliza *deepfakes* para criar ou disseminar imagens falsas de crianças ou adolescentes em cenas sexuais.

---

[31] PANT, Rashmi; CHAUBEY, Uma. Protecting Minds in the Digital Age: A Review Based Study on Psychological Impact of Cybercrime. *The International Journal of Indian Psychology*, v. 12, n. 3, jul./set. 2024. Disponível em: https://www.ijip.in. DOI: 10.25215/1203.220. Acesso em: 23 mar. 2025.

[32] O artigo foi produzido em abril de 2025.

II – Código Penal

Conforme já dito, o Código Penal brasileiro não possui tipificação específica para *deepfakes* pornográficos, mas oferece dispositivos aplicáveis a esses casos. O artigo 218-C, introduzido pela Lei nº 13.718/2018, criminaliza a divulgação, publicação, oferta, troca ou transmissão de cenas de sexo, nudez ou pornografia sem o consentimento da vítima, com pena de reclusão de 1 a 5 anos e multa. Esse dispositivo é especialmente relevante para casos de "pornografia de vingança" envolvendo *deepfakes*, em que imagens manipuladas simulam conteúdo íntimo sem autorização, embora sua aplicação não se restrinja a essa motivação. Juridicamente, tais atos violam diretamente os direitos da personalidade, como a intimidade e a imagem, protegidos pela Constituição e pelo Código Civil, representando uma afronta à privacidade da vítima.[33]

Os artigos 138, 139 e 140, que tratam de calúnia, difamação e injúria, respectivamente, podem ser invocados quando o *deepfake* pornográfico é usado para difamar ou humilhar, caracterizando crimes contra a honra. Ademais, a manipulação de imagens para fins de humilhação ou extorsão representa uma forma agravada de violação da privacidade, podendo, em situações específicas, ser enquadrada como falsidade ideológica (artigo 299) — se a manipulação for usada para criar documentos ou registros falsos que enganem sobre a identidade da pessoa — ou, mais comumente, como extorsão (artigo 158), caso o material seja usado para chantagear a vítima em troca de vantagens.

III – Reparação civil

A resposta a esses ilícitos não se limita à esfera penal. Na esfera civil, os artigos 186 e 927 do Código Civil estabelecem a obrigação de indenizar danos morais e materiais causados por atos ilícitos, como os decorrentes de *deepfakes* pornográficos. Nesse cenário, medidas judiciais emergenciais, como decisões em sede de tutela antecipada para a remoção imediata de conteúdos, são essenciais para minimizar os prejuízos às vítimas.

As plataformas digitais também desempenham papel crucial, conforme o artigo 21 do Marco Civil da Internet (Lei nº 12.965/2014), que determina a retirada de conteúdos que violem a intimidade ou a imagem após notificação judicial. Estudos internacionais, como os de

---

33 STOLZE, Pablo; PAMPLONA FILHO, Rodolfo. *Novo curso de direito civil, volume 1*: parte geral 21. ed. São Paulo: Saraiva, 2019, p. 241-292.

Robert Chesney e Danielle Citron, destacam a importância de responsabilizar essas plataformas, sugerindo que a omissão na moderação de conteúdos ilícitos pode configurar negligência.[34]

Conforme já visto, projetos de lei tramitam no Congresso Nacional para regulamentar o uso de inteligência artificial e tecnologias como *deepfakes* pornográficos, mas, até o momento, não há legislação consolidada sobre o tema.

Concluída a abordagem sobre a pornografia não consensual, analisaremos agora outra vertente dos *deepfakes*: a difamação e as fraudes digitais.

5 Soluções tecnológicas e cooperação internacional

A construção de uma visão abrangente sobre os desafios da proteção da identidade digital demanda a integração fluida de diversas teorias e modelos regulatórios internacionais, configurando uma abordagem transdisciplinar, capaz de ultrapassar as fronteiras tradicionais do conhecimento articulando diferentes perspectivas.

De início, é importante observar que essa integração busca harmonizar o paradigma da autodeterminação informativa — que concede ao indivíduo autonomia para gerenciar seus dados pessoais — com a proteção tradicional da privacidade, essencial para resguardar direitos fundamentais como a imagem e a honra, mesmo na ausência de consentimento formal.

Consideramos que a complexidade do ambiente digital, caracterizada pela velocidade e pelo elevado volume de informações em circulação, torna essa síntese não apenas desejável, mas imprescindível para a eficácia do sistema jurídico.

Nesse contexto, torna-se fundamental examinar como essas diferentes concepções vêm sendo articuladas na teoria e na prática jurídica, sobretudo diante das ameaças emergentes representadas pelas *deepfakes*. A seguir, será explorada a forma como distintas abordagens normativas e doutrinárias buscam compatibilizar a proteção de dados pessoais com a salvaguarda da privacidade no cenário digital contemporâneo.

---

[34] CHESNEY, Robert; CITRON, Danielle. Deepfakes and the New Disinformation War: The Coming Age of Post-Truth Geopolitics. *Foreign Affairs*, v. 98, n. 1, jan./fev. 2019. Publicado em: 11 dez. 2018. Disponível em: https://www.foreignaffairs.com/articles/world/2018-12-11/deepfakes-and-new-disinformation-war. Acesso em: 23 mar. 2025.

5.1 Integração de teorias e modelos

A discussão teórica revela uma tensão produtiva entre estas abordagens: autores como Danilo Doneda[35] e Bruno Bioni[36] defendem a autodeterminação informativa como um princípio que confere ao indivíduo o poder de decidir sobre a divulgação de seus dados pessoais, conceito que ganha relevância diante dos desafios inéditos da era digital. Por outro lado, pensadores como Daniel Solove[37] e Ingo Wolfgang Sarlet[38] priorizam a privacidade como um direito inerente, sustentando que os atributos pessoais devem ser protegidos independentemente da obtenção de um consentimento explícito. Essa dialética entre o controle individual e a proteção incondicional ressalta a necessidade de uma base teórica que integre ambas as dimensões, proporcionando respostas jurídicas adaptadas à realidade contemporânea.

Na prática, a harmonização entre autodeterminação informativa e privacidade pode se materializar por meio de mecanismos como o consentimento dinâmico (que permite ajustes contínuos nas preferências de uso de dados) e o "*privacy by design*", que integra a proteção da privacidade desde a concepção de sistemas digitais.[39] Um exemplo é o modelo adotado pela União Europeia no Regulamento Geral de Proteção de Dados (GDPR), que exige avaliações de impacto de privacidade (PIAs) para tecnologias de alto risco, como ferramentas de geração de *deepfakes*.[40] Além disso, especialistas como Ewa Michałkiewicz-Kądziela defendem a necessidade de cooperação internacional e o desenvolvimento de ferramentas tecnológicas avançadas para detectar e bloquear *deepfakes*.[41]

---

35 DONEDA, Danilo. A proteção dos dados pessoais como um direito fundamental. *Espaço Jurídico*, Joaçaba, v. 12, n. 2, p. 91-108, jul.-dez. 2011.

36 BIONI, Bruno Ricardo. *Proteção de dados pessoais*: a função e os limites do consentimento. 3. ed., rev., atual. e ampl. Rio de Janeiro: Forense, 2021.

37 SOLOVE, Daniel J. *Understanding Privacy*. Cambridge: Harvard University Press, 2008.

38 SARLET, Ingo Wolfgang. *Dignidade da pessoa humana e direitos fundamentais na Constituição Federal de 1988*. Porto Alegre: Livraria do Advogado, 2012.

39 TSORMPATZOUDI, Pagona; BERENDT, Bettina; COUDERT, Fanny. Privacy by Design: From Research and Policy to Practice — the Challenge of Multi-disciplinarity. *In*: *Privacy Technologies and Policy*: Third Annual Privacy Forum, APF 2015, Luxemburgo, 7-8 out. 2015. Lecture Notes in Computer Science, v. 9484. Springer, 2016. p. 199-212. Disponível em: https://doi.org/10.1007/978-3-319-31456-3_12. Acesso em: 30 mar. 2025.

40 EUROPEAN UNION. *Regulation (EU) 2016/679 (GDPR)*. Artigo 35. Disponível em: https://eur-lex.europa.eu/legal-content/EN/TXT/?uri=CELEX%3A32016R0679. Acesso em: 30 mar. 2025.

41 MICHAŁKIEWICZ-KĄDZIELA, Ewa. The impact of deepfakes on elections and methods of combating disinformation in the virtual world. *Teka Komisji Prawniczej PAN Oddział w Lublinie*, v. XVII, n. 1, p. 151-161, 2024. Disponível em: https://doi.org/10.32084/tkp.8615. Acesso em: 23 mar. 2025.

Também, é inegável que a transnacionalidade da internet impõe desafios adicionais à jurisdição digital, exigindo esforços colaborativos globais. Iniciativas como o Digital Global, em discussão pela Organização das Nações Unidas (ONU), e a Convenção de Budapeste sobre Cibercrime exemplificam esforços para superar barreiras territoriais por meio da cooperação internacional,[42] Esses instrumentos visam estabelecer padrões comuns de proteção e combater os crimes cibernéticos, facilitando a identificação e punição de ilícitos digitais.

5.2 Integração normativa e tecnológica

Entendemos que a adaptação das normas existentes, aliada à criação de mecanismos de cooperação entre os setores público e privado, é indispensável para detectar e punir abusos decorrentes do uso malicioso dos *deepfakes*. Para isso, é necessária a integração dos dispositivos do Código Civil, do Código de Defesa do Consumidor (CDC), do Marco Civil da Internet e da Lei Geral de Proteção de Dados (LGPD), construindo uma resposta jurídica robusta que resguarde a identidade — física e digital — e assegure a reparação integral dos danos.

O ordenamento jurídico, fundamentado na proteção da dignidade, honra e privacidade, precisa evoluir para atender às demandas emergentes da sociedade conectada, por meio de uma abordagem multidisciplinar que inclua fiscalização eficaz e legislação específica.

Nesse cenário, a análise de modelos internacionais torna-se essencial para o aprimoramento da regulamentação nacional. O Regulamento Geral de Proteção de Dados (GDPR) da União Europeia exemplifica um sistema que equilibra os direitos dos titulares com rigorosas obrigações aos responsáveis pelo tratamento dos dados. A LGPD adapta esses princípios à realidade brasileira, embora ainda enfrente desafios quanto à sua implementação e fiscalização. Além disso, o regulamento eIDAS desponta como um paradigma avançado na identificação digital, promovendo segurança e interoperabilidade nas autenticações online. Esses exemplos reforçam a necessidade de um sistema normativo que contemple a globalização dos dados e a natureza transnacional da internet, alinhando-se aos princípios do Marco Civil da Internet.

---

[42] Mais sobre o tema, ver: ANASTÁCIO, Kimberly de Aguiar. Transnacionalidade na rede: Introdução à Governança da internet e ao Net mundial. *In*: BERTINI, Fabrício, POLIDO, Pasquot, DOS ANJOS, Lucas Costa (Org.), *Marco civil e governança da internet*: diálogos entre o doméstico e o global. Belo Horizonte: Instituto de Referência em Internet e Sociedade, 2016.

Diante desse contexto, harmonizar o CDC, o Código Civil e a LGPD é crucial para aprimorar a coleta de provas e a aplicação de sanções, especialmente em casos transfronteiriços. Torna-se, assim, imperativo desenvolver normas específicas que estabeleçam critérios objetivos para a detecção e responsabilização do uso indevido da inteligência artificial, incluindo *deepfakes*.

Complementarmente, a implementação de tecnologias de autenticação digital e o rastreamento de conteúdos adulterados deve ser incentivada, viabilizando mecanismos eficazes para identificar fraudes e proteger os direitos fundamentais. Assim, a articulação normativa e tecnológica deve ocorrer de forma coordenada, garantindo que a evolução digital seja acompanhada por diretrizes jurídicas claras e efetivas, assegurando a segurança e a integridade do ambiente digital.

5.3 *Blockchain* e autenticidade digital

A incorporação de tecnologias emergentes, como a *blockchain*,[43] traz uma dimensão inovadora ao combate aos *deepfakes*. Para iniciar essa discussão, é importante destacar que a *blockchain* oferece um registro imutável e transparente da origem dos conteúdos digitais, permitindo que metadados e a cadeia de custódia de vídeos, imagens e áudios sejam registrados de forma segura e descentralizada. Com isso, a autenticidade e a integridade do material original podem ser verificadas, facilitando a detecção de qualquer alteração não autorizada e dificultando a disseminação de conteúdos manipulados.

Além disso, a *blockchain* possibilita o uso de contratos inteligentes para automatizar processos de verificação e validação. Quando integrados a sistemas de inteligência artificial, esses contratos permitem comparar conteúdos suspeitos com os registros imutáveis armazenados na *blockchain*, aumentando a confiança na identificação de *deepfakes*.[44]

---

[43] A tecnologia *blockchain* é um sistema de registro distribuído e descentralizado que utiliza criptografia para agrupar transações em blocos interligados de forma imutável. Criada originalmente para sustentar criptomoedas como o Bitcoin, seu propósito é garantir a integridade, segurança e transparência dos dados sem depender de uma autoridade central. Atualmente, a *blockchain* é utilizada em áreas como finanças, cadeias de suprimentos, contratos inteligentes e sistemas de votação digital, promovendo a confiança e a redução de fraudes em transações digitais.

[44] TAPSCOTT, Don; TAPSCOTT, Alex. *Blockchain Revolution*. Nova York: Penguin, 2016. Passim.

Com sua estrutura descentralizada e imutável, a *blockchain* tem o potencial de assegurar a integridade e autenticidade dos dados, oferecendo soluções eficazes contra fraudes e manipulações.

Projetos-piloto ilustram a aplicação prática da *blockchain*: em 2023, o governo da Estônia implementou um sistema baseado em *blockchain* para autenticar comunicados oficiais, impedindo a adulteração de vídeos institucionais.[45] Já o jornal The New York Times utiliza a *blockchain* para registrar a origem de imagens em reportagens críticas, criando um selo de autenticidade verificável publicamente.[46]

Entretanto, sua implementação enfrenta limitações técnicas e econômicas. É importante notar que o custo para desenvolver um sistema de verificação via *blockchain* pode ser elevado, inviabilizando a adoção por pequenas empresas. Além disso, as ferramentas de detecção por inteligência artificial podem gerar falsos positivos, afetando a remoção correta de conteúdos legítimos.[47]

Contudo, a sua aplicação em sistemas de verificação de identidade digital, embora prometa maior segurança, requer uma análise aprofundada das responsabilidades civis e penais em caso de falhas, além de ajustes normativos para garantir a proteção dos direitos dos cidadãos.[48]

Assim, concluímos que a sinergia entre soluções tecnológicas disruptivas e marcos legais bem definidos é indispensável para enfrentar os desafios multifacetados impostos pelos *deepfakes*.

5.4 Inteligência Artificial na detecção de *deepfakes*

Conforme analisado ao longo deste trabalho, o avanço da inteligência artificial representa um marco no combate aos *deepfakes*, pois, embora tenha contribuído para a proliferação dessas manipulações,

---

[45] INVEST IN ESTONIA. *How the world's leading blockchain company Guardtime turns trust into digital truth from its Tallinn office*. Disponível em: https://investinestonia.com/how-the-worlds-leading-blockchain-company-guardtime-turns-trust-into-digital-truth-from-its-tallinn-office/. Acesso em: 30 mar. 2025.

[46] HAYWARD, Andrew. The New York Times tests blockchain to fight fake news. *Decrypt*, 13 jun. 2020. Disponível em: https://decrypt.co/32251/the-new-york-times-tests-blockchain. Acesso em: 1 set. 2025.

[47] MAHJOUB, Y. Idel; HASSOUN, M.; TRENTESAUX, D. Blockchain adoption for SMEs: opportunities and challenges. *IFAC PapersOnLine*, v. 55, n. 10, p. 1834-1839, 2022. Disponível em: https://doi.org/10.1016/j.ifacol.2022.09.665. Acesso em: 30 mar. 2025.

[48] CASINO, Fran; DASAKLIS, Thomas K.; PATSAKIS, Constantinos. A systematic literature review of blockchain-based applications: Current status, classification and open issues. *Telematics and Informatics*, v. 36, p. 55-81, mar. 2019.

também possibilita o desenvolvimento de tecnologias capazes de identificá-las com alta precisão.[49]

Para aprofundar essa análise, é crucial destacar que essas ferramentas utilizam algoritmos sofisticados, capazes de, por exemplo, analisar padrões faciais (como microexpressões e texturas), identificar inconsistências em movimentos (por exemplo, problemas na sincronia labial ou gestos artificiais) e detectar irregularidades em metadados de arquivos digitais.

Redes neurais convolucionais (CNNs) e modelos de aprendizado profundo têm se mostrado eficazes ao comparar frames de vídeos com bancos de dados de comportamentos naturais, revelando sinais sutis de falsificação que escapam ao olho humano.

Esses mecanismos são indispensáveis por dois motivos principais: (i) atuam na prevenção de danos à imagem e à reputação, ao identificar conteúdos falsificados antes que viralizem, evitando impactos potencialmente devastadores para indivíduos e organizações; (ii) oferecem suporte essencial a órgãos reguladores e plataformas digitais, ao viabilizarem a triagem automatizada de conteúdos suspeitos, acelerando a remoção de materiais manipulados e facilitando a identificação e responsabilização dos seus autores.[50]

Em ambientes jurídicos, onde provas audiovisuais são frequentemente utilizadas em tribunais, ou em contextos corporativos, nos quais decisões estratégicas dependem de informações confiáveis, a aplicação dessas ferramentas torna-se ainda mais crítica.[51]

Contudo, a eficácia dessas soluções depende de sua constante atualização. As técnicas de criação de *deepfakes*, impulsionadas por redes adversárias generativas (GANs), evoluem rapidamente, tornando obsoletas as ferramentas que não acompanham esse ritmo. Estudos recentes destacam a necessidade de conjuntos de dados diversificados e de abordagens híbridas que combinem análise espacial e temporal para enfrentar os desafios emergentes.[52]

---

49 GÜERA, David; DELP, Edward J. Deepfake Video Detection Using Recurrent Neural Networks. *In*: *2018 15th IEEE International Conference on Advanced Video and Signal Based Surveillance (AVSS)*, 27-30 nov. 2018, Auckland, New Zealand. IEEE, 2018. Disponível em: https://ieeexplore.ieee.org/document/8639163. Acesso em: 30 mar. 2025.

50 MASI, Iacopo; KILLEKAR, Aditya; MASCARENHAS, Royston Marian; GURUDATT, Shenoy Pratik; ABDALMAGEED, Wael. Two-branch recurrent network for isolating *deepfakes* in videos. *In*: *16th European Conference on Computer Vision (ECCV), 2020*. Disponível em: https://doi.org/10.48550/arXiv.2008.03412. Acesso em: 30 mar. 2025.

51 VERDOLIVA, Luisa. *Media forensics and deepfakes*: an overview. 2020. Disponível em: https://doi.org/10.48550/arXiv.2001.06564. Acesso em: 30 mar. 2025.

52 MIRSKY, Yisroel; LEE, Wenke. The creation and detection of deepfakes: a survey. *ACM Computing Surveys*, v. 54, p. 1-41, 2021. Disponível em: https://doi.org/10.1145/3425780. Acesso em: 22 mar. 2025.

Em vista disso, mais do que acompanhar o ritmo da inovação, é imperioso antecipá-la. O investimento contínuo em pesquisa e desenvolvimento não apenas garante a eficácia das ferramentas de detecção, mas também posiciona a sociedade em vantagem estratégica na proteção contra ameaças digitais.

5.5 O papel das plataformas digitais: monitoramento e responsabilidade

Plataformas digitais, como Meta, YouTube e X, ao nosso entender, ocupam uma posição estratégica no combate aos *deepfakes*, em virtude de serem os principais vetores de disseminação de conteúdo online. Afinal, essas empresas têm a responsabilidade de adotar medidas proativas para monitorar e conter a circulação de materiais manipulados, utilizando a inteligência artificial como aliada.

Sistemas automáticos de verificação baseados em algoritmos de inteligência artificial permitem a análise em larga escala de vídeos e imagens, identificando *deepfakes* por meio de padrões anômalos, como distorções sutis ou a falta de naturalidade em movimentos.[53]

Além disso, a adoção de políticas claras de moderação é fundamental. Oferecer aos usuários mecanismos simples para reportar conteúdos suspeitos não apenas agiliza a remoção de *deepfakes*, mas também promove uma cultura de vigilância coletiva contra a desinformação.

A colaboração com órgãos reguladores e entidades de defesa dos direitos digitais é igualmente crucial, pois possibilita o estabelecimento de padrões globais de segurança e o compartilhamento de boas práticas. Um exemplo disso é a parceria entre plataformas e instituições de pesquisa para o desenvolvimento de *frameworks* éticos de inteligência artificial, conforme proposto pelo IEEE (*Institute of Electrical and Electronics Engineers*), entidade internacional de referência em normatização e ética em tecnologia.[54]

---

[53] AFCHAR, Darius; NOZICK, Vincent; YAMAGISHI, Junichi; ECHIZEN, Isao. *MesoNet*: a Compact Facial Video Forgery Detection Network. *In*: IEEE INTERNATIONAL WORKSHOP ON INFORMATION FORENSICS AND SECURITY (WIFS), 2018, 11-13 dez. 2018. Anais [...]. [S.l.]: IEEE, 2018. DOI: 10.1109/WIFS.2018.8630761. Disponível em: IEEE Xplore. Acesso em: 23 mar. 2025.

[54] IEEE. *Ethically Aligned Design*: A Vision for Prioritizing Human Well-being with Autonomous and Intelligent Systems. IEEE Standards Association, 2019. Disponível em: https://standards.ieee.org/industry-connections/ec/ead-v2/. Acesso em: 23 mar. 2025.

No Brasil, o Marco Civil da Internet (Lei nº 12.965/2014) estabelece, em seu artigo 21, que os provedores de aplicações podem ser obrigados a remover conteúdos ilícitos mediante ordem judicial.

Contudo, a velocidade com que os *deepfakes* se propagam exige que as plataformas adotem, além dessa obrigação reativa, mecanismos internos de remoção preventiva, contribuindo para reduzir os danos potenciais e aliviar a sobrecarga do sistema judiciário.

Portanto, não basta que as plataformas digitais atuem como moderadoras passivas de conteúdo. Elas devem assumir um papel ativo, transparente e colaborativo na construção de um ecossistema digital seguro, no qual a integridade informacional seja preservada.

6 Conclusão

Os *deepfakes* emergem como um fenômeno tecnológico e social capaz de gerar sofisticação técnica e alto impacto, promovendo avanços em áreas como entretenimento, educação, saúde e restauração digital de conteúdos históricos. Contudo, os *deepfakes* podem, por outro lado, oferecer riscos graves à imagem, à honra e à privacidade dos indivíduos, além de abalar a credibilidade das instituições democráticas. Em outras palavras, os *deepfakes* congregam tanto o potencial transformador da inteligência artificial quanto os riscos que ela impõe à ordem jurídica e à estabilidade social. Diante disso, este estudo propõe uma abordagem integrada que harmonize avanços técnicos, marcos normativos e princípios éticos, destacando a necessidade de ações capazes de oferecer respostas robustas e prospectivas aos desafios inerentes ao tema.

Do ponto de vista jurídico, os *deepfakes* tensionam os limites das normas vigentes, afinal, normatizações como o Código Civil, a Lei Geral de Proteção de Dados (LGPD) e o Marco Civil da Internet, embora fundamentais, carecem de especificidade para abarcar a complexidade e a velocidade das manipulações digitais. Ainda que a Resolução TSE nº 23.732/2024 represente um avanço notável ao vedar o uso de conteúdos sintéticos em campanhas eleitorais, sua aplicação é restrita, limitando-se ao contexto político. Portanto, é preciso que haja a tipificação de ilícitos específicos relacionados aos *deepfakes*, a exemplo da pornografia não consentida, da difamação e das fraudes digitais, alinhando-se às melhores práticas internacionais, como o GDPR e a Lei de Inteligência Artificial da União Europeia.

Além disso, a evolução contínua das manipulações exige não só a atualização legislativa, mas também uma abordagem integrada e dinâmica, que una prevenção, responsabilização e educação digital.

Paralelamente, ferramentas de detecção baseadas em inteligência artificial, aliadas a sistemas de autenticação digital, como a *blockchain*, despontam como formas de mitigar os impactos negativos dessa tecnologia disruptiva, ao oferecer soluções promissoras para identificar e rastrear conteúdos manipulados, fortalecendo a segurança do ambiente digital.

Este trabalho destaca, ainda, a importância de uma abordagem proativa que vá além da repressão, priorizando a prevenção e a educação digital, capazes de promover uma cultura de responsabilidade informacional sustentada por campanhas de conscientização e pela transparência algorítmica. Dessa forma, será possível à sociedade aprender a distinguir o real do fabricado, reduzindo os riscos de desinformação e a erosão da confiança pública. As plataformas digitais, por sua vez, devem assumir um papel ativo, implementando políticas de moderação robustas e colaborando com reguladores para coibir a disseminação de conteúdos manipulados antes que causem danos irreparáveis.

A eficácia dessas medidas depende de sua constante evolução e de uma integração sinérgica com o arcabouço jurídico, garantindo que a inovação tecnológica não apenas combata os abusos, mas também respeite os direitos fundamentais. A cooperação internacional, exemplificada pela Convenção de Budapeste, emerge como um importante vetor para enfrentar a natureza transnacional dos *deepfakes*, promovendo a harmonização de padrões e a celeridade nas investigações.

Em síntese, os *deepfakes* desafiam o Direito a se reinventar na era algorítmica, exigindo uma resposta transdisciplinar que equilibre a proteção da dignidade humana com o incentivo à inovação tecnológica. Este artigo propõe que a regulação eficaz não se limite a conter os riscos, mas oriente o desenvolvimento ético da inteligência artificial, assegurando que seus benefícios sejam maximizados em prol da coletividade. Assim, ao articular uma visão crítica e propositiva, esta conclusão pretende servir como um marco reflexivo para juristas, legisladores e tecnólogos, contribuindo para a construção de um futuro digital seguro, ético e democraticamente sustentável.

Referências

AFCHAR, Darius; NOZICK, Vincent; YAMAGISHI, Junichi; ECHIZEN, Isao. *MesoNet*: a Compact Facial Video Forgery Detection Network. *In*: IEEE INTERNATIONAL WORKSHOP ON INFORMATION FORENSICS AND SECURITY (WIFS), 2018, 11-13 dez. 2018. Anais [...]. [S.l.]: IEEE, 2018. DOI: 10.1109/WIFS.2018.8630761. Disponível em: IEEE Xplore. Acesso em: 23 mar. 2025.

ANASTÁCIO, Kimberly de Aguiar. Transnacionalidade na rede: Introdução à Governança da internet e ao Net mundial. in BERTINI, Fabrício, POLIDO, Pasquot, DOS ANJOS, Lucas Costa (Org.), *Marco civil e governança da internet*: diálogos entre o doméstico e o global. Belo Horizonte: Instituto de Referência em Internet e Sociedade, 2016.

ARJOVSKY, Martin; CHINTALA, Soumith; BOTTOU, Léon. Wasserstein GAN. *arXiv*, 2017. Disponível em: https://arxiv.org/abs/1701.07875. Acesso em: 22 mar. 2025.

BALKIN, Jack. *Free Speech in the Algorithmic Society. Big Data, Private Governance and New School Speech Regulation*. Yale Law School, Public Law Research Paper No. 615, 2018. Para saber mais sobre o tema, consulte: https://legislation.ballotpedia.org/ai-*deepfakes*/home.

BENJAMIN, Antônio Herman; MARQUES, Claudia Lima; BESSA, Leonardo Roscoe. *Comentários ao Código de Defesa do Consumidor*. 8. ed. São Paulo: Revista dos Tribunais, 2020.

BIONI, Bruno Ricardo. *Proteção de dados pessoais*: a função e os limites do consentimento. 3. ed., rev., atual. e ampl. Rio de Janeiro: Forense, 2021.

BOLLIER, David. *Artificial Intelligence and the Good Society*: The Search for New Metrics, Governance, and Philosophical Perspective. A Report on the Third Annual Aspen Institute Roundtable on Artificial Intelligence. Washington, D.C. 2019.

BRASIL. Senado Federal. *Congresso Ratifica Acordo Internacional Sobre Crimes Cibernéticos*. Senado Federal, Brasília, 23 dez. 2021. Disponível em: https://www12.senado.leg.br/noticias/materias/2021/12/23/congresso-ratifica-acordo-internacional-sobre-crimes-ciberneticos. Acesso em: 5 abr. 2025.

BYGRAVE, Lee A. Data Protection and Informational Self-Determination. *In*: GUTWIRTH, S. et al. (Eds.). *Computers, Privacy and Data Protection*: An Element of Choice. Springer, 2015. Disponível em: https://link.springer.com/chapter/10.1007/978-94-007-0641-5_2. Acesso em: 22 mar. 2025.

CALIFORNIA LEGISLATURE. *AB-602*: Deepfakes in Elections. 2019. Disponível em: https://leginfo.legislature.ca.gov/faces/billTextClient.xhtml?bill_id=201920200AB602.

CASINO, Fran; DASAKLIS, Thomas K.; PATSAKIS, Constantinos. A systematic literature review of blockchain-based applications: Current status, classification and open issues. *Telematics and Informatics*, v. 36, p. 55-81, mar. 2019.

CHEN, Zeyu et al. The Limitations of Deep Learning in Adversarial Settings. *IEEE Symposium on Security and Privacy*, 2016. Disponível em: https://ieeexplore.ieee.org/document/7546524. Acesso em: 22 mar. 2025.

CHESNEY, Robert; CITRON, Danielle. Deep fakes: a looming challenge for privacy, democracy, and national security. *California Law Review*, v. 107, 2019. Disponível em: https://scholarship.law.berkeley.edu/californialawreview/vol107/iss4/1. Acesso em: 17 mar. 2025.

CHESNEY, Robert; CITRON, Danielle. Deepfakes and the New Disinformation War: The Coming Age of Post-Truth Geopolitics. *Foreign Affairs*, v. 98, n. 1, jan./fev. 2019. Publicado em: 11 dez. 2018. Disponível em: https://www.foreignaffairs.com/articles/world/2018-12-11/deepfakes-and-new-disinformation-war. Acesso em: 23 mar. 2025.

CHIORINI, Tulio; ROCHA, Diandra. *União Europeia contra as big techs:* regulações digitais para equidade e segurança. 2024. Disponível em: https://www.ipea.gov.br/cts/pt/central-de-conteudo/artigos/artigos/417-uniao-europeia-contra-big-techs. Acesso em: 23 mar. 2025.

CITRON, Danielle K.; CHESNEY, Robert. Deep Fakes: A Looming Challenge for Privacy, Democracy, and National Security. *California Law Review*, v. 107, p. 1753, 2019. Disponível em: https://scholarship.law.bu.edu/faculty_scholarship/640. Acesso em: 22 mar. 2025.

CNN BRASIL. Golpistas usam deepfake de diretor financeiro e roubam US$ 25 milhões. *CNN Brasil*, 5 fev. 2024. Disponível em: https://www.cnnbrasil.com.br/economia/negocios/golpistas-usam-deepfake-de-diretor-financeiro-e-roubam-us-25-milhoes/. Acesso em: 30 mar. 2025.

DONEDA, Danilo. A proteção dos dados pessoais como um direito fundamental. *Espaço Jurídico*, Joaçaba, v. 12, n. 2, p. 91-108, jul.-dez. 2011.

DONEDA, Danilo. *Da privacidade à proteção de dados pessoais:* fundamentos da Lei Geral de Proteção de Dados. 2. ed. São Paulo: Revista dos Tribunais, 2019, passim.

DONEDA, Danilo; MENDES, Laura Schertel. *Proteção de Dados Pessoais*: A LGPD e os Novos Desafios. Editora Fórum, 2020. Passim.

DUTOIT, T. *An Introduction to Voice Synthesis and Recognition*. Hoboken: Wiley, 1997.

EMPRESAS & NEGÓCIOS. *Harmonização regulatória é essencial para transformação digital do país*. São Paulo, 18 fev. 2025. Disponível em: https://jornalempresasenegocios.com.br/. Acesso em: 23 mar. 2025.

EUROPEAN COMMISSION. *Tackling Deepfakes*: Emerging Threats to Information Integrity. Relatório, 2022. Disponível em: https://digital-strategy.ec.europa.eu/en/library/tackling-deepfakes. Acesso em: 22 mar. 2025.

EUROPEAN COMMISSION. *Tackling online disinformation*: A European approach. Digital Single Market, 2021. Disponível em: https://digital-strategy.ec.europa.eu/. Acesso em: 15 out. 2023.

EUROPEAN COMMISSION. *General Data Protection Regulation (GDPR)*. 2016. Disponível em: https://gdpr-info.eu/. Acesso em: 23 mar. 2025.

EUROPEAN UNION. *Regulation (EU) 2016/679 (GDPR)*. Artigo 35. Disponível em: https://eur-lex.europa.eu/legal-content/EN/TXT/?uri=CELEX%3A32016R0679. Acesso em: 30 mar. 2025.

FLORIDI, Luciano. Artificial intelligence, deepfakes and a future of ectypes. *Philosophy & Technology*, v. 31, p. 317-321, 2018. Disponível em: https://doi.org/10.1007/s13347-018-0325-3. Acesso em: 22 mar. 2025.

GOODFELLOW, Ian J.; POUGET-ABADIE, Jean; MIRZA, Mehdi; XU, Bing; WARDE-FARLEY, David; OZAIR, Sherjil; COURVILLE, Aaron; BENGIO, Yoshua. Generative *Adversarial Nets*. Proceedings of the Neural Information Processing Systems (NeurIPS), 2014.

GORWA, Robert; BINNS, Reuben; KATZENBACH, Christian. Algorithmic content moderation: Technical and political challenges in the automation of platform governance. *Big Data & Society*, v. 7, n. 1, p. 1-15, jan. 2020. Disponível em: https://doi.org/10.1177/2053951719897945. Acesso em: 31 mar. 2025.

GÜERA, David; DELP, Edward J. Deepfake Video Detection Using Recurrent Neural Networks. *IEEE Conference on Advanced Video and Signal Based Surveillance*, 2018. Disponível em: https://ieeexplore.ieee.org/document/8639383. Acesso em: 31 mar. 2025.

GUNNING, T. The cinema of attractions: Early film, its spectator and the avant-garde. *Early Cinema*, v. 56, p. 58-67, 2006.

HABGOOD-COOTE, J. Deepfakes and the epistemic apocalypse. *Synthese,* v. 201, n. 103, 2023.

HAYWARD, Andrew. The New York Times tests blockchain to fight fake news. *Decrypt,* 13 jun. 2020. Disponível em: https://decrypt.co/32251/the-new-york-times-tests-blockchain. Acesso em: 17 set. 2025.

HERN, Alex. 'I don't want to upset people': Tom Cruise deepfake creator speaks out. *The Guardian,* 2021. Disponível em: https://www.theguardian.com/technology/2021/mar/05/how-started-tom-cruise-*deepfake*-tiktok-videos . Acesso em: 22 mar. 2025.

HOSNY, Ahmed; PARMAR, Chintan; QUACKENBUSH, John; SCHWARTZ, Lawrence H.; AERTS, Hugo J. W. L. Artificial intelligence in radiology. *Nature Reviews Cancer,* v. 18, n. 8, p. 500–510, ago. 2018. Disponível em: https://doi.org/10.1038/s41568-018-0016-5. Acesso em: 22 mar. 2025.

IEEE. *Ethically Aligned Design*: A Vision for Prioritizing Human Well-being with Autonomous and Intelligent Systems. IEEE Standards Association, 2019. Disponível em: https://standards.ieee.org/industry-connections/ec/ead-v2/. Acesso em: 23 mar. 2025.

INVEST IN ESTONIA. *How the world's leading blockchain company Guardtime turns trust into digital truth from its Tallinn office.* Disponível em: https://investinestonia.com/how-the-worlds-leading-blockchain-company-guardtime-turns-trust-into-digital-truth-from-its-tallinn-office/. Acesso em: 30 mar. 2025.

KARRAS, Tero; AILA, Timo; LAINE, Samuli; LEHTINEN, Jaakko. *Progressive Growing of GANs for Improved Quality, Stability, and Variation.* Disponível em: https://doi.org/10.48550/arXiv.1710.10196. Acesso em: 22 mar. 2025.

KELBY, S. *Adobe Photoshop:* The Complete Guide. San Jose: Adobe Press, 1999.

KORSHUNOV, P.; MARCEL, S. *Deepfakes*: a New Threat to Face Recognition? *In*: IEEE International Joint Conference on Biometrics, 2018.

LECUN, Yann; BENGIO, Yoshua; HINTON, Geoffrey. *Deep learning.* Nature, v. 521, p. 436-444, 28 maio 2015. Disponível em: https://doi.org/10.1038/nature14539. Acesso em: 22 mar. 2025.

LESSIG, Lawrence. Code: And Other Laws of Cyberspace. Basic Books, 2006, passim. FLORIDI, Luciano et al. AI4People—An Ethical Framework for a Good AI Society. *Science and Engineering Ethics,* v. 24, 2018. Disponível em: https://link.springer.com/article/10.1007/s11023-018-9482-5. Acesso em: 22 mar. 2025.

MAHJOUB, Y. Idel; HASSOUN, M.; TRENTESAUX, D. Blockchain adoption for SMEs: opportunities and challenges. *IFAC PapersOnLine,* v. 55, n. 10, p. 1834–1839, 2022. Disponível em: https://doi.org/10.1016/j.ifacol.2022.09.665. Acesso em: 30 mar. 2025.

MASI, Iacopo; KILLEKAR, Aditya; MASCARENHAS, Royston Marian; GURUDATT, Shenoy Pratik; ABDALMAGEED, Wael. Two-branch recurrent network for isolating *deepfakes* in videos. *In*: *16th European Conference on Computer Vision (ECCV), 2020.* Disponível em: https://doi.org/10.48550/arXiv.2008.03412. Acesso em: 30 mar. 2025.

MESKYS, Edvinas; KALPOKIENE, Julija; JURCYS, Paul; LIAUDANSKAS, Aidas. Regulating Deep Fakes: Legal and Ethical Considerations. *Journal of Intellectual Property Law & Practice,* v. 15, n. 1, p. 24-31, jan. 2020. Disponível em: https://doi.org/10.1093/jiplp/jpz170. Acesso em: 23 mar. 2025.

META. *Our Approach to Labeling AI-Generated Content and Manipulated Media.* Disponível em: https://about.fb.com/news/2024/04/metas-approach-to-labeling-ai-generated-content-and-manipulated-media/. Acesso em: 23 mar. 2025.

MICHAŁKIEWICZ-KĄDZIELA, Ewa. The impact of deepfakes on elections and methods of combating disinformation in the virtual world. *Teka Komisji Prawniczej PAN Oddział w Lublinie*, v. XVII, n. 1, p. 151-161, 2024. Disponível em: https://doi.org/10.32084/tkp.8615. Acesso em: 23 mar. 2025.

MIRSKY, Yisroel; LEE, Wenke. The Creation and Detection of Deepfakes: A Survey. *ACM Computing Surveys*, v. 54, n. 1, 2020. Disponível em: https://dl.acm.org/doi/10.1145/3425780. Acesso em: 22 mar. 2025.

MIRSKY, Yisroel; LEE, Wenke. The creation and detection of deepfakes: a survey. *ACM Computing Surveys*, v. 54, p. 1-41, 2021. Disponível em: https://doi.org/10.1145/3425780. Acesso em: 22 mar. 2025.

NGUYEN, Tien T. *et al. Deep Learning for Deepfakes Creation and Detection*: A Survey. Computer Vision and Image Understanding, v. 223, 2021. Disponível em: https://www.sciencedirect.com/science/article/pii/S1077314221001469. Acesso em: 22 mar. 2025.

NIC.BR (Núcleo de Informação e Coordenação do Ponto BR). *Relatório de Incidentes de Segurança no Brasil – 2023*. Disponível em: https://nic.br/media/docs/publicacoes/relatorio-seguranca-2023.pdf. Acesso em: 22 mar. 2025.

PANT, Rashmi; CHAUBEY, Uma. Protecting Minds in the Digital Age: A Review Based Study on Psychological Impact of Cybercrime. *The International Journal of Indian Psychology*, v. 12, n. 3, jul./set. 2024. Disponível em: https://www.ijip.in. DOI: 10.25215/1203.220. Acesso em: 23 mar. 2025.

RAINA, Avantika; MANN, Garima. Exploring the Ethics of Deepfake Technology in Media: Implications for Trust and Information Integrity. *Journal of Informatics Education and Research*, v. 4, n. 3, 2024. Disponível em: http://jier.org. Acesso em: 23 mar. 2025.

RAMLUCKAN, Trishana. Deepfakes: The Legal Implications. *International Conference on Cyber Warfare and Security*, v. 19, n. 1, p. 282-288, mar. 2024. Disponível em: https://doi.org/10.34190/iccws.19.1.2099. Acesso em: 23 mar. 2025.

RODRIGUES, Paulo Gustavo. Deepfakes pornográficas não-consensuais: a busca por um modelo de criminalização. *Revista Brasileira de Ciências Criminais*, [S. l.], v. 199, n. 199, p. 277–311, 2023. DOI: 10.5281/zenodo.8380977. Disponível em: https://publicacoes.ibccrim.org.br/index.php/RBCCRIM/article/view/267. Acesso em: 23 mar. 2025.

SARLET, Ingo Wolfgang. *Dignidade da pessoa humana e direitos fundamentais na Constituição Federal de 1988*. Porto Alegre: Livraria do Advogado, 2012.

SCHMIDHUBER, Jürgen. Deep learning in neural networks: An overview. *Neural Networks*, v. 61, p. 85-117, 2015. Disponível em: https://doi.org/10.1016/j.neunet.2014.09.003. Acesso em: 22 mar. 2025.

SOLOVE, Daniel J. *Understanding Privacy*. Cambridge: Harvard University Press, 2008.

STOLZE, Pablo; PAMPLONA FILHO, Rodolfo. *Manual de direito civil volume único*. 4. ed. São Paulo: Saraiva Educação, 2020.

STOLZE, Pablo; PAMPLONA FILHO, Rodolfo. *Novo curso de direito civil, volume 1*: parte geral 21. ed. São Paulo: Saraiva, 2019.

STOLZE, Pablo; PAMPLONA FILHO, Rodolfo. *Novo curso de direito civil, volume 3*: responsabilidade civil 16. ed. São Paulo: Saraiva, 2020.

SUMSUB. *Identity Fraud Report 2023*: Global Insights and Trends. Sumsub, 2023. Disponível em: https://sumsub.com/guides-reports/identity-fraud-report-2024-2025/. Acesso em: 15 out. 2023.

TAPSCOTT, Don; TAPSCOTT, Alex. *Blockchain Revolution*. Nova York: Penguin, 2016.

TSORMPATZOUDI, Pagona; BERENDT, Bettina; COUDERT, Fanny. Privacy by Design: From Research and Policy to Practice — the Challenge of Multi-disciplinarity. *In*: LEMETAYER, Daniel (Org.). *Privacy Technologies and Policy*: Third Annual Privacy Forum, APF 2015, Luxemburgo, 7-8 out. 2015. Lecture Notes in Computer Science, v. 9484. Cham: Springer, 2016. p. 199-212. Disponível em: https://doi.org/10.1007/978-3-319-31456-3_12. Acesso em: 30 mar. 2025.

VERDOLIVA, Luisa. *Media forensics and deepfakes*: an overview. 2020. Disponível em: https://doi.org/10.48550/arXiv.2001.06564. Acesso em: 30 mar. 2025.

WAN, Ji; WANG, Dayong; HOI, S.; WU, Pengcheng; ZHU, Jianke; ZHANG, Yongdong; LI, Jintao. *Deep Learning for Content-Based Image Retrieval:* A Comprehensive Study. Proceedings of ACM Multimedia, 2014. Disponível em: https://doi.org/10.1145/2647868.2654948. Acesso em: 22 mar. 2025.

WESTERLUND, Mika. *The Emergence of Deepfake Technology*: A Review. Technology in Society, v. 59, 2019. Disponível em: https://www.sciencedirect.com/science/article/pii/S0160791X19300877.

Informação bibliográfica deste livro, conforme a NBR 6023:2018 da Associação Brasileira de Normas Técnicas (ABNT):

PAMPLONA FILHO, Rodolfo; NUNES, Epifanio A. Deepfakes: riscos e desafios ao direito da personalidade na era da inteligência artificial. *In*: EHRHARDT JÚNIOR, Marcos; CATALAN, Marcos (coord.). *Vida privada, patrimônio e tecnologia*: novos rumos para o direito de família e das sucessões. Belo Horizonte: Fórum, 2025. p. 129-155. ISBN 978-85-450-0968-9.

REPRODUÇÃO ASSISTIDA E TECNOLOGIA – AS NOVIDADES PROJETADAS NA REFORMA DO CÓDIGO CIVIL (PL 04/2025)

DANIELA B. PAIANO

RITA DE C. R. T. ESPOLADOR

1 Introdução

A aceleração do progresso médico e biotecnológico impõe ao Direito o desafio constante de revisar seus paradigmas e adaptar-se a novas configurações sociais, especialmente no que tange à parentalidade e à reprodução humana. No ordenamento jurídico brasileiro, essa necessidade é particularmente sensível no campo da reprodução assistida, cuja disciplina normativa permanece consideravelmente defasada.

O Código Civil vigente trata o tema de forma lacunar, limitandose a três incisos do art. 1597, nos quais se abordam apenas a fecundação artificial homóloga, a inseminação artificial heteróloga e os embriões excedentários no contexto das presunções legais de paternidade.

Diante dessa insuficiência legislativa, o vazio normativo vem sendo preenchido, de maneira precária e fragmentária, por Resoluções do Conselho Federal de Medicina (CFM), que, embora relevantes como diretrizes éticas e técnicas, possuem natureza administrativa e carecem de eficácia jurídica para regular, com segurança e estabilidade, as complexas relações de filiação, sucessão e autonomia reprodutiva derivadas do uso das técnicas biomédicas.[1] Tal situação de incerteza normativa compromete a efetividade dos direitos fundamentais envolvidos e fragiliza a tutela jurídica das novas configurações familiares.

[1] ESPOLADOR, Rita de C. R. T. PAIANO, Daniela Braga. Inseminações Caseiras: aspectos éticos e registrais. *In*: ROSA, Conrado Paulino da. IBIAS, Delma Silveira. (org). *Diálogos contemporâneos sobre família e sucessões:* perspectivas e desafios. Porto Alegre: Gráfica RJR, 2024, p. 165.

A doutrina especializada tem reiteradamente denunciado esse descompasso entre os avanços da medicina genética e a lentidão da resposta normativa do sistema jurídico, alertando para os riscos decorrentes da ausência de regramento específico, inclusive no plano patrimonial e ético. Situações como a reprodução assistida *post mortem*, a cessão temporária de útero, a doação de gametas e a autoinseminação caseira evidenciam a multiplicidade de questões jurídicas não contempladas pelo arcabouço vigente.

É nesse contexto que se insere o Projeto de Lei nº 04/2025 (PL 04/2025), que propõe significativa atualização do Código Civil, mediante a inclusão de um capítulo autônomo intitulado "Da filiação decorrente da Reprodução Assistida". Composto por cinco dispositivos centrais, o projeto trata de forma sistemática as disposições gerais, os conceitos fundamentais, os sujeitos legitimados, as limitações éticas e jurídicas, bem como as consequências decorrentes da utilização dessas técnicas.

Apesar do evidente avanço representado pela proposta, a sua estruturação normativa mais densa também suscita controvérsias. Parte da doutrina questiona se a positivação extensiva do tema, embora necessária, poderia resultar em rigidez interpretativa que comprometa a flexibilidade exigida por um campo em constante transformação, como é o da biotecnologia reprodutiva.

Diante dessas considerações, o presente trabalho tem como objetivo examinar criticamente as inovações previstas no PL nº 04/2025, investigando seus impactos sobre o Direito das Famílias, especialmente no que se refere à consolidação de direitos, à segurança jurídica e à compatibilização entre os avanços técnicos da medicina e os princípios constitucionais da dignidade da pessoa humana, da igualdade entre os filhos e da liberdade reprodutiva.

2 Da filiação decorrente de reprodução assistida[2]

O tema será objeto de um capítulo próprio denominado "Da filiação decorrente de reprodução assistida." Serão cinco dispositivos com as

[2] Partes deste subtópico foram desenvolvidas no artigo: PAIANO, Daniela Braga. *Reprodução assistida*: considerações sobre a autoinseminação e suas implicações jurídicas e as alterações trazidas pela Resolução n. 2294/2021 do Conselho Federal de Medicina. civilistica.com, [S. l.], v. 11, n. 1, p. 1–21, 2022. Disponível em: https://civilistica.emnuvens.com.br/redc/article/view/732. Acesso em: 26 maio 2025, bem como na tese de doutoramento de PAIANO, Daniela Braga. *O direito de filiação nas famílias contemporâneas*. 2016. Tese (Doutorado em Direito Civil) – Faculdade de Direito, Universidade de São Paulo, São Paulo, 2016. Disponível em: direito.usp.br.

disposições gerais, passando por conceitos, direitos, das pessoas legitimadas a realizarem o procedimento e as proibições — arts. 1626-A a E.

A seção explica a finalidade da reprodução humana medicamente assistida a fim de que possa auxiliar casais no ato reprodutivo, viabilizando a fecundação e a gravidez,[3] permitindo a concretização do projeto parental. Ou seja, pessoas que almejam ter filhos, mas não o conseguem pela via natural, precisam desse auxílio biomédico, no qual procuram uma clínica de fertilização e realizam o procedimento da reprodução assistida.

O que antes estava apenas atrelado ao ato sexual, à procriação, hoje, com o avanço da tecnologia e da biomedicina, os casais podem fazer uso das técnicas de reprodução assistida, efetivando o denominado livre planejamento familiar garantido na Constituição Federal no Art. 226, §7º.

Sobre as técnicas, a doutrina argentina esclarece que a inseminação artificial, é um "(...) método pelo qual uma mulher pode ser fecundada sem mediar o ato sexual. Com a prévia extração do sêmen, este é introduzido na vagina e no colo do útero (inseminação intracervical) ou diretamente no interior do útero (inseminação intrauterina)."[4]

Diferentemente do ritmo com que a medicina e biotecnologia avançam, está o Direito. Nesse descompasso, explica Eduardo Oliveira Leite que a inseminação artificial desencadeia reações às quais o homem não estava preparado, nem material nem espiritualmente falando,[5] sendo necessário que a legislação brasileira tenha "(...) um estudo mais decisivo sobre o tema".[6]

É nítido o descompasso entre a regulação prevista para filiação presente no Código Civil e a evolução da medicina genética e, sobre isso, aponta Ana Cláudia Scalquette que "com a possibilidade de inseminação e fertilização artificiais, a filiação passa por um momento delicado, pois, diante da ausência de regulamentação específica sobre

---

3 BRASIL. Senado Federal. *Projeto de Lei nº 4, de 2025*. Dispõe sobre a atualização da Lei nº 10.406, de 10 de janeiro de 2002 (Código Civil), e da legislação correlata. Brasília, DF: Senado Federal, 2025. Disponível em: https://www25.senado.leg.br/web/atividade/materias/-/materia/166998. Acesso em: 15 jun. 2025.

4 BOSSERT, Gustavo A; ZANNONI, Eduardo A. *Manual de derecho de família*. 5. ed., atual. e ampl., 3. reimpr. Buenos Aires: Astrea, 2001, p. 468.

5 LEITE, Eduardo de Oliveira. Procriações artificiais: bioética e biodireito. *In*: PEREIRA, Rodrigo da Cunha. (coord.) *Repensando o direito de família*. Belo Horizonte: Del Rey, 1999, p. 146.

6 VIANA, Marco Aurélio S. Viana. Da inseminação artificial. *In*: *Revista da Faculdade de Direito da Universidade Federal de Minas Gerais*, vol. 27, n. 21. Belo Horizonte, 1979, p. 238.

a matéria, poderemos ter complicações".[7] Aponta a autora que essas complicações podem ser de ordem patrimonial, biológica e moral, mencionando, inclusive, o risco de casamento entre irmãos.[8]

O mesmo problema é mencionado por Álvaro Villaça Azevedo no que se refere à falta de regramento jurídico, já que a matéria é regida apenas por normativas do Conselho Federal de Medicina. Assim sendo, necessita ser regida por normas jurídicas para que se evitem abusos.[9]

É nesse cenário de falta de regramento insuficiente que o indivíduo tem, por um lado, o desejo de realizar seu projeto de parentalidade, mas, por outro, encontra dificuldades jurídicas para tal ato. Podem ser mencionadas aqui algumas situações: autoinseminação, reprodução assistida *post mortem,* cessão de útero entre outros.

Sobre as espécies de técnicas de reprodução assistida, elas podem ser por inseminação artificial — técnica intracorpórea (a formação do embrião, união do espermatozoide com o óvulo, ocorre no interior do corpo da mulher), e por fertilização *in vitro* (FIV) — o embrião é criado em laboratório e depois implantado no corpo da mulher.[10]

O método mais simples é o da Inseminação Artificial Intrauterina — IIU, "(...) em que a quantidade de espermatozoides é introduzida no interior do canal genital feminino com o auxílio de um cateter, sem a ocorrência de relação sexual".[11] Um segundo método apontado por Ana Cláudia Scalquette é o FIVETE, sigla utilizada para a fecundação *in vitro* e transferência de embrião.[12] Uma terceira técnica seria a Transferência Intratubária de Gametas — GIFT, utilizada por casais em que a mulher possua pelo menos uma trompa saudável.[13]

---

[7] SCALQUETTE, Ana Cláudia Silva. *Família e sucessões*. 8. ed. São Paulo: Almedina, 2020, p. 128.

[8] SCALQUETTE, Ana Cláudia Silva. *Família e sucessões*. 8. ed. São Paulo: Almedina, 2020, p. 128.

[9] AZEVEDO, Álvaro Villaça. Ética, direito e reprodução humana assistida. *Revista da Faculdade de Direito* — Fundação Armando Álvares Penteado — FAAP, ano 2, n. 2. São Paulo: FAAP, 2006, p. 23.

[10] BARBOZA, Heloisa Helena. Reprodução assistida: questões em aberto. *In*: CASSETTARI, Christiano. (coord). VIANA, Rui Geraldo Camargo de. (orient.) *10 anos de vigência do Código Civil de 2002:* estudos em homenagem ao professor Carlos Alberto Dabus Maluf. São Paulo: Saraiva, 2013, p. 93.

[11] SCALQUETTE, Ana Cláudia Silva. *Estatuto da reprodução assistida*. São Paulo: Saraiva, 2010, p. 70.

[12] SCALQUETTE, Ana Cláudia Silva. *Família e sucessões*. 8. ed. São Paulo: Almedina, 2020, p. 71

[13] SCALQUETTE, Ana Cláudia Silva. *Família e sucessões*. 8. ed. São Paulo: Almedina, 2020, p. 71.

No mesmo sentido, afirma Maria Helena Diniz que a reprodução humana assistida é um "(...) conjunto de operações para unir, artificialmente, os gametas feminino e masculino, dando origem a um ser humano. Poderá dar-se pelos métodos ZIFT e GIFT".[14]

Deve-se ainda diferenciar a reprodução assistida homóloga, prevista no Art. 1597, III do Código Civil — nessa técnica, é utilizado material genético do próprio casal — da reprodução assistida heteróloga, prevista no Art. 1597, V do Código Civil, em que se utiliza material genético de um terceiro doador.

Percebe-se que a legislação pátria não tratou da cessão de útero e nem dos casos de utilização de material genético de uma doadora ou, ainda, da autorização expressa da mulher para situação de inseminação *post mortem*. Ou seja, conforme já mencionado acima, existe um descompasso entre as técnicas e a legislação.

Na proposta de reforma, segue garantida a igualdade entre os filhos, sejam eles nascidos pela via natural ou pelas técnicas de reprodução assistida (Art. 1629-B), proibindo-se qualquer forma de discriminação. Porém o dispositivo faz a ressalva do Art. 1798. O disposto no Art. 1798 trata da legitimidade sucessória:

> Art. 1.798. Legitimam-se a suceder as pessoas nascidas ou já concebidas no momento da abertura da sucessão, bem como os filhos do autor da herança gerados por técnica de reprodução humana assistida *post mortem*, nos termos e nas condições previstos nos parágrafos seguintes.
>
> §1º Aos filhos gerados após a abertura da sucessão, se nascidos no prazo de até cinco anos a contar dessa data, é reconhecido direito sucessório.
>
> (...).[15]

Analisando tal dispositivo, percebe-se que o caput do artigo traz a questão da igualdade sucessória entre os filhos — sejam eles nascidos ou concebidos pela via natural ou pela reprodução assistida. Todavia, no parágrafo primeiro, ele estabelece o prazo prescricional de 5 anos, contados da abertura da sucessão, para o reconhecimento do direito sucessório.

---

14 DINIZ, Maria Helena. *O estado atual do biodireito*. 2. ed. São Paulo: Saraiva, 2002, p. 475.

15 BRASIL. Senado Federal. *Projeto de Lei nº 4, de 2025*. Dispõe sobre a atualização da Lei nº 10.406, de 10 de janeiro de 2002 (Código Civil), e da legislação correlata. (Art. 1798) Brasília, DF: Senado Federal, 2025. Disponível em: https://www25.senado.leg.br/web/atividade/materias/-/materia/166998. Acesso em: 15 jun. 2025.

Em outros termos: caso um filho seja gerado (e não nascido) após a abertura da sucessão, ou seja, um filho gerado por reprodução assistida *post mortem*, ele terá o prazo de 5 anos, contados a partir da abertura da sucessão (e não do nascimento da criança, por exemplo), a ingressar com um pedido para recebimento da herança. Fazendo um paralelo ao que existe no atual Código Civil, a prescrição não corre contra os incapazes (art. 198 do atual Código). Nesta situação do Código Projetado, pode acontecer de o filho gerado após esse prazo de 5 anos já não tenha direito sucessório.

Se, por um lado, a intenção do legislador foi garantir uma estabilidade sucessória garantindo segurança jurídica aos legitimados à época da abertura da sucessão, por outro, diminuindo esse prazo prescricional para cinco anos, fere direitos patrimoniais ao filho gerado por reprodução assistida *post mortem* e, por consequência, fere o dispositivo constitucional de igualdade jurídica entre os filhos porque poderá acontecer de ter filhos que receberam herança do genitor falecido e o que for gerado após esse prazo de 5 anos da abertura da sucessão não poder receber herança.

Ainda nas disposições gerais, estabelece-se a idade de 18 anos como idade mínima para se submeter às técnicas de reprodução assistida, prestigiando a livre e inequívoca manifestação de vontade —Art. 1629-C.[16]

Sobre as proibições, o Art. 1629-D, de forma não exaustiva (ao entender dessas autoras), traz situações em que as técnicas não poderão ser utilizadas, como por exemplo, utilizar desse material para finalidade outra que não seja o da procriação humana. O intuito legislativo aqui é impedir que a possibilidade de avanço tecnológico faça com que se desvie a finalidade da permissão do código que é a finalidade exclusivamente reprodutiva dentro de limites legais, morais e éticos.

Novamente no Art. 1629-E é ressaltada a indicação (e contraindicação) da utilização da técnica, com ênfase na livre manifestação da vontade e desde que sejam devidamente informados sobre êxito, riscos, indicações e contraindicações do procedimento.

2.1 Da doação de gametas

A proposta traz seis artigos específicos sobre a doação de gametas. Assim como prevê a Resolução do Conselho Federal de Medicina,

---

[16] Ibidem, p. 154

a doação desse material reprodutivo é uma doação pura e simples, não podendo ser comercializada por parte do doador. É claro que as pessoas que se submetem às técnicas devem pagar pelo procedimento. Porém, quem faz a doação do material genético, faz uma doação pura e simples, não podendo comercializar essa doação.

Para que o faça, exige-se a idade mínima de 18 anos e ressalta-se aqui novamente a questão da livre manifestação da vontade, de forma escrita e inequívoca para tal doação. Cabe destacar aqui que a pessoa que doa esse material genético não terá qualquer vínculo parental com a criança que nascerá, ela não pode saber para quem esse material foi doado. Cabe aqui destacar que a atual Resolução do CFM permite que o doador do material genético seja parente até quarto grau. Indaga-se, então, se a questão do anonimato estaria de fato assegurada. Pensamos que, nesse caso, pela proximidade das pessoas envolvidas, seja difícil garanti-lo.

O Art. 1629-G traz o parágrafo único vedando "ao médico responsável pelas clínicas, unidades ou serviços e aos integrantes da equipe multidisciplinar que nelas trabalham serem doadores de gametas na unidade ou rede que integram."[17]

Essa vedação veio de forma expressa para impedir o que já aconteceu no Brasil, de médico utilizar seu próprio material genético (inclusive abusando de pacientes) nos procedimentos de reprodução assistida.[18]

A proposta ressalta o sigilo garantido ao doador e a escolha dos doadores será feita pelo médico, garantindo "que o doador tenha semelhança fenotípica, imunológica e a máxima compatibilidade com os receptores".[19]

As clínicas manterão atualizados o Sistema Nacional de Produção de Embriões que deverão ter informações com todos os nascimentos decorrentes de reprodução heteróloga, ou seja, que se utilizou de doação de material reprodutivo, para que os cartórios possam, eventualmente, verificar impedimentos para o casamento.

---

17 Ibidem, p. 155.

18 STF concede prisão domiciliar ao ex-médico Roger Abdelmassih. *Notícias R7*, [S. l.], 29 set. 2017. Disponível em: https://noticias.r7.com/sao-paulo/stf-concede-prisao-domiciliar-ao-ex-medico-roger-abdelmassih-29062022/. Acesso em: 15 jun. 2025.

19 BRASIL. Senado Federal. *Projeto de Lei nº 4, de 2025*. Dispõe sobre a atualização da Lei nº 10.406, de 10 de janeiro de 2002 (Código Civil), e da legislação correlata. (Art. 1629-G Brasília, DF: Senado Federal, 2025. Disponível em: https://www25.senado.leg.br/web/atividade/materias/-/materia/166998. Acesso em: 15 jun. 2025.

No disposto do art. 1629-K, garante-se o sigilo ao doador de gametas, como já mencionado aqui, porém, traz expressamente o direito da pessoa nascida de reprodução heteróloga ter direito ao conhecimento de sua origem genética. Para tanto, ela precisa justificar judicialmente o motivo dessa quebra do sigilo, que pode ser para preservar sua vida ou trazer a manutenção de sua saúde física, higidez psicológica ou outros motivos.[20]

Ou seja, o sigilo poderá ser quebrado mediante pedido justificado ao juiz das razões do requerente. As razões trazidas no dispositivo são meramente exemplificativas. O que se entende dessa quebra do sigilo é que a proposta pretende colocar o direito de conhecer a origem genética como um direito que deve prevalecer sobre o sigilo do doador. Esse direito também será recíproco ao doador, em especial quando houver risco para sua vida ou saúde, ou outro motivo, que será analisado pelo juiz.

Porém, cabe enfatizar que mesmo havendo quebra de sigilo, "Nenhum vínculo de filiação será estabelecido entre o concebido com material genético doado e o respectivo doador."[21]

Uma ressalva a ser feita: nenhum vínculo biológico de filiação será estabelecido! Todavia, não se pode impedir que, através da quebra de sigilo, comece a ser nutrido um vínculo socioafetivo entre as partes, podendo resultar em um desejo de se estabelecer o vínculo de filiação socioafetivo. Mas é importante que se mantenha a ressalva da proibição do vínculo biológico a ser estabelecido para que não traga nenhuma insegurança ao doador.

2.2 Da cessão temporária de útero

O Código Civil atual não menciona absolutamente nada sobre a questão da cessão temporária de útero. A atual Resolução do CFM, por sua vez, trouxe uma restrição a mais, que acaba, por vezes, dificultando a utilização de tal técnica. Para que a mulher possa ceder temporariamente seu útero ela precisa ser parente até quarto grau dos pretendentes e deve ter um filho vivo. Parece-nos que essa restrição de que a parte tenha um filho e que este esteja vivo soa como algo que impediria eventual aproximação socioafetiva com a criança gerada e que ela deve entregar ao final da gestação. Esse requisito acaba restringindo ainda mais a possibilidade de utilização do procedimento.

---

20 Ibidem.

21 Ibidem, p. 156.

Na proposta de regulamentação do Código Civil, a cessão temporária do útero se faz presente no Art. 1629, letras L a P. Regulamenta-se a finalidade em que a cessão temporária é permitida ou proibida. Destaca-se a proibição da finalidade lucrativa ou comercial.

Diferentemente de outros países em que a cessão temporária de útero trouxe o denominado "turismo reprodutivo" em que se cobra para gerar filho alheio, no Brasil, não pode haver a finalidade comercial ou lucrativa de quem cede o útero para gerar uma criança.

A proposta manteve a questão do parentesco para a cedente do útero, de forma preferencial, não impondo a necessidade de se ter filho vivo por parte da cedente.

O instrumento a ser utilizado deve ser "documento escrito, público ou particular, firmado antes do início dos procedimentos médicos de implantação, no qual deverá constar, obrigatoriamente, a quem se atribuirá o vínculo de filiação".[22] Novamente destaca-se a importância do termo de consentimento livre e esclarecido.

Quando a criança gerada nasce, seu registro deve ser feito em nome dos autores do projeto parental e não em nome da parturiente. O nascido não terá vínculo registral com a cedente do útero. Deve-se apresentar no cartório a Declaração de Nascido Vivo bem como o termo de consentimento informado feito na clínica de fertilização em que consta a quem se atribui o vínculo de filiação, sendo proibido ao cartório publicizar dados que demonstrem a natureza da gestação.

2.3 Da reprodução assistida *post mortem*[23]

Sobre a reprodução assistida *post mortem,* o Código permite sua utilização desde que se utilize material genético das próprias partes – na modalidade homóloga. As partes devem mencionar no termo de consentimento o destino dos embriões excedentários. Mesmo assim, existe um despreparo legislativo, como se pode aferir do caso abaixo julgado no REsp 1918421/SP:

---

[22] Ibidem.

[23] Partes desse subtópico foi desenvolvida em: ESPOLADOR, Rita de C. R. T. PAIANO, Daniela Braga. Inseminações Caseiras: aspectos éticos e registrais. *In*: ROSA, Conrado Paulino da. IBIAS, Delma Silveira. (org.). *Diálogos contemporâneos sobre família e sucessões:* perspectivas e desafios. Porto Alegre: Gráfica RJR, 2024, p. 169-171.

> RECURSO ESPECIAL. (...) REPRODUÇÃO HUMANA ASSISTIDA. REGULAMENTAÇÃO. ATOS NORMATIVOS E ADMINISTRATIVOS. PREVALÊNCIA DA TRANSPARÊNCIA E CONSENTIMENTO EXPRESSO ACERCA DOS PROCEDIMENTOS. EMBRIÕES EXCEDENTÁRIOS. POSSIBILIDADE DE IMPLANTAÇÃO, DOAÇÃO, DESCARTE E PESQUISA. LEI DE BIOSSEGURANÇA. REPRODUÇÃO ASSISTIDA *POST MORTEM*. POSSIBILIDADE. AUTORIZAÇÃO EXPRESSA E FORMAL. TESTAMENTO OU DOCUMENTO ANÁLOGO. PLANEJAMENTO FAMILIAR. AUTONOMIA E LIBERDADE PESSOAL. (...)[24]

Tratava-se de um casal, casado pelo regime de separação obrigatória de bens, ele em seu segundo casamento e com dois filhos da primeira união. Ele falece deixando embriões congelados, sem, contudo, deixar, de forma expressa, em documento "adequado", a possiblidade de utilização *post mortem*. Os filhos contestaram a possiblidade de implantação. Em sede de recurso, o TJ/SP entendeu pela possibilidade de implantação, mas no STJ, por 3 votos a 2, entendeu-se que os embriões não poderiam ser implantados *post mortem* sem o falecido ter autorizado de forma EXPRESSA e FORMAL — fosse em testamento ou algum outro documento.

Destacou o julgado o princípio da autonomia da vontade como corolário do direito de liberdade e preceito orientador da execução do Planejamento Familiar. Porém, o Código Civil em seu art. 1597 não regulamentou a forma legalmente prevista para utilização do material genético *post mortem*.

Como a implantação geraria efeitos sucessórios patrimoniais, o STJ entendeu que deveria haver imperativa obediência à forma expressa e incontestável, alcançada por meio do testamento ou instrumento que o valha em formalidade e garantia, de maneira que, a declaração posta em contrato padrão de prestação de serviços de reprodução humana é instrumento absolutamente inadequado para legitimar a implantação *post mortem* de embriões excedentários, cuja autorização, expressa e específica, haverá de ser efetivada por testamento ou por documento análogo.

Ou seja, poucos são os casos de reprodução assistida *post mortem*. E a praxe é que as pessoas preencham o documento de consentimento com a clínica de fertilização assistida, denominada no julgado de

---

[24] STJ. REsp n. 1.918.421/SP, relator Ministro Marco Buzzi, relator para acórdão Ministro Luis Felipe Salomão, Quarta Turma, julgado em 8/6/2021, DJe de 26/8/2021.

"contrato padrão de prestação de serviço". Quando a situação foi judicializada, o Superior Tribunal de Justiça determinou que tal instrumento seria insuficiente, sendo necessário, para a prática do ato, um outro documento, público ou particular, mas que, de maneira inequívoca, deixasse de forma clara e expressa, a possibilidade de utilização *post mortem* dos embriões.

A questão que cabe aqui destacar é que muitos casais não se utilizam de clínicas de reprodução para auxiliá-los, mas sim da autoinseminação, por escopos aqui já apresentados, porém, encontrarão entraves jurídicos a sua frente, como fazer o registro de nascimento de seus filhos. Poderão também se deparar com situações de consequências da parentalidade — quando eventual doador de material genético não deseja figurar como pai.

O que temos hoje, em termos de instrumentos envolvendo a reprodução assistida, são os termos de consentimento informado realizados pelas clínicas de fertilização, que englobam a doação de gametas, de óvulos, a cessão temporária de útero e outros. Porém, tais instrumentos são de cunho administrativo para a prestação do serviço na clínica de reprodução. Ou, em situações informais, documentos particulares com cláusulas, por vezes falhas, que podem gerar sua nulidade.

A proposta de alteração do Código, ao colocar "as cartas na mesa", trazendo-nos balizas de como melhor realizar esses instrumentos envolvendo as técnicas de reprodução assistida — referida proposta traz conceito, requisitos, proibições, especificidades como a proibição de finalidade comercial ou lucrativa, consequências jurídicas, a forma como deve ser realizado o contrato (por exemplo no caso da cessão temporária de útero) e o tratamento dado ao consentimento informado, tão importante para a realização desses instrumentos negociais envolvendo vida humana. Cabe aqui destacar a proposta do Art. 1629-Q:

> Art. 1.629-Q. É permitido o uso de material genético de qualquer pessoa após a sua morte, seja óvulo, espermatozoide ou embrião, desde que haja expressa manifestação, em documento escrito, autorizando o seu uso e indicando:
>
> I - a quem deverá ser destinado o gameta, seja óvulo ou espermatozoide, e quem o deverá gestar após a concepção;
>
> II - a pessoa que deverá gestar o ser já concebido, em caso de embrião.
>
> Parágrafo único. Em caso de filiação *post mortem*, o vínculo entre o filho concebido e o genitor falecido se estabelecerá para todos os efeitos jurídicos de uma relação paterno-filial.

Já é superada a questão de toda a evolução que o direito de família vem sofrendo e quão maior ele se tornou. Como menciona a professora Maria Celina Bodin de Moraes em seu livro *Na medida da pessoa humana estudos de direito civil constitucional*, "a família tem sido vista como um espaço privilegiado de solidariedade e de realização pessoal".[25] Destaca a professora que esse processo foi acompanhado tanto pela legislação quanto pela jurisprudência, em um papel promocional, na construção do novo modelo familiar: um modelo democrático, em que se privilegia a igualdade e a liberdade.[26]

3.4 Do consentimento informado

Em vários momentos nessa parte da reprodução assistida, a proposta enfatiza a questão do consentimento informado. Percebe-se que isso será um vetor para a utilização das técnicas e por tal motivo, a proposta, além de mencionar sobre o consentimento em diversos momentos, trouxe em um tópico separado, em três artigos.

Inicialmente a proposta destaca que todos os envolvidos devem firmar o termo de consentimento informado, evitando-se, assim, eventual inadimplemento do que ficou estabelecido.

Sobre o conteúdo do termo, ele conterá "todas as informações necessárias para propiciar o esclarecimento indispensável de modo a garantir a liberdade de escolha e adesão ao tratamento e às técnicas indicadas".[27] Além disso, foi acrescentado o parágrafo único ao Art. 1629-T mencionando sobre os riscos, implicações éticas, sociais e jurídicas do procedimento.

Em casos de pessoas casadas ou conviventes em união estável que se submetam a algum procedimento mencionado aqui, caberá ao parceiro também manifestar sua concordância sobre o procedimento (Art. 1629-U), permitindo-se, em situações de vício de consentimento, a ação negatória de paternidade. O êxito da negatória poderá ser aferido caso não haja vínculo socioafetivo entre as partes. Se houver, o vínculo socioafetivo fará manter o vínculo de filiação.

Outra situação que sempre gera situações problemáticas, envolve casos de divórcio ou separação do casal. No Art. 1629-V da

---

25 BODIN, Maria Celina de. *Na medida da pessoa humana*. Rio de Janeiro: Renovar, 2010, p. 208.

26 BODIN, Maria Celina de. *Na medida da pessoa humana*. Rio de Janeiro: Renovar, 2010, p. 209.

27 Ibidem, p. 157.

proposta, isso já veio de forma expressa, mencionando o destino dos embriões nessas situações, ou casos de doença grave ou falecimento de um ou ambos os autores do projeto parental. Ressaltou-se também a possibilidade de doação do material para pesquisa ou para terceiras pessoas que possuam projeto parental. O dispositivo proibiu o descarte dos embriões. Hoje o descarte é permitido quando os embriões são abandonados, desde que tenha autorização judicial.

4 Considerações finais

O estudo aprofundado do Projeto de Lei nº 04/2025 (PL 04/2025) revela seu caráter transformador e indispensável para a modernização do ordenamento jurídico brasileiro. Ele se posiciona para enfrentar os complexos desafios bioéticos e sociais que emergem com as técnicas de reprodução assistida. A comparação entre a precária regulação atual do artigo 1597 do Código Civil e as inovações propostas pelo PL evidencia a urgência de superação do modelo vigente. Este, ao delegar ao Conselho Federal de Medicina competências que são tipicamente legislativas, gera uma insegurança jurídica significativa em temas tão sensíveis como a filiação e os direitos personalíssimos.

A proposta legislativa destaca-se por sua abordagem sistemática e principiológica, estruturando-se em três eixos fundamentais: (i) o reconhecimento da autonomia privada na esfera reprodutiva, mediante requisitos formais robustos; (ii) a proteção integral da diversidade familiar, por meio da desbiologização controlada da filiação; e (iii) a harmonização entre inovação biomédica e garantias constitucionais.

Essa tríade conceitual resolve antinomias práticas, como as relativas à reprodução *post mortem* e à gestação por substituição, superando o paradigma reducionista da presunção de paternidade que ainda domina o Código Civil. Os avanços normativos identificados particularmente na regulação da doação de gametas, no regime do consentimento informado e na disciplina da cessão temporária de útero representam não uma simples atualização legal, mas uma verdadeira reconstrução dogmática do direito de família contemporâneo.

Nessa perspectiva, o PL 04/2025 alinha-se à doutrina mais avançada ao erigir a vontade consciente e a responsabilidade parental como pilares da filiação tecnologicamente assistida. É fundamental ressaltar que a proposta mantém uma coerência axiológica inegável com os princípios constitucionais, mesmo em suas disposições mais controversas, como a limitação temporal para alegação de direitos sucessórios na reprodução *post mortem*.

Conforme demonstrado na análise, tal restrição configura uma ponderação legítima entre autonomia privada e segurança jurídica, atendendo ao princípio da proporcionalidade. A eventual aprovação desta legislação representará um marco divisório no direito brasileiro, superando o anacronismo normativo que há décadas submete relações complexas a regras simplistas. Mais do que apenas preencher lacunas, o PL 04/2025 estabelece um paradigma regulatório adequado à sociedade tecnológica do século XXI, garantindo simultaneamente: (a) proteção efetiva da dignidade reprodutiva; (b) segurança jurídica nas relações familiares; e (c) flexibilidade necessária para incorporar futuros avanços científicos.

Como demonstrado ao longo deste trabalho, a maturidade legislativa da proposta, seu rigor técnico e sua sintonia com as demandas sociais a credenciam como reforma indispensável. Cabe, portanto, ao Congresso Nacional aproveitar esta oportunidade histórica para dotar o país de legislação à altura dos desafios éticos e jurídicos impostos pela revolução biotecnológica, consolidando um direito de família inclusivo, plural e adequado à complexidade das relações humanas contemporâneas.

Referências

AZEVEDO, Álvaro Villaça. Ética, direito e reprodução humana assistida. *Revista da Faculdade de Direito* — Fundação Armando Álvares Penteado — FAAP, ano 2, n. 2. São Paulo: FAAP, 2006, p. 23.

BARBOZA, Heloisa Helena. Reprodução assistida: questões em aberto. *In*: CASSETTARI, Christiano. (coord). VIANA, Rui Geraldo Camargo de. (orient.) *10 anos de vigência do Código Civil de 2002:* estudos em homenagem ao professor Carlos Alberto Dabus Maluf. São Paulo: Saraiva, 2013, p. 93.

BODIN, Maria Celina de. *Na medida da pessoa humana.* Rio de Janeiro: Renovar, 2010, p. 208-209.

BOSSERT, Gustavo A; ZANNONI, Eduardo A. *Manual de derecho de família.* 5. ed., atual. e ampl., 3. reimpr. Buenos Aires: Astrea, 2001, p. 468.

BRASIL. Senado Federal. *Projeto de Lei nº 4, de 2025.* Dispõe sobre a atualização da Lei nº 10.406, de 10 de janeiro de 2002 (Código Civil), e da legislação correlata. Brasília, DF: Senado Federal, 2025. Disponível em: https://www25.senado.leg.br/web/atividade/materias/-/materia/166998. Acesso em: 15 jun. 2025.

DINIZ, Maria Helena. *O estado atual do biodireito.* 2. ed. São Paulo: Saraiva, 2002, p. 475.

ESPOLADOR, Rita de C. R. T. PAIANO, Daniela Braga. Inseminações Caseiras: aspectos éticos e registrais. *In*: ROSA, Conrado Paulino da. IBIAS, Delma Silveira. (org.). *Diálogos contemporâneos sobre família e sucessões:* perspectivas e desafios. Porto Alegre: Gráfica RJR, 2024, p. 165 e p.169-171.

LEITE, Eduardo de Oliveira. Procriações artificiais: bioética e biodireito. *In*: PEREIRA, Rodrigo da Cunha. (coord.) *Repensando o direito de família.* Belo Horizonte: Del Rey, 1999, p. 146.

PAIANO, Daniela Braga. *O direito de filiação nas famílias contemporâneas.* 2016. Tese (Doutorado em Direito Civil) – Faculdade de Direito, Universidade de São Paulo, São Paulo, 2016. Disponível em: direito.usp.br.

PAIANO, Daniela Braga. Reprodução assistida: considerações sobre a autoinseminação e suas implicações jurídicas e as alterações trazidas pela Resolução n. 2294/2021 do Conselho Federal de Medicina. *civilistica.com, [S. l.],* v. 11, n. 1, p. 1-21, 2022. Disponível em: https://civilistica.emnuvens.com.br/redc/article/view/732. Acesso em: 26 maio 2025.

SCALQUETTE, Ana Cláudia Silva. *Estatuto da reprodução assistida.* São Paulo: Saraiva, 2010, p. 70.

SCALQUETTE, Ana Cláudia Silva. *Família e sucessões.* 8. ed. São Paulo: Almedina, 2020, p. 128 e p.71.

STF concede prisão domiciliar ao ex-médico Roger Abdelmassih. *Notícias R7,* [S. l.], 29 set. 2017. Disponível em: https://noticias.r7.com/sao-paulo/stf-concede-prisao-domiciliar-ao-ex-medico-roger-abdelmassih-29062022/. Acesso em: 15 jun. 2025.

STJ. *REsp n. 1.918.421/SP,* relator Ministro Marco Buzzi, relator para acórdão Ministro Luis Felipe Salomão, Quarta Turma, julgado em 8/6/2021, DJe de 26/8/2021.

VIANA, Marco Aurélio S. Viana. Da inseminação artificial. *In*: *Revista da Faculdade de Direito da Universidade Federal de Minas Gerais,* vol. 27, n. 21. Belo Horizonte, 1979, p. 238.

Informação bibliográfica deste livro, conforme a NBR 6023:2018 da Associação Brasileira de Normas Técnicas (ABNT):

PAIANO, Daniela B.; ESPOLADOR, Rita de C. R. T. Reprodução assistida e tecnologia – as novidades projetadas na reforma do Código Civil (PL 04/2025). *In*: EHRHARDT JÚNIOR, Marcos; CATALAN, Marcos (coord.). *Vida privada, patrimônio e tecnologia*: novos rumos para o direito de família e das sucessões. Belo Horizonte: Fórum, 2025. p. 157-171. ISBN 978-85-450-0968-9.

O SIGILO NA REPRODUÇÃO HUMANA ASSISTIDA HETERÓLOGA: É POSSÍVEL ADMITIR A FIGURA DO(A) DOADOR(A) CONHECIDO(A)?

MANUEL CAMELO FERREIRA DA SILVA NETTO

MARIA HELENA LEIRO BANCILLON DE ARAGÃO

1 Introdução

No curso da sua codificação, o Direito das Famílias brasileiro, seguindo uma tendência ocidental, sempre conferiu especial importância para os laços consanguíneos no estabelecimento da filiação civil, de tal forma que, sob a égide do Código Civil de 1916 (CC/16), os filhos legítimos — aqueles biológicos nascidos na constância do casamento — recebiam tratamento privilegiado da legislação.

Assim sendo, a infertilidade apresentava-se como um grave problema social e jurídico, uma vez que a ausência de filhos biológicos impedia a transmissão da linhagem genética da família para as futuras gerações e, principalmente, inviabilizava a sua transmissão patrimonial sucessória. À vista disso, além da adoção, o advento das técnicas de reprodução humana assistida (RHA) figurou como uma verdadeira "solução milagrosa" para o problema da infertilidade humana, na medida em que se apresentou como mais um tratamento paliativo para tais casos.

No entanto, com o passar do tempo, a constante evolução dessas biotecnologias viabilizou inúmeras possibilidades — tais quais a fertilização *in vitro*, a crioconservação de material genético, a gestação por substituição, o diagnóstico genético pré-implantacional, etc. — e, dentre esse vasto leque de alternativas, a doação de gametas, na chamada RHA heteróloga, mostrou-se um valioso instrumento de auxílio na concretização dos projetos parentais daquelas pessoas ou casais que não tivessem condições de viabilizá-los por si só.

Por outro lado, juntamente com essa possibilidade, vieram também os questionamentos éticos e jurídicos, como por exemplo: como se daria a atribuição de parentalidade para aquele(a) que não contribuiu com seu material genético nesses procedimentos? O(a) doador(a) de material genético poderá ser acionado para fins de reconhecimento de parentalidade? Seria o sigilo, nas doações, uma medida impositiva, para evitar conflitos positivos de filiação?

Nesse diapasão, o anonimato do(a) doador(a) de gametas sexuais apresentou-se como uma diretriz quase que insuperável nos casos de RHA heteróloga. Isso porque tinha o condão de preservar a filiação dos(as) beneficiários das técnicas, ao mesmo tempo em que evitava a atribuição indesejada de responsabilidades parentais àqueles(a) que apenas haviam contribuído com projeto parental alheio, sem intenção de constituir um vínculo de filiação.

Outrossim, não se pode deixar de observar que, em paralelo a essa discussão, a doutrina familiarista brasileira tem também consolidado, ao longo dos anos, duas teses cruciais em matéria de filiação: 1) o reconhecimento de vínculos de filiação para além do mero aspecto biológico; e 2) a distinção conceitual entre o direito ao estado de filiação e o direito ao conhecimento da ascendência biológica. Tal conjuntura faz surgirem questionamentos acerca da atual pertinência do sigilo nas doações de gametas na atualidade, indagando-se se seria esse um requisito imprescindível.

Por essa razão, o presente artigo levanta a seguinte problemática: seria possível admitir a realização de doações de material genético por doadores(as) conhecidos(as) no âmbito do recurso às técnicas de RHA heteróloga sem que tal fato acarrete o estabelecimento de vínculo de filiação entre os(as) doadores(as) e a criança gerada?

Isso posto, visa a investigar a possibilidade de admissão de doações de material genético por doadores(as) conhecidos(as) na RHA heteróloga sem que tal fato implique em estabelecimento de vínculo de filiação entre os(as) doadores(as) e a criança gerada a partir da aplicação da metodologia civil-constitucional. Com esse propósito, objetiva: (a) analisar o art. 1.597, V, do Código Civil de 2002 (CC/02) e os requisitos legais que autorizam o recurso à reprodução humana assistida heteróloga; (b) examinar a caracterização do sigilo nas doações de gametas previsto nas resoluções do Conselho Federal de Medicina e as mudanças que levaram à sua relativização; (c) analisar os provimentos nº 52/2016, 63/2017 e 149/2023 do CNJ e os requisitos por eles exigidos para viabilizar o registro das crianças oriundas do emprego das técnicas de reprodução humana assistida; (d) estudar o processo de desbiologização da parentalidade e a consequente consolidação da doutrina da socioafetividade no ordenamento jurídico brasileiro; (e) compreender a evolução da compreensão da distinção entre o direito ao conhecimento da origem genética e o direito reconhecimento do estado de filiação apto a viabilizar a superação do anonimato das doações na reprodução assistida heteróloga.

Para tanto, utilizar-se-á do método de raciocínio analítico-dedutivo, por meio de pesquisa bibliográfica e documental, com abordagem qualitativa, a fim de apurar a viabilidade de doações conhecidas de material genético serem admitidas pelo ordenamento brasileiro sem que isso implique em atribuição de filiação.

2 A Reprodução Humana Assistida Heteróloga no Código Civil de 2002: a ausência de parâmetros legais para as doações de material genético

A questão da atribuição de filiação sempre representou problemática relevante no âmbito do Direito das Famílias, notadamente no que diz respeito à determinação da verdade biológica em um contexto histórico e social de extrema valorização desse liame e no qual não se tinha acesso aos mecanismos tecnológicos hoje disponíveis e difundidos no meio social.[1] Nesse diapasão, o desenvolvimento das presunções jurídicas de filiação apresentou-se como relevante critério

[1] O advento do exame de DNA trouxe novos contornos para a atribuição de vínculos de filiação, dado o seu papel facilitador na constatação do liame biológico entre pais e filhos. Por outro lado, também levantou, na doutrina, o debate em torno da prevalência da verdade biológica ou da verdade socioafetiva enquanto critério de prevalência no estabelecimento de vínculos parentais (Sobre o tema, ver LÔBO, Paulo. Socioafetividade no direito de família: a persistente trajetória de um conceito fundamental. *Revista Brasileira de Direito das Famílias e das Sucessões*. Porto Alegre, v. 5, p. 5-22, 2008; BARBOZA, Heloisa Helena; BARBOZA, Heloisa Helena; ALMEIDA, Vitor. Os revolucionários efeitos das técnicas de reprodução assistida: a permanência de questões jurídicas em aberto. *In:* BARBOZA, Heloisa Helena; ALMEIDA, Vitor (Org.). *Novas fronteiras da reprodução assistida:* acesso, direitos e responsabilidades. Indaiatuba: Foco, 2024)

de determinação da paternidade e da maternidade,[2] servindo, *a priori*, para o estabelecimento de legitimidade aos filhos nascidos durante a constância do casamento.[3]

No contexto atual, por outro lado, sua finalidade encontra-se associada à necessidade de estabelecimento de parâmetros legais para configuração do estado de filiação, representando, portanto, critério jurídico que — ao lado do biológico e do socioafetivo — desponta como uma das diferentes formas de estabelecimento dos vínculos paterno-materno-filiais.[4] Essas presunções estão atualmente descritas no art. 1.597 do CC/02[5] e funcionam no intuito de dar estabilidade ao sistema jurídico, atuando a partir de deduções que são extraídas de fatos certos e constatáveis para confirmar uma situação incerta e desconhecida.[6]

Nesse dispositivo, estão abarcadas duas hipóteses oriundas da sistemática do CC/16 (incisos I e II), nas quais o casamento[7] é utilizado como parâmetro para o estabelecimento dos vínculos de filiação. Para tanto, valem-se da lógica sedimentada pelas duas presunções clássicas

---

2 Afirma Maria Rita de Holanda que, no caso brasileiro, as presunções de filiação visam estabelecer o momento da concepção e, consequentemente, determinar a paternidade, cumprindo seu papel de atribuição de uma certeza jurídica à situação fática incerta (Cf. OLIVEIRA, Maria Rita de Holanda Silva. *A autonomia parental e os limites do planejamento familiar no sistema jurídico brasileiro*. 2016. 297 f. Tese (Doutorado em Direito) — Faculdade de Direito do Recife, Universidade Federal de Pernambuco, 2016, p. 106. Disponível em: https://repositorio.ufpe.br/bitstream/123456789/19182/1/Maria%20Rita%20Tese%20%20final%20pdf.pdf. Acesso em: 18 maio 2025).

3 Sob a égide do Código Civil de 1916, a constatação da consaguinidade na filiação era fundamental para produção de efeitos jurídicos desses vínculos, uma vez que tal instituto tinha sua produção de efeitos modulada pela ideia de legitimidade, ou seja, o nascimento durante a constância de uma união matrimonial (A esse respeito, ver TEPEDINO, Gustavo. A disciplina jurídica da filiação na perspectiva civil-constitucional. *In:* PEREIRA, Rodrigo da Cunha Pereira (Org.). *Direito de família contemporâneo*. Belo Horizonte: Del Rey, 1997, p. 549-550).

4 DIAS, Maria Berenice. *Manual de direito das famílias*. 10. ed. São Paulo: Editora Revista dos Tribunais, 2015, p. 202.

5 Código Civil de 2002: "*Art. 1.597. Presumem-se concebidos na constância do casamento os filhos: I — nascidos cento e oitenta dias, pelo menos, depois de estabelecida a convivência conjugal; II — nascidos nos trezentos dias subsequentes à dissolução da sociedade conjugal, por morte, separação judicial, nulidade e anulação do casamento; III — havidos por fecundação artificial homóloga, mesmo que falecido o marido; IV — havidos, a qualquer tempo, quando se tratar de embriões excedentários, decorrentes de concepção artificial homóloga; V — havidos por inseminação artificial heteróloga, desde que tenha prévia autorização do marido*".

6 DIAS, Maria Berenice. *Op. cit.*, 2015, p. 392.

7 Note-se que, embora o art. 1.597 trate apenas do casamento, o STJ já se posicionou no sentido de admitir sua aplicabilidade no contexto das uniões estáveis, desde que comprovados seus termos inicial e final (Cf. BRASIL. Superior Tribunal de Justiça, *Resp. 1.194.059/SP*. Relator: Min. Massami Uyeda. Julgado em: 06/11/2012. Disponível em: https://scon.stj.jus.br/SCON/GetInteiroTeorDoAcordao?num_registro=201000858082&dt_publicacao=14/11/2012. Acesso em: 19 maio 2025).

de parentalidade, segundo as quais a mãe é aquela que gesta e dá a luz à criança (presunção *mater semper certa est*), ao passo que o pai será o seu marido (presunção *pater is est quem nuptiae demonstrant* ou, simplesmente, presunção *pater is est*).[8]

Outrossim, o artigo traz outras três presunções destinadas ao disciplinamento da filiação decorrente do recurso às técnicas de reprodução humana assistida (TRHA), classificando-as em: (i) *homólogas* — decorrentes da utilização do material genético do próprio casal beneficiário (incisos III e IV); e, (ii) *heterólogas* — que demandam a utilização do material genético de terceiro para viabilizar o procedimento de fecundação, dada a infertilidade do marido (inciso V).[9] Para os fins do presente trabalho, restringir-se-á a análise, de forma mais detida, apenas às técnicas heterólogas, descritas no inciso V.

Dito isso, tem-se que tal normativa estabelece a presunção de concepção na constância do casamento dos filhos nascidos a partir da utilização das TRHA heterólogas, desde que haja prévia autorização do marido, a qual não precisa ser necessariamente escrita, admitindo-se a forma verbal, mediante comprovação em juízo. Nessa hipótese, utiliza-se de um gameta doado por terceiro, cuja paternidade será afastada e atribuída ao marido da receptora, em razão da sua expressa anuência.[10]

À vista disso, defende-se que essa modalidade de utilização das TRHA acaba também por fortalecer a doutrina da socioafetividade. Isso porque admite a atribuição da paternidade ao marido com base no seu expresso consentimento, independentemente da existência de um vínculo de consanguinidade entre ele e a prole.[11]

Esse consentimento, por sua vez, é considerado irrevogável, gerando uma presunção absoluta de paternidade (*juris et de jure*) e não admitindo prova em contrário, diferentemente das presunções presentes nos outros quatro incisos do art. 1.597, as quais possuem natureza

---

[8] LÔBO, Paulo. *Direito civil:* famílias. 7. ed. São Paulo: Saraiva, 2017, p. 214-215.

[9] Note-se que o art. 1.597 foi pensado para fins de atribuição de paternidade no contexto de uma relação heteroafetiva, o que não impede a utilização de sua aplicabilidade analógica para fins de: (a) estabelecimento da maternidade nessas relações, a exemplo da esposa falecida na RHA homóloga *post mortem* ou da beneficiária da RHA heteróloga que demandou o recurso à doação de óvulo de uma terceira; e (b) atribuição de filiação em uniões homoafetivas (Para maior aprofundamento do tema, permita-se remeter a SILVA NETTO, Manuel Camelo Netto. *Planejamento Familiar nas Famílias LGBT:* desafios sociais e jurídicos do recurso à reprodução humana assistida no Brasil. Belo Horizonte: Fórum, 2021).

[10] LÔBO, Paulo. *Op. cit.*, 2017, p. 221-222.

[11] LÔBO, Paulo. *Op. cit.*, 2017, p. 221-222.

juris tantum (relativa).[12] Essa irrevogabilidade justifica-se pois o direito brasileiro baseia-se no respeito à *boa-fé*, vedando o chamado *venire contra factum propium*, ou seja, não permitindo que uma pessoa volte-se contra seu próprio ato e que dê azo a comportamento contraditório.[13]

Tais entendimentos ganham respaldo também ao se analisar alguns enunciados formulados no âmbito das Jornadas de Direito Civil (JDC) organizados pelo Conselho da Justiça Federal (CJF): (i) *enunciado nº 103 da I JDC* — reconhece o parentesco civil (socioafetivo) do pai ou mãe que não contribuiu com seu material genético (espermatozoide ou óvulo) no âmbito da TRHA heteróloga;[14] (ii) *enunciado nº 104 da I JDC* — reconhece a relevância da vontade juridicamente qualificada para o estabelecimento da filiação no contexto da TRHA heteróloga, a qual é responsável pelo estabelecimento de presunção absoluta de filiação;[15] (iii) *enunciado nº 258 da III Jornada de Direito Civil* — inviabiliza o recurso à ação negatória de paternidade (art. 1601 do CC/02)[16] nos casos de TRHA heteróloga, em razão da natureza absoluta da presunção de filiação.[17] Frise-se que, embora tais enunciados não possuam caráter impositivo, não há como refutar seu condão de estabelecer uma orientação interpretativa que visa a criar uma coerência do dispositivo legal com o ordenamento jurídico vigente.

No mais, um ponto controverso que paira em torno do recurso ao material genético de terceiro(a) diz respeito à possibilidade de reconhecimento da paternidade ou maternidade genéticas da criança com o doador ou a doadora do material fecundante no âmbito das TRHA heterólogas. Essa compreensão, pautada em um aspecto

---

12 DIAS, Maria Berenice. *Op. cit.*, 2015, p. 403.

13 LÔBO, Paulo. *Op. cit.*, 2017, p. 221.

14 I Jornada de Direito Civil do CJF, grifo nosso: "Enunciado 103 — Art. 1.593: o Código Civil reconhece, no art. 1.593, outras espécies de parentesco civil além daquele decorrente da adoção, acolhendo, assim, a noção de que *há também parentesco civil no vínculo parental proveniente quer das técnicas de reprodução assistida heteróloga relativamente ao pai (ou mãe) que não contribuiu com seu material fecundante*, quer da paternidade sócio-afetiva, fundada na posse do estado de filho".

15 I Jornada de Direito Civil do CJF, grifo nosso: "Enunciado 104 — Art. 1.597: no âmbito das técnicas de reprodução assistida envolvendo o emprego de material fecundante de terceiros, *o pressuposto fático da relação sexual é substituído pela vontade* (ou eventualmente pelo risco da situação jurídica matrimonial) *juridicamente qualificada*, gerando *presunção absoluta ou relativa de paternidade* no que tange ao marido da mãe da criança concebida, *dependendo da manifestação expressa (ou implícita) da vontade no curso do casamento*".

16 Código Civil de 2002: "Art. 1.601. Cabe ao marido o direito de contestar a paternidade dos filhos nascidos de sua mulher, sendo tal ação imprescritível".

17 III Jornada de Direito Civil do CJF, grifo nosso: "Enunciado 258 — Arts. 1.597 e 1.601: Não cabe a ação prevista no art. 1.601 do Código Civil se a filiação tiver origem em procriação assistida heteróloga, autorizada pelo marido nos termos do inc. V do art. 1.597, cuja *paternidade configura presunção absoluta*".

puramente biológico da filiação, fez surgir, na doutrina, preocupações quanto à necessidade de estabelecimento do anonimato nessas doações, a fim de evitar futuras perquirições de paternidade ou maternidade.

A esse respeito, pondera Guilherme Calmon que tal sigilo seria pertinente sob dois aspectos: (i) *o sigilo no procedimento médico de reprodução heteróloga* — próprio da relação profissional estabelecido entre o médico e o(s) beneficiário(s) e/ou a(s) beneficiária(s) antes, durante e após o procedimento terapêutico; e (ii) *o anonimato do(a) doador(a), bem como o anonimato do casal e da própria criança ao nascer* — o qual tem por finalidade resguardar o *Melhor Interesse da Criança* e evitar quaisquer qualificações discriminatórias com relação a sua origem.[18]

Por outro lado, não se pode também olvidar do embate entre dois direitos fundamentais protegidos pelo ordenamento que a adoção desse modelo de anonimato acarreta, quais sejam: o direito à identidade da pessoa concebida pelas técnicas heterólogas e o direito à intimidade do(a) doador(a). Nesse sentido, a doutrina viu-se instada a manifestar-se a respeito da possibilidade de diferenciação entre o direito ao conhecimento de origem genética e o direito ao estado de filiação, tema que será melhor trabalhado no tópico 5 deste trabalho.

Não obstante tais discussões, um ponto é claro nessa matéria: a legislação não exige o anonimato da doação de gametas na RHA heteróloga, na medida em que o único requisito exigido pela lei é o consentimento daquele(a) que não contribuiu com o seu material genético. Tal contexto reforça a pertinência da pergunta que orienta a discussão a ser refletida neste trabalho: é possível admitir as doações efetivadas por doadores(as) conhecidos(as) no âmbito da RHA heteróloga sem que tal fato acarrete o estabelecimento de vínculo de filiação entre tais doadores(as) e a criança gerada?

3 A Reprodução Humana Assistida Heteróloga nas Resoluções do CFM: a regulamentação deontológica do sigilo dos(as) doadores(as) e sua posterior relativização

O art. 1.597 do CC/02, embora vise a trazer alguma regulamentação para a RHA, mostrou-se, na verdade, mais falho do que assertivo, uma

18 GAMA, Guilherme Calmon Nogueira da. *A nova filiação*: o biodireito e as relações parentais: o estabelecimento da parentalidade-filiação e os efeitos jurídicos da reprodução humana assistida heteróloga. Rio de Janeiro: Renovar, 2003, p. 800-802.

vez que suscita mais dúvidas do que respostas para as problemáticas advindas do recurso a essas biotecnologias reprodutivas.[19] Somado a isso, tem-se o fato de que, apesar dos inúmeros projetos de lei em tramitação no Congresso,[20] até o momento não houve a aprovação de nenhuma lei destinada a realizar uma regulamentação específica da matéria.

Em razão desse cenário, a doutrina e principalmente a jurisprudência pátria observaram a necessidade de buscar parâmetros mínimos para a utilização das TRHA, os quais foram encontrados nas resoluções editadas pelo Conselho Federal de Medicina (CFM). Tais normativas, conquanto não tenham natureza de lei em sentido formal, acabaram servindo de orientações para o tratamento da matéria pelos tribunais. No entanto, não se pode ignorar sua natureza de diretrizes deontológicas médicas, tendo o condão de vincular tão somente esses profissionais quando da aplicação dos procedimentos reprodutivos.

Tem-se, desse modo, um total de 8 (oito) resoluções que foram elaboradas sequencialmente, ao longo dos anos, na tentativa de aprimorar as disposições sobre a matéria, promovendo as sucessivas revogações das suas antecessoras, sendo elas: (i) a n. 1.358/1992; (ii) a n. 1.957/2010; (iii) a n. 2.013/2013; (iv) a n. 2.121/2015; (v) a n. 2.168/2017; (vi) a n. 2.283/2020 (a qual apenas realizou uma pequena alteração no texto da n. 2.168/2017); (vii) a n. 2.294/2021; e (viii) a n. 2.320/2022, atualmente vigente.[21, 22] Considerando o recorte temático deste trabalho,

---

19 Sobre o tema, permita-se remeter a DANTAS, Carlos Henrique Félix; SILVA NETTO, Manuel Camelo Ferreira da. O "abismo" normativo no trato das famílias ectogenéticas: a insuficiência do art. 1597 (incisos III, IV e V) em matéria de reprodução humana assistida homóloga e heteróloga nos 20 anos do Código Civil. *In:* BARBOZA, Heloisa Helena; TEPEDINO, Gustavo; MONTEIRO FILHO, Carlos Edson do Rêgo. (Orgs.). *Direito Civil:* o futuro do direito. Rio de Janeiro: Processo, 2022.

20 Sobre o tema, ver SILVA NETTO, Manuel Camelo Ferreira da. A reprodução humana assistida e as dificuldades na sua regulamentação jurídica no Brasil: uma análise dos vinte e quatro projetos de lei que tramitam no Congresso Nacional. *In:* EHRHARDT JÚNIOR, Marcos; CATALAN, Marcos; MALHEIROS, Pablo. (Orgs.). *Direito Civil e Tecnologia Tomo II*. 2. ed. Belo Horizonte: Editora Fórum, 2022.

21 Conselho Federal de Medicina. *Resolução CFM nº 2.320/2022*, de 20 de setembro de 2022. Disponível em: https://sistemas.cfm.org.br/normas/visualizar/resolucoes/BR/2022/2320. Acesso em: 19 maio 2025.

22 Para uma abordagem mais completa a respeito da evolução regulamentar das TRHA pelas resoluções do CFM, permita-se remeter a SILVA NETTO, Manuel Camelo Ferreira da; DANTAS, Carlos Henrique Félix. A reality outside the law: an ethical-legal analysis of the 30 years of deontological regulation of assisted reproduction technologies in Brazil. *BioLaw Journal — Rivista di BioDiritto*, [S. l.], n. 1, p. 467–483, 2023. DOI: 10.15168/2284-4503-2645. Disponível em: https://teseo.unitn.it/biolaw/article/view/2645. Acesso em: 15 maio 2025.

passa-se aqui à análise específica da temática do sigilo nas doações de gametas e como esse foi regulamentado pelas normativas.

Primeiramente, observe-se que as resoluções determinaram, *a priori*, um modelo de sigilo absoluto das doações,[23] de modo que nem os(as) doadores(as), nem os(as) receptores(as) poderiam conhecer as identidades uns dos outros, e, apenas excepcionalmente, em caso de motivação médica, poderiam ser fornecidas informações sobre os(as) doadores(as) exclusivamente para os médicos, resguardando-se a identidade civil daqueles(as) nesse processo.

Tal estipulação foi mantida em todas as resoluções, com a ressalva de que, a partir da resolução nº 2.294/21, passou-se a admitir uma exceção a essa regra: a doação de gametas por parentes até o 4º grau de um(a) do(a)(s) receptor(es)/receptora(s), desde que tal uso não implique em consaguinidade entre o(a) doador(a) e o(a) beneficiário(a) que fornecer seu gameta sexual (Item IV-2 e 4).[24]

Essa relativização ao anonimato absoluto — pelo que se depreende da própria exposição de motivos da Resolução — deu-se em razão do elevado número de decisões judiciais a favor da doação de gametas entre parentes. Tais decisões, a seu turno, justificam-se com base em diversos fundamentos, a exemplo: (i) o direito fundamental ao exercício do livre planejamento familiar (art. 226, §7º da CF/88); (ii) a ausência de vedação legal expressa; (iii) a consolidação do parentesco socioafetivo na legislação, doutrina e jurisprudência brasileiras; (iv) a solidificação da distinção entre direito ao conhecimento de ascendência genética e estado de filiação na reprodução assistida heteróloga; e (v) a possibilidade da gestante ser conhecida na gestação sub-rogada, seja em razão do parentesco, seja nos casos em que há parecer do Conselho Regional de Medicina autorizando gestante substituta sem vínculo de parentesco com os(as) beneficiários(as).

---

23 FERRAZ, Ana Claudia Brandão de Barros Correia. *Reprodução humana assistida e suas consequências nas relações de família:* a filiação e a origem genética sob a perspectiva da repersonalização. 2. ed. Curitiba: Juruá, 2016, p. 69.

24 Resolução nº 2.320/2022 do CFM: "2. Os doadores não devem conhecer a identidade dos receptores e vice-versa, exceto na doação de gametas ou embriões para parentesco de até 4º (quarto) grau, de um dos receptores (primeiro grau: pais e filhos; segundo grau: avós e irmãos; terceiro grau: tios e sobrinhos; quarto grau: primos), desde que não incorra em consanguinidade. [...] 4. Deve ser mantido, obrigatoriamente, sigilo sobre a identidade dos doadores de gametas e embriões, bem como dos receptores, com a ressalva do item 2 do Capítulo IV. Em situações especiais, informações sobre os doadores, por motivação médica, podem ser fornecidas exclusivamente aos médicos, resguardando a identidade civil do(a) doador(a)".

Ademais, cabe ressaltar que, em que pese a redação seja um tanto confusa no tocante à indicação da não ocorrência de consanguinidade nessas doações por parentes, deve-se aqui compreender que o CFM se preocupou em vedar a realização de procedimentos de fecundação com gametas sexuais de pessoas da mesma família. Isso, por sua vez, deve ser observado tanto nos casos de parentesco consanguíneo, quanto nos do parentesco socioafetivo (adoção, posse de estado de filho, adoção à brasileira e RHA heteróloga), observando-se as regras que vedam o incesto e fundamentam os impedimentos matrimoniais em razão do parentesco (Art. 1.521, I a V e Art. 1.723, §1º do CC/02).[25]

Nesse sentido, deve-se compreender que tais regulações deontológicas, embora confiram diretrizes para aplicação da RHA, não afastam a necessidade de análise da temática sob o viés da coerência do ordenamento jurídico como um todo, notadamente no tocante à axiologia constitucional. Dito de outro modo, ainda que o CFM estabeleça o sigilo nas doações de gametas (o qual já fora, inclusive, relativizado em algumas hipóteses), essa normativa não pode estabelecer restrições não previstas expressamente pela lei, sob pena de violar os direitos fundamentais das pessoas envolvidas nesse procedimento: (i) seja o direito ao exercício do livre planejamento familiar dos(as) beneficiários(as) das técnicas, os(as) quais devem ter sua autonomia decisória quanto à eleição do meio de concretização do seu projeto de parentalidade respeitada; (ii) seja o direito dos(as) doadores(as) de terem suas doações caracterizadas como meros atos de solidariedade, vedado qualquer tipo de contraprestação pecuniária (vide o art. 199, §4º da CF/88),[26] e afastados quaisquer fins de atribuição de estado de filiação com as crianças geradas, independentemente do conhecimento ou não da sua identidade civil.

---

[25] Código Civil de 2002: "Art. 1.521. Não podem casar: [...] I — os ascendentes com os descendentes, seja o parentesco natural ou civil; [...] II — os afins em linha reta; [...] III — o adotante com quem foi cônjuge do adotado e o adotado com quem o foi do adotante; [...] IV — os irmãos, unilaterais ou bilaterais, e demais colaterais, até o terceiro grau inclusive; [...] V — o adotado com o filho do adotante; [...] Art. 1.723. [...] §1 º A união estável não se constituirá se ocorrerem os impedimentos do art. 1.521; não se aplicando a incidência do inciso VI no caso de a pessoa casada se achar separada de fato ou judicialmente".

[26] Constituição Federal de 1988: "Art. 199. A assistência à saúde é livre à iniciativa privada. [...] §4º A lei disporá sobre as condições e os requisitos que facilitem a remoção de órgãos, tecidos e substâncias humanas para fins de transplante, pesquisa e tratamento, bem como a coleta, processamento e transfusão de sangue e seus derivados, sendo vedado todo tipo de comercialização".

4 A Reprodução Humana Assistida Heteróloga nos Provimentos do CNJ: a extrajudicialização do registro civil e a controvérsia a respeito do anonimato nas doações de gametas

A escassez legislativa em matéria de TRHA acarretou uma elevada judicialização da matéria com vistas a viabilizar o registro da parentalidade das crianças no nome dos(as) beneficiários(as) das técnicas. Por essa razão, algumas orientações doutrinárias já vinham indicando a possibilidade de regulamentar a extrajudicialização desse procedimento com destaque para o enunciado nº 608 da VII JDC da CJF[27] e para o enunciado nº 12 do X Congresso Brasileiro de Direito de Família[28] organizado pelo Instituto Brasileiro de Direito de Família (IBDFAM).

Observou-se, por conseguinte, um movimento de algumas Corregedorias dos Tribunais de Justiça Estaduais para editar provimentos visando à garantia da segurança jurídica dos atos registrais relativos a essa matéria, notadamente quanto aos projetos parentais desempenhados por famílias homoafetivas e aqueles decorrentes do recurso à gestação sub-rogada.[29]

Seguindo essa mesma linha de entendimento, o Conselho Nacional de Justiça (CNJ) editou, em 2016, através da Ministra Nancy Andrighi, na função de Corregedora Nacional de Justiça, o Provimento nº 52, o qual se destinou a uma uniformização, em âmbito nacional, da extrajudicialização do registro de nascimento daquelas crianças geradas a partir das TRHA.

---

27 VII Jornada de Direito Civil do CJF: "608 — É possível o registro de nascimento dos filhos de pessoas do mesmo sexo originários de reprodução humana assistida, diretamente no Cartório do Registro Civil, sendo dispensável a propositura da ação judicial, nos termos da regulamentação da Corregedoria local".

28 Enunciados programáticos do X Congresso de Direito de Família do IBDFAM: "Enunciado 12. É possível o registro de nascimento dos filhos de casais homoafetivos, havidos de reprodução assistida, diretamente no Cartório do Registro Civil".

29 O pioneiro foi o Provimento nº 21/2015 do Tribunal de Justiça de Pernambuco (TJPE), o qual, nas palavras do Desembargador Jones Figueirêdo Alves, à época Corregedor-Geral de Justiça do mencionado tribunal, se propôs a desburocratizar o registro civil e a desjudicializar as hipóteses de RHA, quanto aos assentos de nascimento, especialmente com relação aos inúmeros casos de gestação por substituição e de projetos parentais desempenhados por famílias homoafetivas (Cf. ALVES, Jones Figueirêdo. Reprodução humana assistida começa a se desjudicializar. *Revista Consultor Jurídico*. Publicado em 21 de novembro de 2015, às 9h 00min. Disponível em: https://www.conjur.com.br/2015-nov-21/jones-alves-reproducao-humana-assistida-comeca-desjudicializar. Acesso em: 18 maio 2025).

Especificamente no tocante ao anonimato dos(as) doadores(as) de material genético, o provimento trazia uma disposição interessante, uma vez que exigia, como requisito para o registro das crianças, na RHA heteróloga, a necessária apresentação de termo de consentimento informado, mediante instrumento público, para os(as) doadores(as) de material genético, bem como termo de aprovação prévia de seus cônjuges ou companheiros (art. 2º, §1º).[30] Somado a isso, também previa um direito ao conhecimento de ascendência biológica que não implicasse em estabelecimento de vínculo de parentesco com os(as) doadores(as) nesses casos (art. 2º, §4º).[31]

No entanto, essa exigência de termo assinado pelos(as) doadores(as) mostrou-se controversa diante do contexto em que ainda prevalecia a diretriz do anonimato absoluto no âmbito das resoluções do CFM. Tal previsão, contida no provimento nº 52/2016 do CNJ, implicou, portanto, em conflito expresso com a normativa deontológica médica vigente a época (resolução 2.121/15), ensejando a necessidade de uma conformação entre ambas, a fim de evitar contradições.[32]

Diante disso, no ano seguinte, o CNJ editou o provimento nº 63/2017, através do Ministro João Otávio de Noronha, no papel de Corregedor Nacional de Justiça, que, dentre outras matérias, destinou-se a realizar as adaptações necessárias no dispositivo anterior sobre RHA, o qual restou revogado.

Dentre tais modificações, citam-se: (i) a retirada da exigência de indicação do nome do(a) doador(a) e de seus dados clínicos, gerais e fenotípicos no termo elaborado pelo diretor da clínica, centro ou serviço de RHA; (ii) a retirada da necessidade de juntada de um documento de consentimento assinado por eles(as), autorizando o registro no nome de outrem, bem como da necessidade de juntada de termo com autorização

---

[30] Provimento nº 52/2016 do CNJ: "[...] §1º Nas hipóteses de doação voluntária de gametas ou de gestação por substituição, deverão ser também apresentados: I — termo de consentimento prévio, por instrumento público, do doador ou doadora, autorizando, expressamente, que o registro de nascimento da criança a ser concebida se dê em nome de outrem; II — termo de aprovação prévia, por instrumento público, do cônjuge ou de quem convive em união estável com o doador ou doadora, autorizando, expressamente, a realização do procedimento de reprodução assistida; III — termo de consentimento, por instrumento público, do cônjuge ou do companheiro da beneficiária ou receptora da reprodução assistida, autorizando expressamente a realização do procedimento".

[31] Provimento nº 52/2016 do CNJ: "[...] §4º O conhecimento da ascendência biológica não importará no reconhecimento de vínculo de parentesco e dos respectivos efeitos jurídicos entre o doador ou a doadora e o ser gerado por meio da reprodução assistida".

[32] FERRAZ, Ana Claudia Brandão de Barros Correia. *Op. cit.*, 2016, p. 69.

prévia do(a) cônjuge ou do(a) companheiro(a) do(a) doador(a), autorizando a realização do procedimento, a fim de preservar o anonimato nessas doações (art. 17, II).[33]

Posteriormente, esse provimento foi absorvido pelo provimento nº 149/2023 do CNJ, que instituiu seu Código Nacional de Normas do Foro Extrajudicial (CNN-CNJ), por meio do qual o Corregedor Nacional de Justiça, Ministro Luis Felipe Salomão, tratando o tema da RHA nos seus arts. 512 a 515, manteve as exigências que eram previstas pelo provimento 63/2017.

Não há como negar que tais provimentos acabam cumprindo relevante papel na concretização de uma série de direitos fundamentais, especialmente em relação a matérias cuja apreciação pelo Congresso vê-se negligenciada, como ocorre com as TRHA. Por outro lado, frise-se que, assim como as resoluções do CFM, os provimentos do CNJ também não possuem natureza de lei em sentido formal, razão pela qual são criticados por uma parcela da doutrina que os consideram invasões da competência legislativa do Congresso.[34]

Não obstante, note-se que, embora as exigências trazidas pelo provimento 52/2016 tenham sido revogadas em atenção a uma manutenção do anonimato nas doações de gametas, certo é que nem o provimento nº 63/2017, tampouco o atualmente vigente provimento nº 149/2023 trouxeram disposição específica que vedasse a sua realização por doadores(as) conhecidos(as). Nesse sentido, pode-se dizer que, assim como o CC/02, o CNN-CNJ também não apresenta óbice a realização de procedimentos de RHA heteróloga nos quais o(a) doador(a) de gametas é pessoa conhecida.

---

[33] Provimento nº 63/2017 do CNJ: "Art. 17. Será indispensável, para fins de registro e de emissão da certidão de nascimento, a apresentação dos seguintes documentos: [...] II — declaração, com firma reconhecida, do diretor técnico da clínica, centro ou serviço de reprodução humana em que foi realizada a reprodução assistida, indicando que a criança foi gerada por reprodução assistida heteróloga, assim como o nome dos beneficiários".

[34] A respeito da legitimidade das resoluções editadas pelo CNJ para concretização de direitos fundamentais negligenciados pelo Congresso, ver VECCHIATTI, Paulo Roberto Iotti. Constitucionalidade (e dever constitucional) da classificação da homofobia e da transfobia como crimes de racismo. *In*: DIAS, Marias Berenice (Coord.). *Diversidade sexual e direito homoafetivo*. 3. ed. São Paulo: Editora Revista dos Tribunais, 2017; para aprofundamento na posição que defende a invasão de competência legislativa do Congresso pelo CNJ, ver LOUREIRO, Luiz Guilherme. *Registros públicos:* teoria e prática. 8. ed. Salvador: Juspodivm, 2017.

5 A Reprodução Humana Assistida Heteróloga e a Caracterização da Filiação Socioafetiva

Embora já se tenha denotado que a reprodução humana assistida heteróloga é fundada em vínculo não-biológico, para compreensão da problemática do presente trabalho e resposta ao questionamento proposto, é preciso compreender também a crescente valorização da filiação socioafetiva e o enquadramento da TRHA heteróloga em tal modalidade de constituição de filiação.

Até parte do século XX, o direito brasileiro adotava uma "*concepção de filiação, biologizada e marcada por classificações de legitimidade, mas secundada pela adoção, enquanto vínculo de parentesco sem origem genética*".[35] Isso porque até pouco tempo, especialmente até o CC/16, em determinada medida a filiação era sempre sopesada à luz da origem biológica, seja para a sua constituição, seja para a delimitação de seus efeitos, como no caso da adoção.

Além disso, havia o critério de legitimidade aferível por meio da existência de matrimônio válido, putativo, anulável ou nulo por incompetência da autoridade.[36] No tocante à adoção, vigorava o modelo da adoção simples, primeira forma de adoção surgida no Brasil, que se dava mediante escritura pública, dependendo única e exclusivamente do interesse do adotante. Acaso as partes, posteriormente, não se agradassem do ato realizado poderiam convir em sua revogação, ou, em caso de ingratidão cometida pelo adotado, poderia ser também o vínculo dissolvido,[37] sendo devolvida a criança em ambos os casos. Ainda, o Código Civil de 1916 limitava os efeitos de tal adoção, ao fixar que o vínculo constituído era apenas entre os adotantes e o adotado, sem se estender aos parentes dos adotantes, sem extinção do vínculo com os pais biológicos.[38]

---

[35] ALBUQUERQUE JÚNIOR, Roberto Paulino de. A filiação socioafetiva no direito brasileiro e a impossibilidade de sua desconstituição posterior. *Revista Brasileira de Direito de Família*, v. 39, 2007. p. 57.

[36] PONTES DE MIRANDA, Francisco Cavalcanti. *Direito de família*: exposição technica e systematica do Codigo Civil brasileiro. Rio de Janeiro: Jacintho Ribeiro dos Santos, 1917, p. 243.

[37] PONTES DE MIRANDA, Francisco Cavalcanti. *Op. cit*, 1917, p. 353.

[38] O art. 336 estabelecia que "a adoção estabelece parentesco meramente civil entre o adotante e o adotado (art. 375)", enquanto o art. 376 estipulava que "o parentesco resultante da adoção (art. 336) limita-se ao adotante e ao adotado, salvo quanto aos impedimentos matrimoniais, á cujo respeito se observará o disposto no art. 183, ns. III e V".

No entanto, a legislação infraconstitucional, por meio da promulgação da Lei nº 4.655/1965, começou a permitir a legitimação dos filhos àquela época denominados de "adotivos", que possuíssem até 07 (sete) anos ou dos menores, com mais de 07 (sete) anos, que quando completassem tal idade já se encontrassem na guarda dos adotantes,[39] estendendo, pela primeira vez, o vínculo constituído pela adoção aos parentes dos adotantes, quando os seus ascendentes aderissem ao ato.

Assim foram dados os primeiros passos para a não discriminação também com os filhos adotivos a partir da: irrevogabilidade da legitimação adotiva,[40] proibição de observação sobre a natureza do ato na certidão do menor[41] e conferência aos filhos adotivos legitimados dos mesmos direitos e deveres que eram reservados aos filhos legítimos, excetuando-se os direitos sucessórios dos filhos legítimos supervenientes.[42]

Após 63 anos (decorridos do CC/16), o Código de Menores (Lei nº 6.697/1979) implementou o procedimento para adoção de crianças de até 07 (sete) anos, fixando que se daria por processo judicial e ao fim seria plena, ocorrendo desligamento com a família anterior do adotado, e, deste modo, irrevogável.[43] Dito isso, vigoravam dois tipos de adoção: simples e plena, a depender da idade do adotado.

---

39 Lei nº 4.655/1965: "Art. 1º É permitida a legitimação do infante exposto, cujos pais sejam desconhecidos ou hajam declarado por escrito que pôde ser dado, bem como do menor abandonado pròpriamente dito até 7 (sete) anos de idade, cujos pais tenham sido destituídos do pátrio poder; do órgão da mesma idade, não reclamando por qualquer parente por mais de um ano; e, ainda, do filho natural reconhecido apenas pela mãe, impossibilitado de prover a sua criação. §1º Será também permitida a legitimação adotiva, em favor do menor, com mais de 7 (sete) anos, quando à época em que completou essa idade, já se achava sob a guarda dos legitimantes, mesmo que êstes não preenchessem então as condições exigidas. §2º A legitimação só será deferida após um período mínimo de 3 (três)anos de guarda do menor pelos requerentes. Para êsse efeito, será computado qualquer período de tempo, desde que a guarda se tenha iniciado antes de completar o menor de 7(sete) anos."

40 Lei nº 4.655/1965: "Art. 7º A legitimação adotiva é irrevogável, ainda que aos adotantes venham a nascer filhos legítimos, aos quais estão equiparados aos legitimados adotivos, com os mesmos direitos e deveres estabelecidos em lei."

41 Lei nº 4.655/1965: "Art. 6º A sentença deferindo a legitimação terá efeitos constitutivos devendo ser inscrita, mediante mandando no Registro Civil, como se se tratasse de registro fora do prazo, no qual se consignará os nomes dos pais adotivos como pais legítimos e os nomes dos ascendentes dos mesmos. O mandado será arquivado, dêle não podendo o oficial fornecer certidões. §1º Nas certidões do registro nenhuma observação poderá constar sôbre a origem do ato."

42 Lei nº 4.655/1965: "Art. 9º O legitimado adotivo tem os mesmos direitos e deveres do filho legítimo, salvo no caso de sucessão, se concorrer com filho legítimo superveniente à adoção (Cód. Civ. §2º do art. 1.605)."

43 Código de Menores (Lei nº 6.697/1979): "Art. 29. A adoção plena atribui a situação de filho ao adotado, desligando-o de qualquer vínculo com pais e parentes, salvo os impedimentos matrimoniais".

No mesmo ano do Código de Menores, a doutrina começou a atentar para a desbiologização da paternidade. Assim, João Baptista Villela tentou desconstruir a ideia da paternidade apenas como aquela derivada do vínculo biológico, pois já explicava a filiação associando-a antes com o serviço do que com a procriação. Em sua visão, a determinação do(a) pai/mãe está na circunstância de amar e servir mais do que no fato de gerar.[44] Para tanto, ele utilizou como exemplo a sentença de Salomão que, para descobrir quem realmente era a mãe da criança (maternidade no sentido mais amplo possível, não apenas biológica), pôs a prova o amor à criança que seria traduzido na renúncia em favor do bem do filho, e assim também explicou o que seria o *Princípio do Melhor Interesse da Criança.*

Complementando as inovações relativas à filiação, a CF/88 suprimiu de vez a discriminação entre filhos de qualquer origem, biológicos ou não biológicos, legítimos ou ilegítimos. Simultaneamente, o modelo de adoção denominado de adoção plena foi incorporado de vez pelo Estatuto da Criança e do Adolescente (ECA — Lei n. 8.069/90), promulgado já sob a vigência da Constituição Cidadã.

Em ato contínuo, no fim do século XX, na década de 90, renasce na doutrina a discussão acerca da afetividade nas relações de família. Na literatura jurídica, Fachin passou a defender que:

> A verdade socioafetiva pode até nascer de indícios, mas toma expressão na prova; nem sempre se apresenta desde o nascimento. Revela o pai que ao filho empresta o nome, e que mais do que isso o trata publicamente nessa qualidade, sendo reconhecido como tal no ambiente social; o pai que ao dar de comer expõe o foro íntimo da paternidade, proclamada visceralmente em todos os momentos, inclusive naqueles em que toma conta do boletim e da lição de casa.[45]

Em decorrência disso, afirma Paulo Lôbo que a filiação cuida de um fato cultural, não apenas fato natural;[46] como um fenômeno socioafetivo, não bastando para tanto o critério biológico em si, pois

---

[44] VILLELA, João Batista. Desbiologização da paternidade. *Revista da Faculdade de Direito da UFMG*, [S.l.], n. 21, fev. 2014, p. 408-409. Disponível em: http://www.direito.ufmg.br/revista/index.php/revista/article/view/1156. Acesso em: 16 mar. 2016.

[45] FACHIN, Luiz Edson. *Da paternidade*: relação biológica e afetiva. Belo Horizonte: Del Rey, 1996, p. 59.

[46] LÔBO, Paulo. Direito ao estado de filiação e direito à origem genética: uma distinção necessária. *Revista CEJ*, Brasília, n. 27, out./dez. 2004, p. 48.

atualmente até para a manutenção da filiação biológica faz-se necessária a convivência familiar e a afetividade.

Ademais, atualmente, considerando a expressão "ou outra origem" presente na regra sobre parentesco do Código Civil de 2002 (artigo 1.593), a doutrina e a jurisprudência têm entendido pela possibilidade da filiação socioafetiva.[47] Dessa forma, hodiernamente, os estudos doutrinários têm apontado para uma classificação da filiação mais abrangente, considerando-se a filiação biológica, que pode advir de uma reprodução humana natural ou assistida, pela consanguinidade ou pela genética, e a não biológica (ou socioafetiva), que pode se constituir pela adoção, "adoção à brasileira"[48] ou posse de estado de filiação.[49]

Há ainda quem indique o caráter não-biológico, e, assim, socioafetivo, nas presunções constantes nos incisos I, II e V do art. 1597 do CC/02, uma vez que no caso dos incisos I e II pouco importa ao legislador se efetivamente houve a procriação estritamente pelos dois cônjuges, bastando a presença da família formada pelo vínculo da conjugalidade, e, no tocante ao inciso V, há o reconhecimento jurídico de uma filiação não-biológica em razão da reprodução heteróloga.[50]

Assim, é inegável que se desenvolveu, muito a partir das discussões doutrinárias,[51] uma filiação que não tem como origem o vínculo biológico[52] e que merece tutela jurídica tanto quanto a filiação fundada

---

[47] LÔBO, Paulo Luiz Netto. A paternidade socioafetiva e a verdade real. *Revista CEJ*, Brasília: jul./set. 2006, n. 34, p. 17.

[48] A "adoção à brasileira" consiste no registro da filiação daquele que se sabe não ser filho biológico sem cumprimento prévio do procedimento legal, razão pela qual não pode efetivamente ser considerada adoção, sendo tal denominação meramente doutrinária/ didática. Ressalte-se que tal prática é tipificada no artigo 242 do Código Penal Brasileiro.

[49] É possível, ainda, o entendimento de que a posse de estado de filiação subdivide-se em *lato sensu* e *stricto sensu*, inserindo-se a adoção à brasileira na posse de estado de filiação *lato sensu*. Nesse sentido expõe ALBUQUERQUE JÚNIOR, Roberto Paulino de. *Op. cit.* 2007, p. 52-78.

[50] Nesse sentido expõe OLIVEIRA, Maria Rita de Holanda Silva. *A autonomia parental e os limites do planejamento familiar no sistema jurídico brasileiro.* Tese (Doutorado) — Universidade Federal de Pernambuco. CCJ. Programa de Pós-Graduação em Direito, 2016, p. 75-76. E sobre a filiação socioafetiva na inseminação heteróloga, também expõe LEAL, Larissa Maria de Moraes. *A indecisão problemática da dignidade humana e seus reflexos nas relações de filiação.* Tese (Doutorado) — Universidade Federal de Pernambuco. CCJ. Programa de Pós-Graduação em Direito, 2006, p. 190.

[51] RODRIGUES JUNIOR, Otavio Luiz. A paternidade na visão do Superior Tribunal de Justiça. *Revista Eletrônica Consultor Jurídico.* Disponível em: https://www.conjur.com.br/2012-set-05/direito-comparado-paternidade-visao-superior-tribunal-justica/. Acesso em: 20 fev. 2022, 23:00.

[52] Muitos relacionam a filiação socioafetiva a um fato social (nesse sentido aponta CALDERÓN. Ricardo. Filiação no direito de família brasileiro: ressignificação a partir da posse de estado e da socioafetividade. *In*: EHRHARDT JÚNIOR, Marcos; CORTIANO

no vínculo biológico, estando aí inserida a reprodução humana assistida heteróloga, uma vez que a realização desse projeto parental demanda a doação de material genético por terceiro e a não utilização de material genético de, pelo menos, um dos pais.

6 A Reprodução Humana Assistida Heteróloga, a Atribuição do Vínculo Filial e o Direito ao Conhecimento da Origem Genética: é possível superar a exigência de anonimato dos(as) doadores(as)?

Não bastasse tudo que foi exposto, sendo inegável o surgimento, a partir de lições doutrinárias, de uma classificação da filiação de acordo (também) com o vínculo socioafetivo, e, por outro lado, também inegável a ausência de previsão legal expressa sobre o tema, ao tomar para si o encargo de resolver a controvérsia acerca da possibilidade jurídica da coexistência dos vínculos biológico e socioafetivo (multiparentalidade), o Supremo Tribunal Federal acabou por fixar em sede de repercussão geral o seguinte enunciado (Tema 622): "*A paternidade socioafetiva, declarada ou não em registro público, não impede o reconhecimento do vínculo de filiação concomitante baseado na origem biológica, com efeitos jurídicos próprios*".[53]

JÚNIOR, Eroulths (coord.). *Transformações no Direito Privado nos 30 anos da Constituição*: estudos em homenagem a Luiz Edson Fachin. Belo Horizonte: Fórum, 2019, p. 661); outros, que lhe são mais críticos, ressaltam a natureza fática e volitiva da socioafetividade (vide CORREIA, Atalá. Insuficiência da afetividade como critério de determinação da paternidade. *Revista de Direito Civil Contemporâneo*, v. 14. ano 5, p. 335-366. São Paulo: Ed. RT, jan./mar. 2018, p. 363). Nessa última vertente, a socioafetividade se distinguiria do princípio da afetividade, reconhecendo-se na primeira a publicização da filiação construída com base em outro elo que não seja o biológico, a partir do intuito — aí entrando em cena o elemento volitivo — de constituição e conectando-se às circunstâncias fáticas, como se verifica da explicação a seguir: "A afirmativa é lúcida, pois distancia a afetividade da afeição, aproximando-a do verdadeiro objeto do Direito, ou seja, a vontade, a ato de liberalidade, a autonomia moral-decisória e suas consequências normativas-vinculadoras. [...] É importante enfatizar que o princípio da afetividade não se confunde com a socioafetividade, sendo institutos jurídicos distintos, mas complementares. A socioafetividade é a publicidade da afetividade, é a emergência do animus constitutivo familiar, no caso em questão a filiação, ao mundo dos fatos. A perenidade e publicidade da relação familiar mostram-se de forma clara nos pressupostos da paternidade socioafetiva, defendidas por Fachin: comportamento cotidiano, sólido e duradouro, cessão do nome familiar e tratamento pater-filial recíproco. A posse de estado de filho, especificamente seus efeitos jurídicos, só é existente, válido e eficaz com a exteriorização e perenidade da escolha" (PORFÍRIO, Danilo. Definição e natureza jurídica do princípio da afetividade. *Revista de Direito de Família e das Sucessões*, v. 3, p. 39-55, abr./ mar. 2015, p. 41-42).

[53] BRASIL. Supremo Tribunal Federal. *Paternidade socioafetiva não exime de responsabilidade o pai biológico, decide STF*. Notícia STF. 21 set. 2016. Disponível em: http://www.stf.jus.br/portal/cms/verNoticiaDetalhe.asp?idConteudo=325781. Acesso em: 12 set. 2020.

Tal julgamento, além de ser relevante por reconhecer juridicamente a existência da filiação socioafetiva, torna-se importante para o debate do problema ora investigado tendo em vista que o julgamento não foi unânime e os Ministros Luiz Edson Fachin e Teori Zavascki apresentaram sua discordância por meio de votos que restaram vencidos e que faziam a distinção entre o direito ao conhecimento da ascendência genética e o direito ao estado de filiação.

Apesar de tais votos não terem sido disponibilizados na íntegra, em virtude do segredo de justiça, é possível apurar o posicionamento dos relatores por meio da sessão do plenário cuja gravação encontra-se disponível na internet,[54] bem como do levantamento de diversas fontes pela doutrina.[55]

Para o Ministro Fachin, o caso não seria de multiparentalidade, eis que para tanto seria necessário o preenchimento dos seguintes requisitos: (i) desejo do pai biológico de exercer a paternidade, o que não seria o caso; (ii) desejo do pai socioafetivo de não querer deixar de ser, o que seria controverso no caso; (iii) o atendimento ao *Melhor Interesse da Criança*. Daí concluiu que o direito de ser filho não é o direito de ser filho a diversos títulos.

Ainda, Fachin partiu do pressuposto de que é necessário distinguir a constituição de uma filiação biológica e socioafetiva do direito de meramente conhecer a própria origem, sendo o caso, na sua perspectiva, resolvido pelo segundo tipo.

Registre-se que tal discussão não é novidade no cenário jurídico brasileiro e é dominante na doutrina civilista brasileira o entendimento de que o estado de filiação não se confunde com o direito de conhecimento da origem genética, sendo o primeiro matéria de direito de família que culmina na atribuição de paternidade e maternidade e o segundo decorrente do direito de personalidade inerente a todos os indivíduos. Nesse sentido bem explica Paulo Lôbo:

---

54 BRASIL. Supremo Tribunal Federal. *Pleno — Paternidade socioafetiva não exime de responsabilidade o pai biológico (1/2)*. Disponível em: https://www.youtube.com/watch?v=qYDKX859BnA&t=1847s; BRASIL. Supremo Tribunal Federal. *Pleno — Paternidade socioafetiva não exime de responsabilidade o pai biológico (2/2)*. Disponível em: https://www.youtube.com/watch?v=vMgMQ0DdVbE. Acesso em: 12 set. 2020.

55 A título exemplificativo, tem-se CAMPOS, Isabel Prates de Oliveira. A multiparentalidade no Supremo Tribunal Federal: considerações acerca dos votos ministeriais no julgamento do Tema 622. *Civilistica*, Rio de Janeiro, a. 9, n. 1, 2020. Disponível em: http://civilistica.com/wp-content/uploads1/2020/05/Campos-civilistica.com-a.9.n.1.2020-2.pdf. Acesso em: 12 set. 2020.

> O objeto da tutela do direito ao conhecimento da origem genética é assegurar o direito da personalidade, na espécie direito à vida, pois os dados da ciência atual apontam para necessidade de cada indivíduo saber a história de saúde de seus parentes biológicos próximos para prevenção da própria vida. Não há necessidade de se atribuir a paternidade a alguém para se ter o direito da personalidade de conhecer, por exemplo, os ascendentes biológicos paternos do que foi gerado por dador anônimo de sêmen, ou do que foi adotado, ou do que foi concebido por inseminação artificial heteróloga.[56]

Não é à toa que a Lei nº 12.010/2009 alterou o artigo 48 do ECA para conferir aos adotados o direito de conhecimento da origem genética, sem que isso enseje o reconhecimento de vínculos filiais, e, ao fazê-lo, deixou claro que os direitos de estado de filiação e de conhecimento da origem genética não se confundem.

No julgamento do STF, além do Ministro Fachin, o Ministro Teori Zavascki também apresentou sua divergência com o voto vencedor. Embora tenha identificado uma dificuldade de negar a condição de paternidade a alguém que biologicamente é o pai, isto é, conjecturou como seria possível reconhecer a paternidade biológica e rejeitar a paternidade jurídica, no caso em apreço entendeu não coincidir a paternidade biológica com a paternidade jurídica, retomando a distinção com o direito de conhecer a ascendência genética.

Em resumo, entenderam os votos-vencidos que o caso específico seria de preponderância da paternidade socioafetiva e não de multiparentalidade, sobretudo ante a ausência de vontade de exercício da filiação biológica, não obstante o genitor biológico tenha contribuído, em certa medida, com seu material genético e para a criação do projeto parental no caso.

É esse mesmo raciocínio que pode ser aplicado à inseminação heteróloga, daí decorrendo que o conhecimento do doador anônimo não implica a atribuição de paternidade ou maternidade ao(à) genitor(a) biológico(a). Sob essa perspectiva, não haveria óbice ao conhecimento do(a) doador(a).

E, de fato, é nesse sentido que parece caminhar o CNJ, haja vista que os provimentos já analisados acabaram por reforçar uma distinção entre o direito ao conhecimento da ascendência genética e o direito ao estado de filiação que afasta a atribuição de parentalidade aos

---

[56] LÔBO, Paulo Luiz Netto. *Op. cit*, 2004, nº 27, p. 53-54.

doadores ou às doadoras (vide art. 513, §3º do Provimento nº 149/2023 do CNJ).[57] Desse modo, à luz dos provimentos do CNJ, a filiação deverá ser estabelecida para os(as) beneficiários(as) que se socorrem dos procedimentos de reprodução humana assistida heteróloga para concretizar um projeto parental com base no seu direito constitucional ao exercício do livre planejamento familiar, e não para aqueles que contribuem tão somente com seu material genético.

Outrossim, cabe ressaltar que o enunciado nº 111 da I JDC já trazia previsão no sentido de a RHA heteróloga não chegar sequer a atribuir vínculo de parentesco ao doador do material genético.[58] Isso porque o estado de filiação, nessa modalidade de RHA, está pautado na expressão volitiva dos beneficiários que se socorrem dos procedimentos médicos para concretizarem seu projeto parental, como orienta o enunciado nº 104, anteriormente comentado.

Não bastasse isso, recentemente, no informativo nº 830, envolvendo caso de reprodução humana assistida heteróloga caseira,[59] o Superior Tribunal de Justiça divulgou que *"é possível presumir a maternidade de mãe não biológica de criança gerada por inseminação artificial 'caseira' no curso de união estável homoafetiva"*, não encontrando qualquer óbice para a atribuição da filiação socioafetiva, embora, pela própria natureza do procedimento, o doador não seja anônimo.

Ainda, do inteiro teor se depreende que a decisão foi possível por não haver regra expressa em sentido contrário e em função do livre planejamento familiar:

> Conquanto o acompanhamento médico e de clínicas especializadas seja de extrema relevância para o planejamento da concepção por meio de técnicas de reprodução assistida, não há, no ordenamento jurídico

---

57 Provimento nº 149/2023 do CNJ: "§3º O conhecimento da ascendência biológica não importará no reconhecimento do vínculo de parentesco e dos respectivos efeitos jurídicos entre o doador ou a doadora e o filho gerado por meio da reprodução assistida".

58 I Jornada de Direito Civil do Conselho da Justiça Federal, grifo nosso: "Enunciado 111 — Art. 1.626: A adoção e a reprodução assistida heteróloga atribuem a condição de filho ao adotado e à criança resultante de técnica conceptiva heteróloga; porém, enquanto na adoção haverá o desligamento dos vínculos entre o adotado e seus parentes consangüíneos, *na reprodução assistida heteróloga sequer será estabelecido o vínculo de parentesco entre a criança e o doador do material fecundante*".

59 Para maior aprofundamento sobre o tema da inseminação caseira ou autoinseminação, ver DANTAS, Carlos Henrique Félix. Inseminação caseira: desafios jurídicos na tutela integral da pessoa. *In*: BARBOZA, Heloísa Helena; ALMEIDA, Vitor (Orgs.). *Novas fronteiras da reprodução assistida:* acesso, direitos e responsabilidades. Indaiatuba, SP: Editora Foco, 2024.

> brasileiro, vedação explícita ao registro de filiação realizada por meio de inseminação artificial "caseira", também denominada "autoinseminação". Ao contrário, a interpretação do art. 1.597, V, do CC/2002, à luz dos princípios que norteiam o livre planejamento familiar e o melhor interesse da criança, indica que a inseminação artificial "caseira" é protegida pelo ordenamento jurídico brasileiro.[60]

E, analisando detidamente o inteiro teor do Recurso Especial nº 2.137.415/SP (2024/0136744-9), nota-se que não se desconhece que quando a reprodução humana assistida heteróloga é realizada com auxílio médico são utilizados gametas de doador anônimo, enquanto no procedimento caseiro, feito sem auxílio médico, são utilizados gametas doados por "terceiro". Ainda assim, o STJ concluiu que "*se a gestação realizada por meio de técnica de inseminação artificial heteróloga foi planejada no curso da união estável homoafetiva, presentes os requisitos previstos no art. 1597, V, do Código Civil, deve, pois, ser reconhecida a filiação*".[61] Em outras palavras: o fato de o doador poder ser conhecido sequer foi discutido e nem se cogitou da atribuição de paternidade fundada no vínculo biológico.

Destaque-se que, diante disso, parece ter andado mal o Projeto de Lei (PL) nº 4/2025 (Projeto de Atualização do Código Civil de 2002) ao dispor no seu art. 1.629-I que todos os dados dos(as) doadores(as) devem ser tratados no "mais estrito sigilo".[62] Afinal, o próprio projeto reconhece, em seu art. 1.629-K, o direito ao conhecimento da origem biológica do(a) filho(a) oriundo do emprego das técnicas de RHA, mediante decisão judicial, diferenciando-o do direito ao estado de filiação, na medida em que ressalva expressamente a hipótese de atribuição de vínculo de filiação com o(a) doador(a). Ora, se não há reconhecimento de vínculo de filiação, baseado puramente na

---

[60] BRASIL. Superior Tribunal de Justiça, *Resp. 2.137.415/SP*. Relatora: Min. Nancy Andrighi. Julgado em: 15/10/2024. Disponível em https://scon.stj.jus.br/SCON/GetInteiroTeorDoAcordao?num_registro=202401367449&dt_publicacao=17/10/2024. Acesso em: 24 jun. 2025.

[61] BRASIL. Superior Tribunal de Justiça, *Resp. 2.137.415/SP*. Relatora: Min. Nancy Andrighi. Julgado em: 15/10/2024. Disponível em https://scon.stj.jus.br/SCON/GetInteiroTeorDoAcordao?num_registro=202401367449&dt_publicacao=17/10/2024. Acesso em: 24 jun. 2025.

[62] Projeto de Lei nº 4/2025, grifo nosso: "Art. 1.629-I. Todos os dados relativos a doadores, receptores e demais recorrentes das técnicas de reprodução medicamente assistida *devem ser tratados no mais estrito sigilo*, não podendo ser facilitadas nem divulgadas informações que permitam a identificação do doador e do receptor."

presença de elo genético, qual a necessidade de impor um anonimato às doações?[63]

Ademais, ao exigir decisão judicial para obtenção de tal conhecimento, o projeto cria outra problemática. Afinal, em razão das decisões judiciais que vinham relativizando sua exigência no caso de parentes até 4º grau, o próprio CFM já havia atenuado o sigilo, e, no entanto, no projeto, pretende-se a devolução ao Judiciário do papel de pronunciar-se novamente sobre uma prática que já vinha sendo consolidada no emprego da RHA heteróloga.

Mais uma vez, torna-se evidente que o conhecimento do doador não interfere na atribuição do vínculo filial, sendo possível superar a exigência de anonimato dos(as) doadores(as) para a utilização de técnicas de reprodução humana assistida heteróloga, uma vez que o CC/02 não o exige, os provimentos do CNJ não vedam expressamente o conhecimento do doador, esse conhecimento já foi relativizado pelas resoluções do CFM, a definição da filiação não considera apenas a contribuição biológica, e, enfim, o conhecimento do(a) doador(a) não deve interferir na atribuição de estado de filiação.

7 Considerações finais

Diante do exposto, o presente artigo chega aos seguintes apontamentos conclusivos:

1. A técnica de RHA heteróloga, constante no art. 1.597, V do CC/02, apresenta como único requisito legal a necessidade de consentimento do(a) cônjuge para fins de atribuição de parentalidade, por meio de presunção absoluta de filiação. Nesse caso, a doutrina defende o reconhecimento de vínculo socioafetivo entre aquele(a) que não contribuiu com seu material genético para desempenho do projeto parental, a valorização da vontade dos(as) beneficiários para reconhecimento do vínculo de filiação e a impossibilidade de questionamento posterior desse vínculo por meio de ação negatória de paternidade.

---

63 Projeto de Lei nº 4/2025, grifo nosso: "Art. 1.629-K. É garantido o sigilo ao doador de gametas, salvaguardado *o direito da pessoa nascida com a utilização de seu material genético de conhecer sua origem biológica, mediante autorização judicial*, para a preservação de sua vida, a manutenção de sua saúde física, a sua higidez psicológica ou por outros motivos justificados.
§1º O mesmo direito é garantido ao doador em caso de risco para sua vida, saúde ou por outro motivo relevante, a critério do juiz. §2º *Nenhum vínculo de filiação será estabelecido entre o concebido com material genético doado e o respectivo doador*".

2. As resoluções do CFM instituíram, em um primeiro momento, um modelo de anonimato absoluto, o qual inviabilizava o conhecimento dos(as) doadores(as) nas técnicas de RHA heteróloga, salvo em situações excepcionais, nas quais era admitido o fornecimento de informações apenas para os(as) médicos(as), resguardada a identidade civil dos(as) doadores(as) nesse processo. Porém, tal diretriz foi relativizada, em 2021, para admitir as doações de gametas feitas por parentes até 4º grau dos(as) beneficiários(as), vedada a fertilização de material genético de parentes de uma mesma família que sejam impedidos de casar-se (vedação ao incesto), nos termos do art. 1.521 do CC/02.
3. Os provimentos do CNJ destinaram-se a regular o registro extrajudicial dos(as) filhos(as) nascidos a partir do emprego das técnicas de RHA, exigindo, inicialmente, nos casos de RHA heteróloga, a juntada de termo de consentimento informado do(a) doador(a) do material genético. Posteriormente, tal requisito foi afastado, em razão da preservação do anonimato nas doações de gametas, sendo ainda a diretriz adotada pelo atual provimento nº 149/2023.
4. A filiação cuida de um fato cultural, não apenas fato natural; como um fenômeno socioafetivo, não bastando para tanto o critério biológico em si, pois atualmente até para a manutenção da filiação biológica faz-se necessário elo socioafetivo. Nesse contexto mais amplo de filiação, a filiação não-biológica merece tutela jurídica tanto quanto a filiação fundada no vínculo biológico, estando aí inserida a reprodução humana assistida heteróloga, uma vez que a realização desse projeto parental demanda a doação de material genético por terceiro e a não utilização de material genético de um dos pais.
5. O conhecimento do doador não interfere na atribuição do vínculo filial, sendo possível superar a exigência de anonimato dos(as) doadores(as) para a utilização de TRHA heteróloga, uma vez que o CC/02 não o exige, os provimentos do CNJ não vedam expressamente o conhecimento do doador e as resoluções do CFM já o relativizaram, bem como a definição da filiação não considera apenas a contribuição biológica, de modo que o conhecimento do(a) doador(a) não deve interferir na atribuição de estado de filiação.

Referências

ALBUQUERQUE JÚNIOR, Roberto Paulino de. A filiação socioafetiva no direito brasileiro e a impossibilidade de sua desconstituição posterior. *Revista Brasileira de Direito de Família*, v. 39, 2007, p. 52-78.

ALVES, Jones Figueirêdo. Reprodução humana assistida começa a se desjudicializar. *Revista Consultor Jurídico*. Publicado em 21 de novembro de 2015, às 9h 00min. Disponível em: https://www.conjur.com.br/2015-nov-21/jones-alves-reproducao-humana-assistida-comeca-desjudicializar. Acesso em: 18 maio 2025.

BARBOZA, Heloisa Helena; BARBOZA, Heloisa Helena; ALMEIDA, Vitor. Os revolucionários efeitos das técnicas de reprodução assistida: a permanência de questões jurídicas em aberto. *In:* BARBOZA, Heloisa Helena; ALMEIDA, Vitor (Org.). *Novas fronteiras da reprodução assistida:* acesso, direitos e responsabilidades. Indaiatuba: Foco, 2024.

BRASIL. Senado Federal. *Projeto de Lei 4, de 2025*. Dispõe sobre a atualização da Lei nº 10.406, de 10 de janeiro de 2002 (Código Civil), e da legislação correlata. Disponível em: https://legis.senado.leg.br/sdleg-getter/documento?dm=9889356&ts=1742333124214&disposition=inline. Acesso em: 24 jun. 2025.

BRASIL. Superior Tribunal de Justiça, *Resp. 1.194.059/SP*. Relator: Min. Massami Uyeda. Julgado em: 06/11/2012. Disponível em: https://scon.stj.jus.br/SCON/GetInteiroTeorDoAcordao?num_registro=201000858082&dt_publicacao=14/11/2012. Acesso em: 19 maio 2025.

BRASIL. Superior Tribunal de Justiça, *Resp. 2.137.415/SP*. Relatora: Min. Nancy Andrighi. Julgado em: 15/10/2024. Disponível em https://scon.stj.jus.br/SCON/GetInteiroTeorDoAcordao?num_registro=202401367449&dt_publicacao=17/10/2024. Acesso em: 24 jun. 2025.

BRASIL. Supremo Tribunal Federal. *Paternidade socioafetiva não exime de responsabilidade o pai biológico, decide STF*. Notícia STF. 21 set. 2016. Disponível em: http://www.stf.jus.br/portal/cms/verNoticiaDetalhe.asp?idConteudo=325781. Acesso em: 12 set. 2020.

BRASIL. Supremo Tribunal Federal. *Pleno — Paternidade socioafetiva não exime de responsabilidade o pai biológico (1/2)*. Disponível em: https://www.youtube.com/watch?v=qYDKX859BnA&t=1847s. Acesso em: 12 set. 2020.

BRASIL. Supremo Tribunal Federal. *Pleno — Paternidade socioafetiva não exime de responsabilidade o pai biológico (2/2)*. Disponível em: https://www.youtube.com/watch?v=vMgMQ0DdVbE. Acesso em: 12 set. 2020.

CALDERÓN. Ricardo. Filiação no direito de família brasileiro: ressignificação a partir da posse de estado e da socioafetividade. *In*: EHRHARDT JÚNIOR, Marcos; CORTIANO JÚNIOR, Eroulths (coord.). *Transformações no Direito Privado nos 30 anos da Constituição*: estudos em homenagem a Luiz Edson Fachin. Belo Horizonte: Fórum, 2019.

CAMPOS, Isabel Prates de Oliveira. A multiparentalidade no Supremo Tribunal Federal: considerações acerca dos votos ministeriais no julgamento do Tema 622. *Civilistica*, Rio de Janeiro, a. 9, n. 1, 2020. Disponível em: http://civilistica.com/wp-content/uploads1/2020/05/Campos-civilistica.com-a.9.n.1.2020-2.pdf. Acesso em: 12 set. 2020.

CONSELHO FEDERAL DE MEDICINA. *Resolução CFM nº 2.320/2022*, de 20 de setembro de 2022. Disponível em: https://sistemas.cfm.org.br/normas/visualizar/resolucoes/BR/2022/2320. Acesso em: 19 maio 2025.

CORREIA, Atalá. Insuficiência da afetividade como critério de determinação da paternidade. *Revista de Direito Civil Contemporâneo*, v. 14. ano 5, p. 335-366. São Paulo: Ed. RT, jan./mar. 2018.

DANTAS, Carlos Henrique Félix. Inseminação caseira: desafios jurídicos na tutela integral da pessoa. *In*: BARBOZA, Heloísa Helena; ALMEIDA, Vitor (Orgs.). *Novas fronteiras da reprodução assistida:* acesso, direitos e responsabilidades. Indaiatuba, SP: Editora Foco, 2024.

DANTAS, Carlos Henrique Félix; SILVA NETTO, Manuel Camelo Ferreira da. O 'abismo' normativo no trato das famílias ectogenéticas: a insuficiência do art. 1597 (incisos III, IV e V) em matéria de reprodução humana assistida homóloga e heteróloga nos 20 anos do Código Civil. *In:* BARBOZA, Heloisa Helena; TEPEDINO, Gustavo; MONTEIRO FILHO, Carlos Edson do Rêgo. (Orgs.). *Direito Civil:* o futuro do direito. Rio de Janeiro: Processo, 2022.

DIAS, Maria Berenice. *Manual de direito das famílias.* 10. ed. São Paulo: Editora Revista dos Tribunais, 2015.

FACHIN, Luiz Edson. *Da paternidade*: relação biológica e afetiva. Belo Horizonte: Del Rey, 1996.

FERRAZ, Ana Claudia Brandão de Barros Correia. *Reprodução humana assistida e suas consequências nas relações de família:* a filiação e a origem genética sob a perspectiva da repersonalização. 2. ed. Curitiba: Juruá, 2016.

GAMA, Guilherme Calmon Nogueira da. *A nova filiação*: o biodireito e as relações parentais: o estabelecimento da parentalidade-filiação e os efeitos jurídicos da reprodução humana assistida heteróloga. Rio de Janeiro: Renovar, 2003.

LEAL, Larissa Maria de Moraes. *A indecisão problemática da dignidade humana e seus reflexos nas relações de filiação.* Tese (Doutorado) — Universidade Federal de Pernambuco. CCJ. Programa de Pós-Graduação em Direito, 2006.

LÔBO, Paulo Luiz Netto. Direito ao estado de filiação e direito à origem genética: uma distinção necessária. *Revista CEJ*, Brasília: out./dez. 2004, n. 27, p. 47-56.

LÔBO, Paulo Luiz Netto. A paternidade socioafetiva e a verdade real. *Revista CEJ*, Brasília: jul./set. 2006, n. 34.

LÔBO, Paulo. Socioafetividade no direito de família: a persistente trajetória de um conceito fundamental. *Revista Brasileira de Direito das Famílias e das Sucessões*. Porto Alegre, v.5, p. 5-22, 2008.

LÔBO, Paulo. *Direito civil:* famílias. 7. ed. São Paulo: Saraiva, 2017.

LOUREIRO, Luiz Guilherme. *Registros públicos:* teoria e prática. 8. ed. Salvador: Juspodivm, 2017.

OLIVEIRA, Maria Rita de Holanda Silva. *A autonomia parental e os limites do planejamento familiar no sistema jurídico brasileiro*. 2016. 297 f. Tese (Doutorado em Direito) — Faculdade de Direito do Recife, Universidade Federal de Pernambuco, 2016. Disponível em: https://repositorio.ufpe.br/bitstream/123456789/19182/1/Maria%20Rita%20Tese%20%20final%20pdf.pdf. Acesso em: 18 maio 2025.

PONTES DE MIRANDA, Francisco Cavalcanti. *Direito de família*: exposição technica e systematica do Codigo Civil brasileiro. Rio de Janeiro: Jacintho Ribeiro dos Santos, 1917.

PORFÍRIO, Danilo. Definição e natureza jurídica do princípio da afetividade. *Revista de Direito de Família e das Sucessões*, v. 3, p. 39-55, abr./ mar. 2015.

RODRIGUES JUNIOR, Otavio Luiz. A paternidade na visão do Superior Tribunal de Justiça. *Revista Eletrônica Consultor Jurídico*. Disponível em: https://www.conjur.com.br/2012-set-05/direito-comparado-paternidade-visao-superior-tribunal-justica?imprimir=1. Acesso em: 20 fev. 2022.

SILVA NETTO, Manuel Camelo Netto. *Planejamento Familiar nas Famílias LGBT:* desafios sociais e jurídicos do recurso à reprodução humana assistida no Brasil. Belo Horizonte: Fórum, 2021.

SILVA NETTO, Manuel Camelo Ferreira da; DANTAS, Carlos Henrique Félix. A reality outside the law: an ethical-legal analysis of the 30 years of deontological regulation of assisted reproduction technologies in Brazil. *BioLaw Journal — Rivista di BioDiritto*, [S. l.], n. 1, p. 467-483, 2023. DOI: 10.15168/2284-4503-2645. Disponível em: https://teseo.unitn.it/biolaw/article/view/2645. Acesso em: 15 maio 2025.

TEPEDINO, Gustavo. A disciplina jurídica da filiação na perspectiva civil-constitucional. *In:* PEREIRA, Rodrigo da Cunha Pereira (Org.). *Direito de família contemporâneo*. Belo Horizonte: Del Rey, 1997.

VECCHIATTI, Paulo Roberto Iotti. Constitucionalidade (e dever constitucional) da classificação da homofobia e da transfobia como crimes de racismo. *In*: DIAS, Marias Berenice (Coord.). *Diversidade sexual e direito homoafetivo*. 3. ed. São Paulo: Editora Revista dos Tribunais, 2017.

VILLELA, João Batista. Desbiologização da paternidade. *Revista da Faculdade de Direito da UFMG*, [S.l.], n. 21, fev. 2014, p. 400-418. Disponível em: http://www.direito.ufmg.br/revista/index.php/revista/article/view/1156. Acesso em: 16 mar. 2016.

Informação bibliográfica deste livro, conforme a NBR 6023:2018 da Associação Brasileira de Normas Técnicas (ABNT):

NETTO, Manuel Camelo Ferreira da Silva; ARAGÃO, Maria Helena Leiro Bancillon de. O Sigilo na Reprodução Humana Assistida Heteróloga: é possível admitir a figura do(a) doador(a) conhecido(a)? *In*: EHRHARDT JÚNIOR, Marcos; CATALAN, Marcos (coord.). *Vida privada, patrimônio e tecnologia*: novos rumos para o direito de família e das sucessões. Belo Horizonte: Fórum, 2025. p. 173-199. ISBN 978-85-450-0968-9.

BIOBANCOS E DISPOSIÇÃO DE MATERIAL GENÉTICO PARA FINS DE PESQUISA COM SERES HUMANOS: DILEMAS A PARTIR DA LEI 14.874/2024

TATHYANNA MARIA MONTEIRO

VITOR ALMEIDA

1 Introdução: a relevância dos biobancos no desenvolvimento biotecnológico nacional

As pesquisas biotecnológicas têm proporcionado melhores condições de vida e a cura de inúmeras doenças a partir do estudo voltado ao conhecimento especializado do corpo humano e suas múltiplas possibilidades. Os avanços nessa seara têm sido destaque na nova era de inovações tecnológicas. O SXSW (South by Southwest), um evento global de referência em inovação, criatividade e cultura,[1] que ocorre anualmente em Austin, no Texas, em 2025 destacou a convergência entre a tecnologia e os seres humanos, sobretudo em relação aos avanços na biotecnologia, computação quântica e medicina. A pesquisadora Amy Webb compartilhou o *Tech Trends Report*, um relatório que analisa e prevê as tendências tecnológicas com maior impacto na sociedade e nos negócios, defendeu que estamos sob a era da Inteligência Viva, que converge inteligência artificial, sensores e biotecnologia.

As pesquisas na seara biomédica abarcam a coleta e o armazenamento de amostras biológicas e o acesso às informações relacionadas

---

1 Disponível em: https://inova.coop.br/indica/noticia/indica-noticias/sxsw-2025-8-tendencias-do-maior-evento-de-inovacao-do-mundo. Acesso em: 05 jun. 2025.

aos resultados de análises clínicas e estudos correlatos, nas quais se observam avanços não apenas em relação aos seres humanos, mas pesquisas em diversos outros campos biológicos como na seara agrícola e veterinária, como o manejo de microorganismos voltados para a pecuária e o bem-estar animal.

Essas células ou tecidos coletados para pesquisa são preservados através de criopreservadores, substâncias químicas que protegem o material utilizado durante o processo de congelamento a temperaturas geralmente abaixo de -130ºC para seu posterior descongelamento.[2] Tal processo permite análise de amostras biológicas por longos períodos e por diversas entidades de pesquisa por todo mundo, já que a troca de informações entre cientistas é habitualmente utilizada na comunidade científica.

Para o manejo desses materiais biológicos para estudos de diversificados fins, utiliza-se as estruturas dos biobancos, que se apresentam em uma numerosa gama de espécies. Há biobancos de células-tronco voltados para pesquisa; de células cerebrais para estudo de metástases nessa região do corpo humano com o objetivo de melhorar o diagnóstico e o tratamento de câncer cerebral;[3] de células primárias relativas a materiais que seriam descartados após procedimentos cirúrgicos para o cultivo *in vitro* com fins à pesquisa de biomedicina;[4] banco de pele, também conhecidos como banco de multitecidos, que compreendem o manejo de pele, ossos e olhos;[5] biobancos de tecidos mamários para inovações de pesquisas relacionadas ao câncer de mama;[6] bancos de soros, plasma sanguíneo e saliva humanas;[7] biobanco de dentes humanos

---

2 AGUIAR, Raíssa Leite Tenorio. Banco de Gametas e Embriões. *In*: BARBOZA, Heloisa Helena; ALMEIDA, Vitor (Coord.). *Novas Fronteiras da Reprodução Assistida*: acessos direitos e responsabilidades. Indaiatuba, SP: Editora Foco, 2024, p. 301.

3 RENACER BRAIN MET — Red Nacional de Metástasis cerebral. Disponível em: https://renacerbrainmet.org/es/. Acesso em: 06 out. 2024.

4 Como exemplo dessa espécie de biobanco pode-se citar o BCRJ — Banco de Células do Rio de Janeiro. Disponível em: https://bcrj.org.br. Acesso em: 06 out. 2024.

5 Essas espécies de biobancos são responsáveis pela captação, processamento e distribuição de pele para pacientes queimados ou com grandes perdas de tecido em razão de traumatismos ou doenças degenerativas, dentre diversos biobancos existentes com essa finalidade, destaca-se o Banco de Pele do Instituto Nacional de Traumatologia e Ortopedia — INTO. Disponível em: https://www.into.saude.gov.br/banco-de-tecidos/banco-pele. Acesso em: 06 out. 2024.

6 Destaca-se o Mayo Clinic, responsável pelo banco vivo de tecidos criopreservados de tecidos mamários. Rede de Notícias da Mayo Clinic. Disponível em: https://newsnetwork.mayoclinic.org/pt/2022/12/06/biobanco-vivo-de-tecido-mamario-da-mayo-clinic-desempenha-papel-importante-em-inovacoes-de-pesquisas/. Acesso em: 05 out. 2024.

7 Biobanco do LNBio/CNPEM. Disponível em: https://lnbio.cnpem.br. Acesso em: 05 out. 2024.

para pesquisa e treinamento de estudantes de odontologia;[8] bancos de biodiversidade e saúde para o estudo de vírus, bactérias e outros microorganismos;[9] de leite humano criado para a promoção, proteção e apoio ao aleitamento materno através da distribuição de leite;[10] bem como banco de sêmen e óvulos, voltados para doação de gametas para reprodução humana assistida.[11]

Há, ainda, biobancos epidemiológicos ou populacionais, que visam o estudo através da coleta e reserva principalmente de sangue, plasma, urina ou de DNA extraído do sangue ou da saliva de populações específicas, expostas ou não a um determinado fator de risco,[12] voltados à promoção de políticas públicas de saúde.

De acordo com o Ministério da Saúde, o Brasil em julho de 2024 possuía 103 (cento e três) biobancos credenciados, sendo 73 (setenta e três) deles apenas na região sudeste,[13] o que revela a importância desses locais para o avanço biotecnológico no País e a relevância do estudo sobre o tema, a fim de que haja o armazenamento ético, legal e rastreável dos materiais e dados colhidos para as pesquisas científicas.

Os biobancos são, portanto, locais responsáveis pela captação, organização e catálogo de material biológico voltado ao armazenamento do material e seus dados, bem como pela emissão de relatórios

---

8 PUC-Campinas cria Biobanco de Dentes Humanos para pesquisas e treinamento de estudantes. Disponível em: https://www.puc-campinas.edu.br/puc-campinas-cria-biobanco-de-dentes-humanos-para-pesquisas-e-treinamento-de-estudantes/. Acesso em: 05 out. 2024.

9 O Biobanco da Biodiversidade e Saúde da Fiocruz (BBS-Fiocruz) é uma plataforma de serviços para pesquisa, desenvolvimento tecnológicos e inovação na área de saúde voltado para interesse taxonômico, epidemiológico e biotecnológico. Biobanco Covid-19 da Fiocruz. Disponível em: https://www.youtube.com/watch?v=NfG97gIL1eA. Acesso em: 05 out. 2024.

10 O Ministério da Saúde possui a Rede de Bancos de Leite Humano (RBLH-BR) que engloba ações de coleta, processamento e distribuição de leite humano para bebês prematuros ou de baixo peso que não possam ser alimentados pelas próprias mães. De acordo com as informações do Ministério da Saúde, no Brasil atualmente há 222 bancos de leite humano no Brasil. Disponível em: https://www.gov.br/saude/pt-br/acesso-a-informacao/acoes-e-programas/banco-de-leite-humano. Acesso em: 06 out. 2024.

11 A título de exemplo, destaca-se o PRO-SEED, banco de sêmen de doadores. Disponível em: https://proseed.com.br/banco-de-semen-de-doadores/. Acesso em: 05 out. 2024. E o WEBank, biobanco de óvulos. Banco de Ovos Líder na América Latina | WeBank (we-bank.net). Disponível em: https://we-bank.net/pt-br/. Acesso em: 05 out. 2024.

12 ROCHA, José Cláudio Casali da. Sub-rede de pesquisa clínica e banco de tumores hereditários. *In*: *Rede nacional de câncer familial*: manual operacional. Instituto Nacional de Câncer — Rio de Janeiro: INCA, 2009, p. 29.

13 Disponível em: https://www.gov.br/conselho-nacional-de-saude/pt-br/acesso-a-informacao/sobre-o-conselho/camaras-tecnicas-e-comissoes/conep/biobancos. Acesso em: 06 out. 2024.

correspondentes obtidos através do manejo do material criopreservado. O presente trabalho, contudo, limita-se à situação dos biobancos de material biológico humano voltado para a pesquisa científica.

A partir da análise do marco regulatório sobre o tema, quais sejam, a Portaria nº 2201/2011 e o Ofício Circular nº 23/2022, ambos editados pelo Ministério da Saúde, bem como a Lei nº 14.874/2024, que estabelece normas sobre a pesquisa em seres humanos, o presente artigo propõe-se a investigar o enquadramento jurídico do negócio jurídico voltado ao abastecimento dos biobancos a partir da disposição do material biológico humano pelo seu titular. Parte-se da hipótese de que a qualificação jurídica adequada seria um negócio jurídico de índole existencial, já que envolve direitos e deveres das partes envolvidas que ultrapassam a usual qualificação de um contrato de doação ou de depósito.

A investigação é justificada ao envolver a crescente criação de novos biobancos que são alimentados diariamente com material biológico humano para fins de pesquisas científicas, o que desperta dilemas bioéticos e jurídicos. Tal cenário desafia a urgência e a atenção que o ordenamento jurídico deve enfrentar o tema, sobretudo a partir da necessária regulamentação específica desses centros de armazenamento e de pesquisa de material humano criopreservado, em especial no que concerne à disposição de material biológico humano.

A partir da metodologia do direito civil constitucional, com especial enfoque no movimento de funcionalização dos institutos à luz dos valores constitucionais, com base no método hipotético-dedutivo de abordagem qualitativa, procura-se investigar a qualificação da disposição do material biológico humano para fins de pesquisa científica. Se, por um lado, a Constituição de 1988 fomenta o desenvolvimento científico e da pesquisa (art. 218), em particular na área da saúde (art. 200, V), por outro, há de se resguardar o valor nuclear da dignidade humana, a proteção da autonomia corporal e os dados sensíveis atrelados ao material disponibilizado, o que demanda uma difícil ponderação.

Para o alcance das restritas finalidades da pesquisa, foram delineados como objetivos específicos: (*i*) apresentar a definição de biobancos através de normas administrativas, regulamentos e legislação pertinente sobre o tema; (*ii*) estudar o processo comunicativo de autorização disposta nos termos de consentimento livre e esclarecido para a disposição do material biológico para fins de pesquisa científica; (*iii*) investigar se essa disposição de amostras biológicas humanas poderia ser classificada como uma espécie de contrato de doação ou de depósito ou seria um negócio jurídico autônomo e atípico com suas especificidades, sobretudo a partir de seu caráter existencial.

2 Definição de biobanco no ordenamento jurídico brasileiro: em busca de consensos terminológicos no labirinto regulatório

Os biobancos podem ser de diversas espécies, como já afirmado, voltados a pesquisa da flora e da fauna, dentre esses para análises de materiais biológicos de animais e seres humanos. São diversas as funções a serem atribuídas a esses centros, como a coleta, armazenamento, organização, registro, emissão de relatórios e fornecimento de dados e de materiais para a pesquisa científica voltada a inúmeras finalidades.

A necessidade de organizar materiais biológicos, coletados para fins de diagnósticos e pesquisa gerou a necessidade da existência de repositórios especializados para a conservação e controle das amostras colhidas, que são atreladas a informações epidemiológicas, patológicas e clínicas fornecidas a pesquisadores de determinados ramos de estudo. Essa demanda fez surgir em todo o mundo uma estrutura complexa chamada de Centro de Recursos Biológicos[14] ou simplesmente biobancos.

Essas estruturas, em razão da relevância nos avanços biotecnológicos no país, são credenciadas pelo Ministério da Saúde através da Comissão Nacional de Ética em Pesquisa em Seres Humanos — CONEP,[15] que está diretamente ligada ao Conselho Nacional de Saúde — CNS. Com composição multidisciplinar, a comissão reúne representantes de diferentes áreas do conhecimento para cumprir sua principal atribuição, que é a avaliação dos aspectos éticos das pesquisas que envolvem seres humanos no Brasil, a fim de elaborar relatórios e diretrizes para a proteção dos participantes das pesquisas.

A referida comissão também coordena o Sistema CEP/CONEP, que é formado pela CONEP, instância máxima de avaliação ética em protocolos de pesquisa envolvendo seres humanos e pelos Comitês de Ética em Pesquisa — CEP, que são as instâncias regionais dispostas em todo território brasileiro. O referido sistema envolve pesquisadores, assistentes de pesquisa, professores e universitários em iniciação científica, bem como instituições de ensino, centros de pesquisa, fomentadores de pesquisa e os participantes da pesquisa.[16]

---

14 ROCHA, José Cláudio Casali da. Sub-rede de pesquisa clínica e banco de tumores hereditários. *In*: *Rede nacional de câncer familial:* manual operacional. Instituto Nacional de Câncer — Rio de Janeiro: INCA, 2009, p. 29.

15 COMISSÃO NACIONAL DE ÉTICA EM PESQUISA EM SERES HUMANOS — CONEP. Disponível em: https://bvsms.saude.gov.br/bvs/publicacoes/conheca_conep_comissao_nacional_etica.pdf. Acesso em: 20 fev. 2025.

16 Disponível em: https://www.gov.br/conselho-nacional-de-saude/pt-br/camaras-tecnicas-e-comissoes/conep. Acesso em: 10 jun. 2025.

Considerando suas atribuições, foi editada a Resolução CNS n. 441, de 12 de maio de 2011, que aprovou as diretrizes para análise ética de projetos de pesquisas que envolvam armazenamento de material biológico humano ou uso de material armazenado em pesquisas anteriores, que revogou a Resolução CNS n. 196/96, que tratava das "Diretrizes e Normas Regulamentadoras de Pesquisas Envolvendo Seres Humanos".

Com a promulgação da Lei nº 14.874, de 28 de maio de 2024, que dispõe sobre a pesquisa com seres humanos e institui o Sistema Nacional de Ética em Pesquisa com Seres Humanos, controverte-se a respeito da permanência da vigência da Resolução CNS nº 441/2011, uma vez que ainda não houve aprovação do decreto regulamentador, o que torna a eficácia dessa legislação bastante limitada. A rigor, não mais surte efeito as disposições da Resolução citada em relação às disposições em contrário contidas na vigente Lei. No entanto, não cabe falar em sua revogação *in totum*, sobretudo levando em conta a morosidade na edição do decreto regulamentador.

Na mesma linha, as Resoluções do CNS nº 292/1999, que regulamentou a área temática especial "Pesquisas Coordenadas do Exterior ou com Participação Estrangeira e Pesquisas que Envolvam Remessa de Material Biológico para o Exterior", nº 340/2004, que organizou a "Pesquisas da Área Temática Especial de Genética Humana", e n. 441/2011, que dispôs sobre o "Armazenamento e Utilização de Material Biológico Humano no Âmbito de Projetos de Pesquisa", todas ainda em vigor em relação aos dispositivos que não contrariam os princípios e regras contidos na Lei nº 14.874/2024.

Antes da edição da Lei de Pesquisa com Seres Humanos, utilizava-se a Lei n. 11.105/2005, conhecida como Lei de Biossegurança, para estabelecer normas de segurança e mecanismos de fiscalização de atividades que envolvem organismos geneticamente modificados e seus derivados. Em particular, a redação do art. 5º que se refere à utilização de células-tronco embrionárias, obtidas de embriões humanos produzidos por fertilização *in vitro* e não utilizados no respectivo procedimento, para fins de pesquisa e terapia, legislação que tangenciou de forma incipiente o tema da pesquisa em seres humanos.

Especificamente sobre o tema, em 2011, o Ministério da Saúde editou a Portaria nº 2.201 a fim de estabelecer as diretrizes nacionais para biorrepositórios e biobancos de material biológico humano com finalidade de pesquisa. A norma baseou-se nos princípios bioéticos da dignidade humana, da autonomia, da beneficência, da justiça e da precaução, bem como na importância dessas estruturas para o manejo de material biológico humano para o desenvolvimento das ciências da saúde.

Posteriormente, em 2022, visando a normativa específica sobre uso de consentimento e assentimento eletrônico para participantes de pesquisa atrelados aos biobancos, o Ministério da Saúde, através da CONEP expediu o Ofício Circular nº 23,[17] voltado aos coordenadores, membros e funcionários administrativos de Comitês de Ética em Pesquisa — CEPs, aos gestores de Biobancos e aos pesquisadores do Sistema CEP/CONEP.

Diante do labirinto de atos normativos e administrativos, tais como resoluções, portarias e ofícios, finalmente, foi promulgada a Lei n. 14.874/2024, que dispõe especificamente sobre princípios, objetivos e regras sobre a pesquisa com seres humanos, bem como institui o Sistema Nacional de Ética em Pesquisa com Seres Humanos. Decerto que a Lei ainda aguarda a edição de seu decreto regulamentador, de modo que diversos dos seus dispositivos tenham eficácia. No entanto, defende-se que todos os atos anteriores continuam a ter vigência, ainda que apenas no que for compatível com a Lei Ordinária e, sobretudo, diante da filtragem constitucional de tais normas.

Com o escopo de delimitar o tema abordado pelo presente ensaio, passa-se a analisar as definições de biobancos nas diversas normativas acima apresentadas. A Portaria nº 2.201/2011, através do art. 3º, II, assim definiu biobancos:

> [...] coleção organizada de material biológico humano e informações associadas, coletado e armazenado para fins de pesquisa, conforme regulamento ou normas técnicas, éticas e operacionais pré-definidas, sob responsabilidade e gerenciamento institucional dos materiais armazenados, sem fins comerciais.

Esse mesmo conceito que foi repetido no art. 2º, V, da Lei nº 14.874/2024:

> [...] coleção organizada, sem fins comerciais, de material biológico humano e de informações associadas, coletados e armazenados para fins de pesquisa, conforme regulamento ou normas técnicas, éticas e

[17] MINISTÉRIO DA SAÚDE. Ofício Circular nº 23/2022/CONEP/SECNS/DGIP/SE/MS Brasília, 17 de outubro de 2022. Disponível em: https://www.gov.br/conselho-nacional-de-saude/pt-br/acesso-a-informacao/sobre-o-conselho/camaras-tecnicas-e-comissoes/conep/biobancos/legislacao/oficio-circular-no-23_2022.pdf/view. Acesso em: 06 out. 2024.

operacionais predefinidas, sob responsabilidade e gerenciamento de instituição pública ou privada.

Nesse ponto é importante mencionar também a definição de biorrepositórios, que são estruturas voltadas à coleção de material biológico humano, coletado e armazenado, com escopo a um projeto de pesquisa específico, nos termos dos art. 3º, III, da Portaria nº 2.201/2011 e art. 2º, VI, da Lei nº 14.874/2024, diferentemente dos biobancos, que são correlacionados a uma gama indefinida de pesquisas.

Em um cenário legislativo ainda muito incipiente sobre o assunto e com um caleidoscópio de atos infralegais, ao investigar a qualificação jurídica sobre essa disposição do material biológico humano para fins de pesquisa, Judith Martins-Costa e Márcia Santana Fernandes examinaram o instituto dos biobancos e afirmaram existir uma polissemia sobre o neologismo criado a indicar essa estrutura complexa.[18] Designaram-no como uma coleção de material biológico, seja humano ou animal, para estudo e pesquisa e informações associadas, reservados para fins de pesquisa de acordo com regulamentos ou normas técnicas, deontológicas e funcionais predefinidas pelos órgãos de controle.[19]

O biobanco, associado aos serviços de processamento de amostras e aos bancos de dados subjacentes aos materiais armazenados, é uma estrutura, que entre as muitas espécies existentes, determinada pelos fins a que foram propostos, seja para doação de material, como nos casos de banco de gametas ou leite maternos,[20] seja para disposição para pesquisa e estudos diagnósticos de doenças.

Nesse contexto, seja qual for a finalidade proposta, os biobancos são arranjos formados com o escopo de reservar amostras através da

---

[18] FERNANDES, Márcia Santana; MARTINS-COSTA, Judith. Os biobancos e a doação de material biológico humano: um ensaio de qualificação jurídica. *In*: GOZZO, Débora; LIGEIRA, Wilson Ricardo. (Orgs.). *Bioética e Direitos Fundamentais*. São Paulo: Saraiva, 2012, p. 226.

[19] ASHTON-PROLLA P, CLAUSELL N, Fernandes MS, Matte U, Bittelbrunn AC, Hemesath MP, Kuchenbecker R, Goldim JR. Biobanco do Hospital de Clínicas de Porto Alegre: Aspectos Técnicos, Éticos, Jurídicos e Sociais. *Clin Biomed Res* [Internet]. 12º de maio de 2009 [citado 17º de fevereiro de 2025]; 29(1). Disponível em: https://seer.ufrgs.br/index.php/hcpa/article/view/8599. Acesso em: 17 fev. 2025.

[20] Cf. Resolução RDC n. 171, de 04 de setembro de 2006, que dispõe sobre o Regulamento Técnico para o funcionamento de bancos de leite humano. "O Ministério da Saúde e a Fundação Oswaldo Cruz criaram a Rede Brasileira de Bancos de Leite Humano (RBLH-BR) em 1998 com a missão de promover, proteger e apoiar o aleitamento materno, coletar e distribuir leite humano com qualidade certificada e contribuir para a diminuição da mortalidade infantil". Disponível em: https://www.gov.br/saude/pt-br/assuntos/saude-de-a-a-z/d/doacao-de-leite. Acesso em: 14 jun. 2025.

coleta de material biológico fresco, congelado rapidamente à baixíssimas temperaturas em tanques de nitrogênio líquido ou em congeladores com temperatura de 130 graus celsius negativos para posterior manejo por pesquisadores de diferentes ramos de estudo.[21]

Essas formações são alimentadas através da disposição do material biológico de seres humanos que consentem com a coleta, reserva e pesquisa de suas células e tecidos, nos limites descritos pelos biobancos ou biorrepositórios e firmados nos termos de consentimento livre e esclarecido fornecidos pelos cientistas responsáveis, sobre o que se passa a analisar no próximo tópico.

3 Termo de consentimento livre e esclarecido na disposição de material biológico para fins de pesquisa

A qualidade biológica da amostra do material humano estudado e dos relatórios clínicos são elementos essenciais a qualquer biobanco. Nesse sentido, a obtenção dos objetos de pesquisa por meio da autorização dos titulares dos materiais biológicos a serem pesquisados é a base legal para essas estruturas e para as pesquisas científicas a eles correlatas. Para fins dessa coleta, armazenamento, estudo e utilização dos dados envolvidos na pesquisa associada aos biobancos é necessário obter um termo de consentimento livre e esclarecido, a fim de que haja a devida autorização, de maneira informada, sobre o futuro manejo das amostras biológicas e a correta anotação sobre o indivíduo sujeito à pesquisa. O referido documento também confere segurança à adequada dos materiais conservados, a obedecer ao anonimato das pessoas envolvidas, nos termos dos arts. 17 e 50 da Lei nº 14.874/2024.[22]

A garantia ao anonimato também é tratada no art. 19 da aludida Lei, ao determinar a privacidade do participante e o sigilo das informações coletadas na condução dos trabalhos científicos vinculados.

---

[21] MAGER, S.R.; OOMEN, M.H.; MORENTE, M.M.; RATCliFFE, C.; KNOX, K.; KERR, D.J.; PEZZEllA, F.; RiEGMAN, P.H. Standard operating procedure for the collection of fresh frozen tissue samples. *European Journal of Cancer*, vol. 43, p. 828-834, Epub 2007.

[22] "Art. 17. Todos os envolvidos na condução, no acompanhamento, na avaliação ou na aprovação da pesquisa que tiverem acesso direto aos registros dela, para verificar o cumprimento dos procedimentos e da legislação aplicável e a validade ou a integridade dos dados, deverão zelar pela preservação da confidencialidade dos dados e do anonimato do participante da pesquisa, de acordo com a legislação vigente"; "Art. 50. O local onde ocorrem a utilização e o armazenamento do material biológico deverá dispor de sistema de segurança que garanta o sigilo da identidade do participante da pesquisa e a confidencialidade dos dados".

O art. 61, por sua vez, dispõe que a proteção desses dados, tido como sensíveis, são regulados por seus dispositivos legais, e apenas subsidiariamente protegidos nos termos da Lei nº 13.709/2018, que dispõe sobre a Lei Geral de Proteção de Dados Pessoais. Tal dispositivo causa certo estranhamento, na medida em que a proteção dos dados pessoais, especificamente os genéticos,[23] em razão da coleta de material biológico humano deve ser reforçada a partir da aplicação conjunta e coordenada de ambos os estatutos normativos. Em outras palavras, não se trata de uma aplicação subsidiária, mas sim da máxima efetividade dos comandos contidos nas Leis nº 13.709/2018 e 14.874/2024 na legalidade constitucional, em especial a garantia fundamental estampada no art. 5º, inciso LXXIX, o qual prevê que "é assegurado, nos termos da lei, o direito à proteção dos dados pessoais, inclusive nos meios digitais".[24]

No manejo dos dados coletados, os biobancos devem estabelecer mecanismos para proteção da confidencialidade das informações vinculadas aos participantes, compartilhando entre diferentes bancos de pesquisa apenas dados anônimos ou codificados,[25] devendo a chave para o código permanecer com o gestor desses dados, observadas as disposições da Lei nº 12.527/2011, que trata sobre o acesso à informação, e da Lei Geral de Proteção de Dados Pessoais.

---

[23] "A Lei Geral de Proteção de Dados Pessoais (Lei nº 13.709/2018) classificou os dados genéticos como sensíveis (artigo 5º, II), sujeitando-os a um regime mais rigoroso de tratamento. Entretanto, os dispositivos legais revelam-se insuficientes diante da complexidade das novas práticas envolvendo bancos de dados genômicos, especialmente os biobancos. Esses repositórios, públicos ou privados, armazenam material biológico humano e informações genéticas com fins de pesquisa, diagnóstico ou desenvolvimento tecnológico, e vêm sendo utilizados cada vez mais por empresas farmacêuticas, instituições acadêmicas e corporações". LANA, Rachel Reis. Dados genéticos e proteção da privacidade: biobancos e a aplicação da LGPD. Disponível em: https://www.conjur.com.br/2025-jun-06/dados-geneticos-e-protecao-da-privacidade-biobancos-e-a-aplicacao-da-lgpd/. Acesso em: 10 jun. 2025.

[24] Incluído pela Emenda Constitucional n. 115, de 2022.

[25] "Sob essa perspectiva, a proteção da privacidade genética deve ser tratada como um direito humano fundamental, que exige não apenas dispositivos legais, mas também uma cultura de responsabilização ética, participação cidadã e regulação democrática. A ausência de um debate público amplo sobre o uso de dados genéticos, especialmente em contextos de vulnerabilidade, como populações indígenas, pessoas com deficiência ou grupos historicamente discriminados, revela um déficit de justiça epistêmica e de equidade biomédica. Portanto, mais do que adequar a prática científica aos limites da LGPD, é necessário repensar os próprios fundamentos da regulação da genética humana. O direito à privacidade, a proteção contra a discriminação genética, a garantia de não comercialização do corpo humano e a defesa do bem comum devem ser os pilares de uma nova abordagem jurídica — mais protetiva, preventiva e participativa. Sem isso, o risco é transformar o avanço biotecnológico em um vetor de exclusão, vigilância e exploração". LANA, Rachel Reis. Dados genéticos e proteção da privacidade: biobancos e a aplicação da LGPD. Disponível em: https://www.conjur.com.br/2025-jun-06/dados-geneticos-e-protecao-da-privacidade-biobancos-e-a-aplicacao-da-lgpd/. Acesso em: 10 jun. 2025.

É necessário, portanto, que haja o consentimento prévio do titular do material biológico ou de seu representante legal, a ser manifestada livre de vícios, dependência, subordinação ou intimidação, após informação clara, completa e pormenorizada sobre a finalidade da coleta, depósito e utilização do material biológico humano, potenciais benefícios, riscos e incômodos, a ser confirmado pela assinatura ou impressão datiloscópica em termo de consentimento livre e esclarecido (TCLE).[26]

A fim de agilizar o procedimento e conferir maior controle das informações, antes da edição da lei ordinária específica sobre o tema, o Ministério da Saúde através do Ofício Circular nº 23/2022, já permitia o consentimento e assentimento posto de forma eletrônica, realizado de forma presencial ou remota, através de sistema eletrônico, plataforma ou ferramenta que sejam munidos de elevados níveis de segurança para as informações do participante.[27] O regulamento administrativo ainda permitia que o consentimento e assentimento eletrônico poderiam ser colhidos em formato de áudio, vídeo ou documento PDF, entre outras configurações.[28]

Dessa forma, a fim de que o procedimento seja efetivamente de conhecimento dos sujeitos a ele submetidos, é importante que o termo de consentimento livre e esclarecido seja formulado em linguagem adequada às particularidades de cada participante, a fim de que haja a efetiva elucidação sobre todo o procedimento voltado à alimentação dos biobancos. O correto esclarecimento deve ser construído como um processo de consentimento e assentimento, que poderá ocorrer de

---

26 Nos exatos termos do art. 3º, VI da Portaria nº 2.201/2011: "Consentimento Livre e Esclarecido: anuência prévia do sujeito ou de seu representante legal, livre de vícios, dependência, subordinação ou intimidação, após esclarecimento claro, completo e pormenorizado sobre a finalidade da coleta, depósito e utilização do material biológico humano, potenciais benefícios, riscos e incômodos, confirmado pela assinatura ou impressão datiloscópica em Termo de Consentimento Livre e Esclarecido (TCLE), autorizando sua participação voluntária". Por sua vez, o art. 2º, inciso LIII, da Lei nº 14.874/2024: "Termo de Consentimento Livre e Esclarecido (TCLE): documento no qual é explicitado o consentimento livre e esclarecido do participante da pesquisa, ou do seu responsável legal, de forma escrita, com todas as informações necessárias, em linguagem clara e objetiva, de fácil entendimento, para o completo esclarecimento sobre a pesquisa da qual se propõe participar".

27 Nos exatos termos do item 1.1, IV do Ofício Circular nº 23/2022: "Consentimento e assentimento eletrônico: consistem na formalização do consentimento e assentimento em sistema eletrônico, plataforma ou ferramenta eletrônica que permita níveis elevados de segurança para as informações do consentidor, que pode ser realizado de forma presencial ou remota".

28 Prevê o item 4.2. do Ofício Circular nº 23/2022: "O sistema deve permitir o consentimento e assentimento eletrônico em formato de áudio, vídeo ou documento PDF, entre outros. Quando o consentimento e assentimento for documental, este deve ser apresentado, preferencialmente, nos mesmos formatos e formatações acessados pelos participantes da pesquisa".

forma presencial ou remota, devendo o pesquisador explicar ao participante, de maneira simples e objetiva, como se dará o registro de sua participação da pesquisa e informá-lo sobre cada etapa.

Ademais, a informação quanto ao manejo da amostra biológica não deve se ater ao termo que é firmado previamente à coleta, devendo os pesquisadores abrirem oportunidades para discutir as informações do estudo com os sujeitos fornecedores dos materiais conforme a pesquisa for se desenvolvendo. Para fins de amplo conhecimento e entendimento das etapas e consequências atreladas ao ensaio em desenvolvimento, devem ser disponibilizados horários e formas de contato com o pesquisador e sua equipe, tais como conferências por meio de vídeo, ligações telefônicas, mensagens eletrônicas, e-mail, aplicativos de mensagens, ou chat *on line*, propiciando possibilidades para que o participante possa sanar eventuais dúvidas.[29]

Esse procedimento contínuo de comunicação, concomitantemente verbal e escrito, não deve ficar restrito a um único momento, havendo de ser realizado como um verdadeiro processo, consubstanciado no princípio da informação continuada,[30] que deve ser observado em todo o decorrer do procedimento de pesquisa não apenas no aceite inicial firmado no termo de consentimento livre e esclarecido, em respeito à autonomia privada existencial do sujeito participante.

Importante destacar que os deveres de elucidação devem ainda observar o direito à informação, ou seja, de querer saber, e, sua versão negativa, o chamado direito de não saber — sobre si próprio, nomeadamente sobre o seu corpo e a sua saúde, tanto no que diz respeito a

[29] Nos precisos termos do item 2.2. do Ofício Circular nº 23/2022: "IV - O processo de consentimento e assentimento poderá ocorrer de forma presencial ou remota, devendo o (a) pesquisador (a) explicar ao (à) participante, de maneira simples e objetiva, como se dará o registro de seu consentimento e assentimento para participar da pesquisa. Essas informações devem constar no protocolo de pesquisa e nos termos de consentimento e de assentimento. V - A equipe de pesquisa deve oferecer ao (à) participante, antes da formalização do consentimento e assentimento, oportunidades para discutir as informações do estudo, em tempo real. VI - Durante o processo de consentimento e assentimento, devem ser disponibilizados horários e formas de contato com o (a) pesquisador (a) e sua equipe, tais como conferências com vídeo, ligações telefônicas, mensagens eletrônicas, e-mail, aplicativos de mensagem, ou chat on-line, propiciando oportunidades para que o (a) participante tire suas dúvidas. VII - Independentemente do meio utilizado para a comunicação, a equipe da pesquisa deve explicar ao (à) participante sobre a importância da segurança do local onde se dará o processo de consentimento, para que sejam garantidos o sigilo e a confidencialidade necessários".

[30] FERNANDES, Márcia Santana; MARTINS-COSTA, Judith. Os biobancos e a doação de material biológico humano: um ensaio de qualificação jurídica. *In*: GOZZO, Débora; LIGEIRA, Wilson Ricardo. (Org.). *Bioética e Direitos Fundamentais*. São Paulo: Saraiva, 2012, p. 249.

questões atuais e futuras. Este tema é retratado no art. 5º, alínea *c*, da Declaração Universal sobre o Genoma Humano e os Direitos Humanos, de 1997, ao afirmar que se deve respeitar o direito de as pessoas decidirem que se lhes informe ou não sobre os resultados de um exame ou teste genético e de suas possíveis consequências.

Nesse sentido também dispõe a Declaração Internacional sobre Dados Genéticos Humanos ao estabelecer, no art. 10º, que deve ser advertido, previamente à coleta, dados genéticos do participante, o seu direito de decidir em ser ou não informado dos resultados de exames ou de pesquisas.[31]

Nessa perspectiva há o interessante julgado do Superior Tribunal de Justiça, no Recurso Especial nº 1.195.995, relativo ao voto prolatado pela Relatora Ministra Nancy Andrighi sobre o tema.[32] O caso retratava o pedido de danos morais de um paciente em relação ao hospital onde estivera internado, que, de forma negligente, realizou exame de "anti HIV", com resultado positivo, e não de "anti HCV", conforme solicitado pelo médico que o acompanhava. Desse modo, soube-se de um diagnóstico sem se ter recorrido a ele, sobre o qual se defendeu a tese do direito de não saber.[33]

A Relatora proferiu voto divergente da 3ª Turma, restando vencida em seus fundamentos. Asseverou que o direito de não saber abrangeria o livre-arbítrio das pessoas em querer saber ou não algo concernente unicamente à sua esfera privada, sobretudo quando não se consideram preparadas para encarar a verdade dos fatos. Dessa forma, seria um direito afeito ao direito à vida privada, que deve ser observado.

Na medida em que são qualificados como dados pessoais sensíveis,[34] as informações coletadas para fins de pesquisa são ligadas

---

[31] Nos exatos termos do art. 10º da Declaração Internacional sobre Dados Genéticos Humanos (2003): "Direito a decidir ser ou não informado dos resultados da investigação Quando são recolhidos dados genéticos humanos, dados proteómicos ou amostras biológicas para fins de investigação médica e científica, as informações fornecidas na altura do consentimento deverão indicar que a pessoa em causa tem direito a decidir ser ou não informada dos resultados. Esta cláusula não se aplica à investigação sobre dados irreversivelmente dissociados de pessoas identificáveis nem a dados que não conduzam a conclusões individuais relativas às pessoas que participaram na referida investigação. Se necessário, o direito a não ser informado deverá ser tornado extensivo aos familiares identificados dessas pessoas que possam ser afectados pelos resultados". Disponível em: https://bvsms.saude.gov.br/bvs/publicacoes/declaracao_inter_dados_genericos.pdf. Acesso em: 6 out. 2024.

[32] STJ, 3ª T., REsp. n. 1.195.995, Rel. Min. Nancy Andrighi, julg. 06 abr. 2011.

[33] Sobre o tema, v. MULHOLLAND, Caitlin. O direito de não saber como decorrência do direito à intimidade. *Civilistica.com* - Revista Eletrônica de Direito Civil, v. 1, p. 1, 2012.

[34] Nesse sentido, cf. item 1.1, VI, do Ofício Circular nº 23/2022: "Dados pessoais sensíveis: dados pessoais que, se conhecidos e processados, podem ser utilizados de forma discriminatória ou dolosa para o indivíduo, grupo familiar ou social e até mesmo para a

à intimidade genética, e, uma vez conhecidos e processados, permitem o uso de forma discriminatória em face ao indivíduo, grupo familiar ou social e até mesmo contra a coletividade, sobretudo porque podem abranger informações sobre origem racial ou étnica, condição socioeconômica, convicções religiosas, opiniões políticas, filiação a sindicatos ou a organizações de caráter religioso, filosófico ou político, dados referentes à saúde, à orientação e vida sexual, dados genéticos e biométricos, razão pela qual se deve ter o devido cuidado. Vale frisar que o art. 38 da Lei nº 14.874/2024 estabelece que os "estudos com material biológico de origem humana devem evitar a discriminação e a estigmatização de pessoa, família ou grupo, quaisquer que sejam os benefícios alcançados com a pesquisa".

Verifica-se, portanto, que, embora a Lei de Pesquisa com Seres Humanos trate do respeito à privacidade do participante e da estrita observância das regras de confidencialidade de dados para garantir a preservação do sigilo sobre a identidade do sujeito,[35] a ampla proteção desses dados foi abordada apenas no referido Ofício Circular, que, de forma expressa, classifica-os como dados sensíveis, fornecendo exemplos específicos.

Dessa forma, é necessário a devida atenção aos dados informados, coletados e manejados pelos biobancos, o que revela a premente criação de uma lei de proteção de dados sensíveis voltados exclusivamente à saúde e atividades correlatadas, o que inclui materiais biológicos e genéticos, a fim de que esse direito não fique restrito à normativa administrativa do Ministério da Saúde.[36]

O cuidado no manejo desses materiais e dos dados a eles relacionados deve ser rigidamente observado para evitar que situações semelhantes à do caso das células HeLa se repitam. Nesse caso, as células cancerígenas de Henrietta Lacks foram utilizadas em pesquisas científicas ao redor do mundo, cujos resultados contribuíram para a fabricação de medicamentos e o desenvolvimento de diversos tratamentos, porém sem a devida autorização ou mesmo informação

---

coletividade, tais como: dados sobre a origem racial ou étnica; condição socioeconômica; convicções religiosas; opiniões políticas; filiação a sindicatos ou a organizações de caráter religioso, filosófico ou político; dados referentes à saúde, à orientação e vida sexual; dados genéticos e biométricos".

[35] Conforme disposto no art. 3º, VI, da Lei nº 14.874/2024: "respeito à privacidade do participante da pesquisa e às regras de confidencialidade de seus dados, garantida a preservação do sigilo sobre sua identidade".

[36] SOUZA, Paulo Vinicius Sporleder de. Biobancos, dados genéticos e proteção jurídico-penal da intimidade. *Revista da AMRIGS*, Porto Alegre, 56 (3): 268-273, jul./set., 2012, p. 272.

à sua família sobre o uso do material biológico, que apenas soube dos estudos realizados com sua amostra anos após sua morte.[37]

O consentimento, portanto, deve expressar todas as informações acerca da pesquisa, dos direitos atinentes à participação do sujeito e do tratamento das amostras biológicas e informações associadas, devendo ser aposto de forma expressa e escrita, não apenas como um único momento, prévio ao início do procedimento, mas como um permanente processo comunicativo entre o paciente, laboratórios de pesquisas e biobancos.

A partir das normas relacionadas e conceitos estudados, passa-se a examinar a adequada qualificação jurídica das autorizações dispostas nos termos de consentimento livre e esclarecido firmados entre os sujeitos de pesquisa e os biobancos, a fim de disporem de seu material biológico para coleta, armazenamento e estudos científicos.

4 A qualificação jurídica da disposição de amostras biológicas humanas para os biobancos

A disposição do material biológico e de seus dados para fins de pesquisa a serem coletados, armazenados e utilizados deve ser gratuita e altruísta, mediante consentimento em vida, que poderá ter efeitos *post mortem*,[38] nos termos do art. 39 da Lei nº 14.874/2024. A rigor, cuida-se de regra específica sobre disposição de partes do corpo humano com propósito particular de servir para pesquisa, que deve seguir como diretriz norteadora o previsto nos arts. 13, que trata dos atos de disposição do corpo em vida, salvo nos casos de diminuição física permanente e contrariedade à cláusula geral de bons costumes,[39] e 14, ambos do Código Civil, que autoriza, por sua vez, a disposição gratuita do próprio corpo, no todo ou em parte, com objetivo científico ou altruístico para depois da morte, podendo ser o ato revogado a qualquer

[37] Cf. SKLOOT, Rebecca. *A vida imortal de Henrietta Lacks*. São Paulo: Companhia das Letras, 2011.

[38] De acordo com o parágrafo único do art. 39 da referida Lei, a disposição *post mortem* deve obedecer ao disposto no Código Civil e à Lei n. 8.501/1992, que dispõe sobre a utilização de cadáver não reclamado, para fins de estudo ou pesquisas científicas. Nos termos do seu art. 2º, o cadáver não reclamado junto às autoridades públicas, no prazo de trinta dias, poderá ser destinado às escolas de medicina, para fins de ensino e de pesquisa de caráter científico.

[39] V. BODIN de MORAES, Maria Celina; CASTRO, Thamis Ávila Dalsenter Viveiros de. A autonomia existencial nos atos de disposição do próprio corpo. *Pensar* (UNIFOR), v. 19, p. 779-818, 2014.

momento. Cuida-se de legítimo exercício da autonomia corporal no âmbito da relativa disponibilidade dos direitos da personalidade, que encontra finalidade compatível com os princípios constitucionais para fins de disposição.

A fim de investigar a qualificação jurídica da disposição gratuita de material biológico humano e de seus dados, indispensável uma leitura funcionalizada do dispositivo em comento de modo a verificar sua compatibilidade com a tábua axiológica constitucional, bem como analisar a legitimidade dos atos autorizativos da disposição. Nessa linha, Pietro Perlingieri leciona que os atos de autonomia possuem um denominador comum que consiste na observância de serem dirigidos à realização de interesses e de funções que merecem tutela e que são socialmente úteis, ao tempo que essa utilidade social dos atos e atividades não apresentem contradição com a segurança, a liberdade e a dignidade da pessoa humana.[40]

Em que pese o art. 39 da Lei nº 14.874/2024 não inove de forma significativa em relação ao teor do art. 14 do Código Civil, de todo importante salientar que sua disposição é útil na medida em que traz norma específica a respeito do armazenamento e utilização de material biológico humano para fins de pesquisa com seres humanos, o que fornece segurança jurídica a tais relações. Decerto, ainda, que no período de promulgação da Lei Civil as pesquisas científicas com materiais biológicos de seres humanos vivos a serem criopreservados e estudados por longos períodos não era tão promissor e relevante como hodiernamente.

Respeitada a dignidade da pessoa humana, a disposição de parte do corpo em vida, o que inclui o material genético ou biológico, de forma gratuita e altruística encontra amparo na legalidade constitucional, desde que o participante da pesquisa tenha consentido voluntariamente como sujeito de pesquisa.[41]

---

[40] PERLINGIEIRI, Pietro. *Perfis do direito civil*: introdução ao direito civil constitucional. Trad. Maria Cristina de Cicco. Rio de Janeiro: Renovar, 2002, p. 19.

[41] Conforme descrito na definição disposta no art. 3º, XVI, da Portaria do Ministério da Saúde: "sujeito da pesquisa: aquele que, de forma esclarecida, livre e autônoma, consente em participar de pesquisas, atuais ou potenciais, associadas ao armazenamento de material biológico humano em biorrepositório ou biobanco". Esse mesmo entendimento é editado no item 1.1, VIII, do Ofício Circular n. 23/2022: "Participante de pesquisa: pessoa que, de forma esclarecida e voluntária, ou sob o esclarecimento e autorização de seu(s) responsável(eis) legal(is), aceita ser pesquisada." E no art. 2º, XXX, da Lei nº 14.874/2024: "participante da pesquisa: indivíduo que, de forma livre e esclarecida, ou sob esclarecimento e autorização de seu responsável legal, participa voluntariamente da pesquisa".

Nesse sentido, interessante destacar a redação dos arts. 20 e 26 da Portaria n. 2.201/2011, ao estabelecer que o material biológico humano é do sujeito da pesquisa, cabendo à instituição sua guarda e ao pesquisador dos biorrepositórios e biobancos seu gerenciamento. Dessa forma, investiga-se se essa disposição de parte do corpo deveria ser catalogada como contrato de doação ou de depósito do material biológico para fins de estudo pormenorizado.

Uma vez que gratuitos em sua disposição, indaga-se se esse negócio jurídico poderia ser qualificado como contrato de doação. Contudo, esbarrara-se no fato de que não há transferência de titularidade do material biológico colocado em disposição para fins de pesquisa, já que pertencente ao sujeito-participante, nos termos aludidos pela Portaria ministerial. Além disso, o art. 538 do Código Civil, ao dispor sobre essa espécie contratual, estabelece sobre a transferência de patrimônio como essencial a caracterizá-lo, o que, por si só, já afastaria essa classificação quanto à disposição das amostras biológicas para estudo, uma vez que não são dotados de cunho econômico.

Dessa forma, verifica-se que o cunho gratuito ou benéfico do contrato de doação não deve ser confundido com ausência de remuneração, mas porque há a transferência de patrimônio ao donatário sem que haja qualquer contrapartida, sem correspectividade de prestações, ainda que gravada com encargo.[42] O cerne econômico, portanto, permanece em sua classificação, caracterizando-o em sua substância.

A seu turno, ao analisar sua categorização como contrato de depósito, visto que o material biológico seria de titularidade do sujeito de pesquisa e não do biobanco ou biorepositório, recorre-se ao art. 627 do Código Civil, que dispõe que o depositário, pessoa que recebe o bem móvel alheio com a obrigação de guardá-lo e restituí-lo a pedido de depositante, teria o "cuidado de custódia",[43] leitura que poderia levar a crer que essa roupagem cairia bem à análise em questão.

Apesar de ser comumente classificado como um contrato gratuito, no depósito as partes podem estipular uma contraprestação, nos termos do art. 628 do Código Civil, aplicando-se o mesmo entendimento acima esposado quanto ao caráter patrimonial atrelado ao negócio em

---

42 TEPEDINO, Gustavo; BARBOZA, Heloisa Helena; MORAES, Maria Celina Bodin de. *Código Civil interpretado conforme a Constituição da República*. Vol. II, 2 ed. Rio de Janeiro: Renovar, 2012, p. 215.

43 LOPEZ, Teresa Ancora. Teresa Anconta. *Comentários ao Código Civil*, vol. VII, São Paulo: Saraiva, 2003, p. 343.

questão, a despeito de poder ser firmado sem contraprestação. Nesse sentido, Orlando Gomes ensina que a gratuidade não seria da essência desse tipo negocial, sobretudo pela forma que é ordinariamente utilizado,[44] mormente sob remuneração.

Ao analisar as consequências do contrato de depósito no caso de descumprimento das prestações correlatas, como, por exemplo, o depósito judicial[45] ou direito de retenção,[46] verifica-se que tais efeitos não são aplicáveis, uma vez que os materiais biológicos humanos postos à disposição dos biobancos e biorrepositórios não são meras coisas, não havendo a possibilidade de depósito em juízo e tão pouco direito de retenção sobre as amostras biológicas.

Conforme Clóvis Bevilaqua, o contrato deve ser entendido como instrumento de expansão da atividade econômica, submetido à função de compor e fazer convergirem interesses divergentes.[47] Desse modo, a gratuidade do contrato não se confunde com o fato de o negócio jurídico ter ou não cunho patrimonial, já que a onerosidade é vinculada ao conceito de contraprestação sinalagmática e não com o teor não econômico do negócio.

Assim, rejeita-se a qualificação da disposição de material biológico humano como um contrato, cuja principal característica é a circulação de riquezas tendo em vista seu aspecto essencialmente patrimonial, de modo a não se enquadrar como contrato de doação ou de depósito, ou qualquer outro tipo contratual, previsto ou não em lei. Como ensina Enzo Roppo, o contrato é uma operação econômica com formalização jurídica, o que desvela sua intrínseca patrimonialidade.[48]

Justamente por falta de perfil funcional econômico, que Márcia Santana Fernandes e Judith Martins-Costa defendem que a disposição de material biológico para fins de pesquisa não se enquadraria no perfil de contrato,[49] seja de doação, seja de depósito, sobretudo por envolver

---

[44] GOMES, Orlando. *Contratos*. 26 ed., Rio de Janeiro: Forense, 2008, p. 339.

[45] "Art. 635. Ao depositário será facultado, outrossim, requerer depósito judicial da coisa, quando, por motivo plausível, não a possa guardar, e o depositante não queira recebê-la".

[46] "Art. 644. O depositário poderá reter o depósito até que se lhe pague a retribuição devida, o líquido valor das despesas, ou dos prejuízos a que se refere o artigo anterior, provando imediatamente esses prejuízos ou essas despesas".

[47] BEVILAQUA, Clovis. *Direito das Obrigações*. Campinas: Red Livros, 2000, p. 209-213.

[48] ROPPO, Enzo. *O contrato*. Trad. Ana Coimbra e M. Januário C. Gomes. Coimbra: Livraria Almedina, 1988, p. 7-10.

[49] FERNANDES, Márcia Santana; MARTINS-COSTA, Judith. Os biobancos e a doação de material biológico humano: um ensaio de qualificação jurídica. *In*: GOZZO, Débora; LIGEIRA, Wilson Ricardo. (Org.). *Bioética e Direitos Fundamentais*. São Paulo: Saraiva, 2012, p. 238.

direitos da personalidade sem cunho patrimonial, encaixando-os como negócios jurídicos existenciais.

Vale frisar que o art. 13 da Portaria Ministerial nº 2.201/2011 dispõe que as pesquisas provenientes dos materiais biológicos humanos armazenados em biorrepositório ou biobanco devem prever o retorno dos benefícios à sociedade, o que reforça que tais disposições não se revestem com caráter oneroso para fins próprios ou particulares, mas sim em prol de toda a coletividade.

Rose Vencelau Meireles advoga a favor do surgimento de uma nova modalidade negocial a partir dos avanços biotecnológicos, apta a referenciar qualquer negócio jurídico relacionado a situações jurídicas existenciais que tenha o ser humano e sua dignidade como foco, denominando-os de negócios biojurídicos.[50] Deste modo, verifica-se que esses negócios jurídicos teriam como objeto um direito voltado ao livre desenvolvimento da personalidade, consubstanciado pela cláusula geral de proteção e pela promoção da dignidade humana, conforme se extrai do disposto no art. 1º, III, da Constituição da República.[51]

Esses negócios jurídicos têm, portanto, como objeto, direitos da personalidade e afetam a dignidade ao atingir diretamente seu corpo humano, dentre os quais também é possível mencionar a disposição de material genético,[52] diretiva antecipada de vontade e contratos de reprodução humana assistida. Ademais, deve-se destacar que uma terminologia específica para tais negócios revela a complexidade da disposição de partes do corpo para fins de pesquisa, descolando-os da concepção clássica de negócio jurídico, ajudando no justo enquadramento e estudo dos institutos correlatos.

Importante salientar que a pesquisa em seres humanos envolve uma cadeia negocial que igualmente deve observar a gratuidade e a proteção dos dados pessoais do sujeito participante, sob pena de afronta à dignidade. Nesse sentido, o art. 45 da Lei nº 14.874/2024 determina

---

[50] MEIRELES, Rose Melo Vencelau. Negócios biojurídicos. *In*: PONA, Éverton Willian; AMARAL, Ana Cláudia Corrêa Zuin Mattos; MARTINS, Priscila Machado (Coord.). *Negócio jurídico e liberdades individuais*: autonomia privada e situações jurídicas existenciais. Curitiba: Juruá, 2016, p. 110.

[51] MEIRELES, Rose Melo Vencelau. Negócios biojurídicos. *In*: PONA, Éverton Willian; AMARAL, Ana Cláudia Corrêa Zuin Mattos; MARTINS, Priscila Machado (Coord.). *Negócio jurídico e liberdades individuais*: autonomia privada e situações jurídicas existenciais. Curitiba: Juruá, 2016, p. 110.

[52] Nessa seara, indica-se que as limitações desse tipo negocial no âmbito da reprodução humana assistida estão dispostas na Resolução CFM nº 2.320/2022, que igualmente estabelece o caráter gratuito das disposições de materiais genéticos.

que o material biológico e os dados da pesquisa devem ser "utilizados exclusivamente para a finalidade prevista no respectivo projeto, exceto quando, no TCLE, for concedida a autorização expressa para que eles possam ser utilizados em pesquisas futuras, para fins exclusivamente científicos, desde que observadas as disposições desta Lei e do regulamento".

Por isso, nos casos previamente autorizados no TCLE, o material biológico humano e suas informações associadas armazenadas em biobancos ou biorrepositórios poderão ser formalmente transferidos para outro biobanco ou biorrepositório, conforme autorizado nos arts. 46 e 47, desde que atendidas as exigências do art. 45 e outras normas incidentes.

De modo a manter a gratuidade em toda a cadeia de negócios entabulados no qual há material biológico humano, o art. 49 da Lei nº 14.874/2024 veda, de forma expressa, a compra, venda, ou qualquer outro tipo de comercialização, por pessoas físicas ou jurídicas, em caráter eventual ou permanente, em desacordo com as normas vigentes. Em complemento, o parágrafo único do aludido dispositivo excepciona a vedação ao dispor que "não se considera comercialização a cobrança de valores para fins de recuperação de custos com insumos, materiais, exames laboratoriais, processamento, armazenamento, transporte e honorários".

A finalidade da vedação a qualquer forma de comercialização de material biológico humano encontra amparo no art. 199, §4º da Constituição da República, o qual dispõe sobre o princípio da gratuidade na remoção de órgãos, tecidos e substâncias humanas para fins de transplante, pesquisa e tratamento, bem como a coleta, processamento e transfusão de sangue e seus derivados. Além disso, é de todo indispensável proteger os materiais biológicos humanos e os dados pessoais sensíveis associados dos participantes da pesquisa, sobretudo na medida em que sua disposição é gratuita e altruística, igualmente a transferência entre biobancos e biorrepositórios deve atender tais exigências, em benefício de toda a coletividade, sob pena de esfacelamento de toda a proteção da pessoa humana.

5 Considerações finais

A pesquisa e o manejo de material humano biológico descortinaram negócios cujos objetos são dotados de características que fogem das clássicas categorizações do Direito Civil. A reprodução humana assistida, as pesquisas com células e microrganismos, o aproveitamento de material biológico que seria descartado para fins de análises clínicas, o estudo de células cancerígenas e outras formas de manipulação de material biológico humano trouxeram à baila a necessidade de estudo atento às peculiaridades do tema, com a finalidade de tutelar às partes envolvidas nesse processo e proteger a dignidade do sujeito de pesquisa.

Desse modo, ao disponibilizar material biológico aos biobancos, presume-se que o sujeito de pesquisa é plenamente capaz para a tomada de decisões a respeito da disposição de partes, tecidos e substâncias do corpo humano, fundamentadas em seus valores e crenças pessoais,[53] sobre as quais firmará autorização pautada no conhecimento prévio sobre todo o procedimento que irá se submeter.

Convém examinar os chamados biobancos sob sua perspectiva funcional, ou seja, coleção organizada, sem fins patrimoniais, de material biológico humano, coletados, armazenados e classificados para fins de pesquisa. Nessa direção, defende-se que a disposição de matéria orgânica humana ultrapassa os tradicionais conceitos de contratos de doação ou de depósito, revelando-se como negócios jurídicos complexos que demandam exame mais detido. Dessa maneira, por ausência de cunho patrimonial, afastou-se sua categorização como espécie contratual de qualquer tipo. Inclusive, a promulgação da Lei nº 14.874/2024 parece validar tal posição, eis que reforça que a disposição de material biológico humano deve ser gratuita e altruística, bem como a transferência entre biobancos e biorrepositórios.

Desse modo, conclui-se que o melhor enquadramento para a disposição de material biológico humano aos biobancos é de negócio jurídico de índole existencial, cujo objeto é parte, tecido ou substância do corpo humano, que integra a cartilha dos direitos da personalidade, cujo substrato é a dignidade da pessoa humana, de todo inafastável no exame funcional de toda a complexa cadeia negocial que envolve as pesquisas com seres humanos.

Referências

AGUIAR, Raíssa Leite Tenorio. Banco de Gametas e Embriões. *In*: BARBOZA, Heloísa Helena; ALMEIDA, Vitor (Coord.). *Novas Fronteiras da Reprodução Assistida*: acesso, direitos e responsabilidades. Indaiatuba, SP: Editora Foco, 2024.

---

53 BEAUCHAMP, Tom L.; CHILDRESS, James F. *Princípios de ética biomédica*. Edições Loyola, São Paulo, 2002, p. 142.

ANVISA. *Anvisa habilita primeira empresa importadora de células germinativas e embriões no Brasil* — Agência Nacional de Vigilância Sanitária - Anvisa (www.gov.br). Disponível em: https://www.gov.br/anvisa/pt-br/assuntos/noticias-anvisa/2023/anvisa-habilita-primeira-empresa-importadora-de-celulas-germinativas-e-embrioes-no-brasil. Acesso em: 08 de out. de 2024.

ANVISA. *Resolução nº 4.042*, de 25 de outubro de 2023 - DOU - Imprensa Nacional (in.gov.br). Disponível em: https://www.in.gov.br/web/dou/-/resolucao-re-n-4.042-de-25-de-outubro-de-2023-519750237. Acesso em: 08 de out. de 2024.

ASHTON-PROLLA P, CLAUSELL N, Fernandes MS, Matte U, Bittelbrunn AC, Hemesath MP, Kuchenbecker R, Goldim JR. Biobanco do Hospital de Clínicas de Porto Alegre: Aspectos Técnicos, Éticos, Jurídicos e Sociais. *Clin Biomed Res* [Internet]. 12º de maio de 2009 [citado 17º de fevereiro de 2025];29(1). Disponível em: https://seer.ufrgs.br/index.php/hcpa/article/view/8599. Acesso em: 17 de fev. 2025.

BCRJ - Banco de Células do Rio de Janeiro. Disponível em: https://bcrj.org.br. Acesso em: 06 out. 2024.

BEAUCHAMP, Tom L.; CHILDRESS, James F. *Princípios de ética biomédica*. Edições Loyola, São Paulo, 2002.

BEVILAQUA, Clovis. *Direito das Obrigações*. Campinas: Red Livros, 2000.

CNDO — *Cadastro Nacional de Doadoras de Óvulos*. Disponível em: https://cndo.com.br. Acesso em: 05 out. 2024.

FERNANDES, Márcia Santana; MARTINS-COSTA, Judith. Os biobancos e a doação de material biológico humano: um ensaio de qualificação jurídica. *In*: GOZZO, Débora; LIGEIRA, Wilson Ricardo. (Org.). *Bioética e Direitos Fundamentais*. São Paulo: Saraiva, 2012.

FIOCRUZ — *Início | biobanco-covid19* (fiocruz.br). Disponível em: https://biobanco-bbs.fiocruz.br/pt-br. Acesso em: 05 out. 2024.

FRAZÃO, Ana; LINDOSO, Maria Cristine. Deveres e responsabilidade civil dos agentes de tratamento de dados. Uma perspectiva de gênero sobre as limitações do consentimento. *In*: MATOS, Ana Carla Harmatiuk; CUNHA; Leandro Reinaldo da; ALMEIDA, Vitor. (Coord.). *Responsabilidade Civil, Gênero e Sexualidades*. Indaiatuba, SP: Editora Foco, 2024.

GOMES, Orlando. *Contratos*. 26 ed., Rio de Janeiro: Forense, 2008.

INTO — *Banco de Pele do Instituto Nacional de Traumatologia e Ortopedia* — INTO. Disponível em: https://www.into.saude.gov.br/banco-de-tecidos/banco-pele. Acesso em: 06 out. 2024.

LANA, Rachel Reis. *Dados genéticos e proteção da privacidade*: biobancos e a aplicação da LGPD. Disponível em: https://www.conjur.com.br/2025-jun-06/dados-geneticos-e-protecao-da-privacidade-biobancos-e-a-aplicacao-da-lgpd/. Acesso em: 10 jun. 2025.

LNBIO — Laboratório Nacional de Biociências. *Biobanco do LNBio/CNPEM*. Disponível em: https://lnbio.cnpem.br. Acesso em: 05 out. 2024.

LOPEZ, Teresa Ancora. Teresa Anconta. *Comentários ao Código Civil*, vol. VII, São Paulo: Saraiva, 2003.

MAGER, S.R.; OOMEN, M.H.; MORENTE, M.M.; RATCliFFE, C.; KNOX, K.; KERR, D.J.; PEZZEllA, F.; RiEGMAN, P.H. Standard operating procedure for the collection of fresh frozen tissue samples. *European Journal of Cancer*, vol. 43, p. 828-834, Epub 2007.

MAYO CLINIC. Biobanco vivo de tecido mamário da Mayo Clinic desempenha papel importante em inovações de pesquisas — *Rede de Notícias da Mayo Clinic*. Disponível em: https://newsnetwork.mayoclinic.org/pt/2022/12/06/biobanco-vivo-de-tecido-mamario-da-mayo-clinic-desempenha-papel-importante-em-inovacoes-de-pesquisas/. Acesso em: 05 out. 2024.

MEIRELES, Rose Melo Vencelau. Negócios biojurídicos. *In*: PONA, Éverton Willian; AMARAL, Ana Cláudia Corrêa Zuin Mattos; MARTINS, Priscila Machado (Coord.). *Negócio jurídico e liberdades individuais:* autonomia privada e situações jurídicas existenciais. Curitiba: Juruá, 2016.

MINISTÉRIO DA SAÚDE. *Banco de Leite Humano* — Ministério da Saúde (www.gov.br). Disponível em: https://www.gov.br/saude/pt-br/acesso-a-informacao/acoes-e-programas/banco-de-leite-humano. Acesso em: 06 out. 2024.

MINISTÉRIO DA SAÚDE. *Biobancos — Conselho Nacional de Saúde* (www.gov.br). Disponível em: https://www.gov.br/conselho-nacional-de-saude/pt-br/acesso-a-informacao/sobre-o-conselho/camaras-tecnicas-e-comissoes/conep/biobancos. Acesso em: 07 out. 2024.

MINISTÉRIO DA SAÚDE. Conselho Nacional de Saúde. *Ética em Pesquisa*. Disponível em: https://www.gov.br/conselho-nacional-de-saude/pt-br/acesso-a-informacao/sobre-o-conselho/camaras-tecnicas-e-comissoes/conep. Acesso em: 05 out. 2024.

MINISTÉRIO DA SAÚDE. *Mapa geral de biobancos credenciados* (julho/2024). https://www.gov.br/conselho-nacional-de-saude/pt-br/acesso-a-informacao/sobre-o-conselho/camaras-tecnicas-e-comissoes/conep/biobancos. Acesso em: 06 out. 2024.

MINISTÉRIO DA SAÚDE. *Ofício Circular nº 23/2022/CONEP/SECNS/DGIP/SE/MS* Brasília, 17 de outubro de 2022. Disponível em: https://www.gov.br/conselho-nacional-de-saude/pt-br/acesso-a-informacao/sobre-o-conselho/camaras-tecnicas-e-comissoes/conep/biobancos/legislacao/oficio-circular-no-23_2022.pdf/view. Acesso em: 06 out. 2024.

MINISTÉRIO DA SAÚDE. *Portaria nº 2.201*, de 14 de setembro de 2011. Disponível em: https://bvsms.saude.gov.br/bvs/saudelegis/gm/2011/prt2201_14_09_2011.html. Acesso em: 05 out. 2024.

MULHOLLAND, Caitlin. O Direito de não saber como decorrência do direito à intimidade — Comentário ao REsp 1.195.995. *Civilistica.com*. Rio de Janeiro, a. 1, n. 1, jul./set., 2012. Disponível em: 27-Texto integral-13-43-10-20180516.pdf. Acesso em: 06 out. 2024.

ORFAO de Matos A. Biobancos (técnico). *In*: Romeo Casabona CM (Dir.). *Enciclopedia de bioderecho y bioética*. Tomo I. Granada: Comares; 2011.

PAVÃO, Juliana Carvalho; ESPOLADOR, Rita de Cássia Resquetti Tarifa. Paradigma contemporâneo e os negócios biojurídicos: Seleção Embrionária. *Scientia Iuris*, Londrina, v. 22, n. 2, p.244-271, jul., 2018.

PEREIRA, Paula Moura Francesconi de Lemos; ALMEIDA, Vitor. Os desafios da reprodução assistida post mortem e o alcance do testamento genético: ampliando as formas de disposição do próprio corpo após a morte. *In*: TEIXEIRA, Daniele Chaves (Coord.). *Arquitetura do planejamento sucessório*. Belo Horizonte: Fórum, 2022.

PERLINGIEIRI, Pietro. *Perfis do direito civil:* introdução ao direito civil constitucional. Trad. Maria Cristina de Cicco. Rio de Janeiro: Renovar, 2002.

PERLINGIEIRI, Pietro. *Manuale di diritto civile*. Napólis: Esi. 2007.

PUC CAMPINAS — *PUC-Campinas cria Biobanco de Dentes Humanos para pesquisas e treinamento de estudantes*. Disponível em: https://www.puc-campinas.edu.br/puc-campinas-cria-biobanco-de-dentes-humanos-para-pesquisas-e-treinamento-de-estudantes/. Acesso em: 05 out. 2024.

PRO-SEED. *Banco de Sêmen de Doadores* - Pro-Seed. Disponível em: https://proseed.com.br/banco-de-semen-de-doadores/. Acesso em: 05 out. 2024.

RENACER BRAIN MET — *Red Nacional de Metástasis cerebral*. Disponível em: https://renacerbrainmet.org/es/. Acesso em: 06 out. 2024.

ROCHA, José Cláudio Casali da. Sub-rede de pesquisa clínica e banco de tumores hereditários. *In*: *Rede nacional de câncer familial:* manual operacional / Instituto Nacional de Câncer — Rio de Janeiro: INCA, 2009.

SOUZA, Paulo Vinicius Sporleder de. Biobancos, dados genéticos e proteção jurídico-penal da intimidade. *Revista da AMRIGS*, Porto Alegre, 56 (3): 268-273, jul./set., 2012.

TEPEDINO, Gustavo; BARBOZA, Heloisa Helena; MORAES, Maria Celina Bodin de. *Código Civil interpretado conforme a Constituição da República*. Vol. II. 2 ed. Rio de Janeiro: Renovar, 2012.

UNESCO. *declaracao_inter_dados_genericos.pdf* (saude.gov.br). Disponível em: https://bvsms.saude.gov.br/bvs/publicacoes/declaracao_inter_dados_genericos.pdf. Acesso em: 06 out. 2024.

UNESCO — *La Declaración Universal sobre el Genoma Humano y los Derechos Humanos: de los principios a la practica* - UNESCO Digital Library. Disponível em: https://unesdoc.unesco.org/ark:/48223/pf0000122990_spa. Acesso em: 06 out. 2024.

WEBANK — *Banco de Ovos Líder na América Latina* | WeBank (we-bank.net). Disponível em: https://we-bank.net/pt-br/. Acesso em: 05 out. 2024.

Informação bibliográfica deste livro, conforme a NBR 6023:2018 da Associação Brasileira de Normas Técnicas (ABNT):

MONTEIRO, Tathyanna Maria; ALMEIDA, Vitor. Biobancos e disposição de material genético para fins de pesquisa com seres humanos: dilemas a partir da Lei 14.874/2024. *In*: EHRHARDT JÚNIOR, Marcos; CATALAN, Marcos (coord.). *Vida privada, patrimônio e tecnologia*: novos rumos para o direito de família e das sucessões. Belo Horizonte: Fórum, 2025. p. 201-224. ISBN 978-85-450-0968-9.

HERANÇA DIGITAL

GISELDA MARIA FERNANDES NOVAES HIRONAKA

1 Introdução

O fenômeno digital é recente e mesmo as gerações um pouco anteriores às atuais não possuíam patrimônios digitais relevantes. Nos últimos tempos, porém, tem ganhado destaque, por exemplo, com disputas sobre o acesso a contas de e-mails, serviços de armazenamento em nuvem, perfis em redes sociais e criptoativos. Trata-se, pois, de questão das mais relevantes, em nosso tempo, a demandar disciplina jurídica, a fim de se evitar divergências jurisprudenciais ou mesmo abusos perpetrados *post mortem* a partir de termos de uso de certos provedores de serviços.

No presente ensaio, gostaria de tratar da herança digital, um dos temas mais contemporâneos e intrincados que interessam ao Direito das Sucessões, devidamente, contemplado no Projeto de Lei 04/2025, apresentado pelo senador Rodrigo Pacheco.

Para enfrentá-lo é essencial que se conheçam as categorias de bens digitais, trabalho já muito bem sintetizado e sistematizado pela doutrina brasileira, de modo que, ao nos referirmos a tais categorias, não pretendemos inovar a questão, mas somente fincar as balizas que nos permitem delinear adequadamente seu necessário tratamento legislativo.

Neste estudo, ainda analisaremos a disciplina que o PL 04/2025 dispensou ao tema a partir da proposta contida no Livro VI — Do Direito Digital, oportunidade em que realçamos a indispensabilidade de uma previsão normativa frente à peculiaridade dos novos bens, à pressão que eles têm exercido sobre a tradicional forma de transmissão da herança e às dinâmicas sociais.

2 Premissas

Dos atuais livros do Código Civil, o Livro V, que disciplina a sucessão *mortis causa*, talvez tenha sido o que menos sofreu alterações se comparado ao Código Civil de 1916.[1] O que temos, então, é um conjunto de normas jurídicas que, com maior ou menor eficiência, vêm atendendo, com quase o mesmo cabedal normativo do século passado, às demandas que lhe são apresentadas.

De modo geral, tal longevidade não significa, necessariamente, descolamento ou vício, mas a virtude de uma disciplina que foi sendo interpretada e ajustada aos novos desafios que diuturnamente lhe são propostos. Em outras palavras, uma primeira premissa a se fixar é que uma lei não deixa de ser boa por ser antiga.

A conveniência da manutenção de uma disciplina anterior só passa a ser questionada no momento em que o substrato fático a que ela se aplica tenha se alterado de tal forma e com tal intensidade que a disciplina normativa se torna, por um lado, ineficiente para fazer frente às demandas ordinárias e, por outro, insuficiente para atender às novas necessidades.

Foi a verificação desse esgarçamento, bem como a denúncia ao anacronismo das regras sucessórias, que já há algum tempo era fomentado em sede doutrinária, que produziu, entre nós, a necessidade de criação da Comissão de Juristas para a Atualização e Reforma da Lei Civil de 2002.

De fato, se considerado o período que vai de 1916, ano de promulgação do Código Beviláqua, até 2002, quando foi promulgado o Código em vigor, a despeito das mudanças tecnológicas, sociais e econômicas, a disciplina normativa sucessória tinha, de algum modo, se acomodado, ainda que com ajustes pontuais,[2] às mudanças e exigências dos novos tempos.

O núcleo central da disciplina, porém, permanecia inalterado: o Direito das Sucessões se ocupa do destino do patrimônio sucessível do morto, transferindo-o, após a sua morte e de forma automática, aos herdeiros legítimos e testamentários. Nesse sentido, a lição precisa de Clovis Beviláqua, ainda aplicável aos nossos dias:[3]

---

1 TOMASEVICIUS FILHO, Eduardo. O legado do Código Civil de 1916. *Revista da Faculdade de Direito da Universidade de São Paulo*, São Paulo, v. 111, p. 85-100, jan./dez. 2016. p. 94.

2 Vide, por exemplo, a inovação da concorrência sucessória no contexto do PL 634/1975, ou a simplificação das formalidades testamentárias.

3 BEVILAQUA, Clovis. *Direito das sucessões*. Edição histórica. Rio de Janeiro: Editora Rio, 1983. p. 14.

> Direito hereditário ou das sucessões é o complexo dos princípios, segundo os quais se realiza a transmissão do patrimônio de alguém, que deixa de existir. Essa transmissão constitui a sucessão; o patrimônio transmitido denomina-se herança; e quem o recebe se diz herdeiro.

Adiante, no mesmo trabalho, o autor assinala que a herança é o conjunto de bens, o patrimônio, que alguém deixa ao morrer. Implica, portanto, a transferência da universalidade das relações jurídicas dotadas de valor econômico.[4] Compartilhava de tal parecer Itabaiana de Oliveira, para quem, em sentido estrito, o termo "sucessão" indicava a transmissão do patrimônio de alguém que morre, a uma ou mais pessoas vivas.[5]

Em síntese, a ideia de patrimônio e herança sempre vieram intrincadamente associadas, não se discutindo a transmissão de direitos e deveres meramente pessoais, porque entendia-se, o que continua correto, ao menos, *a priori*, que tais posições de cunho existencial se extinguiam com a morte. Assim, não integrariam o conteúdo da herança, os direitos da personalidade, os direitos de família puros ou os direitos de caráter público, como são os direitos políticos,[6] apesar de diversas situações não patrimoniais continuarem a produzir efeitos mesmo após a morte de seu titular.[7]

Também não tinham repercussão sucessória os bens patrimoniais de escasso valor econômico, como fotografias, cartas ou diários, pois expressavam essencialmente interesses afetivos.[8]

No entanto, com o surgimento da internet, a facilitação de seu acesso a partir da década de 2000 e o desenvolvimento das novas tecnologias, passamos a observar uma revolução que tem desafiado, inclusive, as bases tradicionais do Direito Sucessório, a par das mudanças que segue produzindo em nossa vida cotidiana e em nossos hábitos.

---

4 BEVILAQUA, Clovis. *Direito das sucessões*. Edição histórica. Rio de Janeiro: Editora Rio, 1983. p. 19-20.

5 OLIVEIRA, Arthur Vasco Itabaiana de. *Tratado de direito das sucessões*. 5. ed. Rio de Janeiro: Freitas Bastos, 1986. p. 29.

6 OLIVEIRA, Arthur Vasco Itabaiana de. *Tratado de direito das sucessões*. 5. ed. Rio de Janeiro: Freitas Bastos, 1986. p. 34; MORAES, Walter. *Programa de direito das sucessões*: teoria geral e sucessão legítima. São Paulo: Editora Revista dos Tribunais, 1980. p. 69-70.

7 BARBOZA, Heloisa Helena; ALMEIDA, Vitor. Tecnologia, morte e direito: em busca de uma compreensão sistemática da 'herança digital'. *In*: TEIXEIRA, Ana Carolina Brochado; LEAL, Livia Teixeira (Coord.). *Herança digital*: controvérsias e alternativas. Indaiatuba: Editora Foco, 2021. p. 01-20.

8 MADALENO, Rolf. *Sucessão legítima*. 2. ed. Rio de Janeiro: Forense, 2020.

No plano dos fatos, de um lado, alterou-se a forma de adquirir e acumular riqueza. Historicamente, a acumulação era marcada pela apropriação,[9] ao passo que, em nossos dias, os bens estão se descorporificando e ainda se virtualizando, tendência que deve se intensificar à medida que as pessoas passam mais tempo conectadas à rede. Por outro lado, alterou-se a forma de interação com os bens existenciais, que hoje podem ter relevância *post mortem* maior, não só nos casos de violação a reflexos da personalidade do morto, como positivado nos respectivos parágrafos únicos dos arts. 12 e 20 do Código Civil.

No plano normativo, a virtualização da vida e os novos bens jurídicos estão pressionando as bases do Direito das Sucessões. Mas para melhor entender o que isso significa, precisamos analisar, brevemente, o perfil desses novos bens, ignorados, não raro, por seus próprios titulares.

3 As categorias de bens digitais

Na sociedade imersa no paradigma virtual, é natural que diversas projeções da pessoa humana passem a ser incorporadas ao mundo digital — a tais projeções em rede costuma-se chamar bens digitais,[10] gênero que incorpora os variados conteúdos postados, compartilhados, adquiridos ou mesmo alienados por meio do ambiente virtual, incluindo desde ativos econômicos a situações que não traduzem um valor pecuniário.

Apesar de ainda não haver, entre nós, qualquer definição legal em relação aos bens digitais,[11] mesmo no Marco Civil da Internet ou na Lei Geral de Proteção de Dados,[12] poderíamos vislumbrar a construção

---

9 TEIXEIRA, Ana Carolina Brochado; KONDER, Carlos Nelson. O enquadramento dos bens digitais sob o perfil funcional das situações jurídicas. *In*: TEIXEIRA, Ana Carolina Brochado; LEAL, Livia Teixeira (Coord.). *Herança digital*: controvérsias e alternativas. Indaiatuba: Editora Foco, 2021.

10 ZAMPIER, Bruno. *Bens digitais:* cybercultura, redes sociais, e-mails, músicas, livros, milhas aéreas, moedas virtuais. 2. ed. Indaiatuba: Editora Foco, 2021. p. 62.

11 "O Código Civil vigente, elaborado em e para um mundo analógico, não identifica o tratamento dessas situações [atividades por meio da rede mundial de computadores] — e nem poderia, pois à época da elaboração do projeto que deu origem à codificação civil de 2002, sequer existiam" (BURILLE, Cíntia. *Tutela à vida privada e "herança digital"*: a problemática da sucessão *causa mortis* dos bens digitais. Dissertação (Mestrado em Direito) — Faculdade de Direito da Fundação Escola Superior do Ministério Público, Porto Alegre. 2021. p. 68).

12 HONORATO, Gabriel; LEAL, Lívia Teixeira Leal. Exploração econômica de perfis de pessoas falecidas: reflexões jurídicas a partir do caso Gugu Liberato. *Revista Brasileira de Direito Civil*, Belo Horizonte, v. 23, p. 155-173, jan./mar. 2020. p. 158.

de três categorias nele incluídas: os bens digitais patrimoniais, os bens existenciais e os bens digitais patrimoniais-existenciais.[13]

Sobre os bens digitais patrimoniais, não há dúvida ao afirmar que compõem o patrimônio de seu titular, justamente por terem uma feição pecuniária. Exemplos são as criptomoedas; as milhas aéreas; as ferramentas que incrementam jogos virtuais e são adquiridas onerosamente na mesma plataforma; e os livros, filmes e músicas comprados em formatos digitais. Sendo integrantes do patrimônio digital, o direito de propriedade sobre eles deve ostentar as mesmas faculdades detidas pela propriedade tradicional,[14] de modo a permitir, por exemplo, a sucessão *causa mortis*.

A categoria dos bens digitais existenciais, por seu turno, caracteriza-se pela conexão aos direitos da personalidade e por sua repercussão extrapatrimonial, acentuando a relevância de direitos fundamentais como a privacidade e a intimidade.[15] Os dados que a maioria de nós coloca em nossos perfis do Instagram, para citar um exemplo, ocupam essa categoria, porque as informações postadas não são monetizadas, nem geram ativos econômicos, ainda que, eventualmente, tenham aptidão para isso.

A propósito dessa segunda categoria, com a virtualização do ser humano no mundo digital, ganha cada vez mais relevo a proteção de seus atributos intrínsecos, como a imagem, a honra e a privacidade.[16] Proteger tais bens, antes de mais nada, concretiza o direito individual de autodeterminação, isto é, o poder do titular de decidir a destinação de suas próprias informações, sendo projeção notável da autodeterminação os problemas relativos à decomposição e recomposição do chamado corpo eletrônico.[17]

---

13 ZAMPIER, Bruno. *Bens digitais:* cybercultura, redes sociais, e-mails, músicas, livros, milhas aéreas, moedas virtuais. 2. ed. Indaiatuba: Editora Foco, 2021. p. 62-66. TEIXEIRA, Ana Carolina Brochado; KONDER, Carlos Nelson. O enquadramento dos bens digitais sob o perfil funcional das situações jurídicas. *In*: TEIXEIRA, Ana Carolina Brochado; LEAL, Livia Teixeira (Coord.). *Herança digital*: controvérsias e alternativas. Indaiatuba: Editora Foco, 2021.

14 ZAMPIER, Bruno. *Bens digitais:* cybercultura, redes sociais, e-mails, músicas, livros, milhas aéreas, moedas virtuais. 2. ed. Indaiatuba: Editora Foco, 2021. p. 80.

15 TEIXEIRA, Ana Carolina Brochado; KONDER, Carlos Nelson. O enquadramento dos bens digitais sob o perfil funcional das situações jurídicas. *In*: TEIXEIRA, Ana Carolina Brochado; LEAL, Livia Teixeira (Coord.). *Herança digital*: controvérsias e alternativas. Indaiatuba: Editora Foco, 2021.

16 ZAMPIER, Bruno. *Bens digitais:* cybercultura, redes sociais, e-mails, músicas, livros, milhas aéreas, moedas virtuais. 2. ed. Indaiatuba: Editora Foco, 2021. p. 109.

17 ZAMPIER, Bruno. *Bens digitais:* cybercultura, redes sociais, e-mails, músicas, livros, milhas aéreas, moedas virtuais. 2. ed. Indaiatuba: Editora Foco, 2021. p. 113.

De um lado, salvo questões de ordem pública, a proteção dos dados engloba seu acesso, conservação, exclusão e eventual retificação. De outro, através de inteligência artificial tem-se reconstruído voz e imagem de pessoas mortas, tema que foi recentemente objeto de muita discussão, inclusive sob a perspectiva de seus limites éticos, em razão do comercial da Volkswagen que uniu Elis Regina e Maria Rita ao som da música "*Como nossos pais*".[18]

No novo cenário que vem despontando, o consentimento dos herdeiros para a reprodução da imagem, seja por hologramas ou por outras formas de reconstrução por inteligência artificial, pode não ser mais suficiente, havendo mesmo testadores que têm deixado instruções expressas no sentido de proibir que os herdeiros explorem sua imagem após sua morte. Um dos primeiros casos conhecidos ocorreu com o ator Robin Williams, falecido em 2014, que deixou essa proibição por escrito em testamento, vedando o uso de sua imagem em qualquer mídia por 25 anos após sua morte.[19]

Finalmente, tem-se os bens digitais patrimoniais-existenciais, categoria que se refere a bens de caráter híbrido, não enquadráveis como exclusivamente patrimoniais ou existenciais, antes ocupantes de uma zona cinzenta.[20] Para citar um exemplo, é o que ocorre nos perfis de influenciadores em redes sociais, como o Instagram ou o TikTok, em que há exploração econômica, mas também conteúdo de cunho personalíssimo, a partir da vinculação direta com a imagem do titular e da troca de mensagens privadas com outros usuários.[21] Bruno Zampier defende que, com o evoluir do mundo digital, os bens patrimoniais-existenciais serão cada vez mais comuns, em especial, se for levado em

---

[18] TEIXEIRA, Rafael Farias. Herança digital: entenda os limites do uso da imagem de pessoas mortas pela IA. *CNN Brasil*, 18 de julho de 2023. Disponível em: https://www.cnnbrasil.com.br/tecnologia/heranca-digital-entenda-os-limites-do-uso-da-imagem-de-pessoas-mortas-pela-ia/. Acesso em: 12 fev. 2025.

[19] TEIXEIRA, Rafael Farias. Herança digital: entenda os limites do uso da imagem de pessoas mortas pela IA. *CNN Brasil*, 18 de julho de 2023. Disponível em: https://www.cnnbrasil.com.br/tecnologia/heranca-digital-entenda-os-limites-do-uso-da-imagem-de-pessoas-mortas-pela-ia/. Acesso em: 12 fev. 2025.

[20] BURILLE, Cíntia. *Tutela à vida privada e "herança digital"*: a problemática da sucessão *causa mortis* dos bens digitais. Dissertação (Mestrado em Direito) — Faculdade de Direito da Fundação Escola Superior do Ministério Público, Porto Alegre. 2021. p. 73.

[21] TEIXEIRA, Ana Carolina Brochado; KONDER, Carlos Nelson. O enquadramento dos bens digitais sob o perfil funcional das situações jurídicas. *In*: TEIXEIRA, Ana Carolina Brochado; LEAL, Livia Teixeira (Coord.). *Herança digital*: controvérsias e alternativas. Indaiatuba: Editora Foco, 2021.

conta que as manifestações do intelecto são monetizadas mais facilmente no ambiente virtual.[22]

4 Sucessão nos bens digitais — herança digital

A revolução em curso, que tem alterado a forma de adquirir e transmitir bens, graças à virtualização da vida, está pressionando as bases do Direito das Sucessões. Não só o perfil e a natureza dos bens com interesse sucessório têm se alterado,[23] como o clássico mecanismo da transmissão automática, conhecido como princípio do *droit de saisine*,[24] tem sentido seus influxos.

A partir dessa premissa, dessume-se que a transmissão aos herdeiros dos bens digitais titularizados pelo morto não se dará de forma, necessariamente, imediata nem integral.[25]

De fato, há certas categorias de direitos e deveres nascidos no ambiente virtual que irão se extinguir com a morte de seu titular, como

---

22 ZAMPIER, Bruno. *Bens digitais:* cybercultura, redes sociais, e-mails, músicas, livros, milhas aéreas, moedas virtuais. 2. ed. Indaiatuba: Editora Foco, 2021. p. 117.

23 Em trabalho sobre o tema, Eduardo Tomasevicius Filho destaca que partia do pressuposto de que a diferença entre a herança tradicional e a herança digital consistia em que, "enquanto aquela é regida pelo direito das sucessões, esta, para certos bens, tem uma natureza jurídica dúplice: para certos bens digitais, podem-se aplicar as regras vigentes, porque, com efeito, tais bens podem ser apropriáveis e não existiriam diferenças que justificam um regime jurídico próprio. Porém, para outros bens digitais relativos a imagens e textos, esta precisa ser regida pelos direitos da personalidade, o que ensejaria uma mudança no Código Civil" (TOMASEVICIUS FILHO, Eduardo. A natureza dúplice da herança digital: entre o direito de propriedade e os direitos da personalidade post mortem. *In:* TOFFOLI, José Antonio Dias; BARBOSA, Renato Kim; BOMFIM, Silvano Andrade do (Coords.). *Direitos da personalidade:* reflexos nos direitos público e privado — Estudos em homenagem ao Professor Rui Geraldo Camargo Viana. São Paulo: Almedina, 2023. p. 122).

24 "Deferida a herança, o sucessor adquire imediatamente o patrimônio do transmitente. (...) Aberta a sucessão, quer-se dizer, o sucessor toma instantaneamente o lugar do *de cuius* nas relações jurídicas que compõem o seu patrimônio, adquirindo-a destarte sem solução de continuidade e sem que seja necessário praticar qualquer ato ou sequer ter conhecimento de que a sucessão aconteceu. Trata-se de uma expressão moderna de antigo axioma hereditário que no Direito francês se exprimiu através da conhecida parêmia: *Le mort saisit le vif.* Daí a *saisine* do direito moderno frequentemente entendida como característica do sistema sucessório onde a aquisição decorre *ipso iure* da morte, conquanto a palavra *saisine* signifique tão somente a *posse* do herdeiro" (MORAES, Walter. *Programa de direito das sucessões*: teoria geral e sucessão legítima. São Paulo: Editora Revista dos Tribunais, 1980. p. 39).

25 Filio-me, nesse sentido, à corrente majoritária, contrariando o entendimento daqueles que defendem a transmissão universal e irrestrita dos bens digitais do morto como regra geral (nesse sentido minoritário, FRITZ, Karina Nunes; MENDES, Laura Schertel. Case report: corte alemã reconhece a transmissibilidade da herança digital. *Revista de direito da responsabilidade*. Coimbra, p. 525-555, ano 1, 2019. TERRA, Aline de Miranda Valverde; OLIVA, Milena Donato; MENDON, Filipe. Acervo digital: controvérsias quanto à sucessão causa mortis. *In*: TEIXEIRA, Ana Carolina Brochado; LEAL, Livia Teixeira (Coord.). *Herança digital*: controvérsias e alternativas. Indaiatuba: Editora Foco, 2021).

ocorre com direitos personalíssimos e, em regra, com os direitos da personalidade.[26] Abre-se ocasião para excepcionar certos direitos da personalidade, porque há bens digitais existenciais, cuja discussão a respeito da possibilidade ou não de sucessão tende a ser complexa.

Não obstante permaneça a regra de que os direitos da personalidade,[27] por se extinguirem com a morte de seu titular, não devem ser transmitidos por sucessão,[28] a solução quanto aos bens digitais extrapatrimoniais não pode ser dada aprioristicamente.

Pense-se, especificamente, nos casos em que os herdeiros podem ter interesse em acessar arquivos digitais de interesse de toda família, como uma apólice de seguro enviada ao e-mail do morto, uma coleção de fotos em família postada em uma nuvem, ou mesmo informações privadas sobre eventuais doenças congênitas de que o morto era portador.[29] Não se trata de ativos qualificáveis propriamente como herança, mas de bens digitais existenciais potencialmente transmissíveis, por isso, não podemos eliminar de pronto sua análise.

Trata-se, porém, de uma exceção à regra. A princípio, o acesso irrestrito a toda e qualquer comunicação digital do morto é indevido.[30]

---

26 TARTUCE, Flávio. Herança digital e sucessão legítima. Primeiras reflexões. *RJLB*, v. 5, n. 1, p. 871-878, 2019. Disponível em: https://www.cidp.pt/revistas/rjlb/2019/1/2019_01_0871_0878.pdf. Acesso em: 02 fev. 2025. p. 875-872. BURILLE, Cíntia. *Tutela à vida privada e "herança digital"*: a problemática da sucessão causa mortis dos bens digitais. Dissertação (Mestrado em Direito) — Faculdade de Direito da Fundação Escola Superior do Ministério Público, Porto Alegre. 2021. p. 44-45.

27 Não estamos tratando, aqui, da possibilidade de se defender *post mortem* as irradiações dos direitos da personalidade do morto, como admitem o art. 12, parágrafo único, e o art. 20, parágrafo único do Código Civil.

28 TEIXEIRA, Ana Carolina Brochado; KONDER, Carlos Nelson. O enquadramento dos bens digitais sob o perfil funcional das situações jurídicas. *In*: TEIXEIRA, Ana Carolina Brochado; LEAL, Livia Teixeira (Coord.). *Herança digital*: controvérsias e alternativas. Indaiatuba: Editora Foco, 2021. Sob outra perspectiva, Bruno Zampier ainda acrescenta que "[a]s informações confidenciais, que guardam a intimidade do defunto, não deveriam, como regra, ser alcançadas pelos interesses dos familiares, pois em nada irão ampliar suas situações jurídicas patrimoniais ou existenciais" (ZAMPIER, Bruno. *Bens digitais:* cybercultura, redes sociais, e-mails, músicas, livros, milhas aéreas, moedas virtuais. 2. ed. Indaiatuba: Editora Foco, 2021. p. 139).

29 ZAMPIER, Bruno. *Bens digitais:* cybercultura, redes sociais, e-mails, músicas, livros, milhas aéreas, moedas virtuais. 2. ed. Indaiatuba: Editora Foco, 2021. p. 135 e 144. BURILLE, Cíntia. *Tutela à vida privada e "herança digital"*: a problemática da sucessão causa mortis dos bens digitais. Dissertação (Mestrado em Direito) — Faculdade de Direito da Fundação Escola Superior do Ministério Público, Porto Alegre. 2021. p. 133.

30 Eduardo Tomasevicius Filho chega mesmo a afirmar que "[o]s problemas decorrentes do acesso *post mortem* de conta de e-mail, armazenamento em nuvem, aplicativos de mensagens instantâneas e conta de redes sociais da pessoa falecida é que, em primeiro lugar, ela transmitiu as mensagens na certeza e segurança de que contava com o direito fundamental ao sigilo das comunicações, imprescindível para assegurar a privacidade, intimidade,

Não só por haver determinados segredos que devem ser mantidos longe do alcance dos familiares, posto não incrementar suas respectivas situações jurídicas a justificar a violação da intimidade do morto, mas também porque podem estar implicados terceiros que mantiveram conversas com este.[31] Os herdeiros poderiam violar ambas as esferas de intimidade ao acessarem, por exemplo, contas de e-mails, mensagens trocadas em redes sociais, arquivos de nuvem etc.

A tecnologia amplia a possibilidade de lesão ao direito à privacidade, que deve ser reafirmado, na era digital. Nesse sentido, ainda que informações que componham o espaço público de atuação do morto possam ser acessadas pelos herdeiros — como fotografias de família mantidas em nuvens ou apólice de seguro enviada ao e-mail do morto —, informações confidenciais que resguardam sua intimidade não deveriam, como regra, ser alcançadas por interesses alheios.

O desafio, porém, é como fazer essa triagem, separando dados sensíveis de informações que compõem o espaço público. Uma sugestão cogitada por Bruno Zampier e que merece consideração seria atribuir a tarefa aos provedores de serviços de internet, auxiliados ou não por um inventariante dos ativos digitais.[32]

De todo modo, vale repetir, como regra geral, não deve haver a sucessão de bens digitais existenciais. Apenas quando o titular original

---

segredo, honra e imagem, em relação às demais pessoas, o que inclui seus parentes" (TOMASEVICIUS FILHO, Eduardo. A natureza dúplice da herança digital: entre o direito de propriedade e os direitos da personalidade post mortem. *In:* TOFFOLI, José Antonio Dias; BARBOSA, Renato Kim; BOMFIM, Silvano Andrade do (Coords.). *Direitos da personalidade:* reflexos nos direitos público e privado — Estudos em homenagem ao Professor Rui Geraldo Camargo Viana. São Paulo: Almedina, 2023. p. 127-128). Na sequência, o autor ainda afirma que o não compartilhamento das senhas de acesso a suas contas digitais significa a vontade do morto de que suas atividades nas redes não fossem conhecidas por terceiros e que, ademais, o falecido tinha interlocutores que podem estar vivos que também se comunicaram com ele sob o mesmo manto da garantia do sigilo das comunicações.

31 BURILLE, Cíntia. *Tutela à vida privada e "herança digital"*: a problemática da sucessão causa mortis dos bens digitais. Dissertação (Mestrado em Direito) — Faculdade de Direito da Fundação Escola Superior do Ministério Público, Porto Alegre. 2021. p. 119. Gabriel Honorato e Lívia Teixeira Leal destacam que "a análise do tema não pode se restringir ao dilema da transmissibilidade/intransmissibilidade dos perfis, na medida em que, mesmo que se entenda pela transmissão da titularidade da conta aos herdeiros, que passariam a ter a possibilidade de acesso irrestrito e administração do perfil, será ainda preciso considerar a proteção de direitos da personalidade de terceiros e também de elementos da personalidade do *de cujus* que seguem merecedores de tutela pelo direito" (HONORATO, Gabriel; LEAL, Lívia Teixeira Leal. Exploração econômica de perfis de pessoas falecidas: reflexões jurídicas a partir do caso Gugu Liberato. *Revista Brasileira de Direito Civil,* Belo Horizonte, v. 23, p. 155-173, jan./mar. 2020. p. 158).

32 ZAMPIER, Bruno. *Bens digitais:* cybercultura, redes sociais, e-mails, músicas, livros, milhas aéreas, moedas virtuais. 2. ed. Indaiatuba: Editora Foco, 2021. p. 139.

houver permitido de forma expressa e diante de finalidade juridicamente apta a justificá-la poderão tais informações ser transmitidas, buscando, em quaisquer dos casos, resguardar-se a vulneração de direitos de terceiros.[33]

A mesma ressalva deve ser feita em relação aos bens digitais patrimoniais-existenciais. Tomando-se como exemplo a rede social de um influenciador digital, em princípio, não deve ser transmitida, salvo estipulação diversa dele,[34] posto que vinculada à personalidade de seu titular, muito embora os lucros que produzir devam ser dirigidos aos herdeiros.

Acerca dos lucros ou dos frutos econômicos produzidos por um determinado bem digital, não há maiores dificuldades ou controvérsias. Aplica-se o racional presente na sucessão *mortis causa*, independentemente de se tratar de patrimônio analógico ou digital. Deve-se tão somente ter o cuidado de arrolá-los nos inventários abertos.[35]

Tratando, especificamente, dos bens digitais patrimoniais, Bruno Zampier ilustra com o caso do empresário que, durante a vida, fazia viagens aéreas semanais de trabalho e acumulou milhares de milhas aéreas, que podem não ter sido usadas até o fim de sua vida.[36] Tratando-se de ativo digital com potencial econômico, deve-se permitir sua transmissibilidade, em que pese a vedação, de validade questionável, encontrada em muitos contratos de adesão celebrados junto às companhias aéreas.

Pensando no quanto é gasto diariamente com a compra de músicas, filmes e livros numa loja virtual, o autor ainda lembra a briga que Bruce Willis travou com a Apple a fim de que sua extensa coleção

---

[33] BURILLE, Cíntia. *Tutela à vida privada e "herança digital"*: a problemática da sucessão *causa mortis* dos bens digitais. Dissertação (Mestrado em Direito) — Faculdade de Direito da Fundação Escola Superior do Ministério Público, Porto Alegre. 2021. p. 129-130, 138; ZAMPIER, Bruno. *Bens digitais:* cybercultura, redes sociais, e-mails, músicas, livros, milhas aéreas, moedas virtuais. 2. ed. Indaiatuba: Editora Foco, 2021. p. 143-145.

[34] TEIXEIRA, Ana Carolina Brochado; KONDER, Carlos Nelson. O enquadramento dos bens digitais sob o perfil funcional das situações jurídicas. *In*: TEIXEIRA, Ana Carolina Brochado; LEAL, Livia Teixeira (Coord.). *Herança digital*: controvérsias e alternativas. Indaiatuba: Editora Foco, 2021. BURILLE, Cíntia. *Tutela à vida privada e "herança digital"*: a problemática da sucessão *causa mortis* dos bens digitais. Dissertação (Mestrado em Direito) — Faculdade de Direito da Fundação Escola Superior do Ministério Público, Porto Alegre. 2021. p. 41.

[35] ZAMPIER, Bruno. *Bens digitais:* cybercultura, redes sociais, e-mails, músicas, livros, milhas aéreas, moedas virtuais. 2. ed. Indaiatuba: Editora Foco, 2021. p. 130.

[36] ZAMPIER, Bruno. *Bens digitais:* cybercultura, redes sociais, e-mails, músicas, livros, milhas aéreas, moedas virtuais. 2. ed. Indaiatuba: Editora Foco, 2021. p. 130.

de livros e músicas digitais adquiridas no iTunes fosse transmitida em testamento a seus filhos, em vez de simplesmente voltarem à propriedade da Apple como consta no regulamento de utilização do serviço.[37]

No que tange às criptomoedas, Eduardo Tomasevicius Filho observa que, devido ao uso de codinomes ou apelidos, podem surgir problemas no inventário devido à falta de identificação do seu titular, problema que se agrava ante a falta de uma autoridade garante do sistema e quando a operação não é intermediada por um corretora de criptoativos.[38]

Em vista do quadro apresentado, adequado o disposto no Enunciado n. 40 do IBDFAM, segundo o qual "[a] *herança digital pode integrar a sucessão do seu titular, ressalvadas as hipóteses envolvendo direitos personalíssimos, direitos de terceiros e disposições de última vontade em sentido contrário*". Para tanto, é preciso compreender a diferença de tratamento entre as categorias que compõem os bens digitais.

5 A herança digital no PL 04/2025

Do exposto nos itens anteriores, a conclusão inevitável é que para a adequada disciplina do tema é preciso diferenciar os conteúdos que envolvem a tutela da intimidade e da vida privada daqueles que não o fazem para, então, criar um caminho possível de atribuição da herança digital aos herdeiros legítimos ou testamentários.

Entre nós, apesar de tentativas prévias de disciplina deste assunto, pelo menos desde 2012,[39] ainda não há nenhuma lei ou dispositivo legal que trate, especificamente, do tema da transmissão *mortis causa* dos bens digitais. A Lei de Direitos Autorais pode até regular certos aspectos da matéria, mas seu escopo é diferente e a extensão do conceito de "bem digital" é bem mais ampla do que o tratado na referida lei.

Atento aos novos tempos, o PL 04/2025, que propõe a revisão e atualização do Código Civil, dedicou um Capítulo próprio ao

---

37 ZAMPIER, Bruno. *Bens digitais:* cybercultura, redes sociais, e-mails, músicas, livros, milhas aéreas, moedas virtuais. 2. ed. Indaiatuba: Editora Foco, 2021. p. 132-133.

38 TOMASEVICIUS FILHO, Eduardo. A natureza dúplice da herança digital: entre o direito de propriedade e os direitos da personalidade post mortem. *In:* TOFFOLI, José Antonio Dias; BARBOSA, Renato Kim; BOMFIM, Silvano Andrade do (Coords.). *Direitos da personalidade:* reflexos nos direitos público e privado — Estudos em homenagem ao Professor Rui Geraldo Camargo Viana. São Paulo: Almedina, 2023. p. 124.

39 BURILLE, Cíntia. *Tutela à vida privada e "herança digital"*: a problemática da sucessão *causa mortis* dos bens digitais. Dissertação (Mestrado em Direito) — Faculdade de Direito da Fundação Escola Superior do Ministério Público, Porto Alegre. 2021. p. 74-84.

"Patrimônio Digital", no inovador Livro VI — Do Direito Digital, que cuida da herança digital,[40] especialmente, nos arts. 2.027-AC[41] e 2.027-AD.[42]

O §2º do art. 2.027-AC dispõe que a herança é integrada pelo patrimônio digital de natureza econômica pura ou híbrida. O *caput* do artigo, no entanto, vai além, ao dispor que "[a] *transmissão hereditária dos dados e informações contidas em qualquer aplicação de internet, bem como das senhas ou códigos de acesso, pode ser regulada em testamento*", conferindo ao autor da herança a possibilidade de manifestação de vontade a respeito de bens digitais existenciais, que podem interessar a seus herdeiros.

O texto não exige, obrigatoriamente, o emprego de testamento, que é só uma das possibilidades oferecidas ao titular original dos bens, uma vez que ele poderá optar mais amplamente por regular a transmissão de suas senhas ou códigos de acesso, por exemplo, por meio de outros modos administrativos oferecidos pela plataforma.

Essa perspectiva é compartilhada por Laura Porto, em comentário sobre a proposta de regulamentação da herança digital no Projeto de Atualização e Reforma do Código Civil.[43] Anteriormente, porém, a

---

[40] A matéria vem, igualmente, tratada no Livro V, entre os arts. 1.791-A a 1.791-C.

[41] "Art. 2.027-AC. A transmissão hereditária dos dados e informações contidas em qualquer aplicação de internet, bem como das senhas ou códigos de acesso, pode ser regulada em testamento. §1º O compartilhamento de senhas ou de outras formas para acesso a contas pessoais será equiparado a disposições contratuais ou testamentárias expressas, para fins de acesso dos sucessores, desde que tais disposições estejam devidamente comprovadas. §2º Integra a herança o patrimônio digital de natureza econômica, seja pura ou híbrida, conceituada a última como a que tenha relação com caracteres personalíssimos da pessoa natural ou jurídica. §3º Os sucessores legais podem pleitear a exclusão da conta ou a sua conversão em memorial, diante da ausência de declaração de vontade do titular."

[42] "Art. 2.027-AD. Salvo expressa disposição de última vontade e preservado o sigilo das comunicações, e a intimidade de terceiros, as mensagens privadas do autor da herança difundidas ou armazenadas em ambiente virtual não podem ser acessadas por seus herdeiros, em qualquer das categorias de bens patrimoniais digitais. §1º Mediante autorização judicial e comprovada a sua necessidade, o herdeiro poderá ter acesso às mensagens privadas da conta do falecido, para os fins exclusivos autorizados pela sentença e resguardados os direitos à intimidade e à privacidade de terceiros. §2º O tempo de guarda das mensagens privadas do falecido pelas plataformas deve seguir legislação especial. §3º Diante da ausência de declaração de vontade do titular, os sucessores ou representantes legais do falecido poderão pleitear a exclusão ou a manutenção da sua conta, bem como sua conversão em memorial, garantida a transparência de que a gestão da conta será realizada por terceiro. §4º Serão excluídas as contas públicas de usuários brasileiros, quando, falecidos, não deixarem herdeiros ou representantes legais, contados 180 (cento e oitenta) dias da comprovação do óbito."

[43] PORTO, Laura. A herança digital na proposta de atualização do Código Civil: protegendo seu patrimônio digital. *Migalhas*, 28 de maio de 2024. Disponível em: https://www.migalhas.com.br/coluna/reforma-do-codigo-civil/408156/a-heranca-digital-na-proposta-de-atualizacao-do-codigo-civil. Acesso em: 07 fev. 2025.

doutrina civilista já apontava que a atribuição de bens, na herança digital, poderia ser feita, inclusive, por legado ou codicilo, se envolvesse bens de pequena monta.[44]

Tal direito de transmissão de dados e informações pessoais, porém, não é absoluto e irrestrito. Na verdade, na linha do que dispõe o *caput* do art. 2.027-AD, mensagens privadas difundidas ou armazenadas em ambiente virtual não poderão ser acessadas pelos herdeiros, ainda que conservadas em bens digitais patrimoniais, salvo expressa disposição de última vontade e preservado o sigilo das comunicações, e a intimidade de terceiros. As mensagens privadas poderão, além disso, ser acessadas pelos herdeiros, desde que haja autorização judicial e desde que seja comprovada a necessidade do acesso. Ficam preservados, porém, os direitos à intimidade e à privacidade de terceiros.

Por certo, se trata de dispositivos que se complementam e devem ser lidos conjuntamente, quando for necessário decidir sobre a matéria, algo hoje lançado à sorte e sujeito às mais díspares inclinações, como diversos estudos denunciam,[45] dada a falta de regulamentação normativa, a ensejar desde decisões que conferem aos herdeiros total e irrestrito acesso a bens digitais do morto (inclusive a bens personalíssimos), a decisões que, antevendo a possibilidade de lesão a direitos fundamentais do morto e de terceiros que o acesso irrestrito poderia causar, trilham o caminho oposto, impedindo o acesso dos herdeiros aos bens digitais.

A intimidade e a privacidade do morto e de terceiros interlocutores foram resguardadas no Projeto de Lei, que mira na proteção dos direitos e confere ampla abertura para que o magistrado tome as cautelas necessárias para tanto, além de estimular que as empresas de tecnologia desenvolvam protocolos e ferramentas cada vez mais apurados para que se realize plenamente um direito, sem ofender outro.[46]

---

44 TARTUCE, Flávio. Herança digital e sucessão legítima. Primeiras reflexões. *RJLB*, v. 5, n. 1, p. 871-878, 2019. Disponível em: https://www.cidp.pt/revistas/rjlb/2019/1/2019_01_0871_0878.pdf. Acesso em: 02 fev. 2025. p. 872.

45 BURILLE, Cíntia. *Tutela à vida privada e "herança digital"*: a problemática da sucessão *causa mortis* dos bens digitais. Dissertação (Mestrado em Direito) — Faculdade de Direito da Fundação Escola Superior do Ministério Público, Porto Alegre. 2021. p. 110.

46 Tendo em conta o aspecto mais simples de implementar, "[o]s problemas relativos à herança digital não existiriam, se houvesse disseminada a prática de as plataformas digitais já estabelecerem com mais clareza a opção de autorização ou proibição do acesso às contas de titularidade do falecido" (TOMASEVICIUS FILHO, Eduardo. A natureza dúplice da herança digital: entre o direito de propriedade e os direitos da personalidade post mortem. *In:* TOFFOLI, José Antonio Dias; BARBOSA, Renato Kim; BOMFIM, Silvano Andrade do (Coords.). *Direitos da personalidade:* reflexos nos direitos público e privado — Estudos em homenagem ao Professor Rui Geraldo Camargo Viana. São Paulo: Almedina, 2023. p. 130).

Pelo agora PL 04/2025, em suma, ganha guarida a transmissão *mortis causa* dos bens digitais com conteúdo econômico e permite-se que bens digitais existenciais sejam transferidos quando o morto houver assim se manifestado, em declaração de última vontade, sempre resguardados os interesses de terceiros.

6 Considerações finais

Ao longo do texto, procuramos analisar os bens digitais em sua classificação e peculiaridades, a fim de verificar suas potencialidades sucessórias. Sustentamos que os bens digitais patrimoniais e aqueles de natureza híbrida incluem-se no conceito corrente de herança, ao passo que os bens digitais existenciais demandam maiores reflexões, tendo em vista que sua transmissibilidade já não pode ser afastada de forma apriorística, muito embora relevem dificuldades relativas à reserva de intimidade do falecido ou de terceiros interlocutores, aptas a atingir inclusive os bens digitais patrimoniais-existenciais, que não podem ser ignoradas.

Atento à nova realidade e iluminando um problema que já se arrasta há anos, o PL 04/2025 representou um avanço necessário e um passo importante para alinhar nosso ordenamento à realidade fática que se descortina diante de nossos olhos nessa sociedade em rede em que vivemos. Afinal, os bens digitais merecem maior atenção da ordem jurídica, pelo que significam em termos econômicos, existenciais e afetivos.

Referências

BARBOZA, Heloisa Helena; ALMEIDA, Vitor. Tecnologia, morte e direito: em busca de uma compreensão sistemática da 'herança digital'. *In*: TEIXEIRA, Ana Carolina Brochado; LEAL, Livia Teixeira (Coord.). *Herança digital*: controvérsias e alternativas. Indaiatuba: Editora Foco, 2021.

BEVILAQUA, Clovis. *Direito das sucessões*. Edição histórica. Rio de Janeiro: Editora Rio, 1983.

BURILLE, Cíntia. *Tutela à vida privada e "herança digital"*: a problemática da sucessão *causa mortis* dos bens digitais. Dissertação (Mestrado em Direito) — Faculdade de Direito da Fundação Escola Superior do Ministério Público, Porto Alegre. 2021.

FRITZ, Karina Nunes; MENDES, Laura Schertel. Case report: corte alemã reconhece a transmissibilidade da herança digital. *Revista de direito da responsabilidade*. Coimbra, p. 525-555, ano 1, 2019.

HONORATO, Gabriel; LEAL, Lívia Teixeira Leal. Exploração econômica de perfis de pessoas falecidas: reflexões jurídicas a partir do caso Gugu Liberato. *Revista Brasileira de Direito Civil*, Belo Horizonte, v. 23, p. 155-173, jan./mar. 2020.

MADALENO, Rolf. *Sucessão legítima*. 2. ed. Rio de Janeiro: Forense, 2020.

MORAES, Walter. *Programa de direito das sucessões*: teoria geral e sucessão legítima. São Paulo: Editora Revista dos Tribunais, 1980.

OLIVEIRA, Arthur Vasco Itabaiana de. *Tratado de direito das sucessões*. 5. ed. Rio de Janeiro: Freitas Bastos, 1986.

PORTO, Laura. A herança digital na proposta de atualização do Código Civil: protegendo seu patrimônio digital. *Migalhas*, 28 de maio de 2024. Disponível em: https://www.migalhas.com.br/coluna/reforma-do-codigo-civil/408156/a-heranca-digital-na-proposta-de-atualizacao-do-codigo-civil. Acesso em: 07 fev. 2025.

TARTUCE, Flávio. Herança digital e sucessão legítima. Primeiras reflexões. *RJLB*, v. 5, n. 1, p. 871-878, 2019. Disponível em: https://www.cidp.pt/revistas/rjlb/2019/1/2019_01_0871_0878.pdf. Acesso em: 02 fev. 2025.

TEIXEIRA, Ana Carolina Brochado; KONDER, Carlos Nelson. O enquadramento dos bens digitais sob o perfil funcional das situações jurídicas. *In*: TEIXEIRA, Ana Carolina Brochado; LEAL, Livia Teixeira (Coord.). *Herança digital*: controvérsias e alternativas. Indaiatuba: Editora Foco, 2021.

TEIXEIRA, Rafael Farias. Herança digital: entenda os limites do uso da imagem de pessoas mortas pela IA. *CNN Brasil*, 18 de julho de 2023. Disponível em: https://www.cnnbrasil.com.br/tecnologia/heranca-digital-entenda-os-limites-do-uso-da-imagem-de-pessoas-mortas-pela-ia/. Acesso em: 12 fev. 2025.

TERRA, Aline de Miranda Valverde; OLIVA, Milena Donato; MENDON, Filipe. Acervo digital: controvérsias quanto à sucessão causa mortis. *In*: TEIXEIRA, Ana Carolina Brochado; LEAL, Livia Teixeira (Coord.). *Herança digital*: controvérsias e alternativas. Indaiatuba: Editora Foco, 2021.

TOMASEVICIUS FILHO, Eduardo. O legado do Código Civil de 1916. *Revista da Faculdade de Direito da Universidade de São Paulo*, São Paulo, v. 111, p. 85-100, jan./dez. 2016.

TOMASEVICIUS FILHO, Eduardo. A natureza dúplice da herança digital: entre o direito de propriedade e os direitos da personalidade post mortem. *In:* TOFFOLI, José Antonio Dias; BARBOSA, Renato Kim; BOMFIM, Silvano Andrade do (Coords.). *Direitos da personalidade:* reflexos nos direitos público e privado — Estudos em homenagem ao Professor Rui Geraldo Camargo Viana. São Paulo: Almedina, 2023.

ZAMPIER, Bruno. *Bens digitais:* cybercultura, redes sociais, e-mails, músicas, livros, milhas aéreas, moedas virtuais. 2. ed. Indaiatuba: Editora Foco, 2021.

Informação bibliográfica deste livro, conforme a NBR 6023:2018 da Associação Brasileira de Normas Técnicas (ABNT):

HIRONAKA, Giselda Maria Fernandes Novaes. Herança digital. *In*: EHRHARDT JÚNIOR, Marcos; CATALAN, Marcos (coord.). *Vida privada, patrimônio e tecnologia*: novos rumos para o direito de família e das sucessões. Belo Horizonte: Fórum, 2025. p. 225-239. ISBN 978-85-450-0968-9.

A TUTELA DOS BENS JURÍDICOS DIGITAIS HÍBRIDOS NA SUCESSÃO *POST MORTEM*: UMA PROPOSTA HERMENÊUTICA INTEGRATIVA A PARTIR DO DIREITO AO PATRIMÔNIO CULTURAL

CLÁUDIA FIALHO

ROSANA SAMPAIO PINHEIRO

1 Introdução

A sucessão *post mortem* representa o instituto jurídico pelo qual se transfere o patrimônio de uma pessoa falecida aos seus herdeiros ou legatários. Com a morte do titular, ou *de cujus*, opera-se, simultaneamente, a abertura da sucessão e a transmissão da herança, nos termos do art. 1.784 do Código Civil de 2002. Essa regra consagra o princípio da saisine, pelo qual a herança é transmitida, desde logo, aos herdeiros legítimos e testamentários, independentemente de inventário ou partilha inicial.

Esse modelo, consolidado na tradição civilista brasileira desde o Código de 1916, tem raízes no direito francês e visa evitar a jacência da herança, protegendo os bens e garantindo a continuidade da titularidade patrimonial. Ainda assim, trata-se de uma ficção jurídica: a posse e os direitos sobre a herança são atribuídos automaticamente, mas a efetiva disponibilidade dos bens depende da aceitação da herança, que pode ser expressa, tácita ou presumida.

Durante o período entre a abertura da sucessão e a manifestação do herdeiro, opera-se a chamada delação da herança, momento em que se oferece a titularidade sucessória ao herdeiro vocacionado.

É nesse intervalo que se revela o caráter voluntário da sucessão: embora transmitida automaticamente, a herança pode ser livremente aceita ou recusada, inclusive por meio de renúncia formal.

Essa estrutura clássica, entretanto, tem sido desafiada por novas categorias de bens que não se enquadram facilmente nos moldes patrimoniais tradicionais, como é o caso dos bens digitais, especialmente aqueles que conjugam dimensões econômicas e existenciais. A sucessão de perfis em redes sociais, arquivos pessoais em nuvem, obras digitais, blogs e NFTs exige repensar os fundamentos da transmissão hereditária à luz de novos valores, como privacidade, memória e patrimônio cultural.

O Projeto de Reforma do Código Civil[1] avança ao reconhecer o patrimônio digital como uma categoria jurídica própria, distinguindo entre bens patrimoniais, existenciais e híbridos. Também propõe regras sobre transmissibilidade, restrição de acesso a dados íntimos, encerramento de contas e formalização da herança digital. No entanto, ainda permanece centrado em uma lógica binária entre valor econômico e proteção da intimidade, sem incorporar suficientemente categorias como memória coletiva, patrimônio cultural digital e personalidade pós-morte.

É nesse ponto que se encontra a relevância do presente artigo: contribuir criticamente para o debate jurídico contemporâneo, ampliando os marcos da sucessão digital para além da dicotomia entre patrimônio e privacidade, a partir de fundamentos constitucionais, culturais e existenciais. A reflexão proposta articula o direito sucessório, o direito à memória e o direito ao patrimônio cultural, com o objetivo de construir critérios jurídicos mais adequados à tutela dos bens digitais híbridos, aqueles que, conforme definidos por Zampier, conjugam simultaneamente atributos patrimoniais e existenciais. Parte-se da premissa de que tais bens demandam um regime jurídico dual, sensível à sua ambiguidade ontológica e às suas possíveis repercussões na identidade pessoal, na memória coletiva e na esfera cultural da coletividade.

Nesse contexto, o artigo propõe uma hermenêutica integrativa, capaz de compatibilizar o direito à privacidade *post mortem* com a salvaguarda do patrimônio cultural digital, especialmente quando

---

[1] BRASIL. *Projeto de Lei nº 4, de 2025*. Dispõe sobre a atualização da Lei nº 10.406, de 10 de janeiro de 2002 (Código Civil), e da legislação correlata. Disponível em: https://www25.senado.leg.br/web/atividade/materias/-/materia/166998. Acesso em: 8 jun. 2025.

os conteúdos digitais herdados ultrapassam o interesse individual e passam a desempenhar função social relevante. Com isso, busca-se não apenas contribuir para o desenvolvimento de categorias jurídicas próprias à era digital, mas também oferecer uma base teórica e normativa que permita enfrentar, com rigor técnico e sensibilidade constitucional, os desafios da sucessão dos bens digitais híbridos no direito brasileiro contemporâneo.

2 A sucessão *post mortem* no direito brasileiro

A sucessão *post mortem, causa mortis* ou sucessão em sentido estrito, decorre da morte do autor da herança, que deixou patrimônio sucessível e sucessores. Simultaneamente, o momento da morte promove a abertura da sucessão e a transmissão da herança.

Quanto à transmissão da herança, pela ficção jurídica denominada *saisine*, adotada no art. 1.784 do Código Civil Brasileiro de 2002, portanto, por efeito direito da lei, essa transmissão da herança do *de cujus* aos seus herdeiros legítimos e testamentários, opera-se automaticamente. O *droit de saisine* (direito de *saisina*) tem sido aplicado na tradição do direito brasileiro, considerando que já se encontrava previsto no art. 1.572, do CC/16. Historicamente, encontra expressão no período do feudalismo, sendo, entretanto, "de origens obscuras", como apontou Maria Helena Diniz.[2]

Importante destacar que a transmissão operada aos herdeiros, em vista do *droit de saisne,* também denominado princípio da *saisine,* tem o relevante efeito de evitar a imediata jacência da herança ou que ela seja considerada *res derelecta* ou *res nullius,* conferindo, assim, aos herdeiros do hereditando, desde então, direitos de tutelar os bens que lhes foram transmitidos.

Ou seja, como efeito da *saisine,* opera-se a transmissão da herança aos herdeiros legítimos ou testamentários. Noutros termos, pode-se sustentar que esses herdeiros passam a ter a posse e a propriedade da herança, imediatamente, quando da morte do autor da herança. Diferentemente é o que ocorre com o legatário, que, para ostentar essa qualidade, deverá ter sido contemplado em testamento, que não tem a posse do legado, imediatamente, com a morte do legante (CC, art. 1.923, caput e §§1º e 2º).

---

2 DINIZ, Maria Helena. *Curso de direito civil brasileiro – volume 6:* direito das sucessões. – 35. ed. – São Paulo: Saraiva Educação, 2021.

Quanto ao período que tem início com a morte do hereditanto até a aceitação ou rejeição da herança pelos herdeiros, ele é denominado delação, deferimento ou devolução da herança, estando implícito no CC/2002. Com a aceitação da herança pelo herdeiro, por qualquer de suas modalidades, quais sejam: tácita, expressa ou presumida, os efeitos desse ato retroagirão à data da abertura da sucessão, produzindo eficácia *ex tunc*, compreendendo, assim, o período da delação.

Importante ressaltar que no Estado Democrático de Direito, os atos de aceitação da herança são fundamentais, posto ser proibido que alguém possa assumir a qualidade de herdeiro contra sua vontade. Nesses termos, faculta-se também ao herdeiro, a possibilidade de rejeitar a herança que lhe fora transmitida automaticamente. Ou seja, o herdeiro, por meio da renúncia, ato unilateral, em que manifesta livremente sua vontade, de modo formal, por escritura pública ou termo nos autos, abdica da herança. Essa renúncia abdicativa, também denominada autoexclusão, própria ou abdicativa produzirá efeitos *ex tunc*, retornando ao monte *mor*, desde o momento da morte do *de cujus*. Diferentemente da imprópria renúncia, denominada translativa, posto importar, primeiramente, em ato de aceitação, e, em um segundo momento, operar uma transmissão gratuita, equivalente à doação, ou onerosa, similar à compra e venda, ambos atos *intervivos*, em que os efeitos serão *ex nunc*. Logo, não retroagindo ao momento da morte do hereditando.

Feitas essas considerações, importante elucidar as modalidades de sucessões vigentes no direito brasileiro, bem como dos sucessores, para mais à frente, relacioná-las aos bens digitais, retornando também aos efeitos do *droit de saisine*. A seguir, passa-se ao estudo da sucessão o que será feito na próxima seção.

2.1 O *droit de saisine* na sistemática da sucessão legítima e testamentária

No direito civil brasileiro, a sucessão é classificada em sucessão legítima ou *ab intestato* e sucessão testamentária, podendo ambas estarem presentes em uma mesma sucessão.

A sucessão legítima ou *ab intestato* é aquela cujos efeitos decorrem da lei, ocorrendo nos casos em que o testador não tenha deixado testamento, ou, tendo feito testamento, nele não contemplou todos os bens e nas hipóteses de caducidade do testamento (CC, art. 1.788). Nesses casos, serão chamados à sucessão os herdeiros legítimos do falecido, conforme a ordem de vocação hereditária estabelecida no art. 1.829 do CC/02.

Para o chamamento dos herdeiros, deve-se observar, na atualidade, os critérios da exclusão, em que a classe mais próxima exclui a classe mais remota, além de dentro da classe mais próxima, o grau mais próximo excluir o mais remoto, salvo o direito de representação, e o critério da concorrência. Por meio deste critério, o cônjuge[3] sobrevivente, que se encontra na terceira classe, ou seja, após a classe dos descendentes e ascendentes, nessa ordem, subirá de posição, podendo participar da herança ao lado da classe dos descendentes, a depender do regime de bens em que era casado com o falecido. Poderá também concorrer com os ascendentes, na ausência de descendentes, independentemente do regime de bens adotado quando do casamento. Ressalta-se que integram essas três classes os denominados herdeiros necessários (CC, art. 1.845), tendo eles, por consequência, o direito à legítima ou parte indisponível da herança, que corresponde à 50 (cinquenta) por cento da herança do *de cujus*. Além das citadas classes dos descendentes, ascendentes e cônjuge, podem também ser chamados à sucessão legítima, excluídas as anteriores, os colaterais até o quarto grau de parentesco.

Convivendo com a sucessão legítima, a legislação possibilita ao sujeito humano, por meio de sua autonomia privada, como expressão de sua liberdade fundamental, possuindo discernimento, desde os 16 anos de idade, dispor dos seus bens e direitos, a herdeiros instituídos, ou a legatários, na totalidade, caso não tenha herdeiros necessários, ou da sua parte disponível, que correspondente à 50 (cinquenta) por cento de sua herança, quando os tenha, para após a sua morte, por meio de testamento público, cerrado ou particular, respeitados os requisitos legais.

Com base nas regras fundamentais acerca do direito sucessório apresentadas, em que se pôde verificar a incidência dos efeitos do *droit de saisine*, tanto na sucessão legítima quanto na sucessão testamentária, a favor dos herdeiros legítimos e testamentários instituídos, exclusivamente, já se pode começar a refletir sobre os bens digitais.

Em termos mais específicos, a partir dos estudos apresentados, passa-se a problematizar se os bens digitais, independentemente de suas categorias classificatórias, considerando o conteúdo que veiculam, podem ser sucedidos, a título universal, pelos herdeiros legítimos do

3 O regime jurídico sucessório, aplicado ao cônjuge (CC, art. 1.829), também se aplica ao companheiro.

falecido na sucessão legítima, tendo por fundamento legal, o *droit de saisine*. Por outro lado, não se problematizará os bens digitais, sejam qual conteúdo possuam, se, expressamente, por meio de testamento válido, eles foram deixados para herdeiros ou legatários livremente escolhidos pelo testador.

No próximo capítulo, passa-se a introduzir o tema dos bens digitais e os desafios no direito sucessório.

3 Bens digitais e os desafios do direito das sucessões

A crescente digitalização da vida cotidiana tem provocado profundas revisões no direito sucessório, impulsionando reformas legislativas voltadas à normatização dos chamados bens digitais. O Projeto de Reforma do Código Civil Brasileiro[4] propõe avanços relevantes nesse campo ao introduzir o conceito de patrimônio digital, compreendido como o conjunto de ativos intangíveis e imateriais que possuem valor econômico, pessoal ou cultural, incluindo criptoativos, milhas, contas em redes sociais, senhas, arquivos em nuvem, obras digitais, e-mails e NFTs.

Com base em uma classificação tripartida, o projeto distingue os bens digitais em três categorias: (i) bens patrimoniais, de valor eminentemente econômico; (ii) bens existenciais, associados à intimidade e à vida privada do falecido; e (iii) bens híbridos, que acumulam simultaneamente aspectos econômicos e existenciais. Essa última categoria, que inclui, por exemplo, perfis de influenciadores, blogs autorais monetizados ou acervos digitais com relevância afetiva e valor de mercado, é especialmente sensível e ainda carece de maior densidade normativa.[5]

No que tange à sucessão, o projeto estabelece que os bens digitais com valor patrimonial ou híbrido sejam, em regra, transmissíveis aos herdeiros, desde que respeitados os limites legais e eventuais disposições testamentárias. Já os conteúdos de natureza existencial, como mensagens privadas, arquivos íntimos ou registros sensíveis, somente poderão ser acessados mediante autorização expressa do falecido em testamento, ou, na sua ausência, por meio de decisão judicial fundamentada, em casos de relevante interesse jurídico.[6]

---

[4] BRASIL. *Projeto de Lei nº 4, de 2025.* Dispõe sobre a atualização da Lei nº 10.406, de 10 de janeiro de 2002 (Código Civil), e da legislação correlata. Disponível em: https://www25.senado.leg.br/web/atividade/materias/-/materia/166998. Acesso em: 8 jun. 2025.

[5] *Idem.*

[6] *Idem.*

Além disso, o projeto prevê a possibilidade de encerramento de contas digitais ou sua conversão em memoriais virtuais, respeitando prazos determinados e os direitos da personalidade *post mortem*, especialmente no tocante à imagem, ao nome e à memória do falecido. A formalização da sucessão desses ativos, por sua vez, poderá ser realizada mediante inventário ou partilha, como ocorre com bens tradicionais.

Embora represente um avanço importante ao reconhecer a personalidade digital e ao criar um microssistema normativo específico para o ambiente virtual, com destaque para o novo Livro VI do Código Civil, o projeto não disciplina de forma adequada os bens digitais com relevância cultural, identitária ou memorial. Não há, por exemplo, previsão específica para acervos digitais que, embora vinculados a uma pessoa falecida, possuem valor simbólico coletivo ou interesse público, como perfis artísticos, blogs autorais, arquivos de pesquisa, obras em domínio digital ou canais utilizados para fins culturais.

A ausência desses parâmetros compromete a proteção da memória social no ambiente digital e evidencia uma lacuna normativa em relação à sucessão de bens híbridos que ultrapassam o âmbito estritamente privado ou econômico. Trata-se de um campo em que ainda se exige a construção de soluções jurídicas integradas, capazes de articular o direito sucessório com os direitos à memória, à identidade cultural e à proteção do patrimônio imaterial em suportes digitais.

Jorge Shiguemitsu Fujita e Victor Hugo Cunha Silva[7] abordam os desafios contemporâneos do Direito das Sucessões frente à massificação do uso das tecnologias da informação e comunicação. Com o advento da internet e a inserção cotidiana de relações jurídicas no ciberespaço, torna-se necessária uma releitura dos institutos sucessórios tradicionais para lidar com a chamada herança digital. Os autores a compreendem, em sentido amplo, como a sucessão causa mortis das relações jurídicas estabelecidas e existentes em ambientes virtuais, sejam elas de natureza patrimonial ou não patrimonial.

Certo é que inda não há consenso doutrinário ou jurisprudencial, tanto no Brasil quanto no exterior, quanto ao conceito, conteúdo e limites da herança digital, o que gera insegurança jurídica. Para lidar com esse cenário, os autores[8] propõem uma análise em três etapas:

---

7 FUJITA, Jorge Shiguemitsu; SILVA, Victor Hugo Cunha. Herança digital na sociedade da informação. *Civilistica.com*, Rio de Janeiro, v. 12, n. 1, p. 1-18, 2023. Disponível em: https://civilistica.emnuvens.com.br/redc/article/view/839. Acesso em: 8 jun. 2025.

8 *Idem.*

inicialmente, revisam os conceitos clássicos do Direito das Sucessões, destacando a noção de herança como conjunto de bens, direitos e obrigações transmissíveis. Em seguida, tratam da definição e das principais controvérsias envolvendo a herança digital, incluindo a distinção entre bens digitais patrimoniais — como moedas virtuais e arquivos com valor econômico, e bens digitais existenciais, como e-mails, mensagens, arquivos pessoais e perfis em redes sociais.

Fujita e Silva analisam duas decisões paradigmáticas sobre herança digital, uma do Tribunal Federal Alemão (*Bundesgerichtshof*) e outra do Tribunal de Justiça do Estado de São Paulo (TJSP), a fim de comparar os fundamentos jurídicos adotados por cada corte no tratamento da sucessão de bens digitais.[9] No caso alemão, o Tribunal entendeu que os pais de uma adolescente falecida tinham direito de acesso à sua conta no Facebook. A argumentação se baseou na continuidade das relações jurídicas do falecido, típica do direito sucessório, e na ideia de que os bens digitais se equiparam a cartas e diários físicos, sendo, portanto, transmissíveis aos herdeiros. O Tribunal também rejeitou o argumento de que haveria violação à privacidade de terceiros, pois não se tratava de divulgação pública, mas de acesso restrito pelos sucessores legítimos.[10]

Já no Brasil, o TJSP julgou um caso de pedido de acesso a mensagens e dados digitais de uma falecida, sob o fundamento de proteger o exercício da memória e da afetividade de pessoas próximas. No entanto, o Tribunal negou o pedido, destacando o caráter personalíssimo de determinados conteúdos digitais, especialmente quando envolvem a intimidade de terceiros. Para o TJSP, o acesso não poderia ser autorizado sem uma previsão expressa da falecida, seja em testamento, seja em disposição prévia, sob pena de violar a privacidade e a autodeterminação informacional.

Com isso, há uma tensão real entre os direitos da personalidade *post mortem* e os efeitos da sucessão legítima sobre bens digitais, de modo que se exige, para além da aplicação automática das regras do Código Civil, um critério distintivo entre bens digitais patrimoniais (transmissíveis) e existenciais (não transmissíveis), a ser construído à luz dos princípios constitucionais e das novas formas de vida digital.

Para este trabalho, importa-nos a afirmativa de que a distinção entre os bens digitais de natureza patrimonial e existencial é fundamental

---

9 FUJITA, Jorge Shiguemitsu; SILVA, Victor Hugo Cunha. Herança digital na sociedade da informação. *Civilistica.com*, Rio de Janeiro, v. 12, n. 1, p. 1-18, 2023. Disponível em: https://civilistica.emnuvens.com.br/redc/article/view/839. Acesso em: 8 jun. 2025.

10 *Idem.*

para o adequado enquadramento jurídico da herança digital, pois permite definir com mais precisão os limites da sucessão, os direitos dos herdeiros e a proteção aos direitos da personalidade do falecido.[11]

Por sua vez, Ana Luiza Nevares[12] examina os desafios enfrentados pelo Direito das Sucessões diante da digitalização crescente da vida social, com especial atenção ao impacto dessa realidade sobre a forma de testar no ordenamento jurídico brasileiro. A autora parte da constatação de que o Código Civil brasileiro adota uma concepção tradicional e formalista do testamento, estabelecendo que apenas disposições de última vontade expressas por meio de testamento ou codicilo são juridicamente válidas, excluindo a possibilidade de pactos sucessórios de forma ampla.

No entanto, diante do acúmulo crescente de bens e dados digitais e da utilização frequente de meios virtuais para manifestação da vontade, observa-se uma tendência jurisprudencial à mitigação do rigor formal exigido para os testamentos. Essa flexibilização ganhou impulso durante a pandemia da COVID-19, com o surgimento de experiências de testamento público virtual. Esse movimento evidencia a necessidade de adaptação do direito sucessório à nova realidade digital, reconhecendo que plataformas digitais e redes sociais passaram a desempenhar papel relevante na expressão das disposições *post mortem*.[13]

Nesse cenário, a autora também ressalta a importância de distinguir os conteúdos digitais de natureza patrimonial, como arquivos com valor econômico, daqueles de cunho existencial, como memórias afetivas, registros pessoais e perfis em redes sociais. A destinação *post mortem* desses bens e conteúdos deverá ser objeto de reflexão não só à luz dos meios tradicionais de disposição de última vontade, incluindo o diálogo com as plataformas digitais nas quais esses conteúdos estão inseridos.

A partir da crescente projeção da personalidade no mundo digital, torna-se necessário reconhecer categorias específicas de bens jurídicos que emergem nesse novo cenário. Entre elas, destacam-se os bens digitais existenciais, definidos como desprovidos de mensuração

---

11 *Idem.*

12 NEVARES, Ana Luiza. Testamento virtual: ponderações sobre a herança digital e o futuro do testamento. *Civilistica.com*, Rio de Janeiro, v. 10, n. 1, p. 1-20, 2021. Disponível em: https://civilistica.emnuvens.com.br/redc/article/view/568. Acesso em: 8 jun. 2025.

13 NEVARES, Ana Luiza. Testamento virtual: ponderações sobre a herança digital e o futuro do testamento. *Civilistica.com*, Rio de Janeiro, v. 10, n. 1, p. 1-20, 2021. Disponível em: https://civilistica.emnuvens.com.br/redc/article/view/568. Acesso em: 8 jun. 2025.

econômica, por se referirem diretamente aos direitos da personalidade e da dignidade humana em ambiente digital. Perfis em redes sociais, contas de e-mail, postagens, vídeos e fotos pessoais enquadram-se nessa categoria, uma vez que continuam a representar aspectos identitários do falecido mesmo após sua morte física.

Essa permanência de traços da personalidade no ambiente digital levou ao surgimento do debate sobre o chamado "direito à morte digital", isto é, o direito de o indivíduo determinar, em vida, que seus rastros digitais existenciais sejam apagados após a morte. Tal como ocorre com disposições testamentárias sobre doação de órgãos ou destinação do corpo, seria legítimo prever a exclusão de tais conteúdos, como manifestação da autodeterminação pessoal.

Nesse contexto, surge uma categoria intermediária: os bens digitais híbridos patrimonial-existenciais. Tais bens não se enquadram exclusivamente como patrimoniais ou como personalíssimos, pois carregam simultaneamente traços da criatividade individual e potencial de exploração econômica. Eles existem graças à dimensão existencial de seus criadores, marcada pela identidade, memória e expressão e que, por outro lado, geram remuneração econômica, como no caso de blogs pessoais monetizados, canais no YouTube e perfis de redes sociais com finalidade empresarial.

A caracterização desses bens como híbridos evidencia a necessidade de uma tutela jurídica sensível à sua complexidade, pois sua sucessão *post mortem* não pode ser analisada unicamente sob o viés patrimonial ou sob a ótica estrita dos direitos da personalidade. Isso reforça a urgência de construção doutrinária e jurisprudencial voltada a categorias jurídicas próprias para o universo digital contemporâneo. A discussão acerca da tutela jurídica dos bens digitais híbridos será vista a seguir.

3.1 A tutela jurídica dos bens digitais híbridos

A obra *Bens Digitais: cibercultura, redes sociais, e-mails, músicas, livros, milhas aéreas, moedas virtuais*, de Bruno Zampier, publicada em sua segunda edição em 2021,[14] representa uma importante contribuição ao debate jurídico contemporâneo, ao tratar com profundidade da categoria

[14] ZAMPIER, Bruno Torquato. *Bens digitais*: cybercultura, redes sociais, e-mails, músicas, livros, milhas aéreas, moedas virtuais. 2. ed. Indaiatuba, SP: Editora Foco, 2021.

emergente dos bens digitais. Em um mundo cada vez mais virtualizado, o autor chama atenção para a urgência de o Direito reconhecer transformações sociais que ultrapassam a realidade física, exigindo respostas jurídicas compatíveis com os novos ativos informacionais.

A consolidação da vida digital impõe à dogmática civil a reavaliação dos próprios conceitos de bem jurídico, de patrimônio e de sucessão. Como destaca Zampier, a virtualização da vida contemporânea provoca uma projeção da personalidade para além dos limites do tempo biológico, produzindo um legado digital composto por bens que nem sempre se enquadram nas categorias patrimoniais tradicionais.

O autor observa que perfis, redes sociais, vídeos, álbuns, e-mails e senhas revelam traços identitários do sujeito, que permanecem acessíveis após a morte e demandam disciplina jurídica específica. Zampier propõe a existência de uma nova categoria de bens — os bens digitais — cuja natureza pode ser patrimonial, existencial ou híbrida, conforme a utilidade econômica e a densidade afetiva e simbólica do conteúdo. Para ele, perfis em redes com fins comerciais, canais de vídeo monetizados e blogs pessoais são exemplos de bens patrimonial-existenciais, pois decorrem da criatividade individual (personalidade) e ao mesmo tempo geram proveito econômico (patrimônio). Diante disso, o autor defende a criação de um microssistema próprio para regular os bens digitais, já que ajustes pontuais no Código Civil são insuficientes para lidar com as tensões entre sucessão, direitos da personalidade e autonomia privada nesse novo ambiente.

Para os fins do presente artigo, destaca-se especialmente o conteúdo dos capítulos 5 e 6 da obra de Bruno Zampier. São inúmeros os desafios jurídicos advindos da morte e da incapacidade superveniente do titular, evidenciando o vácuo normativo que dificulta a definição de critérios claros para a destinação dos bens digitais *post mortem*. Outrossim, sobrelevam-se os limites e possibilidades da autonomia privada e da regulação estatal, com ênfase na utilização de testamentos digitais e diretivas antecipadas como instrumentos de manifestação de vontade voltados à gestão da herança digital.[15] Esses aspectos são fundamentais para a compreensão da sucessão de bens digitais no direito brasileiro contemporâneo, especialmente diante da crescente complexidade dos bens existenciais, patrimoniais e híbridos no ambiente virtual.

[15] ZAMPIER, Bruno Torquato. *Bens digitais*: cybercultura, redes sociais, e-mails, músicas, livros, milhas aéreas, moedas virtuais. 2. ed. Indaiatuba, SP: Editora Foco, 2021.

Bens digitais que contenham conteúdos de valor coletivo, artístico, histórico ou mesmo afetivo, como arquivos audiovisuais, blogs com relatos de vivência comunitária, registros de processos culturais tradicionais, ou perfis que documentem modos de vida, podem transcender o caráter estritamente patrimonial ou de personalidade. Nesses casos, evidencia-se a necessidade de uma abordagem jurídica sensível aos aspectos culturais e existenciais da herança digital, reconhecendo, em certos casos, seu enquadramento como bem jurídico difuso ou coletivo, à luz do art. 216 da Constituição Federal.[16]

4 O direito ao patrimônio cultural na tutela jurídica dos bens digitais híbridos

As questões do Projeto de Reforma do Código Civil em relação à sucessão de bens digitais com valor cultural evidenciam a necessidade de recorrer a fundamentos mais amplos do ordenamento jurídico brasileiro. Embora o projeto reconheça a existência de bens digitais híbridos, que combinam dimensões patrimoniais e existenciais, ele não estabelece critérios normativos para aqueles que, mesmo vinculados a uma pessoa falecida, assumem relevância simbólica, histórica ou identitária para a coletividade. Perfis artísticos, blogs autorais, acervos de pesquisa, arquivos em domínio público e outras expressões digitais de valor cultural permanecem à margem da regulamentação sucessória, justamente por ultrapassarem o interesse individual.

Diante desse cenário, a proteção jurídica dos bens digitais híbridos deve ser pensada a partir da incorporação do direito ao patrimônio cultural como dimensão fundamental da personalidade. Essa leitura permite superar a dicotomia entre bens patrimoniais e existenciais, reconhecendo que determinados conteúdos digitais, ainda que personalíssimos, integram a memória coletiva e a identidade cultural de grupos sociais, e, por isso, merecem uma tutela jurídica reforçada.

Nesse ponto, torna-se imprescindível aproximar o Direito Civil do Direito Constitucional e do Direito Internacional dos Direitos Humanos, de modo a afirmar a fundamentalidade do direito ao patrimônio cultural. A partir disso, Luiz Edson Fachin ressalta que os direitos fundamentais não se esgotam na sua positivação normativa, pois

[16] BRASIL. Constituição (1988). *Constituição da República Federativa do Brasil de 1988*. Brasília, DF: Senado Federal, 1988. Disponível em: https://www.planalto.gov.br/ccivil_03/constituicao/constituicao.htm. Acesso em: 8 jun. 2025.

derivam de uma racionalidade anterior à própria Constituição.[17] Essa compreensão reforça a legitimidade da tutela do patrimônio cultural, inclusive digital, como manifestação da dignidade humana, ainda que não expressamente previsto no Título II da Constituição.

Essa abordagem não apenas amplia os parâmetros normativos aplicáveis aos bens digitais, mas também fundamenta a reparação de danos decorrentes da sua perda ou destruição com base em princípios constitucionais como a dignidade da pessoa humana, a identidade cultural e a vedação ao retrocesso.

Reconhece-se a fundamentalidade do direito ao patrimônio cultural com base em uma leitura sistemática da Constituição e dos instrumentos internacionais de direitos humanos. A Declaração Universal dos Direitos Humanos de 1948, da qual o Brasil é signatário, afirma que "todo ser humano tem o direito de participar livremente da vida cultural da comunidade" e que os direitos culturais são indispensáveis à dignidade e ao livre desenvolvimento da personalidade.[18] Isso significa que o pertencimento a referências culturais (inclusive digitais) integra o exercício pleno da personalidade e deve ser juridicamente protegido.

Com base nesses fundamentos, sustenta-se que o direito ao patrimônio cultural deve ser compreendido como direito fundamental[19] com consequências jurídicas específicas, como: (i) a impossibilidade de restrição por norma infraconstitucional, salvo autorização expressa da Constituição; (ii) a preservação de um núcleo essencial inatingível por atos infralegais ou mesmo por outros direitos fundamentais em conflito; e (iii) a vedação ao retrocesso, que impõe ao legislador o dever de ampliar, e não reduzir, os mecanismos de proteção ao patrimônio cultural.

Esse arcabouço normativo revela que a proteção jurídica de bens digitais híbridos com valor cultural, ainda que não prevista expressamente no Projeto do Novo Código Civil, ainda em tramitação, deve ser construída a partir da articulação entre o direito à memória, o direito à personalidade e o direito fundamental ao patrimônio cultural. Assim,

---

17 FACHIN, Luiz Edson; RUZYK, Carlos Eduardo P. Direitos Fundamentais, dignidade da pessoa humana e o novo Código Civil: uma análise crítica. *In*: SARLET, Ingo Wolfgang (org.). *Constituição, Direitos Fundamentais e Direito Privado*. Porto Alegre: Livraria do Advogado, 2003.

18 ORGANIZAÇÃO DAS NAÇÕES UNIDAS (ONU). *Declaração Universal dos Direitos Humanos*. Paris: ONU, 10 dez. 1948. Disponível em: https://www.un.org/pt/universal-declaration-human-rights/. Acesso em: 8 jun. 2025.

19 PAIVA, Carlos Magno de Souza. *Direito do Patrimônio Cultural:* Autonomia e Efetividade. 2. ed. Curitiba: Juruá, 2022.

diante da natureza singular desses bens, que são ao mesmo tempo pessoais e coletivos, afetivos e históricos, a sua tutela jurídica deve refletir a complexidade de seus significados, inclusive em contexto sucessório.[20]

O exercício do direito ao patrimônio cultural se concretiza nos verbos *acessar*, *fruir* e *criar*, garantindo a continuidade dinâmica das manifestações culturais.[21] Um exemplo emblemático é a literatura de cordel, patrimônio imaterial brasileiro, que vem sendo digitalizada e difundida por seus próprios autores em plataformas virtuais, sem perder sua essência tradicional. Reduzir esses acervos à mera dimensão patrimonial, tratando-os apenas como bens passíveis de herança ou apropriação privada, significa ignorar sua função cultural essencial: manter viva uma tradição, assegurar o acesso público ao conteúdo e fomentar a criação contínua. Trata-se de um ciclo cultural que sustenta a própria razão de ser desse patrimônio.

Outros exemplos, como os projetos "NFTs de Impacto"[22] e "NFTribos",[23] desenvolvidos com comunidades indígenas brasileiras, evidenciam o potencial dos ativos digitais como instrumentos de valorização cultural e autonomia financeira. Nesses casos, a dimensão econômica não se dissocia da proteção simbólica e identitária, tornando inviável uma análise puramente patrimonial ou individual.

De forma diversa, a destruição de uma obra física como no polêmico caso "The Burned Picasso",[24] com a substituição de uma pintura original por um NFT, gerou intensos debates sobre os limites éticos e patrimoniais da digitalização extrema. Tal episódio alerta para os riscos da desmaterialização sem critérios culturais robustos.[25]

---

20 DE SOUSA MELO, E.; CARDOSO MACHADO, M. Literatura de cordel nas mídias sociais: espaço de produção e encontros. *SciELO Preprints*, São Paulo, 2024. Disponível em: https://preprints.scielo.org/index.php/scielo/preprint/view/10083. Acesso em: 8 jun. 2025.

21 PAIVA, Carlos Magno de Souza, *op. cit.*

22 LANZA, Luiza. Leilão de NFTs vai destinar valores arrecadados para terra indígena. *Estadão*, São Paulo, 27 jan. 2021. Criptomoedas. Disponível em: https://einvestidor.estadao.com.br/criptomoedas/leilao-nft-causa-indigena. Acesso em: 08 jun. 2025.

23 ANDRADE, Jenne. 'NFTribos': indígenas lançam NFTs para levantar recursos às comunidades. *Estadão*, São Paulo, 10 jul. 2021. Investimentos. Disponível em: https://einvestidor.estadao.com.br/investimentos/indigenas-lancam-nfts-artes. Acesso em: 08 jun. 2025.

24 IGNACIO, Bruno. Grupo queima obra original de Picasso para "eternizá-la" como NFT. *Tecnoblog*, São Paulo, 20 jul. 2021. Notícias, Finanças. Disponível em: https://tecnoblog.net/noticias/grupo-queima-obra-original-de-picasso-para-eterniza-la-como-nft. Acesso em: 08 jun. 2025.

25 ACHOWICZ, Marcos; CIDRI, Oscar. Direitos autorais e a Tecnologia NFT: Esculturas imaginárias e Destruição Criativa. *GEDAI (Grupo de Estudos de Direito Autoral e Industrial)*, Paraná, 2 ago. 2021. Biblioteca, Boletins. Disponível em: https://gedai.ufpr.br/

Essa perspectiva reconhece os bens digitais híbridos como novas formas de patrimônio cultural digital, cuja gestão não pode ser regida tão somente por critérios familiares ou econômicos. Em vez disso, requer-se a construção de critérios jurídicos e éticos que permitam o acesso excepcional, a proteção da integridade do conteúdo e a prevenção de apropriações indevidas — tudo isso sem ferir a memória pessoal, mas garantindo a memória social.

Um caso ilustrativo sobre os conflitos entre preservação da memória cultural e direitos individuais *post mortem* é a reclassificação da obra *"Dançarinas Russas"*, de Edgar Degas, para *"Dançarinas Ucranianas"* pela National Gallery de Londres.[26] A alteração, motivada por pressões sociais e disputas geopolíticas, expõe um crescente movimento de ressignificação do patrimônio cultural à luz de identidades contemporâneas e narrativas emergentes.

Embora a reinterpretação de obras sob novas lentes possa corrigir apagamentos históricos, ela também pode implicar riscos à integridade autoral e à autenticidade histórica. Segundo a Convenção de Berna, os direitos morais do autor, como o direito à autoria e à integridade da obra, são imprescritíveis, mesmo após a morte. Como alerta Rodrigo Vieira Costa, a mudança do nome de uma obra de arte *post mortem*, por razões políticas ou sociais, pode configurar uma violação dos direitos morais do autor, que são imprescritíveis e irrenunciáveis.[27]

Esse cenário revela uma tensão relevante para os bens digitais híbridos: conteúdos que reúnem dimensões existenciais, afetivas e patrimoniais. Na sucessão desses bens é necessário ponderar entre o respeito à privacidade *post mortem* e a preservação da memória cultural e identitária. A manipulação ou eliminação de tais registros, muitas vezes sob justificativa de proteção da intimidade, pode comprometer o ciclo de fruição e continuidade cultural, sobretudo quando vinculados a causas sociais, movimentos coletivos ou patrimônios sensíveis.

---

direitos-autorais-e-a-tecnologia-nft-esculturas-imaginarias-e-destruicao-criativa/. Acesso em: 08 jun. 2025.

[26] NATIONAL Gallery renomeia 'Bailarinas Russas' para 'Bailarinas Ucranianas'. *Estado de Minas*, Belo Horizonte, 4 abr. 2022. Internacional, Guerra e Arte. Disponível em: https://www.em.com.br/app/noticia/internacional/2022/04/04/interna_internacional,1357683/national-gallery-renomeia-bailarinas-russas-para-bailarinas-ucranianas.shtml. Acesso em: 08 jun. 2025.

[27] COSTA, Rodrigo Vieira. Guerra cultural e o cancelamento dos direitos morais do autor. *Consultor Jurídico*, São Paulo, 8 maio 2022. Disponível em: https://www.conjur.com.br/2022-mai-08/rodrigo-vieira-cancelamento-direitos-morais-autor. Acesso em: 08 jun. 2025.

Por isso, torna-se urgente reconhecer a dupla tutela dos bens digitais híbridos: ao mesmo tempo protegidos pelo direito à privacidade e pelos direitos autorais e morais, estão inseridos na lógica do direito ao patrimônio cultural e à memória coletiva. Casos como o da renomeação da obra de Degas evidenciam a necessidade de diretrizes jurídicas capazes de equilibrar autenticidade histórica, sensibilidade identitária e proteção pós-morte, prevenindo tanto a apropriação indevida quanto o apagamento simbólico de legados culturais.

4.1 A proteção da memória coletiva e a função cultural dos bens digitais híbridos

A evocação do conceito de *damnatio memoriae* evidencia que a manipulação ou eliminação de traços memoriais não é neutra, sendo, historicamente, instrumento de poder, repressão e apagamento simbólico.[28] A destruição sistemática dos vestígios de alguém, mesmo que digitais, pode constituir uma nova forma de violência memorial, especialmente se tais registros tiverem valor coletivo. A doutrina, ao reconhecer que a memória individual repercute no *topos* compartilhado do grupo, como destaca Dantas,[29] reforça que o patrimônio cultural é meio de transmissão intergeracional e, portanto, conteúdo concreto do direito à memória. Por isso, em casos de bens digitais que integram a história de comunidades, expressam vivências identitárias ou registram saberes e estéticas culturais, o direito à privacidade *post mortem* pode ceder espaço à proteção do bem comum da memória, desde que garantidos o respeito à dignidade e a mediação responsável desse acesso.

Ora, se a memória individual sofre interferência de uma tecnologia invasiva capaz de, logo, modificá-la, prejudica-se, inclusive, o processo de transmissibilidade intergeracional. Por fim, podemos afirmar que "O direito fundamental à memória encontra-se intrinsecamente ligado ao princípio constitucional da dignidade da pessoa humana, na medida em que o acesso e o resgate do patrimônio cultural constituem conditio *sine qua non* para o desenvolvimento integral das capacidades cognitivas e das relações sociais do indivíduo".[30]

---

[28] VARNER, Eric R. *Mutilation and Transformation:* Damnatio Memoriae and Roman Imperial Portraiture. Leiden: Brill, 2004.

[29] DANTAS, Fabiana Santos. *O direito à memória*. 2008. Tese (Doutorado em Direito Constitucional) - Faculdade de Direito do Recife, Universidade Federal de Pernambuco, Recife, 2008. Disponível em: https://repositorio.ufpe.br/handle/123456789/4176. Acesso em: 08 jun. 2025.

[30] *Idem*, p. 67.

Nesse contexto, o reconhecimento do patrimônio cultural como direito da personalidade, conforme defendido por Carlos Magno de Souza Paiva,[31] oferece o suporte jurídico necessário para tratar bens digitais de natureza híbrida e existencial como expressões identitárias que integram o núcleo essencial da dignidade humana.

Se determinado bem digital possui valor formador de identidade coletiva e memória social, sua supressão total em nome da privacidade *post mortem*, ou sua redução ao valor monetário, pode constituir uma violação ao núcleo essencial desse direito da personalidade cultural, o que se mostra vedado constitucionalmente. Assim, propõe-se que, em situações específicas, o direito ao patrimônio cultural (e, por consequência, à memória coletiva) deve prevalecer sobre a privacidade do falecido, desde que a destinação do bem digital esteja orientada ao interesse público e à função cultural que ele desempenha, com respeito à sua integridade, autoria e significados. Essa leitura constitucional reforça que a ausência de normas sucessórias específicas não pode servir de pretexto para o apagamento arbitrário de bens culturais digitais, devendo prevalecer o princípio da vedação ao retrocesso e a salvaguarda dos referenciais identitários envolvidos.

A jurisprudência do Supremo Tribunal Federal, no julgamento do Tema 786, reafirma a relevância da memória coletiva como dimensão essencial à democracia e à justiça social. Ao tratar do chamado "direito ao esquecimento", no julgamento do RE 1.010.606/RJ (Caso Aída Curi), a Corte diferenciou de forma enfática a memória individual, sujeita à tutela da privacidade, da memória coletiva, que se insere no campo da liberdade de expressão, do interesse público e da proteção do patrimônio cultural.[32]

A Ministra Cármen Lúcia, em seu voto, destacou que apagar informações historicamente relevantes pode comprometer a compreensão social sobre estruturas de opressão, como racismo, homofobia e misoginia. Em suas palavras: *"Quem saberá das violações como racismo, homofobia, violência contra mulher etc., a não ser pela exibição dos exemplos específicos?"*[33] Essa reflexão ilustra com precisão a tensão entre a tutela da intimidade e o direito à memória, apontando que, em determinadas

---

[31] PAIVA, Carlos Magno de Souza. *Direito do Patrimônio Cultural:* Autonomia e Efetividade. 2. ed. Curitiba: Juruá, 2022.

[32] STF conclui que direito ao esquecimento é incompatível com a Constituição Federal. *Portal STF*, Brasília, 11 fev. 2021. Disponível em: https://portal.stf.jus.br/noticias/verNoticiaDetalhe.asp?idConteudo=460414&ori=1. Acesso em: 08 jun. 2025.

[33] *Idem.*

situações, o interesse coletivo na preservação de registros históricos deve prevalecer sobre a exclusividade privada na gestão da informação.

5 Considerações finais

A sucessão *post mortem* de bens digitais híbridos exige uma resposta jurídica que vá além da dicotomia entre herança econômica e sigilo pessoal. São bens que, embora individualizados, possuem potencial de integrar o ciclo de acesso, fruição e criação cultural, típico do patrimônio cultural, por conterem registros de saberes tradicionais, criações autorais, práticas identitárias ou memórias coletivas digitalizadas.

Contudo, a aplicação automática do *droit de saisine*, que determina a imediata transmissão da herança aos herdeiros no momento da morte, revela-se frágil quando se trata de bens digitais de natureza híbrida ou existencial. Isso porque a lógica sucessória tradicional, centrada na patrimonialidade, não dá conta das dimensões simbólicas, identitárias e culturais desses bens. Ao se presumir a transferência direta desses conteúdos sem critérios adicionais, corre-se o risco de violar direitos da personalidade, comprometer a integridade de obras com função cultural e interferir indevidamente na memória coletiva. É preciso, portanto, ponderar se a transmissão automática prevista pelo direito civil pode ou deve ser mitigada diante de valores constitucionais como a dignidade da pessoa humana, o direito à memória e o direito ao patrimônio cultural.

Quando esses conteúdos, como blogs, redes sociais, arquivos digitais artísticos ou plataformas de ativismo, passam a exercer função simbólica e social relevante, sua eliminação pode gerar apagamento cultural. Por isso, a simples invocação da memória afetiva da família ou da proteção da privacidade não pode, por si só, prevalecer sobre a preservação da memória coletiva e do patrimônio cultural, especialmente na ausência de disposição testamentária clara.

É nesse contexto que se propõe uma ponderação entre o direito à privacidade *post mortem* e o direito ao patrimônio cultural, observando a função identitária, o interesse público e a vedação ao retrocesso cultural. A tutela jurídica desses bens híbridos, portanto, deve ser dupla e seletiva: a) Para bens com valor predominantemente existencial, como diários íntimos, mensagens privadas e redes sociais pessoais, deve prevalecer a proteção à dignidade do falecido, salvo quando houver manifesta relevância pública ou cultural — por exemplo, em casos de atuação política, causas sociais ou produção cultural com impacto coletivo. b) Para bens com valor patrimonial identificado, como criações protegidas por direitos autorais, obras digitais monetizadas ou NFTs com origem em comunidades tradicionais, aplica-se a lógica da sucessão patrimonial, observando-se inclusive a titularidade coletiva, quando vinculada a expressões culturais de grupos sociais.

Nos casos de sucessão digital *post mortem*, o patrimônio cultural e o direito à memória sejam compreendidos como fundamentos legítimos para autorizar o acesso ou a conservação de determinados bens digitais — especialmente quando sua eliminação comprometeria o exercício de liberdades culturais, o direito à verdade histórica ou a salvaguarda de identidades coletivas. Em contextos como esse, o apagamento não apenas viola o princípio da continuidade cultural, como também pode representar uma forma secundária de silenciamento e revitimização.

Essa perspectiva reconhece os bens digitais híbridos como novas formas de patrimônio cultural digital, cuja gestão não pode ser regida apenas por critérios familiares ou econômicos. Em vez disso, requer-se a construção de critérios jurídicos e éticos que permitam o acesso excepcional, a proteção da integridade do conteúdo e a prevenção de apropriações indevidas, obviamente sem que se fira a memória pessoal, ao passo em que se proteja a memória social.

O direito ao patrimônio cultural, em sua dimensão constitucional, não se limita à preservação estática de bens do passado, mas envolve um conjunto de prerrogativas ativas que asseguram aos indivíduos e comunidades o exercício pleno de sua personalidade cultural. Os verbos nucleares que estruturam esse direito (acessar, fruir e criar) expressam a continuidade dinâmica das manifestações culturais, constituindo condições essenciais para a dignidade humana em sua dimensão coletiva e identitária. Nesse sentido, a sucessão *post mortem* de bens digitais híbridos exige uma tutela jurídica compatível com a natureza complexa desses ativos, sob pena de comprometer o exercício intergeracional do direito fundamental à personalidade cultural.

A supressão arbitrária ou a mercantilização exclusiva de tais bens pode violar não apenas a memória coletiva, mas também o direito das futuras gerações de acessar referências culturais que integram o imaginário, os saberes e as expressões de determinados grupos sociais. Assim, garantir a continuidade do acesso, da fruição e da criação cultural a partir dos suportes digitais herdados é condição para a efetividade do direito ao patrimônio cultural na era digital, sobretudo quando tais bens, embora individualizados, carregam significados partilhados, memórias coletivas e funções simbólicas que transcendem a esfera privada da sucessão patrimonial.

Referências

ACHOWICZ, Marcos; CIDRI, Oscar. Direitos autorais e a tecnologia NFT: esculturas imaginárias e destruição criativa. *GEDAI (Grupo de Estudos de Direito Autoral e Industrial)*, Paraná, 2 ago. 2021. Biblioteca, Boletins. Disponível em: https://gedai.ufpr.br/direitos-autorais-e-a-tecnologia-nft-esculturas-imaginarias-e-destruicao-criativa/. Acesso em: 8 jun. 2025.

ANDRADE, Jenne. 'NFTribos': indígenas lançam NFTs para levantar recursos às comunidades. *Estadão*, São Paulo, 10 jul. 2021. Investimentos. Disponível em: https://einvestidor.estadao.com.br/investimentos/indigenas-lancam-nfts-artes. Acesso em: 8 jun. 2025.

BRASIL. Constituição (1988). *Constituição da República Federativa do Brasil de 1988*. Brasília, DF: Senado Federal, 1988. Disponível em: https://www.planalto.gov.br/ccivil_03/constituicao/constituicao.htm. Acesso em: 8 jun. 2025.

BRASIL. *Lei nº 10.406, de 10 de janeiro de 2002.* Institui o Código Civil. Diário Oficial da União, Brasília, 11 jan. 2002. Disponível em: http://www.planalto.gov.br/ccivil_03/leis/2002/ l10406compilada.htm. Acesso em: 08 jun. 2025.

BRASIL. *Projeto de Lei nº 4, de 2025.* Dispõe sobre a atualização da Lei nº 10.406, de 10 de janeiro de 2002 (Código Civil), e da legislação correlata. Senado Federal, 2025. Disponível em: https://www25.senado.leg.br/web/atividade/materias/-/materia/166998. Acesso em: 8 jun. 2025.

COSTA, Rodrigo Vieira. Guerra cultural e o cancelamento dos direitos morais do autor. *Consultor Jurídico*, São Paulo, 8 maio 2022. Disponível em: https://www.conjur.com.br/2022-mai-08/rodrigo-vieira-cancelamento-direitos-morais-autor. Acesso em: 8 jun. 2025.

DE SOUSA MELO, E.; CARDOSO MACHADO, M. Literatura de cordel nas mídias sociais: espaço de produção e encontros. *SciELO Preprints*, São Paulo, 2024. Disponível em: https://preprints.scielo.org/index.php/scielo/preprint/view/10083. Acesso em: 8 jun. 2025.

DANTAS, Fabiana Santos. *O direito à memória.* Tese (Doutorado em Direito Constitucional) – Faculdade de Direito do Recife, Universidade Federal de Pernambuco, Recife, 2008. Disponível em: https://repositorio.ufpe.br/handle/123456789/4176. Acesso em: 8 jun. 2025.

FACHIN, Luiz Edson; RUZYK, Carlos Eduardo P. Direitos Fundamentais, dignidade da pessoa humana e o novo Código Civil: uma análise crítica. In: SARLET, Ingo Wolfgang (org.). *Constituição, Direitos Fundamentais e Direito Privado.* Porto Alegre: Livraria do Advogado, 2003.

FUJITA, Jorge Shiguemitsu; SILVA, Victor Hugo Cunha. Herança digital na sociedade da informação. *Civilistica.com*, Rio de Janeiro, v. 12, n. 1, p. 1-18, 2023. Disponível em: https://civilistica.emnuvens.com.br/redc/article/view/839. Acesso em: 8 jun. 2025.

IGNACIO, Bruno. Grupo queima obra original de Picasso para "eternizá-la" como NFT. *Tecnoblog*, São Paulo, 20 jul. 2021. Notícias, Finanças. Disponível em: https://tecnoblog.net/noticias/grupo-queima-obra-original-de-picasso-para-eterniza-la-como-nft. Acesso em: 08 jun. 2025.

INSTITUTO DO PATRIMÔNIO HISTÓRICO E ARTÍSTICO NACIONAL (Brasil). *Dossiê de Registro da Literatura de Cordel como Patrimônio Cultural Imaterial do Brasil.* Brasília, DF: IPHAN, 2018. *E-book.* Disponível em: https://portal.iphan.gov.br/uploads/ckfinder/arquivos/Dossie_Literatura_de_Cordel.pdf. Acesso em: 8 jun. 2025.

LANZA, Luiza. Leilão de NFTs vai destinar valores arrecadados para terra indígena. *Estadão*, São Paulo, 27 jan. 2021. Criptomoedas. Disponível em: https://einvestidor.estadao.com.br/criptomoedas/leilao-nft-causa-indigena. Acesso em: 8 jun. 2025.

MELLO, Manoel; EHRHARDT JÚNIOR, Marcos. Bens jurídicos: notas sobre a sua adequação em tempos (cada vez mais) digitais. *Civilistica.com*, Rio de Janeiro, v. 13, n. 1, p. 1-27, 2024. Disponível em: https://civilistica.emnuvens.com.br/redc/article/view/925. Acesso em: 8 jun. 2025.

NATIONAL GALLERY renomeia 'Bailarinas Russas' para 'Bailarinas Ucranianas'. *Estado de Minas*, Belo Horizonte, 4 abr. 2022. Internacional, Guerra e Arte. Disponível em: https://www.em.com.br/app/noticia/internacional/2022/04/04/interna_internacional,1357683/national-gallery-renomeia-bailarinas-russas-para-bailarinas-ucranianas.shtml. Acesso em: 8 jun. 2025.

NEVARES, Ana Luiza. Testamento virtual: ponderações sobre a herança digital e o futuro do testamento. *Civilistica.com*, Rio de Janeiro, v. 10, n. 1, p. 1-20, 2021. Disponível em: https://civilistica.emnuvens.com.br/redc/article/view/568. Acesso em: 8 jun. 2025.

PAIVA, Carlos Magno de Souza. *Direito do patrimônio cultural*: autonomia e efetividade. 2. ed. Curitiba: Juruá, 2022.

ORGANIZAÇÃO DAS NAÇÕES UNIDAS (ONU). *Declaração Universal dos Direitos Humanos*. Paris: ONU, 10 dez. 1948. Disponível em: https://www.un.org/pt/universal-declaration-human-rights/. Acesso em: 8 jun. 2025.

VARNER, Eric R. *Mutilation and transformation*: damnatio memoriae and Roman imperial portraiture. Leiden: Brill, 2004.

ZAMPIER, Bruno Torquato. *Bens digitais*: cybercultura, redes sociais, e-mails, músicas, livros, milhas aéreas, moedas virtuais. 2. ed. Indaiatuba, SP: Editora Foco, 2021.

Informação bibliográfica deste livro, conforme a NBR 6023:2018 da Associação Brasileira de Normas Técnicas (ABNT):

FIALHO, Cláudia, PINHEIRO, Rosana Sampaio. A tutela dos bens jurídicos digitais híbridos na sucessão post mortem: uma proposta hermenêutica integrativa a partir do direito ao patrimônio cultural. *In*: EHRHARDT JÚNIOR, Marcos; CATALAN, Marcos (coord.). *Vida privada, patrimônio e tecnologia*: novos rumos para o direito de família e das sucessões. Belo Horizonte: Fórum, 2025. p. 241-261. ISBN 978-85-450-0968-9.

SUCESSÃO POR MORTE DE ATIVOS FINANCEIROS DIGITAIS

GABRIELA NASCIMENTO LIMA

MARIANA GOMES PEDROSA BEZERRA

1 Introdução

É uma realidade crescente o aumento de investimentos em torno de ativos financeiros digitais, conforme demonstra o relatório de 2023 do *Influencer Marketing*, com mais de US$ 21 bilhões do ano passado em comparação com US$ 16,4 bilhões em 2022, segundo Canen e Gomes (2024). O que torna necessária a regulamentação dessa matéria para fins de garantir a transmissão dos ativos digitais aos sucessores do autor da herança, evitando o perdimento desses bens nas plataformas de acesso.

O grande desafio será a utilização de instrumentos mais adequados de planejamentos sucessório da herança digital dado a ausência de regulamentação legal sobre o tema específico. Leis como o Marco Civil da Internet, a Lei de Proteção de Dados (LGPD) e a Lei de Direitos Autorais servem para análise da matéria de forma interdisciplinar, mas ainda assim, não são suficientes para dirimir as demandas que estão surgindo no direito sucessório devido a era virtual em que estamos vivendo, um caminho sem volta, sob forte influência da globalização e do avanço tecnológico e sem fronteiras.

Assim, levanta-se os questionamentos: O que se entende por herança digital no contexto jurídico contemporâneo? Quais são os principais tipos de bens digitais existentes e como podem ser classificados juridicamente? Quais são os mecanismos legais disponíveis para garantir a sucessão de bens digitais após a morte do titular? Como assegurar os direitos dos herdeiros à propriedade e à herança de bens digitais sem violar a dignidade e a privacidade do falecido? Quais os riscos do perdimento dos bens digitais em plataformas digitais após o falecimento do titular, e como podem ser evitados? Existe legislação suficiente no Brasil para regulamentar a herança digital, ou há lacunas jurídicas relevantes?

Nesse contexto, o presente artigo tem como objetivo examinar a herança digital, conceituar os tipos de bens digitais existentes e identificar as formas de garantir a sucessão desse patrimônio para os herdeiros do autor da herança. Para alcançar esses objetivos, utilizou-se pesquisa bibliográfica e coleta documental, partindo do método hipotético-dedutivo.

2 Conceito e natureza jurídica do acervo hereditário: uma nova dimensão

A herança é o conjunto de relações jurídicas patrimoniais (direitos e obrigações) que se transmite aos herdeiros automaticamente com a morte do titular. Essa transferência imediata se fundamenta no princípio da *saisine*, uma ficção jurídica que visa impedir que o patrimônio deixado fique sem titular até que seja realizada a transmissão definitiva via inventário.

Segundo o artigo 1791 do Código Civil, a herança se configura como um todo unitário e tradicionalmente é composta por bens corpóreos — aqueles materiais, tangíveis, como imóveis, veículos e objetos pessoais — e bens incorpóreos, que embora intangíveis, possuem valor econômico, como créditos, direitos autorais e participações societárias (Brasil, 2002). Ambos os tipos são igualmente passíveis de transmissão hereditária, desde que não estejam vinculados a obrigações personalíssimas ou cláusulas de inalienabilidade. O acervo hereditário é, ainda, considerado bem imóvel, conforme disposto no artigo 80, inciso II do Código Civil, cuja consequência é a indivisibilidade do patrimônio (Brasil, 2002). Os herdeiros são condôminos entre si até ultimada a partilha.

Com o advento da era virtual, surge uma nova dimensão para o acervo hereditário: a herança digital, que desafia os conceitos clássicos do direito sucessório. Apesar da ausência de legislação sobre o assunto, a doutrina e a jurisprudência vêm evoluindo sobre o tema, de modo a incluir na massa hereditária os chamados bens digitais, que são elementos imateriais representados por dados codificados, acessíveis por meios eletrônicos, que possuem valor jurídico, econômico, existencial ou afetivo e existem exclusiva ou predominantemente no ambiente virtual. São caracterizados pela sua intangibilidade, reprodutibilidade, dependência de suporte tecnológico e, em muitos casos, por estarem submetidos a contratos de licença de uso e termos de serviço de plataformas digitais.

Ana Carolina Brochado Teixeira e Lívia Teixeira Leal (2020, p. 336-337) resumem bem a definição de bens digitais: "todos aqueles conteúdos constantes na rede, passíveis ou não de valoração econômica, que proporcionem alguma utilidade para o seu titular". A classificação dos bens digitais pode variar conforme sua natureza e finalidade. Em linhas gerais, de acordo com Teixeira e Leal (2020) os bens digitais se dividem em bens digitais patrimoniais, digitais existenciais e digitais híbridos:

a) Bens digitais patrimoniais: possuem valor econômico direto e são passíveis de exploração comercial ou financeira. Exemplos: criptomoedas, saldos em contas virtuais, arquivos digitais de propriedade intelectual, produtos vendidos em *marketplaces* digitais, ou canais monetizados em plataformas de conteúdo. Ressalvam-se os bens nos quais na oportunidade de aquisição o consumidor estava adquirindo o direito ao uso e não a propriedade, como o Spotify;
b) Bens digitais existenciais: têm valor afetivo ou estão ligados à personalidade do indivíduo, como e-mails, mensagens privadas, fotos íntimas, perfis em redes sociais, diários virtuais e blogs pessoais. Não geram valor econômico direto, mas compõem a identidade digital do sujeito;
c) Bens digitais híbridos: apresentam simultaneamente dimensões patrimoniais e existenciais, como perfis de influenciadores digitais, obras artísticas publicadas online, canais em plataformas de vídeo que contêm a imagem, voz e estilo pessoal do criador, mas também geram receitas e parcerias.

A partir dessa classificação e considerando que herança digital é o conjunto de bens, direitos e obrigações de natureza virtual, de caráter patrimonial ou existencial que uma pessoa deixa ao falecer, questiona-se: todos os bens digitais devem ser transmitidos por herança aos herdeiros do falecido? Para essa resposta é preciso inicialmente identificar a natureza jurídica dos bens, considerando a sua finalidade, relação com a personalidade do titular, e as limitações contratuais impostas por plataformas digitais.

De um lado, há bens digitais nitidamente patrimoniais, como moedas virtuais (bitcoins, por exemplo), saldos em contas de pagamento (PayPal, Mercado Pago), arquivos digitais com direitos autorais patrimoniais (músicas, livros, fotografias), e canais monetizados em redes sociais. Esses bens, por sua natureza econômica, são perfeitamente transmissíveis aos herdeiros, integrando o acervo hereditário conforme os princípios gerais do direito sucessório.

De outro lado, existem os bens digitais de natureza existencial, que se relacionam com aspectos personalíssimos da vida do titular, como e-mails, mensagens privadas, diários virtuais, fotos íntimas, contas pessoais em redes sociais não monetizadas, *playlists* pessoais, ou arquivos em nuvem com conteúdo privado. Esses bens, por estarem ligados à intimidade, à memória e à identidade digital do falecido, são em regra considerados intransmissíveis, a menos que haja autorização expressa do titular em vida e sua transmissão não gere prejuízos a terceiros. A sua transmissão pode representar violação ao direito à privacidade *post mortem* e ao sigilo das comunicações, protegidos constitucionalmente.

Joyceane Bezerra de Menezes e Patrícia Ciríaco (2022, p. 102) ressaltam a impossibilidade de transferência dos bens existenciais, a não ser por ato de última vontade:

> Considerar que os bens digitais de natureza existencial incluem-se no conjunto dos bens sucessíveis do de cujus, é admitir que o 'núcleo-duro' da privacidade pode ser transferido para os parentes que possuem legitimidade para suceder. Ou seja, se o 'núcleo-duro' consiste na esfera mais íntima da pessoa, e se 'o Big Data somos nós', (MAGRANI; OLIVEIRA, 2019, p.345), não podem ser tratados como *res*. [...] Esse poder de decisão sobre o destino dos bens digitais existências pode se materializar por meio de disposições testamentárias ou termo de uso firmado com a rede social, *e-mail* etc.

Na mesma linha de entendimento, o Tribunal de Justiça do Rio Grande do Sul, em julgamento ocorrido em novembro de 2020, decidiu, por meio de voto de relatoria do Desembargador Alberto Arriada Lorea, componente da 7ª Câmara Cível, que o "acesso irrestrito às contas do 'de cujus' seria submeter a vida do mesmo a um escrutínio póstumo, exumando-se suas comunicações com distintos interlocutores, numa injustificada devassa de sua intimidade" e que a "pretensão esbarra não apenas no direito à privacidade do falecido, mas também de terceiros que com o mesmo se comunicaram",[1] negando, portanto, acesso às contas Apple do falecido usuário. Sobre o assunto Lívia Leal e Gabriel Honorato (2022, p. 180) ressaltam que:

> No contexto do tratamento jurídico da herança digital, deve-se buscar identificar se o conteúdo se encontra atrelado a algum aspecto financeiro e se direciona à exploração econômica, ou se o acesso a ele é capaz de macular algum interesse existencial, como a intimidade, a privacidade e até mesmo a identidade, considerando-se que os perfis de redes sociais consistem em elemento de identificação do sujeito perante determinada comunidade.

Ainda mais complexos são os bens digitais híbridos, que mesclam aspectos patrimoniais e existenciais. Um canal no YouTube, por exemplo, pode conter vídeos pessoais e, ao mesmo tempo, gerar receita por publicidade. Um perfil no Instagram pode refletir a identidade do falecido e também representar uma fonte de renda. Nesses casos, necessária uma solução casuística e ponderada, que leve em consideração: I- o valor econômico do bem; II- a possibilidade técnica e contratual de transferência; III- o interesse dos herdeiros na continuidade ou encerramento do uso; IV- a proteção à memória e à dignidade da pessoa falecida.

A autora Everilda Brandão (2021, p. 163) ressalta essa diferenciação que deve existir entre os bens digitais sucessíveis e os não transmissíveis:

> Há dados pessoais úteis à família, como os bens digitais de expressão econômica, bem como dados que se relacionam com a memória familiar. E por que não dizer, há também o direito de apagar os dados do de cujus da rede, ao menos os que estejam guardados em plataformas digitais. Trata-se de verdadeira gestão da vida digital do falecido. Nessa seara, há dados pessoais, não sucessíveis, e há dados armazenados na rede que podem apresentar alto valor econômico e que precisam ser reconhecidos como bens. Os negócios em meio virtual já rendem mais que os tradicionais e por vezes chega a ser a principal fonte de renda de uma família.

[1] TJRS — Apelação Cível nº 50019246220208210013, Sétima Câmara Cível, Tribunal de Justiça do RS, Relator: Roberto Arriada Lorea, Julgado em: 25-11-2020.

A herança digital, portanto, inaugura uma nova fronteira no direito sucessório, exigindo releitura dos institutos tradicionais à luz da realidade tecnológica. Ela revela a necessidade de regulação específica e de interpretação jurídica que equilibre o respeito à memória e à intimidade do falecido com os interesses patrimoniais e afetivos dos herdeiros. O debate contemporâneo sobre o acervo hereditário não pode mais se limitar ao mundo físico. É imprescindível considerar a existência paralela do indivíduo em ambientes virtuais e os reflexos jurídicos dessa presença.

Dessa forma, o acervo hereditário moderno é híbrido, composto não apenas por bens tangíveis e intangíveis clássicos, mas também por elementos digitais que, embora intangíveis, têm se tornado cada vez mais relevantes no patrimônio das pessoas. O desafio do Direito está em adaptar suas categorias e institutos para abarcar adequadamente essa nova realidade.

3 Desafios jurídicos da sucessão por morte de ativos financeiros digitais

Entre os novos desafios enfrentados pelo Direito das Sucessões, destaca-se a complexidade envolvida na transmissão de ativos financeiros digitais, tais como criptomoedas, tokens, contas em plataformas digitais, entre outros bens intangíveis geridos por meios eletrônicos.

Os ativos financeiros digitais consistem em representações eletrônicas de valor que podem ser armazenadas, transferidas e transacionadas virtualmente. Eles incluem uma gama diversa de elementos, como: a) Criptomoedas: unidades de valor descentralizadas, como Bitcoin e Ethereum, operadas por meio de *blockchain* e sem a intermediação de instituições financeiras tradicionais; b) *Tokens*: ativos digitais que representam direitos diversos, podendo ser classificados como *utility tokens* (uso em plataformas específicas), *security tokens* (valores mobiliários) ou *NFTs* (*non-fungible tokens*) que são *tokens* não fungíveis, como obras de arte digitais, colecionáveis digitais e personagens de jogos; e c) contas digitais: saldos em carteiras digitais, contas em *fintechs*, plataformas de pagamento, *exchanges* de criptoativos e bancos digitais.

No âmbito sucessório, a dificuldade está em compatibilizar tais ativos com os instrumentos legais tradicionais de inventário e partilha. Um dos maiores desafios práticos na sucessão desses ativos reside na sua identificação e localização. Por estarem frequentemente protegidos por senhas, autenticação de dois fatores, e especialmente por chaves privadas criptografadas, sua recuperação sem autorização ou instrução prévia do titular pode ser impossível.

A tecnologia *blockchain* fornece uma infraestrutura descentralizada, segura e transparente para o registro e a transferência de ativos financeiros. É como se fosse um livro-razão digital que facilita o processo de registro de transações e rastreamento de ativos. À medida que cada transação ocorre, ela é registrada como um "bloco" de dados. Esses blocos formam uma cadeia à medida que um ativo se move de um lugar para outro ou se altera a propriedade. Os blocos confirmam o tempo exato e a sequência de transações e se ligam de forma segura para impedir que ocorram modificações.

Portanto, como as transações no *blockchain* são públicas e imutáveis, elas podem ser rastreadas permitindo identificar a origem e o destino dos ativos do falecido, garantindo a veracidade das informações. Especificamente quanto às criptomoedas existem atualmente duas formas de custódia: I- por corretoras especializadas, as chamadas *exchanges*, ou II- por carteiras privadas (*wallets*), modalidade em que os ativos permanecem na posse exclusiva do titular, sem intermediação de terceiro e com acesso exclusivo da senha. Dimas Messias e José Roberto Moreira (2024, p. 642-643) explicam que:

> Esse ativo digital de cunho patrimonial logicamente deverá ser incluído no inventário com o devido recolhimento do imposto de transmissão causa mortis que será calculado por ocasião da partilha dos bens, cujo cálculo poderá até mesmo ser feito por perito ou avaliador judicial que poderão utilizar a tecnologia blockchains para o rastreamento dos bens, especialmente jogos e produtos digitais.

A Receita Federal do Brasil (RFB) fiscaliza criptomoedas por meio de obrigações de declaração e cruzamento de dados, especialmente após a Instrução Normativa RFB nº 1.888/2019, que entrou em vigor em agosto de 2019. Todas as pessoas físicas e jurídicas, como as *exchanges*, por exemplo, são obrigadas a prestar informações das transações à Receita Federal que, então, cruza com dados bancários, de *blockchain* e outras bases da administração pública (como COAF e Bacen).

Em comentário à referida instrução normativa no que se refere às criptomoedas, Ana Carolina Brochado Teixeira (2022, p. 188) destaca que o regramento "reconhece sua economicidade ao afirmar que são equiparadas a ativos financeiros e sujeitas à tributação pelo ganho de capital".

Essas instituições financeiras digitais (*exchanges, fintechs* e bancos digitais) têm, portanto, papel fundamental para o inventário e para a administração dos bens, ao fornecer informações sobre saldos e transações. Contudo, muitas operadoras estrangeiras não possuem representação no país, o que pode dificultar a cooperação jurídica internacional.

Tal é a característica patrimonial desses ativos que o Tribunal de Justiça de São Paulo, em acórdão exarado em 03 de junho de 2022, autorizou a penhora *online* de criptomoedas, por possuírem valor econômico que as tornam penhoráveis por meio de intervenção judicial.[2]

Após o falecimento do titular, sendo as criptomoedas contratadas em corretoras, é possível o seu rastreamento por parte dos herdeiros, como bem demonstra Ana Carolina Brochado Teixeira (2022, p. 196):

> A movimentação financeira que envolve criptoativos deve ser informada à receita, inclusive pela Exchange de criptoativos (plataformas digitais que facilitam as operações), de modo que o inventariante poderá requerer ofício à Receita Federal para buscar tais informações, por meio do Infojud. Com a informação, novo ofício deverá ser enviado à corretora, afim de informar se há saldo no momento da morte.

Por outro lado, na hipótese dos criptoativos serem custodiados pelo próprio indivíduo em carteiras digitais torna-se impossível o conhecimento desses ativos, mesmo com o auxílio do *blockchain*, pois a chave de acesso se dá por meio de uma senha privada de 12 a 14 palavras em inglês e, uma vez perdida a sequência, é praticamente impossível recuperá-la.

Com a identificação e localização dos ativos financeiros digitais é possível realizar a sua avaliação tendo como data-base o óbito. Para as criptomoedas, é preciso verificar a cotação de mercado na data de corte, por meio de fontes confiáveis, como CoinMarketCap, CoinGecko ou valores registrados na *exchange* onde o ativo estava. Depois disso, deve-se multiplicar a quantidade de criptomoedas pelo valor unitário em moeda fidúcia (real, dólar, etc.) e, ao final, se determinar valor em dólar, necessário converter para real com a cotação oficial do Banco Central do Brasil do dia da avaliação.

Dessa mesma forma, devem ser avaliados os tokens de segurança ou utilitários, se foram listados em *exchanges*. Caso não estejam no

---

[2] TJ-SP — AI: 20821608220228260000 SP 2082160-82.2022 .8.26.0000, Relator.: Walter Fonseca, Data de Julgamento: 03/06/2022, 11ª Câmara de Direito Privado, Data de Publicação: 03/06/2022.

mercado ativo, precisam ser quantificados com base no preço de aquisição, funcionalidades e possibilidade de resgate/conversão.

Mais difícil de quantificar são os tokens não fungíveis (NFTs), pois não são líquidos e não podem ser trocados por outro de igual valor automaticamente, porque cada um tem características próprias (como um item de jogo exclusivo ou um ingresso exclusivo para um evento) o que pode demandar a realização de perícia técnica especializada. Imprescindível verificar o valor de aquisição, os últimos valores de mercado (lances ou vendas similares) e a eventual valorização ou desvalorização desde a compra.

A sucessão de ativos financeiros digitais representa um novo e complexo desafio para o Direito, exigindo a adaptação dos institutos clássicos da sucessão patrimonial à era digital. É urgente que se avance na regulamentação desses bens, seja por meio de legislação específica, seja por interpretação jurisprudencial inovadora, a fim de garantir segurança jurídica aos herdeiros e efetividade na administração do espólio. Além disso, é recomendável que os titulares de ativos digitais adotem medidas prévias de planejamento sucessório, de forma a evitar que seu patrimônio se torne inacessível após sua morte.

4 Do planejamento sucessório de ativos financeiros digitais

4.1 Da ausência de legislação sobre herança digital

Uma das dificuldades enfrentadas para sucessão de ativos financeiros digitais é a ausência de legislação, devido a herança ser composta por novos bens e tecnologias que não se encontram previstos e regulamentados pelo ordenamento jurídico brasileiro. Nesse sentido, afirma Danielle Chaves Teixeira (2023, p. 54):

> A renovação da realidade sucessória decorre também do mundo globalizado, tecnológico, imediatista, consumista e fluido vivenciado atualmente, apresentando inclusive, com frequência cada vez maior, sucessões hereditárias com componentes complexos e internacionais.

Evidencia-se, portanto, um descompasso entre o direito sucessório e a contemporaneidade. O Código Civil permaneceu parado diante do avanço tecnológico na sociedade. Diante da ausência de regulamentação legal, o estudo da hermenêutica jurídica traz a importância da interpretação sistêmica de várias leis do ordenamento jurídico para aplicação da sucessão de ativos digitais. É o entendimento de Daniele Chaves Teixeira (2023, p. 60):

> Nesse cenário, os princípios constitucionais são imprescindíveis à necessária renovação da disciplina sucessória, através de uma reforma pela via hermenêutica que não se limite a modificações setoriais, mas abranja a matéria em toda a sua complexidade, adequando seu conteúdo às transformações macroscópicas ocorridas no plano social e econômico.

Como exemplo, para o estudo da herança digital, duas leis se entrelaçam (Marco Civil da Internet e a LGPD), por conta da segurança e privacidade dos dados pessoais do usuário, contudo, ambas são omissas quanto ao tratamento desses dados após a morte, no entanto, são úteis para um gerenciamento e transmissão de dados pessoais, em vida.

A lei que trata do Marco Civil da Internet (Lei 12.965/2014), estabelece princípios, garantias, direitos e deveres para o uso da internet do Brasil, visando garantir a liberdade de expressão, a neutralidade da rede, a proteção da privacidade e dos dados pessoais, assim como outras questões (Brasil, 2014).

Por sua vez, a Lei Geral de Proteção de Dados (LGPD) nº 13.709/2018, estabelece o consentimento do uso de dados pessoais nas plataformas digitais, contudo, não detalha o tratamento desses dados após o falecimento do usuário. Estabelece o artigo 1º:

> Esta Lei dispõe sobre o tratamento de dados pessoais, inclusive nos meios digitais, por pessoa natural ou por pessoa jurídica de direito público ou privado, com o objetivo de proteger os direitos fundamentais de liberdade e de privacidade e o livre desenvolvimento da personalidade da pessoa natural (Brasil, 2018).

Tanto a LGPD como Marco Civil da Internet podem ser aplicados para proteger os dados pessoais do usuário, todavia, não tratam de forma específica a transmissão desses dados no evento morte, havendo uma lacuna na legislação brasileira sobre a temática da herança digital, todavia, há dúvidas quanto a utilização dessa legislação para garantir um planejamento sucessório do usuário, ainda vivo, para os seus herdeiros.

Projetos de lei estão tramitando em conjunto e apensados ao PL 3050/20 para alterar a Lei 10.406 de 2002, dispondo sobre a sucessão dos bens e contas digitais do autor da herança de qualidade patrimonial. Contudo, aguardam parecer do relator da Comissão de Comunicação da Câmara dos Deputados[3] para alterar o artigo 1788 do Código Civil com fins de normatizar o direito de herança digital, apresentando a seguinte proposta no parágrafo único: "Serão transmitidos aos herdeiros todos os conteúdos de qualidade patrimonial contas ou arquivos digitais de titularidade do autor da herança".

Contudo, mesmo aplicando-se o estudo da hermenêutica jurídica, a matéria tratada sobre herança digital está sendo decidida pelos Tribunais do país com decisões jurídicas diferentes, mesmo para casos concretos parecidos, tudo isso decorrente da falta de regulamentação jurídica sobre o assunto, assumindo os Tribunais uma função legislativa.

Ainda que não trate especificamente de bens digitais, o caput do artigo 7º da Lei 9.610/98 (trata sobre os direitos autorais), determina de forma implícita, "as criações do espírito, expressas por qualquer meio ou fixadas em qualquer suporte, tangível ou intangível, conhecido ou que se invente no futuro":

> Art. 7º São obras intelectuais protegidas as criações do espírito, expressas por qualquer meio ou fixadas em qualquer suporte, tangível ou intangível, conhecido ou que se invente no futuro, tais como: I- os textos de obras literárias, artísticas ou científicas; II- as conferências, alocuções, sermões e outras obras da mesma natureza; III- as obras dramáticas e dramático-musicais; IV- as obras coreográficas e pantomímicas, cuja execução cênica se fixe por escrito ou por outra qualquer forma; V- as composições musicais, tenham ou não letra; VI- as obras audiovisuais, sonorizadas ou não, inclusive as cinematográficas; VII- as obras fotográficas e as produzidas por qualquer processo análogo ao da fotografia; VIII- as obras de desenho, pintura, gravura, escultura, litografia e arte cinética; IX- as ilustrações, cartas geográficas e outras obras da mesma natureza; X- os projetos, esboços e obras plásticas concernentes à geografia, engenharia, topografia, arquitetura, paisagismo, cenografia e ciência; XI- as adaptações, traduções e outras transformações de obras originais, apresentadas como criação intelectual nova; XII- os programas de computador; XIII- as coletâneas ou compilações, antologias, enciclopédias, dicionários, bases de dados e outras obras, que, por sua seleção, organização ou disposição de seu conteúdo, constituam uma criação intelectual (Brasil, 1998).

---

[3] Para mais informações verificar tramitação: https://www.camara.leg.br/proposicoesWeb/fichadetramitacao?idProposicao=2280308.

Mesmo diante da menção da lei acima que trata dos direitos autorais das criações digitais, tal previsão ainda não é suficiente para dirimir sobre a sucessão dos ativos digitais, contudo, sabe-se que com o falecimento do autor da herança, a sucessão de todos os seus bens digitais ou não será transmitida aos herdeiros, conforme dispõe o artigo 1791 do Código Civil:

> Art. 1.791. A herança defere-se como um todo unitário, ainda que vários sejam os herdeiros. Parágrafo único. Até a partilha, o direito dos co-herdeiros, quanto à propriedade e posse da herança, será indivisível, e regular-se-á pelas normas relativas ao condomínio (Brasil, 2002).

Com isso, a herança passa a ser um todo indivisível e os herdeiros a serem coproprietários sobre os bens digitais, usufruindo-se de seus frutos, o que pode prosperar mensalmente rendimentos financeiros ao espólio. Dado o aumento crescente de investimentos financeiros digitais, sendo considerado o quinto investimento mais aplicado pelos brasileiros, a Receita Federal do Brasil regularizou a tributação dessas operações financeiras digitais, através da Instrução Normativa nº 1888/2019, instituiu e disciplinou sobre a obrigatoriedade de prestação de informação das criptomoedas, sujeitando-as à tributação pelo ganho de capital.

Os criptoativos se consolidaram como uma opção de investimento atrativa para os brasileiros, superando escolhas tradicionais, como ações dólar e títulos públicos. Cassio Gusson (2025) afirma que, segundo uma pesquisa da Datafolha, as criptomoedas são o 5º maior investimento do Brasil. A definição trazida pela instrução normativa para criptoativo determina:

> a representação digital de valor denominada em sua própria unidade de conta, cujo preço pode ser expresso em moeda soberana local ou estrangeira, transacionado eletronicamente com a utilização de criptografia e de tecnologias de registros distribuídos, que pode ser utilizado como forma de investimento, instrumento de transferência de valores ou acesso a serviços, e que não constitui moeda de curso legal (Brasil, 2019).

O parágrafo 2º do artigo 6º da referida Instrução Normativa estabelece que a obrigatoriedade de prestar informações cabe tanto a pessoa física ou jurídica que realizar qualquer desses tipos de operações de criptoativos: "I- compra e venda; II- permuta; III- doação; IV- transferência de criptoativo para a exchange; V- retirada de criptoativo da exchange; VI- cessão temporária (aluguel); VII- dação em pagamento; VIII- emissão; e IX- outras operações que impliquem em transferência de criptoativos" (Brasil, 2019).

Como a informação financeira desses criptoativos deve ser reportada à Receita, inclusive pela Exchange (plataforma digital), conforme artigo 6º, I, é possível, através da busca pelo INFOJUD localizar a existência de ativos financeiros digitais.

Entretanto, ainda carece de leis para regular a sucessão desses ativos digitais, para que não caiam no esquecimento das plataformas digitais, os investimentos realizados pelo autor da herança.

Segundo Daniele Chaves Teixeira, "inexistindo regulamentação legislativa a respeito no ordenamento jurídico brasileiro, cabe à doutrina, em um momento inicial, a estipulação de parâmetros em relação a essa transmissibilidade causa mortis" (2023, p. 44).

Por sua vez, a reforma do Código Civil trará mudanças consideráveis, caso seja aprovada, quanto à inclusão da regulamentação da herança digital. Inserindo-se mais um livro no Código Civil, intitulado Do Direito Digital.

> Art. 1.791-A. Os bens digitais do falecido, de valor economicamente apreciável, integram a sua herança. §1º Compreende-se como bens digitais, o patrimônio intangível do falecido, abrangendo, entre outros, senhas, dados financeiros, perfis de redes sociais, contas, arquivos de conversas, vídeos e fotos, arquivos de outra natureza, pontuação em programas de recompensa ou incentivo e qualquer conteúdo de natureza econômica, armazenado ou acumulado em ambiente virtual, de titularidade do autor da herança. §2º Os direitos da personalidade e a eficácia civil dos direitos que se projetam após a morte e não possuam conteúdo econômico, tais como a privacidade, a intimidade, a imagem, o nome, a honra, os dados pessoais, entre outros, observarão o disposto em lei especial, entre outros, observarão o disposto em lei especial e no capítulo II do Título I do Livro I da Parte Geral, bem como no Livro de Direito Civil Digital e no Capítulo II do Título I do Livro I da Parte Geral, bem como no Livro de Direito Civil Digital. §3º São nulas de pleno direito quaisquer cláusulas contratuais voltadas a restringir os poderes da pessoa de dispor sobre os próprios dados, salvo aqueles que, por sua natureza, estrutura e função tiverem limites de uso, de fruição ou de disposição. Art. 1.791-B. Salvo expressa disposição de última vontade e preservado o sigilo das comunicações, as mensagens privadas do autor da herança difundidas ou armazenadas em ambiente virtual não podem ser acessadas por seus herdeiros. §1º O compartilhamento de senhas, ou de outras formas para acesso a contas pessoais, serão equiparados a disposições negociais ou de última vontade, para fins de acesso dos

> sucessores do autor da herança. §2º Por autorização judicial, o herdeiro poderá ter acesso às mensagens privadas do autor da herança, quando demonstrar que, por seu conteúdo, tem interesse próprio, pessoal ou econômico de conhecê-las.

Dessa forma, o direito hereditário reclama por uma reforma que acompanhe toda essa globalização, incluindo o avanço tecnológico e sem fronteiras, decorrente da ampliação dos mercados, com circulação de bens e capitais em todo o mundo. Nas palavras de Zygmunt Baumann (2001, p. 10), "o derretimento dos sólidos levou à progressiva libertação da economia de seus tradicionais embaraços políticos, éticos e culturais."

4.2 Do planejamento sucessório

Dada a ausência de regulamentação específica para herança digital, se torna recomendável a análise de quais mecanismos disponíveis para garantir a vontade do autor da herança, em vida, para transmissão de seus bens digitais.

Uma forma de garantir essa sucessão é através do planejamento sucessório que tem como uma de suas finalidades a organização patrimonial que o autor faz em vida, de modo a garantir sua autonomia de vontade na transmissão de seu acervo de bens. Trata-se de um processo mais fácil, rápido e menos dispendioso que uma ação de inventário.

Trata-se de um modelo procedural que reúne várias medidas para o autor da herança, organizar, ainda em vida, a sucessão de seu acervo de bens, no caso em estudo, os ativos financeiros digitais, deliberada por sua autonomia de vontade para realização após o evento morte.

Dentre as vantagens de um planejamento sucessório temos redução de custos com os impostos e outras taxas, evita conflitos familiares e permite um acesso mais rápido ao patrimônio deixado aos herdeiros. No caso de ativos financeiros digitais, evita o perdimento desses bens por desconhecimento das chaves públicas de acesso nas plataformas. Desse modo, a proposta do planejamento sucessório assegura uma garantia de transmissão dos bens digitais aos sucessores, possibilitando uma continuidade ao legado do falecido.

Contudo, alguns entraves poderão aparecer, principalmente, junto às plataformas digitais, já que dispõe de políticas próprias sobre a gestão desses bens, inclusive para o caso de morte. Por não existir regulamentação legal que trata da sucessão de ativos financeiros após a morte do usuário, as plataformas podem dispor de cláusulas próprias que tratam do assunto.

A LGPD ao dispor sobre o tratamento de dados pessoais, inclusive nos meios digitais, seja por pessoa física ou jurídica, disciplina em seu artigo 5º, inciso X o seguinte:

> Art. 5º Para os fins desta Lei, considera-se: X - tratamento: toda operação realizada com dados pessoais, como as que se referem a coleta, produção, recepção, classificação, utilização, acesso, reprodução, transmissão, distribuição, processamento, arquivamento, armazenamento, eliminação, avaliação ou controle da informação, modificação, comunicação, transferência, difusão ou extração.

Dessa forma, abre espaço para o usuário planejar a transmissão de seus dados através do acesso e visualização para terceiros, no caso, para a pessoa a quem indicar, fazendo um planejamento em vida de seu legado digital. Segundo Sérgio Marcos Carvalho e Carolina Fiorini Ramos:

> No âmbito da tutela da privacidade e da proteção de dados pessoais, o planejamento sucessório, além de concretizar a vontade manifestada em vida, é um instrumento que pode auxiliar na governança dos dados, possibilitando o planejamento do ciclo informacional por meio do exercício de direitos e da aplicação de remédios previstos no ordenamento jurídico (2023, p. 192).

A sucessão da herança digital ocorrerá para os bens que gerarem repercussões, nitidamente patrimoniais, como moedas virtuais, saldos em contas de pagamento, arquivos digitais com direitos autorais patrimoniais (músicas, livros, fotografias), e canais monetizados em redes sociais.

Sérgio Marcos Carvalho e Carolina Fiorini Ramos (2023) traçam três modelos diferentes a serem aplicados para a transmissão desses bens: 1) modelo da herança digital, permeado com bens de natureza existencial, patrimonial e híbridos (que tem conteúdo existencial, mas geram monetização, como é o caso do Youtube, Instagram e outras plataformas); 2) tutela póstuma de dados pessoais, através do gerenciamento de dados pessoais em vida, com base na LGPD (vale ressaltar um forte crescimento na contratação desses serviços de gestão póstuma de dados pessoais); 3) intransmissibilidade, marcado pelas regras de atuação de diversas plataformas, dado a lacuna legislativa sobre o assunto.

O primeiro item é o mais importante para o presente estudo, pois remete a ideia da transmissibilidade da herança por meio do direito sucessório, que no Brasil, somente é possível os de natureza patrimonial ou híbrida, o que não acontece com os de natureza existencial, cujo entendimento jurisprudencial é limitado e não unânime sobre a questão, por se tratar de direito da personalidade do falecido.

Sérgio Marcos Carvalho e Carolina Fiorini Ramos (2023, p. 195) esclarecem que o termo herança digital é "um atalho mental usado para indicar, por exemplo, a possibilidade de os herdeiros simplesmente acessarem o conteúdo digital de uma pessoa falecida. Nesse caso, não se fala exclusivamente em dados pessoais, mas em uma série de ativos digitais armazenados em servidores particulares".

Por sua vez, o modelo da tutela póstuma de dados pessoais reforça a manifestação de vontade do usuário para gerenciamento de seus ativos digitais após a sua morte, consubstanciado através da Lei Geral de Proteção de Dados, no Brasil. Daí o crescimento, nesse modelo de planejamento sucessório, o qual também ainda não foi regulamentado.

Ainda que não haja matéria que regulamente a tutela póstuma de dados pessoais, a Lei de Proteção de Dados em seu inciso X do artigo 5º permite essa transmissão em vida (Brasil, 2018), todavia, há de se perguntar se é possível para um uso futuro, após o evento morte, ponto esse não contido na Lei, mas que estimula, simultaneamente a circulação de informações, em vida, por meio de um gerenciamento de dados.

Desse modo, Rodotá (2008, p. 50) aponta que a proteção da privacidade requer uma disciplina própria para coletar as informações necessárias que deverão ser utilizadas em conjunto e integradas para sua circulação. Logo, é totalmente distinto a proteção da personalidade em vida e após a morte. Nesse sentido, asseguram Sérgio Marcos Carvalho e Carolina Fiorini Ramos (2023, p. 199):

> Tal cenário coloca em evidência a importância de o titular de dados fornecer, ainda em vida, disposições acerca do tratamento póstumo de seus dados de modo a planejar o ciclo das informações que lhe dizem respeito e evitar conflitos de interesse no futuro. Da mesma forma, a manifestação em vida poderá também determinar quais direitos relacionados à proteção de dados poderão ser exercidos após a morte.

Quanto ao terceiro modelo, Tepedino (2021, p. 11-12) aduz que é importante refletir sobre abusividade das cláusulas contratuais das plataformas, cujos contratos são de adesão, ferindo a própria liberdade de testar e de escolha do próprio interessado. Todavia, já se vê mudanças nesse sentido por parte de algumas plataformas como a Apple que anunciou em 2021 uma ferramenta na qual será possível, após a morte do usuário, solicitar acesso a conta.

Dado os três modelos apresentados acima, sobre um planejamento dos ativos financeiros, o Código Civil estabelece a possibilidade de cláusula testamentária para inclusão de bens digitais, seja em testamento público, cerrado ou particular, possibilitando livres escolhas e direcionamentos por parte do testador (Brasil, 2002).

A utilização do instituto do codicilo para fins de planejamento sucessório de bens digitais também é possível, mas desde que contenham baixo valor financeiro. É o que determina o artigo 1881 do Código Civil:

> Toda pessoa capaz de testar poderá, mediante escrito particular seu, datado e assinado, fazer disposições especiais sobre o seu enterro, sobre esmolas de pouca monta a certas e determinadas pessoas, ou, indeterminadamente, aos pobres de certo lugar, assim como legar móveis, roupas ou joias, de pouco valor, de seu uso pessoal (Brasil, 2002).

Daniele Chave Teixeira e Daniel Bucar apresentam algumas questões quanto as vontades externadas pelo autor da herança no planejamento sucessório através do testamento, sendo uma delas a anuência dos herdeiros quanto as disposições trazidas:

> Assim, para criar consensos, os profissionais que auxiliam em sua formatação devem, antes de tudo, ir além das barreiras e dos permissivos legais. E esse é um dos maiores desafios da área. Conforme os diversos (e até conflitantes) interesses do autor da herança e de seus herdeiros será preciso: I) buscar que todos aceitem o programa; ou II) garantir a previsibilidade da futura aceitação. Dessa forma, o planejamento envolve não só uma consulta ao titular do patrimônio a se transmitir, mas um diálogo honesto relativo aos anseios e à situação de todos os integrantes de sua família. Só assim serão identificadas aptidões, conflitos intrafamiliares (que precisam, em alguma medida, ser neutralizados) e preocupações com vulnerabilidades específicas de certos parentes (Teixeira; Bucar, 2020, p. 1).

No cenário da sucessão dos bens digitais, o planejamento sucessório é essencial, pois cuida-se de uma solução para desenrolar a sucessão dos ativos financeiros digitais, indispensáveis à efetiva transmissão do direito aos envolvidos, enfrentando a lacuna legislativa no que se refere a sucessão da herança digital.

Dessa forma, planejar é fundamental para I- evitar o bloqueio das plataformas por falta de uso e/ou a perda do conteúdo por falta de senha ou protocolo de gestão; II- evitar conflito entre os herdeiros para acesso ao capital ativo financeiro digital deixado pelo fenecido; III- facilitar a comprovação da propriedade do autor da herança sobre os investimentos em ativos financeiros digitais.

5 Considerações finais

É necessário preparo e planejamento para sucessão dos ativos financeiros digitais, garantindo a transmissão desse acervo digital aos herdeiros do autor da herança. As plataformas digitais onde esses ativos estão armazenados precisam também se adaptar, implementando políticas e procedimentos que permitam a transferência desses ativos aos herdeiros do usuário.

Atualmente, vive-se a era da virtualização, com um aumento cada vez mais frequente de investimentos financeiros digitais e é necessário a implementação de legislação que regule a herança digital, preocupação cada vez mais frequente e que está em análise nas comissões de reforma do Código Civil brasileiro de 2002.

A Lei Geral de Proteção de Dados é um importante recurso a ser utilizado no planejamento sobre a circulação desses ativos financeiros patrimoniais, contudo, de modo isolado não será suficiente para suprir a lacuna legislativa sobre a transmissão de dados após a morte do usuário.

Referências

BAUMAN, Zygmunt. *Modernidade líquida*. Tradução de Plínio Dentzien. Rio de Janeiro: Jorge Zahar, 2001.

BRANDÃO, Everilda. Para novos bens, um novo direito sucessório. *In*: TEIXEIRA, Daniele Chaves (Coord.). *Arquitetura do Planejamento Sucessório*. Tomo II. Belo Horizonte: Fórum, 2022, p. 161/174.

BRASIL. Código Civil. *Lei nº 10.406, de 10 de janeiro de 2002*. Institui o Código Civil. Diário Oficial da União: seção 1, Brasília, DF, ano CXL, n. 8, p. 1-47, 11 jan. 2002.

BRASIL. *Lei n. 12.965, de 23 de abril de 2014*. Estabelece princípios, garantias, direitos e deveres para o uso da Internet no Brasil. Diário Oficial da União: seção 1, Brasília, DF, 24 abr. 2014.

BRASIL. *Lei n. 13.709, de 14 de agosto de 2018*. Dispõe sobre a proteção de dados pessoais e altera a Lei n. 12.965, de 23 de abril de 2014 (Marco Civil da Internet). Diário Oficial da União: seção 1, Brasília, DF, 15 ago. 2018.

BRASIL. *Lei n. 9.610, de 19 de fevereiro de 1998*. Altera, atualiza e consolida a legislação sobre direitos autorais e dá outras providências. Diário Oficial da União: seção 1, Brasília, DF, 20 fev. 1998.

BRASIL. *Projeto de Lei 3050 de 2020*. Disponível em: https://www.camara.leg.br/proposicoesWeb/prop_mostrarintegra?codteor=1997738 Acesso em: 26 maio 2025.

BRASIL. Receita Federal. *Instrução Normativa RFB n. 1.888, de 3 de maio de 2019*. Dispõe sobre a obrigatoriedade de prestação de informações relativas às operações realizadas com criptoativos. Diário Oficial da União: seção 1, Brasília, DF, 7 maio 2019.

CAHALI, Franciscos José; MAZARGÃO, Silvia Felipe. Há limites à vontade do planejador para dispor sobre a transmissão ou distribuição de bens digitais híbridos? *In*: TEIXEIRA, Daniele Chaves (Coord.). *Arquitetura do Planejamento Sucessório*. Belo Horizonte: Fórum, 2022, p. 203/216.

CANEN, Doris; GOMES, Edgar Santos. Desafios tributários da herança digital. *Coluna da ABDF*. 22 jul. 2024. Disponível em https://www.jota.info/colunas/coluna-da-abdf/desafios-tributarios-da-heranca-digital Acesso em: 24 maio 2025.

GUSSON, Cassio. *Pesquisa Datafolha revela que criptomoedas superam ações, dólar e títulos públicos e são o 5º maior investimento do Brasil*. 2025. Disponível em: https://br.cointelegraph.com/news/datafolha-and-coinbase-survey-reveals-cryptocurrencies-as-brazils-5th-largest-investment. Acesso em: 26 maio 2025.

LEAL, Livia Teixeira; HONORATO, Gabriel. Herança digital: o que se transmite aos herdeiros? *In*: TEIXEIRA, Ana Carolina Brochado; NEVARES, Ana Luiza (Coord.). *Direito das Sucessões*. Problemas e tendências. Indaiatuba: Foco, 2022, p. 169/184.

MENEZES, Joyceane Bezerra de; CIRÍACO, Patrícia. Direito à morte do corpo virtual: (im)possibilidade de um direito à sucessão de bens virtuais existenciais. *In*: TEIXEIRA, Daniele Chaves (Coord.). *Arquitetura do Planejamento Sucessório*. Tomo III. Belo Horizonte: Fórum, 2022, p. 93/107.

MOREIRA, José Roberto Filho; MESSIAS, Dimas. A herança digital como parte integrante do acervo hereditário: análise doutrinária, jurisprudencial e da proposta de alteração do Código Civil. *Revista IBDFAM: Famílias e Sucessões*. v. 64, jul/ago, Belo Horizonte: IBDFAM, 2024. Bimestral.

MOREIRA, José Roberto Filho; MESSIAS, Dimas. *Tratado de direito das sucessões - inventário e partilha*. São Paulo: JusPodivm, 2024.

NEGRI, Sergio Marcos Carvalho de Ávila; GIOVANINI, Carolina Fiorini Ramos. Tutela Póstuma de Dados Pessoais e Planejamento Sucessório. *In*: TEIXEIRA, Daniele Chaves (Coord.). *Arquitetura do Planejamento Sucessório*. Belo Horizonte: Fórum, 2022. Pg.187/200.

NEVARES, Ana Luiza Maia; TEIXEIRA, Ana Carolina Brochado. *Direito das Sucessões. Problemas e Tendências*. Indaiatuba: Editora Foco, 2022.

RIO GRANDE DO SUL. Tribunal de Justiça. 7ª Câmara Cível. Apelação Cível n. 5001924-62.2020.8.21.0013. Relator: Roberto Arriada Lorea. Julgado em: 25 nov. 2020.

RODOTÁ, Stefaono. *A vida na sociedade da vigilância*: a privacidade hoje. Organização, seleção e apresentação de Maria Celina Bodin de Moraes. Tradução de Danilo Doneda e Luciana Cabral Doneda. Rio de Janeiro: Renovar, 2008, p.50

SÃO PAULO. Tribunal de Justiça. 11ª Câmara de Direito Privado. Agravo de Instrumento n. 2082160-82.2022.8.26.0000. Relator: Walter Fonseca. Julgado em: 3 jun. 2022. Publicado em: 3 jun. 2022.

TEIXEIRA, Ana Carolina Brochado. O papel do inventariante na gestão da herança digital. *In*: TEIXEIRA, Ana Carolina Brochado; NEVARES, Ana Luiza (Coord.). *Direito das Sucessões*. Problemas e tendências. Indaiatuba: Foco, 2022, p. 185/198.

TEIXEIRA, Ana Carolina Brochado; LEAL, Lívia Teixeira. Tutela jurídica dos bens digitais ante os regimes de bens comunheiros. *In*: EHRHARDT JÚNIOR, Marcos; CATALAN, Marcos; MALHEIROS, Pablo (Coord.). *Direito civil e tecnologia*. Belo Horizonte: Fórum, 2020, p. 332/346.

TEIXEIRA, Daniele Chaves. *Arquitetura do Planejamento Sucessório*. Tomo III. Belo Horizonte: Fórum, 2023.

TEIXEIRA, Daniele Chaves; BUCAR, Daniel. As armadilhas do planejamento sucessório. *Consultor Jurídico*. 2020. Disponível em: https://www.conjur.com.br/2020-jul-17/bucar-teixeira-armadilhas-planejamento-sucessorio/ Acesso em: 26 maio 2025.

TEIXEIRA, Daniele Chaves; POMJÉ, Caroline. Caminhos para a tutela dos bens digitais no planejamento sucessório. *In*: TEIXEIRA, Daniele Chaves (Coord.). *Arquitetura do Planejamento Sucessório*. Belo Horizonte: Fórum, 2022, p. 39/50.

TEPEDINO, Gustavo. Pacta corvina em versão digital? *Revista Brasileira de Direito Civil*-RBDCivil, Belo Horizonte, v.28, p.11-12, 2021.

Informação bibliográfica deste livro, conforme a NBR 6023:2018 da Associação Brasileira de Normas Técnicas (ABNT):

LIMA, Gabriela Nascimento; BEZERRA, Mariana Gomes Pedrosa. Sucessão por morte de ativos financeiros digitais. *In*: EHRHARDT JÚNIOR, Marcos; CATALAN, Marcos (coord.). *Vida privada, patrimônio e tecnologia*: novos rumos para o direito de família e das sucessões. Belo Horizonte: Fórum, 2025. p. 263-282. ISBN 978-85-450-0968-9.

PLANEJAMENTO SUCESSÓRIO DE BENS DIGITAIS: A (IN)SUFICIÊNCIA DO TESTAMENTO NA DISPOSIÇÃO DE ÚLTIMAS VONTADES

PAULA FALCÃO ALBUQUERQUE

1 Introdução

A cultura jurídica brasileira, ao longo de décadas, conviveu com um fenômeno de resistência em relação ao planejamento dos bens para além da vida. A morte, envolta em um imaginário de negação, sempre ocupou um lugar marginal nas conversas familiares e nas decisões patrimoniais dos indivíduos.

Nesse cenário, a ideia de prever juridicamente os desdobramentos patrimoniais da própria ausência era, muitas vezes, percebida como agourenta ou desnecessária, contribuindo para a cristalização de um verdadeiro tabu em torno do planejamento sucessório. No entanto, a doutrina civilista e tributária atual vem, de forma sistemática e progressiva, desmistificando essa concepção, reafirmando o planejamento sucessório como expressão legítima da autonomia privada, da organização racional do patrimônio e, sobretudo, da dignidade da pessoa humana em sua dimensão prospectiva.

A consolidação desse entendimento, porém, depara-se com um novo desafio relacionado à evolução estrutural do próprio conceito de bem no contexto da sociedade informacional. As constantes mudanças tecnológicas ocorridas nas últimas décadas não apenas modificaram os modos de produção, circulação e registro da riqueza, como também expandiram o espectro do patrimônio para incluir manifestações digitais da vida humana.

Desse modo, a sucessão, antes limitada a bens tangíveis ou de natureza tradicionalmente reconhecida pelo Direito, passa agora a abranger um acervo multifacetado, composto por ativos digitais que coexistem com o sujeito em sua experiência cotidiana e que, após sua morte, levantam questões jurídicas inéditas quanto à titularidade, destinação e disponibilidade.

Nesse novo horizonte, surge a necessidade de repensar os instrumentos clássicos de organização da sucessão, em especial o testamento. A sucessão de bens digitais, ao confrontar os pressupostos de materialidade, visibilidade e formalismo que sustentam os institutos tradicionais, revela algumas limitações e exige uma resposta jurídica mais sofisticada diante do cenário digitalizado.

Isso porque a mera aplicação analógica de modelos concebidos para o mundo físico, por vezes, revela-se insuficiente, sendo imprescindível a construção de novos paradigmas capazes de compatibilizar a eficácia jurídica da vontade *post mortem* com a realidade digital, mutável e relacional, que marca o presente.

Diante dessa transformação do acervo hereditário e da crescente digitalização das experiências humanas, impõe-se ao Direito o desafio de compreender se o testamento, em sua configuração tradicional, é capaz de atender às demandas contemporâneas oriundas da sucessão de bens digitais.

A investigação se concentra, portanto, na tensão entre a estrutura formalista do testamento previsto no ordenamento jurídico brasileiro e as peculiaridades dos ativos digitais, cuja natureza volátil, imaterial e, muitas vezes, existencial, suscita questionamentos sobre a efetividade, a completude e a adequação desse instrumento como meio único de disposição de últimas vontades nesse novo cenário.

Assim, a problemática que se apresenta é: em que medida o testamento, tal como normatizado no Direito brasileiro, pode ser considerado juridicamente suficiente para assegurar a concretização da vontade *post mortem* quanto aos bens digitais?

A relevância da temática reside não apenas na insuficiência normativa diante da crescente complexidade digital, mas também na necessidade premente de se compreender o planejamento sucessório como instrumento de concretização de direitos fundamentais na era da informação. Mais do que uma simples previsão patrimonial, o planejamento voltado aos bens digitais exige um olhar atento à dignidade da pessoa humana em sua projeção *post mortem*, bem como à autonomia privada e à preservação da identidade e da memória no ambiente digital. O presente artigo adota uma abordagem dogmática e crítica, fundamentada no Direito Civil-Constitucional, com especial atenção à principiologia que rege os direitos da personalidade, sem perder de vista a historicidade das instituições sucessórias e os limites estruturais do ordenamento jurídico vigente.

2 Bens digitais: entre o patrimônio e a memória existencial

A vida contemporânea está imersa no universo digital. Do armazenamento de informações à construção de vínculos afetivos, da produção de conteúdo à expressão de identidades, o cotidiano das pessoas se desenvolve cada vez mais por meio de suportes tecnológicos, plataformas interativas e ambientes digitais. Redes sociais, aplicativos, contas de *e-mail*, serviços de *streaming*, carteiras digitais, arquivos armazenados em nuvem, ativos tokenizados e até mesmo interações com assistentes virtuais passaram a integrar, de modo indissociável, a rotina dos indivíduos.[1] A realidade digital não mais se apresenta como extensão da experiência analógica, mas como espaço próprio de existência, dotado de estrutura, linguagem e valor próprios.

Nesse contexto, o manejo desse mundo digital não se limita à utilidade prática. Ele envolve decisões sobre o que se compartilha, o que se preserva, como se interage, que tipo de memória se constrói e que legado se deixa. Os dados digitais não são meros fragmentos informacionais dispersos: eles compõem registros da história pessoal, repositórios de afetos, arquivos de vivências e reflexos identitários. O que se armazena em nuvem ou se publica em redes é, muitas vezes, mais representativo da trajetória individual do que objetos materiais tradicionalmente reconhecidos como parte do patrimônio.[2] É nesse ambiente digital que se firmam relações, se constroem reputações, se expressam opiniões e se projetam as subjetividades.

Assim, compreender a natureza e o significado dos bens digitais exige uma abordagem que vá além da ótica patrimonial clássica. A digitalização das relações humanas não apenas transformou o modo de produção e de registro da riqueza, mas ressignificou os próprios

---

1 FLORIDI, Luciano. *The Onlife Manifesto*: Being Human in a Hyperconnected Era. London: Spring Open, 2015.

2 RODOTÀ, Stefano. *A vida na sociedade da vigilância:* a privacidade hoje. Tradução Danilo Doneda e Luciana Cabral Doneda. Rio de Janeiro: Renovar, 2008.

parâmetros do que se entende por patrimônio, incorporando valores existenciais, simbólicos e emocionais em ativos intangíveis. O desafio do Direito contemporâneo é, portanto, reconhecer esse novo cenário, em que bens digitais são, simultaneamente, meios de expressão da personalidade e elementos que compõem o acervo jurídico do indivíduo (inclusive para fins sucessórios).

Nessa ambiência digital, marcada pela fluidez dos registros e pela desmaterialização progressiva das experiências humanas, torna-se imprescindível compreender os fundamentos técnicos que estruturam esse novo universo. Conforme aponta Pierre Lévy,[3] a digitalização consiste no próprio fundamento técnico da virtualidade, consistindo na conversão de informações em linguagem binária (uma codificação baseada na lógica matemática do 0 e do 1).

Esse processo permite que textos, imagens, sons, documentos e interações sejam capturados, armazenados e processados em plataformas digitais, convertendo-se em dados acessíveis e transferíveis em escala global. Entretanto, é essencial distinguir, ainda que muitas vezes utilizados como sinônimos, os conceitos de dado e de informação: o dado representa o estado bruto, não interpretado, enquanto a informação resulta do processamento e da organização desses dados, tornando-os inteligíveis, dotados de sentido e, portanto, juridicamente relevantes.[4]

Essa distinção não é meramente semântica. Em uma visão jurídico-estrutural, os dados, ao serem organizados em informações, passam a integrar um campo de valor que pode ser patrimonial ou existencial, dependendo do contexto no qual se inserem. Pietro Perlingieri, ao tratar da natureza jurídica da informação, esclarece que sua relevância dependerá do conteúdo que veicula, do sujeito que a detém, da finalidade de seu uso e do contexto da relação jurídica subjacente. Veja-se:

> A informação em si, como coisa incorpórea, não é sempre e necessariamente relevante para o direito, mas sua tutela varia com relação ao conteúdo da informação (pense-se na privacidade da pessoa), ao lugar ou à relação jurídica na qual os dados informativos estão inseridos ou, ainda, ao sujeito que a conhece e à sua atividade: pense-se no chamado sigilo industrial, ou no interesse que o profissional ou o prestador de serviço não divulguem fatos conhecidos no adimplemento da sua própria prestação.[5]

---

3 LÉVY, Pierre. *Cibercultura*. Tradução Carlos Irineu da Costa. São Paulo: Editora 34, 1999.

4 STAIR, Ralph; REYNOLDS, George W. *Princípios de sistema de informação:* uma abordagem gerencial. Tradução Flávio Soares Correa. São Paulo: Cengage Learning, 2009.

5 PERLINGIERI, Pietro. *O direito civil na legalidade constitucional*. Tradução Maria Cristina de Cicco. Rio de Janeiro: Renovar, 2008. p. 963.

O fato é que, na sociedade digital, quase tudo que existe no mundo corpóreo pode ser replicado, simbolizado ou reinterpretado no espaço virtual por meio de dados digitais. Fotografias, vídeos, mensagens, documentos, conversas, artigos e registros multimídia diversos circulam incessantemente em redes interconectadas, ampliando a difusão de informações e permitindo a perpetuação simbólica de conteúdos, identidades e experiências.

À luz de uma concepção contemporânea de bem jurídico, pode-se afirmar que qualquer elemento, ainda que intangível, que seja capaz de satisfazer uma necessidade humana (seja ela existencial, como a comunicação, a expressão, a memória e a identidade, ou patrimonial, como a transação e a administração de ativos digitais) deve ser juridicamente protegido e considerado como integrante do acervo da pessoa.

Diante dessa reconfiguração da realidade jurídica, na qual dados e informações digitais assumem *status* de elementos relevantes para a tutela de direitos fundamentais, impõe-se a necessidade de compreender como tais manifestações se inserem na teoria dos bens. A experiência contemporânea tem revelado o surgimento de uma categoria autônoma de bens, os chamados bens digitais, que, embora desprovidos de materialidade, apresentam relevância crescente, tanto na dimensão patrimonial quanto na existencial. Sua existência decorre da digitalização de conteúdos, processados em linguagem binária e acessíveis mediante dispositivos tecnológicos, situando-se em uma zona limítrofe entre o intangível e o juridicamente apropriável.

Ainda que a legislação brasileira não ofereça uma definição normativa específica, a doutrina tem avançado na construção de um conceito operacional, reconhecendo os bens digitais como recursos imateriais produzidos, mantidos ou transmitidos por meios eletrônicos, cuja fruição está condicionada à infraestrutura digital.

Bruno Miragem afirma que os bens digitais são "a utilidade, a possibilidade de apropriação e de serem objeto de relações jurídicas negociais mediante alienação e aquisição, que fará com que tais informações organizadas de certo modo, possam ser consideradas bens digitais".[6] Nessa mesma linha de raciocínio,

> [...] são bens imateriais representados por instruções codificadas e organizadas virtualmente com a utilização linguagem informática,

[6] MIRAGEM, Bruno. Novo paradigma tecnológico, mercado de consumo digital e o direito do consumidor. *Revista de Direito do Consumidor*, v. 125, set./out, 2019, p. 11.

> armazenados em forma digital, seja no dispositivo do próprio usuário ou em servidores externos como no caso de armazenamento em nuvem, por exemplo, cuja interpretação e reprodução se opera por meio de dispositivos informáticos (computadores, tablets, smartphones dentre outros), que poderão estar ou não armazenado no dispositivo de seu próprio titular, ou transmitidos entre usuários de um dispositivo para outro, acesso via download de servidores ou digitalmente na rede, e podem se apresentar ao usuário.[7]

Ainda Bruno Zampier aduz que bens digitais são "bens incorpóreos, os quais são progressivamente inseridos na internet por um usuário, consistindo em informações de caráter pessoal que trazem alguma utilidade àquele, tenha ou não conteúdo econômico".[8] Eles ocupam um espaço digital importante, e sua gestão e proteção tornam questões relevantes em um mundo cada vez mais conectado digitalmente. A partir dessa lógica

> assim como a realidade demonstrou que a difusão de valores mobiliários e as participações societárias, com o crescimento das atividades empresariais, superou em valor econômico os bens imóveis, tradicionalmente, tidos pelo direito como os mais valiosos, também os bens digitais parecem que vão superar a importância de bens materiais: moedas virtuais, *e-commerces, sites*, blogs, são alguns exemplos de bens cujo valor tem aumentado exponencialmente.[9]

Tais bens digitais possuem impacto econômico paralelo aos bens tangíveis no mundo físico. Além disso, o ambiente digital não se limita apenas aos bens suscetíveis de avaliação financeira; ele também envolve valores de natureza existencial, estreitamente relacionados aos direitos da personalidade, como é o caso dos dados pessoais que adiante serão delineados.

Trata-se, portanto, de uma categoria complexa e multifuncional, cuja compreensão exige a superação da tradicional dicotomia entre o

---

[7] FACHIN, Zulmar Antônio; PINHEIRO, Valter Giuliano Mossini. Bens digitais: análise da possibilidade de tutela jurídica no Direito brasileiro. *In:* DIAS, Feliciano Alcides; TAVARES NETO, José Querino; ASSAFIM, João Marcelo de Lima (coord.). *Direito, inovação, propriedade intelectual e concorrência.* Florianópolis: CONPEDI, 2018. p. 289-309, p. 296.

[8] ZAMPIER, Bruno. *Bens digitais:* cybercultura, redes sociais, e-mails, músicas, livros, milhas aéreas, moedas virtuais. 2ª ed. Indaiatuba: Foco, 2021, p 64-65.

[9] TEIXEIRA, Ana Carolina Brochado; KONDER, Carlos Nelson. O enquadramento dos bens digitais sob o perfil funcional das situações jurídicas. *In:* TEIXEIRA, Ana Carolina Brochado; LEAL, Livia Teixeira. (coord.). *Herança digital:* controvérsias e alternativas. Indaiatuba: Foco, 2021. p. 21-40, p. 29.

patrimônio econômico e os direitos da personalidade, convocando o Direito a operar com instrumentos conceituais capazes de reconhecer, classificar e proteger tais bens segundo os princípios constitucionais que regem a esfera privada.

Os bens digitais representam não apenas uma nova categoria jurídica, mas uma verdadeira ruptura paradigmática na maneira como o patrimônio é concebido, vivenciado e projetado. Trata-se de ativos que coexistem com o sujeito em sua trajetória pessoal, manifestando-se ora como prolongamentos identitários, ora como instrumentos funcionais inseridos em dinâmicas econômicas complexas. Sua natureza híbrida (simultaneamente patrimonial e existencial) tensiona as classificações tradicionais do Direito Civil e impõe uma releitura das categorias que servem de base ao sistema sucessório.

Essa transformação estrutural do acervo transmissível, ao envolver não apenas a titularidade formal, mas também o controle técnico, a acessibilidade digital e a gestão da memória individual, exige soluções jurídicas mais sofisticadas, sensíveis à tecnicidade do objeto e à autonomia da vontade que o rege.

Nesse cenário, o planejamento sucessório assume contornos mais densos e intricados, sobretudo quando se pretende assegurar a destinação jurídica de bens cujo acesso depende de senhas, autenticações de dois fatores, validações por reconhecimento biométrico ou de cláusulas contratuais impostas unilateralmente por plataformas digitais. O desafio não está apenas na qualificação jurídica do bem digital, mas na viabilidade concreta de sua transmissão, diante das limitações impostas pela forma, pela tecnologia e pela própria lógica algorítmica que permeia o ambiente digital.

Diante disso, impõe-se a análise crítica do principal instrumento sucessório previsto no ordenamento brasileiro, o testamento, e da sua capacidade de dialogar, de forma eficaz, com essa nova realidade. É justamente essa reflexão que se desenvolverá no tópico seguinte, ao examinar os limites estruturais e funcionais do testamento frente à crescente complexidade da herança digital.

3 O testamento tradicional diante da herança digital: limites estruturais e funcionais

Segundo Affonso Dionysio Gama, "a origem do testamento é tão velha que se perde na noite longínqua e caliginosa dos tempos".[10]

Isso porque, desde a antiguidade, o testamento tem ocupado lugar de destaque entre os instrumentos jurídicos voltados à organização da sucessão, servindo como veículo por excelência da autonomia privada em sua dimensão *post mortem*.[11] No Direito romano, já se reconhecia a importância da manifestação de última vontade do *de cujus*, conferindo-lhe eficácia jurídica mesmo após a morte, como forma de ordenar a distribuição de seus bens e zelar pelo destino de sua memória e de seus vínculos.[12]

Ao longo da história, a figura do testamento foi sendo progressivamente incorporada aos sistemas jurídicos modernos, adaptando-se a contextos culturais, institucionais e normativos distintos, mas sempre conservando sua natureza de ato jurídico unilateral, personalíssimo, revogável e formal.

No ordenamento jurídico brasileiro, o testamento também ocupa posição central na arquitetura normativa da sucessão. O Código Civil de 2002 lhe reservou um espaço próprio e detalhado no Título III da Parte Especial, disciplinando a sucessão testamentária entre os artigos 1.857 e 1.990. Tal como uma moldura que delimita e valoriza a expressão artística do testador, esses dispositivos estabelecem os requisitos de validade, as formas possíveis de testamento, os limites à disposição de bens e as hipóteses de ineficácia ou nulidade. O testamento se apresenta, assim, como uma das vias normativas para que o indivíduo exerça sua liberdade dispositiva, dentro dos contornos previamente fixados pelo legislador.[13]

Essa estrutura legal reflete um compromisso entre a autonomia privada e a segurança jurídica, exigindo do testador a observância de formas solenes e conteúdo compatível com os limites impostos pela ordem pública e pela proteção da legítima dos herdeiros necessários. O modelo brasileiro se ancora na tradição civilista, que valoriza a forma como instrumento de controle e estabilidade das relações jurídicas *post mortem*, muito embora, em tempos digitais, essa mesma forma possa se converter em obstáculo à concretização da vontade em sua expressão mais autêntica.

---

10 GAMA, Affonso Dionysio. *Tratado teórico e prático de testamento*. 3. ed. Rio de Janeiro: Freitas Bastos, 1953. p 19.

11 NONATO, Orosimbo. *Estudos sobre sucessão testamentária*. v. I. Rio de Janeiro: Forense, 1957.

12 NONATO, Orosimbo. *Estudos sobre sucessão testamentária*. v. I. Rio de Janeiro: Forense, 1957.

13 TEIXEIRA, Daniele Chaves. *Planejamento sucessório:* pressupostos e limites. 2. ed. Belo Horizonte: Fórum, 2019.

Tradicionalmente, o testamento desempenha múltiplas funções no Direito Civil, não se limitando à disposição patrimonial. Por meio dele, o testador pode reconhecer juridicamente filhos, nomear tutor ou curador, instituir legados específicos, estabelecer cláusulas restritivas de inalienabilidade, incomunicabilidade e impenhorabilidade, além de impor encargos e condições ao beneficiário.[14] Essas funções refletem a amplitude da autonomia privada e autodeterminação existencial *post mortem*, permitindo que o sujeito, dentro dos limites legais, organize sua sucessão de modo personalizado, contemplando tanto aspectos econômicos quanto existenciais. Trata-se, portanto, de um instrumento normativo relevante, com efeitos jurídicos que ultrapassam a simples partilha de bens, estendendo-se à proteção de vínculos afetivos, à tutela de vulneráveis e à projeção da vontade individual no tempo.

Apesar de suas múltiplas funções e da importância jurídica consolidada como meio de expressão da autonomia privada e da autodeterminação existencial *post mortem*, o testamento, em sua configuração tradicional, revela limitações quando confrontado com a complexidade dos bens digitais. Trata-se de um instrumento moldado para um universo de bens majoritariamente tangíveis, cuja existência, localização e titularidade são, em regra, facilmente identificáveis e acessíveis. No entanto, os bens digitais impõem um novo paradigma sucessório, marcado por intangibilidade, dispersão informacional, dependência tecnológica e normatividade contratual privada, que frequentemente escapa aos contornos previstos pela legislação civil.

Uma das principais fragilidades do testamento diante do acervo digital diz respeito à sua rigidez formal. A estrutura do testamento exige, para sua validade, a observância de requisitos específicos de forma e conteúdo, tais como a assinatura do testador, a presença de testemunhas e, em alguns casos, a chancela de autoridade competente. No entanto, os bens digitais não se submetem facilmente à lógica formalista. Muitos deles exigem, para sua mera identificação, a existência de conhecimento técnico, senhas, códigos de verificação, autenticações biométricas ou múltiplos fatores de segurança, que não se compatibilizam com a simplicidade narrativa usual do testamento. A ausência de previsão de tais elementos, ainda que a vontade tenha sido formalmente expressa, inviabiliza, na prática, o cumprimento da disposição testamentária.

---

14 LÔBO, Paulo. *Direito Civil*: Sucessões. v. 6. 11. ed. Rio de Janeiro: SRV, 2024. E-book. Disponível em: https://integrada.minhabiblioteca.com.br/reader/books/9788553624799/. Acesso em: 01 jun. 2025.

Além disso, a eficácia do testamento em relação a ativos digitais enfrenta obstáculos impostos por cláusulas contratuais de plataformas digitais, por vezes baseadas em legislações estrangeiras e políticas internas corporativas. Termos de uso de serviços como redes sociais, provedores de e-mail, serviços de nuvem, *exchanges* de criptoativos e plataformas de *streaming* podem conter restrições explícitas quanto à transmissibilidade dos dados e conteúdos após a morte do usuário. Em muitos casos, mesmo com a apresentação do testamento e da certidão de óbito, os provedores se recusam a conceder acesso às contas ou conteúdos, invocando normas contratuais que, por vezes, contrariam o próprio direito sucessório nacional. Isso evidencia um conflito entre a autonomia privada do testador, manifestada por meio do testamento, e o poder normativo das plataformas digitais, que atuam como verdadeiros legisladores privados no ambiente digital.

Outro aspecto que contribui para a insuficiência do testamento diz respeito à invisibilidade de muitos bens digitais no momento da sucessão. Diferentemente dos bens tradicionais, os ativos digitais não estão necessariamente registrados em cartórios, bancos ou órgãos públicos. Muitos existem exclusivamente em ambientes virtuais, armazenados em dispositivos criptografados ou dispersos em múltiplas plataformas, e só podem ser acessados com informações que o testador detinha em vida. Assim, na ausência de inventários digitais previamente organizados, mesmo disposições testamentárias expressas podem se tornar ineficazes por pura impossibilidade prática de localização e acesso ao bem. Essa invisibilidade, somada à volatilidade e à multiplicidade das plataformas, exige um novo olhar sobre a própria ideia de disponibilidade sucessória.

Um ponto que merece especial destaque diz respeito à necessidade de autenticação para o acesso à maioria dos bens digitais. Em regra, tais ativos estão protegidos por múltiplas camadas de segurança, como senhas, *tokens*, autenticações de dois fatores ou chaves criptográficas que, se não forem previamente compartilhadas de forma segura ou previstas em instrumentos compatíveis com sua natureza, tornam-se intransponíveis após o falecimento do titular. Essa característica técnica impõe um dilema à sucessão digital: por um lado, há a exigência de preservação da segurança e da confidencialidade dos dados enquanto o sujeito está vivo; por outro, a ausência de mecanismos confiáveis de transmissão dessas credenciais pode inviabilizar a concretização da vontade testamentária, esvaziando sua eficácia prática.

Ademais, a publicidade que recai sobre determinadas espécies testamentárias, como o testamento público, ainda que útil à segurança jurídica e à prevenção de fraudes sucessórias, pode colidir com os requisitos contemporâneos de proteção de dados e segurança digital. A exposição antecipada de senhas, localizações de arquivos ou informações sensíveis em instrumento público acessível compromete não apenas a privacidade do testador, mas também a integridade de seu acervo digital, tornando-o vulnerável a violações e fraudes cibernéticas ainda em vida.

Ainda quanto à questão das senhas, mesmo que o testador opte por inseri-las em cláusulas testamentárias, seja em testamento público, particular ou mesmo no testamento cerrado (este último garantiria o sigilo do conteúdo), há um obstáculo prático evidente: a constante alteração de senhas. Em razão de protocolos de segurança digital e da própria dinâmica das plataformas, é comum que o titular dos bens digitais atualize periodicamente suas credenciais de acesso. Com isso, qualquer testamento que contenha tais informações se torna rapidamente obsoleto, exigindo reiterações sucessivas do ato testamentário a cada modificação realizada. Tal circunstância compromete a funcionalidade do testamento como instrumento estável de planejamento sucessório e revela mais um entrave à sua suficiência no contexto da herança digital.

A essas dificuldades se soma a mutabilidade intrínseca dos bens digitais, característica que compromete ainda mais a eficácia do testamento tradicional. Diferentemente dos bens físicos, cuja existência tende a ser estável e duradoura, os ativos digitais estão sujeitos a constante transformação. É comum que contas sejam encerradas unilateralmente por plataformas, que serviços sejam descontinuados, que arquivos armazenados em servidores externos sejam excluídos por inatividade, ou que o titular, em vida, decida migrar seus dados para novas soluções tecnológicas. A própria lógica de inovação que rege o ecossistema digital torna obsoletos, em curtos intervalos de tempo, determinados formatos e ambientes virtuais, fazendo com que disposições testamentárias que mencionem plataformas específicas ou arquivos localizados em servidores determinados se tornem, rapidamente, imprecisas ou inexequíveis.

Essa mutação permanente dos ativos digitais reforça a percepção de que o testamento, tal como concebido na tradição civilista, não foi estruturado para lidar com o dinamismo e a fluidez dos bens intangíveis e informacionais. Ao se amparar em formas rígidas, conteúdo fixo e linguagem predominantemente descritiva, o testamento tradicional não acompanha a volatilidade que caracteriza a realidade digital contemporânea.

Diante das dificuldades estruturais e funcionais enfrentadas pelo testamento tradicional no contexto da sucessão digital, nota-se um vazio normativo que fragiliza a segurança digital e a concretização da vontade *post mortem* no ambiente informacional. A legislação civil brasileira, embora robusta na disciplina dos bens materiais e das relações sucessórias convencionais, permanece silente quanto à destinação dos ativos digitais, não dispondo sobre critérios de acessibilidade, transmissibilidade ou mesmo sobre a legitimidade dos herdeiros quanto ao manejo de dados, contas e arquivos eletrônicos.

Essa ausência de regulamentação específica coloca o ordenamento diante de um desafio hermenêutico que é reinterpretar os dispositivos sucessórios à luz da nova realidade tecnológica, à qual já se encontram fortemente vinculadas as expressões de identidade, memória, afetividade e patrimônio do indivíduo.

A lacuna legislativa, contudo, não equivale a um vácuo de sentido jurídico. Ainda que falte norma expressa, o sistema constitucional oferece subsídios interpretativos aptos a orientar a aplicação do direito civil em face da nova tipologia de bens. Princípios como o da dignidade da pessoa humana, da autonomia privada, da preservação da memória e da afetividade, todos alicerces do Estado Democrático de Direito, devem funcionar como vetores de integração normativa, permitindo que a vontade existencial do indivíduo, mesmo no plano digital, seja respeitada e projetada para além da vida.

Trata-se de reconhecer que, em um contexto em que grande parte das relações humanas e afetivas se realiza em ambientes virtuais, a continuidade da personalidade e a tutela pós-morte da identidade digital são expressões legítimas da dignidade da pessoa humana.

Assim, frente à constatação de que o testamento, embora juridicamente consolidado e historicamente relevante, pode não atender, em algumas situações, à complexidade técnica e existencial da sucessão de bens digitais, impõe-se uma reorientação das ferramentas jurídicas disponíveis ao planejamento sucessório.

A ausência de normatização específica e a tensão entre o formalismo civilista e a proteção da vontade *post mortem* no universo digital reforçam a urgência de construção de soluções que, embora ainda ancoradas na tradição jurídica, estejam aptas a dialogar com a realidade mutável da era informacional. É a partir desse imperativo que se passa à análise de mecanismos alternativos ao testamento tradicional.

4 Caminhos jurídicos alternativos: para além do testamento analógico

A constatação da insuficiência estrutural e funcional do testamento tradicional frente às especificidades da herança digital exige a abertura de novas possibilidades jurídicas capazes de dar concretude à vontade *post mortem* em contextos mediados por tecnologia. Embora o testamento continue ocupando papel relevante no ordenamento brasileiro, sua rigidez formal, sua lógica centrada em bens tangíveis e a desconexão com as dinâmicas digitais demonstram a necessidade de caminhos paralelos ou complementares que assegurem a transmissibilidade de ativos intangíveis, o respeito à memória digital e a preservação dos vínculos existenciais do *de cujus*.

Neste cenário, a autonomia privada e a autodeterminação existencial ganham centralidade na construção de estratégias sucessórias mais condizentes com a realidade informacional. A ausência de normas legais específicas não impede a utilização de instrumentos jurídicos inovadores, desde que compatíveis com os princípios estruturantes do direito sucessório brasileiro e com a ordem pública.

A atuação preordenada do titular de bens digitais, por meio de documentos extrajudiciais, acordos privados, designações prévias e uso de tecnologias seguras, pode representar uma alternativa legítima e eficaz para garantir o cumprimento de sua vontade e a continuidade ordenada de seu legado digital. Ainda que o testamento continue a representar a via clássica de manifestação da vontade *post mortem*, é possível reconhecer que determinados instrumentos não testamentários podem, em diversos casos, apresentar maior eficácia prática para orientar a transmissibilidade ou, ao menos, o acesso aos bens digitais deixados pelo falecido.

O primeiro e mais rudimentar caminho consiste na adoção de práticas de armazenamento seguro das credenciais de acesso (como logins e senhas) às plataformas digitais utilizadas em vida, bem como de dispositivos físicos nos quais estejam inseridos arquivos relevantes, tais como *pen drives*, *HDs* externos, cartões de memória e celulares. Embora essa conduta não possua natureza jurídica formalizada, representa um exercício de cautela que pode permitir aos herdeiros ou a pessoas de confiança do titular a localização e a gestão do acervo digital, mitigando os riscos de apagamento, perda ou apropriação indevida.

Trata-se de uma solução empírica, mas que reflete o esforço de superação das barreiras tecnológicas e contratuais que impedem a efetiva realização da vontade *post mortem* diante de um ordenamento ainda ancorado em paradigmas analógicos.

Essa prática de armazenamento das credenciais pode assumir diferentes graus de sofisticação, a depender do perfil do titular e dos recursos utilizados. Em sua forma mais elementar, verifica-se a simples anotação de senhas e *logins* em suportes físicos, como cadernos, agendas pessoais ou anotações domésticas, frequentemente mantidas em locais de confiança. Ainda que rudimentares, tais registros podem, em determinadas situações, representar o único meio viável de acesso ao conteúdo digital após a morte.

Em contrapartida, observa-se o crescimento do uso de soluções mais tecnológicas, como os denominados cofres virtuais, plataformas digitais especializadas na guarda criptografada de dados sensíveis, que permitem ao usuário designar pessoas autorizadas a receber essas informações após seu falecimento, mediante condições previamente definidas. Empresas como *1Password,*[15] *Zoho Vaul*[16] e *LastPass*[17] são exemplos de plataformas que prestam esse serviço. Esses sistemas funcionam com base em tecnologias avançadas, como *blockchain* e autenticação multifatorial, que garantem a integridade e a inviolabilidade dos dados.

Esses serviços, ainda pouco difundidos no Brasil, inserem-se no universo da autogestão patrimonial e existencial digital, funcionando como mecanismos extrajurídicos de expressão da vontade, que, embora não revestidos das formalidades sucessórias clássicas, podem exercer papel determinante na preservação da identidade, da memória e da vontade do falecido.

Outro mecanismo relevante que vem ganhando espaço no planejamento sucessório de ativos digitais é a funcionalidade do contato herdeiro, disponível em determinadas plataformas tecnológicas. Trata-se de uma ferramenta oferecida por algumas empresas (como Apple, Google e Meta) que permite ao titular da conta designar previamente uma ou mais pessoas autorizadas a acessar determinados dados, arquivos ou funcionalidades de suas contas após seu falecimento. Diferentemente do testamento e dos cofres virtuais, essa solução não demanda um ato jurídico autônomo ou a intervenção de terceiros,

---

[15] 1PASSWORD. *Gerenciador de senhas 1Password*. Disponível em: https://1password.com/pt/product/password-manager. Acesso em: 5 jun. 2025.

[16] ZOHO. *Zoho Vault*: Gerenciador de senhas confiável para todos. Disponível em: https://www.zoho.com/pt-br/vault/. Acesso em: 5 jun. 2025.

[17] LASTPASS. *LastPass*. Disponível em: https://www.lastpass.com/pt/solutions/enterprise-password-management. Acesso em: 5 jun. 2025.

estando integrada à própria estrutura contratual dos serviços utilizados em vida.

Ao configurar um contato herdeiro, o usuário realiza uma manifestação de vontade diretamente na interface da plataforma, indicando quem poderá acessar seus dados e em que condições isso se dará. É possível quando a plataforma permite, por exemplo, autorizar o acesso apenas a determinados conteúdos (como fotos, vídeos, contatos ou e--mails), restringindo o restante, ou mesmo determinar prazos para a disponibilização desses dados. Trata-se, portanto, de um modelo de gestão sucessória internalizado no ambiente digital, em que a plataforma atua como executora técnica da vontade do falecido, dispensando procedimentos externos de reconhecimento e validação. Ainda que essas ferramentas variem em alcance e eficácia conforme a política de cada empresa, representam um importante avanço na direção da concretização da autonomia privada no ecossistema digital.

Algumas plataformas vêm avançando ainda mais na concepção de ferramentas voltadas à gestão *post mortem* da presença digital, permitindo ao usuário criar avatares ou representações virtuais que permanecem ativos após sua morte.[18] Essas tecnologias, ainda em estágio inicial, mas com desenvolvimento acelerado, possibilitam a reprodução automatizada de padrões de comunicação, preferências e comportamentos do falecido, a partir de dados previamente coletados durante sua vida digital. Trata-se de uma forma de prolongamento da personalidade no ambiente virtual, que transcende a mera disponibilização de informações e assume contornos existenciais e relacionais mais profundos.

Empresas como *HereAfter AI*[19] e *Eternime*[20] ilustram essa nova fronteira. Elas oferecem serviços que, mediante autorização prévia do usuário, armazenam interações, memórias, vídeos, fotos e outros registros digitais, criando um modelo de linguagem capaz de responder a familiares e amigos de maneira semelhante ao que faria a própria pessoa em vida. Algumas plataformas permitem inclusive a personalização de mensagens póstumas, gravações direcionadas e interações simuladas com base em inteligência artificial, dando origem a uma espécie de presença pós-vida que rompe com os limites tradicionais da sucessão.

---

[18] ALBUQUERQUE, Paula Falcão; EHRHADT JR. Marcos. Aspectos jurídicos da existência virtual *post mortem*. *In:* SANCHES, Patrícia Corrêa (coord.). PEREIRA, Rodrigo da Cunha. DIAS, Maria Berenice (org.) *Direito das Famílias e Sucessões na era digital*. Belo Horizonte: IBDFAM, 2021. p. 415-439.

[19] HEREAFTER AI. Disponível em: https://www.hereafter.ai/. Acesso em: 12 mar. 2024.

[20] ETERNIME. Disponível em: https://eternime.breezy.hr/. Acesso em: 12 mar. 2024.

Esse tipo de tecnologia pode ser interpretado como uma modalidade *sui generis* de planejamento sucessório digital, na medida em que permite ao titular dispor, com antecedência, sobre o destino e a forma de manifestação de seus dados pessoais após a morte.[21] Ao autorizar o uso continuado de suas informações digitais para a criação de um avatar interativo, o indivíduo exerce um poder de autodeterminação que transcende o óbito e que deve ser compreendido como expressão legítima da autonomia privada, sobretudo no contexto de um direito das sucessões orientado pela dignidade da pessoa humana. Assim, os avatares póstumos não apenas perpetuam aspectos da personalidade do falecido, como também revelam a possibilidade de os dados pessoais integrarem o objeto de disposições prévias, funcionando como verdadeiros instrumentos de planejamento sucessório, ainda que sob formas não convencionais e desprovidas de tipicidade formal.

Entre as estratégias mais recentes e tecnologicamente sofisticadas de planejamento sucessório digital, destaca-se o uso de tecnologias de registro distribuído, como a *blockchain*, associadas à tokenização de ativos. Tais ferramentas, ainda que em estágio incipiente no Brasil, vêm ganhando espaço como mecanismos de expressão antecipada de vontade, voltados à ordenação da transmissão de bens digitais após a morte. Nesse contexto, o titular pode, em vida, converter determinados ativos digitais em *tokens* únicos e rastreáveis, estabelecendo previamente as condições de sua transferência ou disponibilização *post mortem*, através de informações postas na própria plataforma.[22]

A *blockchain*, por sua natureza descentralizada, imutável e transparente, permite a incorporação de *smart contracts* (códigos autoexecutáveis que operam conforme parâmetros estabelecidos pelo próprio usuário).[23] É nesse ambiente que se constrói uma nova forma de manifestação de vontade, onde o falecimento pode atuar como gatilho programado para a liberação de bens a herdeiros designados, dispensando, em tese, a intervenção de autoridades estatais ou a

---

21 ALBUQUERQUE, Paula Falcão. Memória programada: planejamento sucessório por inteligência artificial através de avatares. *Revista Fórum de Direito Civil – RFDC*, Belo Horizonte, ano 14, n. 38, p. 35-50, jan./abr. 2025.

22 EVLOS4U. *Tokenização de bens líquidos e ilíquidos*. 2023. Disponível em: https://www.evlos4u.com/tokeniza%C3%A7%C3%A3o-de-bens-l%C3%ADquidos-e-il%C3%ADquidos. Acesso em: 24 jun. 2024.

23 RAMPIONI, Emanuele. *Blockchain e smart contract*. Dissertação de mestrado em Economia e Finança. Libera Università Internazionale degli Studi Sociali Guido Carli, Roma-Itália, 2019/2020. 181 páginas. Disponível em: https://tesi.luiss.it/28148/. Acesso em: 30 set. 2024.

tramitação de processos tradicionais de inventário. A lógica é a de uma sucessão parametrizada, cujas condições e destinatários são definidos diretamente pela pessoa interessada, com base na autonomia privada e no princípio da autorresponsabilidade informacional.

Esse modelo representa mais do que uma simples alternativa prática: inaugura um novo campo de experimentação jurídica, no qual os dados, os criptoativos e os registros digitais assumem papel central na estruturação do acervo sucessório. Trata-se, portanto, de uma via não formalista, que se afasta das exigências cartorárias e testamentárias clássicas, mas que, ainda assim, reflete uma forma legítima de planejamento patrimonial no ambiente digital. O desafio que se impõe é o de integrar tais práticas às estruturas jurídicas vigentes, reconhecendo sua funcionalidade sem renunciar às garantias sucessórias e dos controles necessários à proteção de direitos de herdeiros e terceiros.

Importa salientar que os instrumentos até aqui apresentados não integram um rol exaustivo, tampouco encerram a totalidade das possibilidades jurídicas para o planejamento sucessório de bens digitais. São, antes, exemplos representativos de um cenário em constante mutação, no qual a tecnologia, a criatividade contratual e as novas formas de expressão da autonomia privada produzem soluções inéditas e multifacetadas.

A dinamicidade do ambiente digital impõe ao Direito o desafio de operar em permanente estado de abertura hermenêutica, reconhecendo que outras práticas e mecanismos ainda surgirão, exigindo reinterpretações sistemáticas e uma postura receptiva a formas não convencionais de manifestação da vontade post mortem. Assim, a construção de um modelo sucessório compatível com a era informacional exige não apenas atualização normativa, mas sobretudo sensibilidade jurídica para acolher os novos modos de existir, de interagir e de deixar legados.

Por fim, destaca-se que tais alternativas jurídicas não têm por objetivo suprimir o testamento, mas antes complementar sua função, adaptando os mecanismos de planejamento sucessório às exigências contemporâneas. Em um mundo em que a identidade, os afetos e parte significativa do patrimônio estão armazenados em redes, plataformas e dispositivos, limitar a sucessão à lógica do papel e da formalidade analógica é negar a complexidade da vida moderna. Cabe, portanto, ao intérprete e ao aplicador do Direito, bem como aos próprios indivíduos, repensar os instrumentos disponíveis para organizar juridicamente o destino dos bens digitais de modo eficiente, seguro e humanamente sensível.

5 Considerações finais

A sucessão de bens digitais exige uma releitura crítica dos instrumentos tradicionais do direito sucessório, notadamente do testamento, cuja estrutura normativa se revela insuficiente, por vezes, para acolher a complexidade dos vínculos patrimoniais e existenciais estabelecidos no ambiente digital. A rigidez formal, a centralidade nos bens tangíveis e a morosidade procedimental colocam em xeque a efetividade da manifestação da vontade *post mortem* quando se trata da herança digital, cujas particularidades demandam soluções mais dinâmicas, personalizadas e tecnicamente viáveis.

Diante desse cenário, o presente trabalho demonstrou que a ausência de regulamentação específica não impede o desenvolvimento de caminhos jurídicos alternativos, legitimados pela autonomia privada e pela autodeterminação existencial, desde que orientados pelos princípios do direito sucessório e compatíveis com a ordem pública. Práticas empíricas, como a guarda de senhas e dispositivos físicos, ferramentas tecnológicas como cofres virtuais, funcionalidades nativas de plataformas digitais, avatares póstumos e, mais recentemente, instrumentos baseados em *blockchain* e *smart contracts*, revelam a emergência de uma sucessão digital plural, multifacetada e em expansão contínua.

Essas novas formas de planejamento sucessório não apenas questionam os contornos clássicos da manifestação de vontade *post mortem*, como também inauguram um campo hermenêutico no qual a memória, a identidade e a continuidade da personalidade demandam proteção jurídica para além da morte biológica. O acervo digital (ao mesmo tempo bem patrimonial, representação simbólica e extensão da subjetividade) impõe uma nova gramática ao direito das sucessões, exigindo do jurista sensibilidade teórica, abertura interpretativa e compromisso com a dignidade da pessoa humana como fundamento estruturante de todo o sistema.

O testamento, ainda relevante, já não detém exclusividade sobre a disposição da vontade após a morte. Outros meios, tecnológicos e extrajurídicos, vêm adquirindo protagonismo funcional, especialmente por sua capacidade de resposta às demandas práticas do mundo digital. O desafio posto à doutrina e ao legislador consiste, portanto, em reconhecer a validade dessas manifestações de vontade não convencionais, sem descurar das garantias sucessórias essenciais, notadamente a segurança jurídica, a proteção de herdeiros legítimos e a prevenção de abusos.

Assim, o planejamento sucessório digital não deve ser encarado como uma ruptura com o modelo sucessório tradicional, mas como seu desdobramento em um novo cenário ontológico e tecnológico. A sucessão de bens digitais não impõe a superação dos institutos clássicos, mas sua reconstrução à luz das transformações sociais, econômicas e tecnológicas que atravessam a contemporaneidade. O futuro do direito sucessório, portanto, passará inevitavelmente pela integração entre tradição e inovação, entre norma e tecnologia, entre forma e finalidade.

Referências

1PASSWORD. *Gerenciador de senhas 1Password*. Disponível em: https://1password.com/pt/product/password-manager. Acesso em: 5 jun. 2025.

ALBUQUERQUE, Paula Falcão. Memória programada: planejamento sucessório por inteligência artificial através de avatares. *Revista Fórum de Direito Civil – RFDC*, Belo Horizonte, ano 14, n. 38, p. 35-50, jan./abr. 2025.

ALBUQUERQUE, Paula Falcão; EHRHADT JR. Marcos. Aspectos jurídicos da existência virtual *post mortem*. *In:* SANCHES, Patrícia Corrêa (coord.). PEREIRA, Rodrigo da Cunha. DIAS, Maria Berenice (org.) *Direito das Famílias e Sucessões na era digital*. Belo Horizonte: IBDFAM, 2021. p. 415-439.

ETERNIME. Disponível em: https://eternime.breezy.hr/. Acesso em: 12 mar. 2024.

EVLOS4U. *Tokenização de bens líquidos e ilíquidos*. 2023. Disponível em: https://www.evlos4u.com/tokeniza%C3%A7%C3%A3o-de-bens-l%C3%ADquidos-e-il%C3%ADquidos. Acesso em: 24 jun. 2024.

FACHIN, Zulmar Antônio; PINHEIRO, Valter Giuliano Mossini. Bens digitais: análise da possibilidade de tutela jurídica no Direito brasileiro. *In:* DIAS, Feliciano Alcides; TAVARES NETO, José Querino; ASSAFIM, João Marcelo de Lima (coord.). *Direito, inovação, propriedade intelectual e concorrência*. Florianópolis: CONPEDI, 2018. p. 289-309, p. 296.

FLORIDI, Luciano. *The Onlife Manifesto:* Being Human in a Hyperconnected Era. London: Spring Open, 2015.

GAMA, Affonso Dionysio. *Tratado teórico e prático de testamento*. 3ª. ed. Rio de Janeiro: Freitas Bastos, 1953. p 19.

HEREAFTER AI. Disponível em: https://www.hereafter.ai/. Acesso em: 12 mar. 2024.

LASTPASS. *LastPass*. Disponível em: https://www.lastpass.com/pt/solutions/enterprise-password-management. Acesso em: 5 jun. 2025.

LÉVY, Pierre. *Cibercultura*. Tradução Carlos Irineu da Costa. São Paulo: Editora 34, 1999.

LÔBO, Paulo. *Direito Civil*: Sucessões. v. 6. 11ª. ed. Rio de Janeiro: SRV, 2024. E-book. Disponível em: https://integrada.minhabiblioteca.com.br/reader/books/9788553624799/. Acesso em: 01 jun. 2025.

MIRAGEM, Bruno. Novo paradigma tecnológico, mercado de consumo digital e o direito do consumidor. *Revista de Direito do Consumidor*, v. 125, set./out, 2019, p. 11.

NONATO, Orosimbo. *Estudos sobre sucessão testamentária*. v. I. Rio de Janeiro: Forense, 1957.

PERLINGIERI, Pietro. *O direito civil na legalidade constitucional*. Tradução Maria Cristina de Cicco. Rio de Janeiro: Renovar, 2008. p. 963.

RAMPIONI, Emanuele. *Blockchain e smart contract*. Dissertação de mestrado em Economia e Finança. Libera Università Internazionale degli Studi Sociali Guido Carli, Roma-Itália, 2019/2020. 181 páginas. Disponível em: https://tesi.luiss.it/28148/. Acesso em: 30 set. 2024.

RODOTÀ, Stefano. *A vida na sociedade da vigilância:* a privacidade hoje. Tradução Danilo Doneda e Luciana Cabral Doneda. Rio de Janeiro: Renovar, 2008.

STAIR, Ralph; REYNOLDS, George W. *Princípios de sistema de informação:* uma abordagem gerencial. Tradução Flávio Soares Correa. São Paulo: Cengage Learning, 2009.

TEIXEIRA, Ana Carolina Brochado; KONDER, Carlos Nelson. O enquadramento dos bens digitais sob o perfil funcional das situações jurídicas. *In:* TEIXEIRA, Ana Carolina Brochado; LEAL, Livia Teixeira. (coord.). *Herança digital:* controvérsias e alternativas. Indaiatuba: Foco, 2021. p. 21-40, p. 29.

TEIXEIRA, Daniele Chaves. *Planejamento sucessório:* pressupostos e limites. 2ª ed. Belo Horizonte: Fórum, 2019.

ZAMPIER, Bruno. *Bens digitais:* cybercultura, redes sociais, e-mails, músicas, livros, milhas aéreas, moedas virtuais. 2ª ed. Indaiatuba: Foco, 2021, p 64-65.

ZOHO. *Zoho Vault*: Gerenciador de senhas confiável para todos. Disponível em: https://www.zoho.com/pt-br/vault/. Acesso em: 5 jun. 2025.

Informação bibliográfica deste livro, conforme a NBR 6023:2018 da Associação Brasileira de Normas Técnicas (ABNT):

ALBUQUERQUE, Paula Falcão. Planejamento sucessório de bens digitais: a (in) suficiência do testamento na disposição de últimas vontades. *In*: EHRHARDT JÚNIOR, Marcos; CATALAN, Marcos (coord.). *Vida privada, patrimônio e tecnologia*: novos rumos para o direito de família e das sucessões. Belo Horizonte: Fórum, 2025. p. 283-302. ISBN 978-85-450-0968-9.

TESTAMENTO PÚBLICO ELETRÔNICO

GUSTAVO SIMÕES PIOTO

1 Introdução

A revolução digital tem transformado profundamente as relações jurídicas contemporâneas, desafiando conceitos tradicionais e exigindo adaptações constantes do ordenamento jurídico. No âmbito do direito sucessório, especificamente no que tange aos testamentos públicos, observa-se um conflito paradigmático entre as formalidades historicamente estabelecidas e as possibilidades oferecidas pelas novas tecnologias. O testamento, como ato solene de disposição de última vontade, tradicionalmente exige requisitos formais rigorosos para sua validade, visando garantir a autenticidade da manifestação de vontade do testador e prevenir fraudes que possam comprometer a validade das disposições patrimoniais e extrapatrimoniais.

A pandemia de COVID-19 funcionou como catalisador de mudanças que já estavam em curso, acelerando significativamente a digitalização de diversos atos jurídicos, incluindo os atos notariais. O que era vislumbrado como uma possibilidade futura tornou-se uma necessidade imediata e urgente, levando o Conselho Nacional de Justiça (CNJ) a regulamentar os atos notariais eletrônicos por meio do Provimento nº 100/2020 do CNJ, posteriormente incorporado ao Provimento nº 149/2023 — Código Nacional de Normas da Corregedoria Nacional de Justiça do Conselho Nacional de Justiça — Foro Extrajudicial (CNN/CN/CNJ-Extra).[1]

[1] Provimento 149/2023 (CNN/ CN/CNJ-Extra), que regulamenta os serviços notariais e de registro.

O Brasil tornou-se pioneiro mundial na implementação dos atos notariais eletrônicos, estabelecendo-se como referência para muitos outros países, graças ao trabalho conjunto e inovador do Colégio Notarial do Brasil e do Conselho Nacional de Justiça. Esta inovação tecnológica criou um paradigma para a prática notarial, permitindo que cidadãos de todo o país — e até mesmo fora dele — realizem atos notariais de forma *online*, por meio da plataforma *e-Notariado*, que foi implementada e é mantida pelo Colégio Notarial do Brasil — Conselho Federal, representando um marco na modernização dos serviços públicos notariais.

O novo contexto tecnológico criou desafios inerentes à implementação segura dos atos notariais eletrônicos, especialmente no que se refere a procedimentos de identificação, competência territorial, garantia da autenticidade e integridade dos atos e documentos eletrônicos. Sistemas de assinatura digital baseados em certificação ICP-Brasil, certificado notarizado,[2] plataformas de videoconferência com gravação integral, tecnologias de reconhecimento facial e biométrico, além de mecanismos de *blockchain* para registro imutável de transações, oferecem um arsenal tecnológico que pode ser aplicado ao contexto testamentário. Paralelamente, o desenvolvimento da inteligência artificial (IA) apresenta possibilidades inovadoras, desde a verificação automatizada de identidade, como a conferência e validação de documentos.

Contudo, a mera disponibilidade de inovações tecnológicas não é suficiente para garantir a validade jurídica de um testamento eletrônico (ato notarial eletrônico). É necessário que essas tecnologias sejam compatíveis com os princípios fundamentais do direito sucessório, especialmente aqueles relacionados à proteção da vontade genuína do testador, às formalidades legais imperativas, à identificação inequívoca das partes, à prevenção eficaz de fraudes e coações, e à garantia de que o ato seja praticado com plena consciência, livre manifestação de vontade e discernimento. Além disso, questões práticas mais complexas como a competência territorial para atos eletrônicos, a verificação da capacidade testamentária à distância e a presença virtual do testador apresentam desafios jurídicos que demandam análise cuidadosa.

Diante desse cenário repleto de nuances e em constante evolução tecnológica, o presente artigo tem por objetivo central analisar de forma sistemática os desafios jurídicos e as possibilidades de aplicação da

---

2 Emitido exclusivamente pelos cartórios de Notas e de forma gratuita, através da plataforma do e-notariado.

tecnologia e inteligência artificial no contexto do testamento público eletrônico no direito brasileiro, com foco especial na regulamentação estabelecida pelo Provimento n. 149/2023 do CNJ[3] e a sua adequação às formalidades previstas no Código Civil para lavratura do testamento público. Busca-se responder questionamentos sobre a validade do testamento público de forma eletrônica, os procedimentos necessários para garantir a segurança do ato não presencial, a competência territorial específica para o testamento eletrônico, bem como as possibilidades e limitações da utilização de novas tecnologias e sistemas de inteligência artificial neste contexto.

Para responder a essas questões, o estudo adota uma abordagem metodológica que combina análise doutrinária, exame da legislação e regulamentação vigentes, bem como a avaliação das tecnologias disponíveis. A pesquisa parte da fundamentação teórica tradicional do testamento público, examina o marco normativo dos atos notariais eletrônicos, analisa os desafios tecnológicos e jurídicos de sua implementação, e apresenta perspectivas futuras para aperfeiçoamento do instituto e atos eletrônicos.

A relevância deste estudo justifica-se pela crescente demanda por digitalização dos serviços jurídicos, especialmente dos serviços notariais e registrais, pela necessidade de adaptação do direito sucessório às realidades tecnológicas contemporâneas, e pela importância de garantir que as inovações tecnológicas não comprometam a segurança jurídica que caracteriza os atos notariais, especificamente o testamento público eletrônico.

Por fim, o presente artigo insere-se no contexto mais amplo das transformações do direito civil brasileiro diante das inovações tecnológicas contemporâneas, contribuindo de forma significativa para o debate acadêmico e prático sobre a modernização dos institutos jurídicos tradicionais. A implementação do testamento público eletrônico representa, ademais, um instrumento estratégico fundamental para o planejamento sucessório e tributário moderno, oferecendo vantagens substanciais em termos de eficiência econômica, acessibilidade e prevenção de litígios no âmbito do direito sucessório brasileiro.

3 CNN/CN/CNJ-Extra.

2 Testamento público no direito civil brasileiro

2.1 Natureza jurídica e características essenciais

O testamento constitui um dos institutos mais tradicionais e formais do direito civil, representando a manifestação derradeira da autonomia privada do indivíduo. Para compreender adequadamente as possibilidades e limitações do testamento público eletrônico, é fundamental estabelecer uma base teórica a respeito da natureza jurídica e as características essenciais deste instituto no ordenamento brasileiro.

Em termos gerais, existem várias espécies de testamentos previstos no Código Civil:[4] os ordinários (público, cerrado e o particular) e os especiais (marítimo, aeronáutico e militar), além do codicilo. Neste artigo trataremos exclusivamente sobre o testamento público lavrado por notário[5] no Tabelionato de Notas.

O testamento caracteriza-se como um *negócio jurídico unilateral personalíssimo*, consubstanciando uma declaração de última vontade destinada a produzir efeitos jurídicos apenas após a morte do testador. Esta peculiaridade temporal — a eficácia *post mortem* — confere ao ato uma natureza jurídica singular, pois, o testamento é válido desde sua elaboração, mas permanece ineficaz até o falecimento do testador. Tal característica tem implicações práticas importantes: o testador pode dispor livremente de todo seu patrimônio durante a vida, mesmo após a elaboração do testamento, sem que isso comprometa a validade do ato, pois os efeitos patrimoniais somente se concretizarão com o óbito.

A natureza jurídica do testamento justifica algumas vedações e regras tradicionais. Por essa razão, é proibido o testamento conjuntivo[6] e vedada a utilização de procuração para prática do ato; o testador não poderá ser representado por procurador na assinatura do testamento (Cassettari, 2023). Esse caráter personalíssimo, aliado às formalidades legais previstas no Código Civil, impõe contornos especiais no ambiente eletrônico.

---

4 Código Civil, art. 1.862. São testamentos ordinários:
I – o público;
II – o cerrado;
III – o particular.

5 Sinônimo de tabelião, que é responsável pelos Tabelionatos de Notas e Protesto de Títulos. Por sua vez, o registrador ou oficial de registro é o profissional responsável pelos Registros Públicos, quais sejam: Registro de Imóveis, Registro de Títulos e Documentos, Registro Civil das Pessoas Jurídicas, Registro Civil das Pessoas Naturais.

6 Código Civil, art. 1.863. É proibido o testamento conjuntivo, seja simultâneo, recíproco ou correspectivo.

O testamento é classificado como negócio jurídico unilateral — e não ato jurídico em sentido estrito, porque sua perfectibilidade jurídica cinge-se à manifestação de vontade do disponente; e vontade soberana, livre, que é suficiente e bastante para a validade da disposição *mortis causa*, observadas, obviamente, a lei e a ordem pública. A manifestação de vontade no testamento é *não receptícia*. Não existe contraparte, declaratório, recebedor ou aceitante da declaração de última vontade. Não há necessidade de acordo, assentimento, aceitação de quem quer que seja. Sabemos que o herdeiro precisa aceitar a herança (CC, art. 1.804), tornando-se definitiva a transmissão que se deu em virtude da lei — *saisine* — (CC, art. 1784). Essa aceitação, entretanto, dar-se-á depois da morte do testador, quando aberta a sucessão, sendo posterior, portanto, não concomitante, não tendo relação direta com o testamento, como negócio jurídico, em si, em nada influindo na validade dele, que não fica condicionada ou adstrita à circunstância de que, futuramente, o herdeiro irá aceitar a herança ou até pode acontecer de renunciar (Veloso, 2019).

No que tange às características essenciais do testamento, Paulo Roberto Gaiger Ferreira e Felipe Leonardo Rodrigues[7] elencam em sua obra de forma concisa, os elementos que definem esse ato de última vontade: a) ato personalíssimo, privativo do autor da herança e não pode ser feito por procuração; b) constitui negócio jurídico unilateral; c) ato solene; d) gratuito, mas pode conter condições; e) ato essencialmente revogável; f) ato *causa mortis*: produz efeitos somente após a morte do testador.

2.2 Capacidade testamentária

A capacidade testamentária constitui requisito fundamental para a validade de qualquer testamento, assumindo importância ainda maior no contexto eletrônico, onde a verificação presencial é substituída por mecanismos tecnológicos de identificação e avaliação a distância. O artigo 1.857 do Código Civil estabelece que "toda pessoa capaz pode dispor, por testamento, da totalidade dos seus bens, ou de parte deles, para depois de sua morte", ressalvada a legítima dos herdeiros necessários.[8]

---

[7] RODRIGUES, Felipe Leonardo. *Tabelionato de Notas* /Felipe Leonardo Rodrigues, Paulo Roberto Gaiger Ferreira; coordenado por Christiano Cassettari. — 3. ed. — Indaiatuba, SP: Editora Foco, 2020.

[8] Código Civil, art. 1.846. Pertence aos herdeiros necessários, de pleno direito, a metade dos bens da herança, constituindo a legítima.
Código Civil, art. 1.857, §1º. A legítima dos herdeiros necessários não poderá ser incluída no testamento.

A legislação civil brasileira adota critérios específicos para a *capacidade testamentária ativa*, estabelecendo no artigo 1.860[9] que "além dos incapazes, não podem testar os que, no ato de fazê-lo, não tiverem pleno discernimento". Contudo, o parágrafo único[10] do mesmo dispositivo permite que "podem testar os maiores de dezesseis anos", criando uma capacidade testamentária especial que difere da capacidade civil geral etária que cessa aos dezoito anos.[11] Esta particularidade da capacidade deve ser cuidadosamente observada na utilização dos atos eletrônicos, pois é necessária verificação da capacidade não apenas em razão da idade do testador, mas também seu estado de discernimento no momento da elaboração do ato.

A aferição da capacidade testamentária segue o princípio *tempus regit actum*, ou seja, é avaliada pelo tabelião e testemunhas no momento específico da lavratura do testamento. Assim, "a incapacidade superveniente do testador não invalida o testamento, nem o testamento do incapaz se valida com a superveniência da capacidade".[12] Neste ponto específico, o testamento eletrônico tem uma grande vantagem, pois a videoconferência das declarações de última vontade do testador permanece gravada, possibilitando a demonstração da lucidez e discernimento na data da lavratura do ato eletrônico, o que pode ser utilizado como prova caso a capacidade venha a ser questionada posteriormente.

No testamento público tradicional (ato notarial físico), a aferição da capacidade é realizada presencialmente pelo tabelião, auxiliado pelas testemunhas presentes no momento do ato. Essa verificação pessoal permite uma avaliação direta do estado mental e emocional do testador, incluindo sua capacidade de compreender a natureza e as consequências do ato que está praticando. Já no ambiente eletrônico, essa verificação será substituída por mecanismos tecnológicos equivalentes, que podem incluir utilização de cadastro da base de dados dos notários, entrevista prévia por telefone ou vídeo, videoconferência em tempo real (obrigatória no ato eletrônico), e certificados eletrônicos para assinatura que possuem digitais do testador.

Uma questão prática que gera discussão entre notários refere-se à solicitação de apresentação de atestado médico para comprovar a plena capacidade mental do testador. Embora não seja obrigatória a

---

9 Código Civil

10 Art. 1.860, parágrafo único, Código Civil.

11 Código Civil, art. 5º. A menoridade cessa aos dezoito anos completos, quando a pessoa fica habilitada à prática de todos os atos da vida civil.

12 Art. 1.861, do Código Civil.

apresentação do laudo médico — uma vez que a aferição da capacidade é atribuição do tabelião, independentemente da idade do testador —, por prudência notarial, este documento pode constituir prova adicional para corroborar a avaliação de capacidade realizada pelo tabelião e pelas testemunhas.

Ainda no contexto do atestado médico e ato eletrônico, a impossibilidade de verificação presencial direta pode tornar recomendável a apresentação de documentação médica que ateste a capacidade e higidez mental do testador. Esta prudência adicional, embora não prevista expressamente na legislação, pode representar uma salvaguarda importante para a segurança jurídica do testamento, especialmente em casos envolvendo testadores de idade muito avançada. Todavia, o ato eletrônico possui videoconferência que mantém gravados o consentimento do testador, a aferição de capacidade e disposições de última vontade, gerando uma prova adicional (não existente no ato físico) e um elemento de convicção robusta em eventual disputa judicial que questione sua capacidade ou possível induzimento.

No que se refere à *capacidade testamentária passiva*, podem receber herança por testamento as pessoas físicas ou jurídicas (desde que sob forma de fundação), nacionais ou estrangeiros, menores ou incapazes. Também podem herdar os que não foram concebidos ao tempo do testamento, mas deve estar (concebidos) ao tempo da abertura da sucessão, sob pena de não produzir efeitos tal disposição testamentária (Ferreira, 2020, p. 296).

Algumas pessoas ainda são impedidas de receber por testamento, sob pena de nulidade, e são elas: I - a pessoa que, a rogo, escreveu o testamento, nem o seu cônjuge ou companheiro, ou os seus ascendentes e irmãos; II - as testemunhas do testamento; III - o concubino do testador casado, salvo se este, sem culpa sua, estiver separado de fato do cônjuge há mais de cinco anos; IV- o tabelião, civil ou militar, ou o comandante ou escrivão, perante quem se fizer, assim como o que fizer ou aprovar o testamento.[13] Por fim, não podem herdar os animais, pois não têm capacidade ativa para suceder.

2.3 Conceito

O Código Civil de 2002 não conceituou testamento, limitando-se a enunciar no *caput* do art. 1.857, que toda pessoa capaz pode dispor,

---

13 CC, art. 1.801

por testamento, da totalidade dos seus bens, ou de parte deles, para depois da sua morte. O §2º desse mesmo artigo esclarece: "São válidas as disposições testamentárias de caráter não patrimonial, ainda que o testador somente a elas se tenha limitado".

Embora seja possível que o testamento contenha disposições patrimoniais ao lado de disposições não patrimoniais e até mesmo apenas disposições sem nenhum conteúdo econômico, não se pode negar que o testamento é um negócio jurídico principalmente patrimonial; tipicamente, no sentido tradicional e específico, é um ato de última vontade em que o testador faz disposições de bens, dá um destino ao seu patrimônio, nomeia herdeiros, institui legatários, e isso acontece, realmente, na grande maioria dos casos (Veloso, 2019, p. 327).

Pode-se conceituar testamento como o negócio jurídico pelo qual alguém, na forma da lei, exprime *disposições de última vontade*, criando, transmitindo ou extinguindo direitos após a sua morte. Tais direitos podem ser relativos aos bens do *de cujus* ou a questões de caráter não patrimonial (pessoais e familiares por exemplo). A incidência *post mortem*, frise-se, é a nota característica do testamento, que "traduz o querer extremo do testador, qualquer que seja o tempo decorrido até a data do óbito" (Kümpel, 2017, p. 771).

2.4 Requisitos e formalidades legais

O testamento público, como ato formal e solene, está sujeito a rigorosas formalidades legais estabelecidas no Código Civil. O artigo 1.864[14] elenca os requisitos essenciais para validade do testamento público: I - ser lavrado por tabelião de notas ou substituto legal no livro de notas, de acordo com as declarações do testador; II - após a lavratura do testamento, deve ser lido em voz alta pelo tabelião (ou substituto legal) ao testador e as duas testemunhas, ao mesmo tempo; III - ser assinado o instrumento público, em seguida à leitura, pelo testador, testemunhas e tabelião (ou substituto legal).

---

[14] Art. 1.864. São requisitos essenciais do testamento público:
I – ser escrito por tabelião ou por seu substituto legal em seu livro de notas, de acordo com as declarações do testador, podendo este servir-se de minuta, notas ou apontamentos;
II – lavrado o instrumento, ser lido em voz alta pelo tabelião ao testador e a duas testemunhas, a um só tempo; ou pelo testador, se o quiser, na presença destas e do oficial;
III – ser o instrumento, em seguida à leitura, assinado pelo testador, pelas testemunhas e pelo tabelião.

Esses requisitos não são meras formalidades burocráticas; pelo contrário, mas representam garantias fundamentais para autenticidade e segurança jurídica do ato testamentário. Os preceitos do Código Civil quanto às formas e formalidades do testamento são imperativos, cogentes, representando normas de ordem pública, cujo descumprimento determina a nulidade absoluta, insanável (art. 166,[15] incisos IV e V). As regras jurídicas sobre formas e formalidades nos atos de última vontade são de interesse público, inserem-se no *jus cogens*, desatendida uma solenidade essencial, fica a disposição mortuária inválida, privada de qualquer efeito (Veloso, 2019, p. 332). Vale ressaltar que essas formalidades deverão ser respeitadas tanto no ato físico quanto no ato eletrônico.

O profissional responsável por reproduzir as disposições de última vontade do testador é o tabelião, titular ou respondente pelo Tabelionato de Notas, que deverá zelar pela aplicação de todas as formalidades previstas em lei. O Código Civil prevê, ainda, regras específicas para o caso do testador não souber, ou não puder assinar,[16] daquele que for deficiente auditivo,[17] bem como do deficiente visual.[18] Da mesma forma, para os atos eletrônicos existem regras específicas que trataremos adiante.

A leitura em voz alta pelo tabelião ao testador e às duas testemunhas, a um só tempo, constitui uma das formalidades mais importantes do testamento público, pois garante que todos os presentes tomem conhecimento do conteúdo do ato e possam atestar sua conformidade com a vontade manifestada pelo testador, sendo aferida ainda a capacidade. Esta formalidade é plenamente preservada no testamento eletrônico por meio da videoconferência, onde testador e testemunhas participam simultaneamente da leitura do instrumento pelo tabelião.

---

15 Art. 166. É nulo o negócio jurídico quando:
I – celebrado por pessoa absolutamente incapaz;
II – for ilícito, impossível ou indeterminável o seu objeto;
III – o motivo determinante, comum a ambas as partes, for ilícito;
IV – não revestir a forma prescrita em lei;
V – for preterida alguma solenidade que a lei considere essencial para a sua validade;
VI – tiver por objetivo fraudar lei imperativa;
VII – a lei taxativamente o declarar nulo, ou proibir-lhe a prática, sem cominar sanção.

16 Código Civil, art. 1.865. Se o testador não souber, ou não puder assinar, o tabelião ou seu substituto legal assim o declarará, assinando, neste caso, pelo testador, e, a seu rogo, uma das testemunhas instrumentárias.

17 Código Civil, art. 1.866. O indivíduo inteiramente surdo, sabendo ler, lerá o seu testamento, e, se não o souber, designará quem o leia em seu lugar, presentes as testemunhas.

18 Código Civil, art. 1.867. Ao cego só se permite o testamento público, que lhe será lido, em voz alta, duas vezes, uma pelo tabelião ou por seu substituto legal, e a outra por uma das testemunhas, designada pelo testador, fazendo-se de tudo circunstanciada menção no testamento.

A exigência de assinatura por todos os participantes do ato — testador, testemunhas e tabelião — será realizada logo após a leitura, quando o ato for físico — momento de conclusão. No ambiente eletrônico, esta assinatura ocorrerá por meio de certificado digital, que poderá ser o certificado notarizado (emitido gratuitamente pelos cartórios de Notas) ou o certificado no padrão ICP-Brasil. Tanto o certificado notarizado quanto o padrão ICP-Brasil fornecem a infraestrutura tecnológica necessária para garantir a autenticidade e integridade das assinaturas eletrônicas, conferindo-lhes a mesma validade jurídica das assinaturas manuscritas tradicionais efetuadas na forma física.

É importante ressaltar que todos os elementos devem estar presentes não somente no ato físico, mas também nos atos eletrônicos. O testamento eletrônico deve preservar toda formalidade prevista em lei, adaptando-se as regras adicionais dos atos notariais eletrônicos. Esta exigência de preservação das características essenciais no ambiente digital constitui um dos principais desafios para a implementação do testamento público eletrônico, demandando soluções tecnológicas que garantam a manutenção da solenidade, do caráter personalíssimo e da autenticidade do ato.

É admissível, ainda, que o tabelião (ou seu substituto legal) lavre o testamento e se desloque em diligência até a residência do testador ou ao hospital em que este se encontre internado, a fim de prosseguir às formalidades legais. Nesses casos, a leitura perante o testador e as testemunhas será realizada no próprio local, de uma só vez. É bastante frequente essas diligências na prática, pois muitas vezes o usuário está impossibilitado de se deslocar até o cartório de notas. Nesse ponto específico, o ato eletrônico amplia as possibilidades de atendimento ao testador, sem deslocamento das partes, com economia de tempo e eficiência.

Vale lembrar que em termos de conteúdo, o testamento possui limitações legais, pois o testador somente poderá dispor totalidade dos bens se não possuir herdeiros necessários.[19] Caso contrário, somente metade dos bens do disponente poderá ser objeto do testamento — enquanto parte disponível —, restando os outros 50% a serem divididos na sucessão legítima, sendo chamados os sucessores a partir dos critérios do art. 1.829, do Código Civil (Rosa, 2024).

---

[19] Código Civil, art. 1.845. São herdeiros necessários os descendentes, os ascendentes e o cônjuge.

Por fim, a revogabilidade do testamento está prevista no artigo 1.858, do Código Civil.[20] Desta forma, o testador pode revogar ou alterar seu testamento quantas vezes desejar. Essa revogação poderá ser expressa (quando declara explicitamente a revogação do ato anterior em novo testamento) ou tácita (disposições do novo testamento são incompatíveis com as do ato anterior).

No que concerne às irregularidades formais que podem comprometer a validade testamentária, é fundamental destacar a evolução jurisprudencial do Superior Tribunal de Justiça, que tem adotado interpretação mais flexível das formalidades legais. A Corte Superior tem consolidado o entendimento de que vícios formais de menor relevância não devem acarretar a nulidade do testamento quando há certeza inequívoca acerca da autenticidade e da livre manifestação de vontade do testador.

Assim, no caso de as testemunhas instrumentárias do testamento público serem funcionários do cartório que não presenciaram efetivamente a declaração, não há que se falar em invalidade do testamento público se não existirem elementos probatórios que comprometam a fidedignidade da cédula. Ainda que tal prática caracterize irregularidade administrativa por parte do tabelião (o que pode ensejar eventual repreensão disciplinar): trata-se de uma irregularidade formal incapaz de invalidar o testamento público[21] (Oliveira, 2023).

Por fim, após a morte do testador, obrigatoriamente, qualquer interessado, exibindo o traslado ou a certidão de testamento público, poderá, conforme o art. 736 do Código de Processo Civil, requerer ao juiz que ordene seu cumprimento, observando-se, no que couber, o disposto nos parágrafos do art. 735 do diploma processual civil (Rosa, 2024).

3 O testamento público eletrônico no ordenamento jurídico brasileiro

3.1 Marcos normativos

Inicialmente, a validade jurídica dos documentos eletrônicos no Brasil tem como marco inicial a Medida Provisória nº 2.200-2/2001, que

---

20 Código Civil, art. 1.858. O testamento é ato personalíssimo, podendo ser mudado a qualquer tempo.

21 STJ, REsp 1419726/SC, 3ª Turma, Rel. Ministro Marco Aurélio Bellizze, DJe 16/12/2014.

instituiu a Infraestrutura de Chaves Públicas Brasileira (ICP-Brasil). A regulamentação dos atos notariais eletrônicos no Brasil representa um marco histórico na modernização dos serviços notariais, sendo resultado de um processo evolutivo que culminou com a publicação do Provimento 100/2020[22] do CNJ, conteúdo hoje incorporado ao Provimento 149/2023 (CNN/CN/CNJ-Extra), Código Nacional de Normas da Corregedoria Nacional de Justiça do Conselho Nacional de Justiça — Foro Extrajudicial.

O contexto da criação desta regulamentação está intrinsecamente ligado às necessidades impostas pela pandemia de COVID-19, que estabeleceu as primeiras diretrizes para a realização de atos notariais por meio eletrônico. Esta norma pioneira reconheceu a necessidade urgente de adaptação dos serviços notariais às limitações de mobilidade e distanciamento social impostas pela crise sanitária, criando um precedente normativo fundamental para a digitalização dos atos notariais.

Atualmente, toda regulamentação dos atos eletrônicos, denominações, requisitos e procedimentos específicos se encontram previstos expressamente no Código Nacional de Normas do Extrajudicial (Provimento 149/2023 — CNN/CN/CNJ-Extra).[23] Em princípio, todos os atos notariais podem ser feitos de forma eletrônica, portanto, deve-se aplicar todas essas regras ao testamento eletrônico.[24]

O Brasil tornou-se pioneiro mundial na implementação dos atos notariais eletrônicos, estabelecendo-se como referência para muitos outros países, pelo trabalho conjunto do Colégio Notarial do Brasil e do Conselho Nacional de Justiça, que desenvolveram um sistema robusto e seguro para a realização de atos notariais à distância, por meio da plataforma do *e-Notariado*.[25]

3.2 Requisitos e procedimentos para testamento eletrônico

Além dos elementos formais obrigatórios previstos no Código Civil para qualquer testamento, a regulamentação do Conselho

---

[22] Provimento 100/2020 do CNJ — Dispõe sobre a prática de atos notariais eletrônicos utilizando o sistema e-Notariado, cria a Matrícula Notarial Eletrônica-MNE e dá outras providências.

[23] Artigos 284 a 309.

[24] Provimento 149/2023 CNN/CN/CNJ-Extra, art. 300. Os atos notariais celebrados por meio eletrônico produzirão os efeitos previstos no ordenamento jurídico quando observarem os requisitos necessários para a sua validade, estabelecidos em lei e nesta Seção.

[25] https://www.e-notariado.org.br.

Nacional de Justiça[26] estabelece requisitos específicos que devem ser observados para prática dos atos notariais eletrônicos. Esses requisitos adicionais são fundamentais e visam garantir a autenticidade, segurança e preservação do ambiente digital na prática do testamento eletrônico.

O artigo 286 do CNN/ CN/CNJ-Extra elenca os elementos indispensáveis (requisitos) para a prática de qualquer ato notarial eletrônico, incluído o testamento público eletrônico: I- videoconferência notarial para captação do consentimento das partes sobre os termos do ato jurídico; II- concordância expressada pelas partes com os termos do ato notarial eletrônico; III- assinatura digital pelas partes, exclusivamente por meio do e-Notariado; IV- assinatura do tabelião de notas com a utilização de certificado digital ICP-Brasil; V- uso de formatos de documentos de longa duração com assinatura digital.[27]

O procedimento para lavratura do testamento eletrônico inicia-se com um cadastro prévio das partes e verificação de identidades. Conforme regra do art. 301 do CNN/CN/CNJ-Extra,[28] a identificação das partes será feita de forma remota, com apresentação de documentos originais eletrônicos.[29] Nesse momento é possível utilizar uma base de dados compartilhada, pois os cartórios de notas, por meio do CCN — Cadastro Único de Clientes do Notariado, têm acesso a cadastros de outros cartórios. E caso seja necessário, o notário poderá se valer de outros instrumentos de segurança que auxiliem na confirmação dos dados pessoais do testador e testemunhas. Nesse momento inicial, além da identificação e qualificação das partes, o tabelião (ou preposto) realiza um exame prévio de capacidade (idade, discernimento, etc.).

Cumprida a etapa de identificação, o tabelião prossegue para elaboração da minuta do testamento, que será conferida e aprovada pelo testador. Na prática, geralmente o testador fornece as informações sobre as disposições de última vontade ao tabelião, haverá um cadastro no sistema interno do cartório e plataforma do *e-Notariado*, com o posterior agendamento da videoconferência para captação do consentimento das

---

[26] Provimento 149/2023 — CNN/ CN/CNJ-Extra.

[27] Por exemplo, o padrão PDF-A.

[28] Art. 301. A identificação, o reconhecimento e a qualificação das partes, de forma remota, será feita pela apresentação da via original de identidade eletrônica e pelo conjunto de informações a que o tabelião teve acesso, podendo utilizar-se, em especial, do sistema de identificação do e-Notariado, de documentos digitalizados, cartões de assinatura abertos por outros notários, bases biométricas públicas ou próprias, bem como, a seu critério, de outros instrumentos de segurança.

[29] RG, CNH e Certidões de comprovação do estado civil (nascimento ou casamento).

partes sobre os termos do ato jurídico. Nesse ponto, existem requisitos específicos que devem ser cumpridos na videoconferência notarial, previstos no parágrafo único do art. 286 do CNN/ CN/CNJ-Extra.[30]

No caso do testamento público eletrônico, um ponto essencial é respeitar as exigências previstas no Código Civil, portanto, a videoconferência deve ser realizada de forma una, com a presença do testador, testemunhas e tabelião, momento que será feita a leitura em voz alta do ato lavrado e verificada a capacidade e livre manifestação de vontade do testador. A videoconferência fica gravada na plataforma *e-Notariado*, o que traz ainda mais segurança à comprovação posterior da capacidade e manifestação de última vontade do testador.

Concluídas a leitura do ato e concordância do testador com o conteúdo, as partes (testador e testemunhas) passam a fase da assinatura do ato eletrônico, através de certificado digital, que poderá ser o notarizado[31] ou certificado com padrão ICP-Brasil[32] (assinatura qualificada), garantindo a autenticidade e integridade das assinaturas eletrônicas. Importante ressaltar que não é permitida utilização de outras assinaturas avançadas[33] para assinatura dos atos notariais eletrônicos. Todo esse procedimento confere ao testamento público eletrônico a mesma validade jurídica de um ato presencial lavrado no livro físico, pois foram respeitadas todas as formalidades essenciais e transpostas ao meio digital.

---

[30] Art. 286. Parágrafo único. A gravação da videoconferência notarial deverá conter, no mínimo:
a) a identificação, a demonstração da capacidade e a livre manifestação das partes atestadas pelo tabelião de notas;
b) o consentimento das partes e a concordância com a escritura pública;
c) o objeto e o preço do negócio pactuado;
d) a declaração da data e horário da prática do ato notarial; e
e) a declaração acerca da indicação do livro, da página e do tabelionato em que será lavrado o ato notarial.

[31] CNN/CN/CNJ-Extra, art. 285, inciso VI — certificado digital notarizado: identidade digital de uma pessoa física ou jurídica, identificada presencialmente por um notário a quem se atribui fé pública.

[32] CNN/ CN/CNJ-Extra, art. 292. O acesso ao e-Notariado será feito com assinatura digital, por certificado digital notarizado, nos termos da MP n. 2.200-2/2001 ou, quando possível, por biometria.
§3.º Para a assinatura de atos notariais eletrônicos é imprescindível a realização de videoconferência notarial para captação do consentimento das partes sobre os termos do ato jurídico, a concordância com o ato notarial, a utilização da assinatura digital e a assinatura do tabelião de notas com o uso de certificado digital, segundo a Infraestrutura de Chaves Públicas Brasileira (ICP).

[33] Exemplo de assinatura avançada: GOV.BR.

3.3 Competência para lavratura do testamento público eletrônico

Um aspecto sensível na implementação dos atos notariais eletrônicos diz respeito à competência territorial do notário para praticá-los. Tradicionalmente, as regras de competência para lavratura do ato notarial, os arts. 8º e 9º, ambos da Lei n. 8.935/1.994[34] Assim, nesse modelo tradicional, as partes poderão lavrar o testamento com o tabelião de sua confiança, em qualquer tabelionato do Brasil, desde que o testador e as testemunhas compareçam presencialmente no cartório de notas escolhido.

No caso do ato notarial eletrônico, deverão ser respeitadas as regras de competência específicas, conforme disposição expressa dos arts. 302 a 304, do CNN/ CN/CNJ-Extra.[35] Deste modo, o Código Nacional de Normas do Extrajudicial prevê que a competência para lavratura de atos eletrônicos será do Tabelionato daquele Município, do Estado ou do local do imóvel, a depender do caso concreto. Ocorre que no caso

---

[34] Art. 8º É livre a escolha do tabelião de notas, qualquer que seja o domicílio das partes ou o lugar de situação dos bens objeto do ato ou negócio.
Art. 9º O tabelião de notas não poderá praticar atos de seu ofício fora do Município para o qual recebeu delegação.

[35] Art. 302. Ao tabelião de notas da circunscrição do imóvel ou do domicílio do adquirente compete, de forma remota e com exclusividade, lavrar as escrituras eletronicamente, por meio do e-Notariado, com a realização de videoconferência e assinaturas digitais das partes.
§1.º Quando houver um ou mais imóveis de diferentes circunscrições no mesmo ato notarial, será competente para a prática de atos remotos o tabelião de quaisquer delas.
§2.º Estando o imóvel localizado no mesmo estado da federação do domicílio do adquirente, este poderá escolher qualquer tabelionato de notas da unidade federativa para a lavratura do ato.
§3.º Para os fins desta Seção, entende-se por adquirente, nesta ordem, o comprador, a parte que está adquirindo direito real ou a parte em relação à qual é reconhecido crédito.
Art. 303. Ao tabelião de notas da circunscrição do fato constatado ou, quando inaplicável este critério, ao tabelião do domicílio do requerente compete lavrar as atas notariais eletrônicas, de forma remota e com exclusividade por meio do e-Notariado, com a realização de videoconferência e assinaturas digitais das partes.
Parágrafo único. A lavratura de procuração pública eletrônica caberá ao tabelião do domicílio do outorgante ou do local do imóvel, se for o caso.
Art. 304. A comprovação do domicílio, em qualquer das hipóteses desta Seção do Código Nacional de Normas, será realizada:
I- em se tratando de pessoa jurídica ou ente equiparado: pela verificação da sede da matriz, ou da filial em relação a negócios praticados no local desta, conforme registrado nos órgãos de registro competentes;
II- em se tratando de pessoa física: pela verificação do título de eleitor, ou outro domicílio comprovado.
Parágrafo único. Na falta de comprovação do domicílio da pessoa física, será observado apenas o local do imóvel, podendo ser estabelecidos convênios com órgãos fiscais para que os notários identifiquem, de forma mais célere e segura, o domicílio das partes.

específico do testamento eletrônico, existem algumas divergências e discussões a respeito desta competência para prática do ato.

Atualmente, delinearam-se três correntes em interpretação à competência territorial para prática do testamento público eletrônico:[36]
I- Corrente Restritiva: o tabelionato competente para lavrar o testamento público por meio eletrônico será o do domicílio do Testador;
II- Corrente Moderada: o testador poderá escolher qualquer tabelionato de sua confiança, desde que dentro do Estado onde tem seu domicílio;
III- Corrente Liberal: o testador poderá escolher o tabelionato de notas de sua confiança no Brasil, independentemente do seu domicílio.

Há quem defenda, contudo, a possibilidade mais ampla (corrente liberal), argumentando que o testamento, por sua natureza personalíssima e sigilosa, justificaria permitir que o testador escolha qualquer tabelião do país em quem confie, sem se vincular ao seu domicílio, mesmo no caso do ato eletrônico. Essa visão destaca que a confiança e a relação prévia do testador com determinado notário poderia ser decisiva para a tranquilidade na hora de manifestar sua última vontade — e, portanto, seria razoável autorizar essa livre escolha nacional, ainda que realizada pela via eletrônica (o que tornaria viável logisticamente). Não obstante, até o momento, prevalece uma interpretação mais cautelosa.

Em suma, no estado atual, a interpretação moderada (*Corrente Moderada*) parece a mais adequada e tem sido aplicada por diversos notários, na qual o testador pode lavrar o testamento público eletrônico em tabelionato de notas de sua confiança dentro do mesmo Estado em que possui domicílio. Essa solução equilibra dois interesses e nos parece a mais acertada, pois de um lado, evita a esvaziamento completo do critério territorial (mantendo um âmbito estadual, em respeito à regulamentação do CNJ); de outro, respeita a liberdade de escolha do testador para encontrar um tabelião de sua confiança — por exemplo, alguém que já tenha atendido sua família, ou que seja reconhecido por sua experiência em sucessões — ainda que esse tabelião esteja fora do seu município de residência. Naturalmente, espera-se que futuras normativas ou até alterações legislativas clarifiquem definitivamente essa questão da competência no âmbito dos testamentos eletrônicos, para eliminar quaisquer inseguranças jurídicas quanto ao tema.

---

[36] DEL GUERCIO NETO, Arthur, Carolina Edith Mosmann dos Santos e João Francisco Massoneto Junior. *Competência Territorial para prática de atos notariais eletrônicos*. Disponível em: https://www.notariado.org.br/artigo-a-possibilidade-do-testamento-publico-eletronico-e-a-competencia-territorial-para-sua-lavratura-arthur-del-guercio-neto-carolina-mosmann-e-joao-massoneto/. Acesso em: 10 abr. 2025.

4 Desafios jurídicos e perspectivas futuras

Apesar dos inúmeros benefícios e facilidades que o ato eletrônico oferece, traz consigo uma série de desafios jurídicos. Dentre esses, destacam-se a garantia da autenticidade e integridade do ato eletrônico (inclusive assinatura digital); a adequada verificação de identidade e capacidade do testador à distância; e a observância da presença virtual das testemunhas e testador de forma equivalente à presença física exigida pela lei.

Devemos, ainda, considerar riscos inerentes ao meio digital, como a possibilidade de ataques cibernéticos, demandando aos cartórios e órgãos responsáveis o investimento em segurança da informação, proteção dos sistemas contra invasões e vazamentos, proteção de dados (LGPD), tecnologias mínimas, equipamentos necessários e backups (físico e virtual). Outro desafio é a prevenção a fraudes de identidade, falsificações e possíveis coações à distância.

Um aspecto bastante sensível no testamento público eletrônico é a verificação da capacidade do testador, tarefa essencial do tabelião, que muitas vezes é um desafio quando realizada a distância. No meio eletrônico, o notário deverá utilizar de meios para confirmar previamente essa capacidade e livre manifestação de vontade, seja por telefone ou videochamada. Essa verificação prévia não exime a nova aferição feita no momento de lavratura do ato e videoconferência, confirmando a capacidade do testador perante as testemunhas.

A incorporação de novas tecnologias e evolução da inteligência artificial abre novas possibilidades para aplicação nos atos notariais eletrônicos, como a verificação automática de dados e identificação, reconhecimento facial (já existente no caso de emissão do certificado notarizado), verificação de padrões de voz ou linguagem e outros sistemas que aumentam a segurança do ato, seja para identificação das partes, seja para auxiliar a confirmação da vontade do testador durante o procedimento eletrônico do testamento público.

5 Considerações finais

A análise desenvolvida ao longo deste estudo permite concluir que o testamento público eletrônico representa uma inovação jurídica e tecnológica de grande relevância no contexto do direito sucessório brasileiro contemporâneo. O ordenamento jurídico brasileiro possui, efetivamente, instrumentos normativos robustos e adequados que viabilizam tecnicamente a implementação do testamento público eletrônico, especialmente através da regulamentação estabelecida pelo Provimento n. 149/2023 do CNJ (CNN/CN/CNJ-Extra), que incorporou e aperfeiçoou as diretrizes pioneiras do Provimento 100/2020 do CNJ.

O Brasil consolidou-se como referência mundial na implementação de atos notariais eletrônicos, estabelecendo precedentes importantes para a modernização do direito sucessório. A plataforma *e-Notariado*, desenvolvida e mantida pelo Colégio Notarial do Brasil, representa um marco tecnológico que demonstra a viabilidade prática de atos notariais eletrônicos, incluindo o testamento público, sem comprometer a segurança jurídica e a autenticidade que caracterizam esses atos.

A pesquisa evidenciou que os requisitos formais tradicionais do testamento público, previstos no Código Civil brasileiro, podem ser adequadamente preservados e transpostos para o ambiente digital através de mecanismos tecnológicos equivalentes. A videoconferência notarial com gravação integral, a assinatura digital (seja através de certificados ICP-Brasil ou certificados notarizados), os sistemas de identificação eletrônica e os procedimentos de verificação de capacidade à distância constituem um conjunto de ferramentas tecnológicas que, quando adequadamente implementadas, garantem a manutenção das características essenciais do testamento: pessoalidade, solenidade, autenticidade e segurança jurídica.

Um aspecto particularmente relevante identificado na análise refere-se às vantagens específicas que o testamento eletrônico oferece em relação ao ato presencial tradicional. A gravação audiovisual permanente da videoconferência notarial constitui uma prova robusta e inequívoca da capacidade testamentária, da livre manifestação de vontade e da ausência de coação no momento da lavratura do ato. Esta documentação audiovisual representa um elemento probatório adicional que não existe no testamento presencial tradicional, podendo ser decisiva em eventuais disputas judiciais que questionem a validade do ato ou a capacidade do testador.

Contudo, o testamento público eletrônico ainda enfrenta desafios significativos que demandam atenção contínua e aperfeiçoamentos regulamentares. A questão da competência territorial para testamentos eletrônicos permanece como um dos principais pontos de discussão, com diferentes correntes interpretativas que refletem tensões entre a tradição jurídica e a inovação tecnológica. A corrente moderada, que permite ao testador escolher qualquer tabelionato de sua confiança dentro do mesmo Estado de seu domicílio, parece oferecer o melhor equilíbrio entre segurança jurídica e flexibilidade operacional.

A verificação da capacidade testamentária à distância representa outro desafio complexo que requer desenvolvimento contínuo de protocolos e procedimentos específicos. Embora os mecanismos tecnológicos disponíveis sejam adequados, a prática notarial deve desenvolver critérios mais refinados para avaliação da capacidade e detecção de possíveis situações de coação ou influência indevida no ambiente digital. A possibilidade de solicitação de atestados médicos complementares, embora não obrigatórios, pode representar uma salvaguarda adicional importante, especialmente em casos envolvendo testadores de idade avançada ou com histórico de problemas de saúde.

O estudo também identificou o potencial transformador da inteligência artificial na evolução futura dos atos notariais eletrônicos. Tecnologias de reconhecimento facial automatizado, verificação de padrões de voz, análise comportamental e validação automática de documentos podem agregar camadas adicionais de segurança e eficiência ao processo, embora sua implementação deva ser cuidadosamente regulamentada para garantir conformidade com princípios de proteção de dados pessoais e direitos fundamentais.

A experiência brasileira com atos notariais eletrônicos demonstrou que a digitalização de serviços jurídicos essenciais não apenas é viável, mas também pode oferecer vantagens significativas em termos de acessibilidade, eficiência e democratização do acesso aos serviços notariais. O testamento público eletrônico amplia significativamente as possibilidades de atendimento a testadores que enfrentam limitações de mobilidade, residem em locais remotos ou se encontram em situações que dificultam o deslocamento até um cartório de notas.

No que se refere às perspectivas futuras, é fundamental que o sistema continue evoluindo através de aperfeiçoamentos regulamentares contínuos, investimentos em infraestrutura tecnológica e capacitação permanente dos profissionais. A regulamentação deve acompanhar o desenvolvimento tecnológico, incorporando novas ferramentas e procedimentos que possam aumentar a segurança e eficiência dos atos eletrônicos, sem perder de vista os princípios fundamentais que regem o direito sucessório.

Em síntese, o testamento público eletrônico no direito brasileiro representa uma evolução natural e necessária do sistema jurídico diante das transformações tecnológicas contemporâneas. Embora desafios persistam e aperfeiçoamentos sejam necessários, a base normativa e tecnológica já estabelecida oferece fundamentos sólidos para a consolidação desta modalidade testamentária, seguindo um importante passo na modernização do direito civil e na construção de um sistema mais inclusivo e eficiente, inclusive no que tange ao planejamento sucessório.

Referências

BRASIL. *Lei nº 10.406, de 10 de janeiro de 2002*. Institui o Código Civil. Diário Oficial da União, Brasília, DF, 11 jan. 2002. Disponível em: https://www.planalto.gov.br/ccivil_03/leis/2002/l10406.htm. Acesso em: 10 abr. 2025.

BRASIL. *Lei nº 13.105, de 16 de março de 2015*. Código de Processo Civil. Diário Oficial da União, Brasília, DF, 17 mar. 2015. Disponível em: https://www.planalto.gov.br/ccivil_03/_ato2015-2018/2015/lei/l13105.htm. Acesso em: 10 abr. 2025.

CASSETARI, Christiano. *Elementos de Direito Civil*. 11. ed. Indaiatuba, SP: Editora Foco, 2023.

CENEVIVA, Walter. *Lei dos notários e dos registradores comentada*: (lei n. 8.935/94) — 9. ed. rev. e atual. — São Paulo: Saraiva, 2014.

CHAVES, Carlos Fernandi Brasil; REZENDE, Afonso Celso F. *Tabelionato de notas e o notário perfeito*. 7 ed. São Paulo: Saraiva, 2013.

CONSELHO NACIONAL DE JUSTIÇA. *Provimento nº 149*, de 5 de setembro de 2023. Dispõe sobre a prática de atos notariais eletrônicos utilizando o sistema e-Notariado. Diário da Justiça Eletrônico/CNJ, Brasília, DF, n. 366, 6 set. 2023. Disponível em: https://atos.cnj.jus.br/atos/detalhar/5217. Acesso em: 05 maio 2025.

DEL GUERCIO NETO, Arthur, Carolina Edith Mosmann dos Santos e João Francisco Massoneto Junior. Competência *Territorial para prática de atos notariais eletrônicos*. Disponível em: https://www.notariado.org.br/artigo-a-possibilidade-do-testamento-publico-eletronico-e-a-competencia-territorial-para-sua-lavratura-arthur-del-guercio-neto-carolina-mosmann-e-joao-massoneto/. Acesso em 10 abr. 2025.

FARIAS, Cristiano Chaves de. *Curso de direito civil*: sucessões / Cristiano Chaves de Farias, Nelson Rosenvald — 2. ed. rev. ampl. e atual. — Salvador: Ed. Juspodivm, 2016.

GENTIL, Alberto. *Registros Públicos*. Rio de Janeiro: Forense; São Paulo: MÉTODO, 2020.

KUMPEL, Vitor Frederico *et al*. *Tratado Notarial e Registral vol. III*. 1ª ed. São Paulo: YK Editora, 2017.

LOUREIRO, Luiz Guilherme. *Registros públicos*: teoria e prática. 8. ed. rev., atual e ampl. — Salvador: Editora Juspodivm, 2017.

OLIVEIRA, Carlos E. Elias de. *Direito Civil*: volume único / Carlos E. Elias de Oliveira, João Costa-Neto. — 2. ed. — Rio de Janeiro: Método, 2023.

RODRIGUES, Felipe Leonardo. *Tabelionato de Notas* /Felipe Leonardo Rodrigues, Paulo Roberto Gaiger Ferreira; coordenado por Christiano Cassettari. — 3. ed. — Indaiatuba, SP: Editora Foco, 2020.

ROSA, Conrado Paulino da. *Planejamento Sucessório — Teoria e Prática* / Conrado Paulino da Rosa — 3. ed., rev., atual. e ampl. — São Paulo: Editora JusPodivm, 2024.

STINGHEN, João Rodrigo. *Comentários e o Código Nacional de Normas*: v. 01 — Foro Extrajudicial / organizado por João Rodrigo Stinghen, Samila Ariana Alves Machado, Aline Rodrigues de Andrade. — Indaiatuba, SP: Editora Foco, 2024.

TARTUCE, FLAVIO. *Tratado de direito das sucessões* / coordenação Flávio Tartuce, Giselda Maria Fernandes Novaes Hironaka, Rodrigo da Cunha Pereira. — Belo Horizonte, MG: Instituto Brasileiro de Direito de Família — IBDFAM, 2023.

VELOSO, Zeno. *Direito Civil*: temas / Zeno Veloso — 2. ed. rev. e atual. — Salvador: JusPodivum, 2019.

Informação bibliográfica deste livro, conforme a NBR 6023:2018 da Associação Brasileira de Normas Técnicas (ABNT):

PIOTO, Gustavo Simões. Testamento público eletrônico. *In*: EHRHARDT JÚNIOR, Marcos; CATALAN, Marcos (coord.). *Vida privada, patrimônio e tecnologia*: novos rumos para o direito de família e das sucessões. Belo Horizonte: Fórum, 2025. p. 303-323. ISBN 978-85-450-0968-9.

CLÁUSULA DE INCOMUNICABILIDADE NO TESTAMENTO: APONTAMENTOS CRÍTICOS E BREVÍSSIMA REFERÊNCIA AO PROJETO DE ATUALIZAÇÃO DO CÓDIGO CIVIL

MARCOS CATALAN

Tentando não transitar por contextos históricos incompreensíveis para os nascidos na contemporaneidade parece oportuno iniciar estas singelas notas frisando que, entre nós — ou seja, no direito civil pátrio —, a base para compreensão de toda a complexidade que informa a possibilidade de clausular deixas testamentárias que versem sobre parte ou a totalidade dos bens que hão de integrar a legítima está alocada em algum ponto de uma trilha que tem início nos mesmos cenários nos quais floresceram as codificações decimonônicas marcadas por lídimo individualismo proprietário e caminhos nem sempre claramente mapeados rumando em direção à um direito civil rabiscado com traços um pouco mais sociais, logo, também por ter sido constitucionalizado, um pouco mais humanista.

De Feliciano Pena a Clóvis Beviláqua — e aqui tem-se em mente a permissão dada por eles, em seus esboços transformados em leis entremeio às sístoles e diástoles que movimentam processos legislativos, para que, até mesmo bens que viessem a integrar a legítima pudessem ser livremente clausulados consoante os humores reinantes ao tempo da elaboração de um testamento qualquer —, até a codificação civil atual, que impõe, sob pena de nulidade, explícita explicação aliada à convincente justificativa das razões, quase sempre, morais sobre as quais se funda a restrição testamentária excludente e que afasta, ao menos em um primeiro momento, a possibilidade de experimentação de direitos expectados a partir do instante em que o regime da comunhão universal de bens passa a produzir efeitos, teria havido, mesmo, ruptura que possa ser qualificada como paradigmática?

Eis, aqui, uma primeira questão, uma primeira angústia que compartilho com nossos ávidos leitores e leitoras por perceber que a discussão ainda parece ter por foco preocupações incontestavelmente patrimoniais, desprezando, consequentemente, fenômenos como os da repersonalização das relações privadas e da constitucionalização do direito civil em suas dimensões formal, material e prospectiva.[1]

As pessoas mais atentas talvez tenham percebido a antecipação da posição assumida nas hipóteses nas quais os porquês da incomunicabilidade que fora imposta por meio do testamento não tenham sido explicitados. Uma posição inspirada nos trabalhos de Truzzi[2] e Tartuce,[3] que não ignora, entretanto, que a deliciosa discussão teórica se revela como pragmaticamente inócua.

Deve-se aclarar, ademais, que não se trata de defender, tampouco, combater o regramento da possibilidade legal de *oneração real* da legítima. O ponto de relevância epistêmica é outro, afinal, a cada dia escancara-se com maior nitidez a inutilidade da legítima.[4]

Aliás, aos que não conhecem a perspectiva que hermenêutica e politicamente informam a percepção do autor sobre o tema, é preciso sublinhar a manutenção da postura que defende que a transmissão sucessória deva ater-se apenas a prover o mínimo existencial[5] e nessa senda qualquer excesso, qualquer sobra patrimonial há de ser redistribuída — ainda que por meio do recurso à extrafiscalidade —, afinal, nossa Constituição prometeu a todos os brasileiros um país mais justo e solidário; uma trilha que começa a ser explorada, ainda de forma lenta e tardia, entremeio os muitos avanços carreados pelo projeto de atualização da codificação civil[6] ao propor a alocação de um parágrafo

---

1 FACHIN, Luis. Edson. *Direito civil*: sentidos, transformações e fim. Rio de Janeiro: Renovar, 2015.

2 TRUZZI, Marcelo. *Justa causa testamentária*: inalienabilidade, impenhorabilidade e incomunicabilidade sobre a legítima do herdeiro necessário. Porto Alegre: LAEL, 2012. p. 101 e ss.

3 TARTUCE, Flavio. *Direito civil*: direito das sucessões. 18. ed. São Paulo: GEN/Forense, 2025. p. 460-479.

4 ARNT, André; CATALAN, Marcos. O eterno retorno: a que(m) serve o modelo brasileiro de direito sucessório? *Civilistica.com*, Rio de Janeiro, v. 8, p. 1-19, 2019.

5 CATALAN, Marcos. Direito das sucessões: por que e para quem? Reflexões a partir da realidade brasileira. *RTDC*, Rio de Janeiro, v. 11, n. 44, p. 135-147, out./dez. 2010.

6 SENADO FEDERAL. *Projeto de lei nº 4, de 2025*. Dispõe sobre a atualização da Lei nº 10.406, de 10 de janeiro de 2002 (Código Civil), e da legislação correlata. Disponível em: https://legis.senado.leg.br/sdleg-getter/documento?dm=9889356&ts=1753306167162&disposition=inline. Acesso em: 28 jul. 2025.

ao Art. 1846 dispondo que se o testador quiser poderá destinar até vinte e cinco por cento da legítima a descendentes ou ascendentes considerados vulneráveis ou hipossuficientes.

Oxalá ocorra a utópica ultrapassagem de um modelo fundado na apropriação privada dos meios de produção — um modelo, incontestavelmente, injusto como se nota ao lembrar dos milhões de seres humanos privados da possibilidade de acesso ao mínimo existencial prometido, normativamente, a todos, em 1988 — por um contexto fenomênico prenhe de justiça social e no qual exista a possibilidade, concreta, de exercício da cidadania material a partir da experimentação de liberdades positivas,[7] travessia que exige, obviamente, dentre outros impulsos, respeito a semântica da democratização da posse e da desconstrução, também, na esfera normativa, do fetiche proprietário.[8]

Dito isso, retoma-se o tema que titula estas notas críticas com algumas poucas reflexões marcadas, talvez, pela obviedade, embora, tantas vezes o óbvio deva ser dito.

A cláusula de incomunicabilidade não induz a inalienabilidade. A restrição imposta por meio do referido *elemento negocial acidental* grafado sem a companhia da cláusula de inalienabilidade poderá vir a ser, portanto, facilmente, contornada e desejando fazê-lo, bastará ao herdeiro do bem inicialmente destinado a não integrar a mancomunhão conjugal,[9] alienar, onerosamente, o bem herdado e, desprezando o efeito sub-rogatório real produzido neste contexto, dispender o valor havido do modo que melhor lhe aprouver, o que inclui, obviamente, a possibilidade de fazê-lo na companhia ou, exclusivamente, em favor daquele que fora preterido pelo testador.

Outra questão que gravita ao redor da situação jurídica das personagens preteridas pela restrição testamentária explorada diz respeito aos frutos produzidos por bens qualificados como incomunicáveis, afinal, parece ulular que elas terão direito aos frutos — naturais, empresariais ou civis, pouco importa — produzidos por quaisquer bens clausulados com a incomunicabilidade, ao menos, nas hipóteses nas quais o casamento ou a união estável observe os regimes da comunhão

7 RUZYK, Carlos Eduardo Pianovski. *Institutos fundamentais do direito civil e liberdade(s)*: repensando a dimensão funcional do contrato, da propriedade e da família. Rio de Janeiro: GZ, 2010.

8 PROUDHON, Pierre Joseph. *A propriedade é um roubo e outros escritos anarquistas*. Trad. Suely Bastos. Porto Alegre: L&PM, 1998.

9 DABUS MALUF, Carlos Alberto. *Das clausulas de inalienabilidade, incomunicabilidade e impenhorabilidade*. 3. ed. São Paulo: Saraiva, 1986. p. 45.

parcial,[10] comunhão universal,[11] participação final nos aquestos,[12] separação obrigatória ou, ainda, modelos híbridos, nessa última hipótese, é evidente, desde que ausente ajuste em sentido contrário.

Há de ser pontuado, ainda que a discussão proposta não interesse apenas às situações nas quais a relação conjugal do herdeiro dos bens onerados com a cláusula de incomunicabilidade subordina-se ao regime da comunhão universal o que, aliás, representaria apenas algo em torno de sete por cento dos casamentos havidos, anualmente, no Brasil.[13] E isso não se dá somente por conta da possibilidade latente de alteração do regime patrimonial de bens vigente no casamento ou na união estável — aliás, tema posto de forma equivocada na literatura jurídica—,[14] pois, a alteração da referida situação jurídica produzirá efeitos *ex nunc*, mas, especialmente, para muito além da questão posta no parágrafo anterior, por conta dos reflexos na órbita do mesmo direito sucessório aqui explorado, mas, pensado agora, desde a perspectiva do cônjuge ou companheiro preteridos.

---

10 BRASIL. *Lei 10.406, de 10 de janeiro de 2002*. Institui o Código Civil. Disponível em: https://www.planalto.gov.br/ccivil_03/leis/2002/l10406compilada.htm. Acesso em: 28 jul. 2025.
"Art. 1.660. Entram na comunhão: [...]
V - os frutos dos bens comuns, ou dos particulares de cada cônjuge, percebidos na constância do casamento, ou pendentes ao tempo de cessar a comunhão".

11 Id.
"Art. 1.669. A incomunicabilidade dos bens enumerados no artigo antecedente não se estende aos frutos, quando se percebam ou vençam durante o casamento".

12 Id.
"Art. 1.674. Sobrevindo a dissolução da sociedade conjugal, apurar-se-á o montante dos aquestos, excluindo-se da soma dos patrimônios próprios:
I - os bens anteriores ao casamento e os que em seu lugar se sub-rogaram;
II - os que sobrevieram a cada cônjuge por sucessão ou liberalidade;
III - as dívidas relativas a esses bens".

13 IBGE. *Estatísticas do Registro Civil 2023*. Disponível em: https://biblioteca.ibge.gov.br/visualizacao/periodicos/135/rc_2023_v50_informativo.pdf. Acesso em: 28 jul. 2025. "No Brasil, 940 799 registros de casamentos civis11 foram realizados em Cartórios de Registro Civil de Pessoas Naturais em 2023, o que representa uma redução de 3,0% em relação ao ano anterior. Desse total, 11 198 ocorreram entre pessoas do mesmo sexo [...] Nos casamentos civis entre cônjuges solteiros de sexos distintos e com 15 anos ou mais, a diferença das idades médias ao contrair a união foi de aproximadamente dois anos, sendo que os homens se casaram, em média, aos 31,5 anos, e as mulheres, aos 29,2 anos de idade. Esse comportamento é homogêneo entre as Grandes Regiões, com as idades médias variando de 31,0 a 32,9 anos, entre os homens, e de 28,7 a 30,1 anos, entre as mulheres [...] Comparando as últimas décadas, a participação de registros de casamentos em que pelo menos um dos cônjuges era divorciado ou viúvo13 variou de 12,9%, em 2003, para 22,7%, em 2013, e, em 2023, alcançou 31,1% de todos os registros de casamentos civis entre pessoas de sexos diferentes do País. Em 2023, considerando pelo menos um dos cônjuges divorciado ou viúvo, as idades médias ao se casar do homem e da mulher eram de 45,2 e 41,3 anos, respectivamente".

14 DIAS, Maria Berenice. *Manual das sucessões*. São Paulo: RT, 2011. p. 290.

Observe-se que aqui explicitam-se importantes questões acerca da situação jurídica do parceiro afastado por meio da imposição do ônus real projetado na cláusula de incomunicabilidade, mormente, quando se antecipam algumas das possibilidades potencialmente contidas na morte do cônjuge ou companheiro beneficiado com deixas marcadas pela incomunicabilidade?

Em tal contexto quer parecer que a condição de herdeiro — do cônjuge sobrevivo, outrora, preterido — não pode ser afastada hermeneuticamente e, portanto, mesmo se vitalícia a restrição testamentária, ela jamais se estenderá para além do exato instante em que a morte do herdeiro outrora brindado com bens onerados, venha a ocorrer. Assim, o cônjuge ou o companheiro sobrevivo será, portanto, herdeiro e, nessa condição, concorrerá com eventuais filhos e, na ausência destes, com os pais daquele que se foi e, não sendo o caso, ocupará a situação jurídica de herdeiro universal nos termos do artigo 1829 da codificação civil. Importante destacar que ante os influxos normativos do princípio constitucional da isonomia a situação jurídica do companheiro deve ser colorida com os mesmos tons utilizados para projetá-la, no Código Civil, para tutelar o cônjuge, como determinado faz algum tempo pelo Supremo Tribunal Federal.

Antes que as cortinas se fechem parece haver ainda algum espaço para explorar a ideia de justa causa enquanto pressuposto necessário à válida limitação da legítima. Noutras palavras, sem a explicação dos porquês sobre os quais assenta-se a restrição imposta no testamento, tal restrição não valerá.

O tema é deveras tormentoso, como bem demonstra Tartuce[15] ao mapear algumas das mais contundentes manifestações na literatura jurídica acerca do assunto e, ainda, as posições de importantes areópagos pátrios.

Ao mesmo tempo, o ecoar de uma das vozes mais lúcidas que se propuseram a explorá-la aponta serem infinitos os motivos que legitimariam o recurso à cláusula de incomunicabilidade, listando, dentre eles "[...] a condenação por crime contra o patrimônio ou a existência de casamentos anteriores nos quais o cônjuge experimentou vantagem patrimonial decorrente da contratação de regime de comunhão universal de bens".[16]

---

[15] TARTUCE, Flavio. *Direito civil*: direito das sucessões. 18. ed. São Paulo: GEN/Forense, 2025. p. 459-466.

[16] TRUZZI, Marcelo. *Justa causa testamentária*: inalienabilidade, impenhorabilidade e incomunicabilidade sobre a legítima do herdeiro necessário. Porto Alegre: LAEL, 2012. p. 101 e ss.

Ocorre que, em tal contexto, a condição legal a ser observada pelo testador para que a restrição por ele imposta possa ultrapassar o plano da validade e produzir efeitos, parece ter o poder de atenuar o fetiche proprietário que impregna narrativas tão conhecidas quanto excludentes e, com isso, reduzir as hipóteses de recurso à restrição testamentária.

Por outro lado, contudo, face à referida exigência, estereótipos acabam sendo potencialmente hiperbolizados — dentre eles aqueles que transitam em narrativas elaboradas sobre filhas mal-casadas com maridos estroinas ou sem escrúpulos[17] — o que amplia, inegavelmente, a possibilidade de desrespeito a direitos de personalidade criando problemas de outra ordem no âmbito da reparação civil.

Daí que, com ou sem ela, problemas haverá.

As questões gestadas nesse contexto, aliás, provavelmente tenderão a crescer, especialmente, quando se recorda o potencial aumento de testamentos particulares, consequência fomentada pela iminente reforma do Código Civil[18] que se abre ao Século XXI ao admitir como válidos testamentos gravados tendo por suporte distintos sistemas digitais de som e imagem, alguns dos quais, é possível dizê-lo, sequer existem hoje.

De outra banda, de algum modo, a mudança cirurgicamente proposta no *caput* do Art. 1848, ao menos à primeira vista, há de servir como contrapeso com forte viés pragmático à preocupação outrora externada, como se pode intuir na análise do quadro comparativo adiante grafado.

---

[17] DABUS MALUF, Carlos Alberto. *Das clausulas de inalienabilidade, incomunicabilidade e impenhorabilidade*. 3. ed. São Paulo: Saraiva, 1986. 46.

[18] SENADO FEDERAL. *Projeto de lei nº 4, de 2025*. Dispõe sobre a atualização da Lei nº 10.406, de 10 de janeiro de 2002 (Código Civil), e da legislação correlata. Disponível em: https://legis.senado.leg.br/sdleg-getter/documento?dm=9889356&ts=1753306167162&disposition=inline. Acesso em: 28 jul. 2025.

"Art. 1.876. O testamento particular pode ser escrito de próprio punho ou mediante processo mecânico, ou pode ser gravado em sistema digital de som e imagem ...

§2º Se elaborado por processo mecânico, não pode conter rasuras ou espaços em branco, devendo ser assinado pelo testador, depois de o ter lido diante de pelo menos duas testemunhas, que o subscreverão.

§3º Se realizado por sistema digital de som e imagem, deve haver nitidez e clareza na gravação das imagens e sons, bem como declarar a data da gravação, sendo esses os requisitos essenciais à sua validade, além da intervenção simultânea de duas testemunhas identificadas nas imagens.

§4º O testamento deverá ser gravado em formato compatível com os programas computadorizados de leitura existentes na data da celebração do ato, contendo a declaração do testador de que no vídeo consta o seu testamento, bem como sua qualificação completa e a das testemunhas".

Código Civil	Projeto de Lei 04/2025
Art. 1.848. Salvo se houver justa causa, declarada no testamento, não pode o testador estabelecer cláusula de inalienabilidade, impenhorabilidade, e de incomunicabilidade, sobre os bens da legítima.	Art. 1.848. Pode o testador estabelecer cláusula de inalienabilidade, impenhorabilidade e de incomunicabilidade, sobre os bens da legítima.
§1º Não é permitido ao testador estabelecer a conversão dos bens da legítima em outros de espécie diversa.	§1º Com autorização judicial e havendo justa causa, podem ser alienados os bens gravados, mediante sub-rogação, ou levantados os gravames.
§2º Mediante autorização judicial e havendo justa causa, podem ser alienados os bens gravados, convertendo-se o produto em outros bens, que ficarão sub-rogados nos ônus dos primeiros.	§2º Não é permitido ao testador estabelecer a conversão dos bens da legítima em outros de espécie diversa, salvo se a conversão for determinada em dinheiro.
	§3º Pode o testador nomear curador especial aos bens da legítima dos filhos com menos de dezoito anos de idade.

Mas estas são apenas conjeturas a exigir, primeiro, a alteração da legislação vigente; depois, análises empíricas que comprovem as hipóteses abstratamente delineadas nestas linhas tecidas brevemente com o intuito de estimular a reflexão sobre o tema.

Referências

ARNT, André; CATALAN, Marcos. O eterno retorno: a que(m) serve o modelo brasileiro de direito sucessório? *Civilistica.com*, Rio de Janeiro, v. 8, p. 1-19, 2019.

BRASIL. *Lei 10.406, de 10 de janeiro de 2002*. Institui o Código Civil. Disponível em: https://www.planalto.gov.br/ccivil_03/leis/2002/l10406compilada.htm. Acesso em: 28 jul. 2025.

CATALAN, Marcos. Direito das sucessões: por que e para quem? Reflexões a partir da realidade brasileira. *RTDC*, Rio de Janeiro, v. 11, n. 44, p. 135-147, out./dez. 2010.

DABUS MALUF, Carlos Alberto. *Das clausulas de inalienabilidade, incomunicabilidade e impenhorabilidade*. 3. ed. São Paulo: Saraiva, 1986.

DIAS, Maria Berenice. *Manual das sucessões*. São Paulo: RT, 2011.

FACHIN, Luis. Edson. *Direito civil*: sentidos, transformações e fim. Rio de Janeiro: Renovar, 2015.

IBGE. *Estatísticas do Registro Civil 2023*. Disponível em: https://biblioteca.ibge.gov.br/visualizacao/periodicos/135/rc_2023_v50_informativo.pdf. Acesso em: 28 jul. 2025.

PROUDHON, Pierre Joseph. *A propriedade é um roubo e outros escritos anarquistas*. Trad. Suely Bastos. Porto Alegre: L&PM, 1998.

RUZYK, Carlos Eduardo Pianovski. *Institutos fundamentais do direito civil e liberdade(s)*: repensando a dimensão funcional do contrato, da propriedade e da família. Rio de Janeiro: GZ, 2010.

SENADO FEDERAL. *Projeto de lei nº 4, de 2025*. Dispõe sobre a atualização da Lei nº 10.406, de 10 de janeiro de 2002 (Código Civil), e da legislação correlata. Disponível em: https://legis.senado.leg.br/sdleg-getter/documento?dm=9889356&ts=1753306167162&disposition=inline. Acesso em: 28 jul. 2025.

TARTUCE, Flavio. *Direito civil*: direito das sucessões. 18. ed. São Paulo: GEN/Forense, 2025.

TRUZZI, Marcelo. *Justa causa testamentária*: inalienabilidade, impenhorabilidade e incomunicabilidade sobre a legítima do herdeiro necessário. Porto Alegre: LAEL, 2012.

Informação bibliográfica deste livro, conforme a NBR 6023:2018 da Associação Brasileira de Normas Técnicas (ABNT):

CATALAN, Marcos. Cláusula de incomunicabilidade no testamento: apontamentos críticos e brevíssima referência ao projeto de atualização do Código Civil. *In*: EHRHARDT JÚNIOR, Marcos; CATALAN, Marcos (coord.). *Vida privada, patrimônio e tecnologia*: novos rumos para o direito de família e das sucessões. Belo Horizonte: Fórum, 2025. p. 325-332. ISBN 978-85-450-0968-9.

Ana Paula Correia de Albuquerque da Costa
Doutora e Mestra em Ciências Jurídicas pela Universidade Federal da Paraíba, com realização de estágio doutoral no Centro de Direito Biomédico da Universidade de Coimbra. Professora da Universidade Federal da Paraíba. Advogada. Associada do Instituto Brasileiro de Responsabilidade Civil e Presidente do Instituto Perspectivas e Desafios de Humanização do Direito Civil-Constitucional. E-mail: ana.paula4@academico.ufpb.br; anapaula@albuquerquecosta.adv.br. ORCID: https://orcid.org/0000-0003-4250-594X

Bruna Kern Graziuso
Doutora em Sociologia pela Universidade Federal do Rio Grande do Sul (UFRGS) e Mestre em Direito pela Universidade La Salle. Atualmente vinculada ao Programa de Pós-Graduação em Sociologia (PPGS) da UFRGS onde realiza estágio pós-doutoral. Bolsista PIPD/CAPES. Contato: bgraziuso@gmail.com https://orcid.org/0000-0001-9074-5847

Camila Sampaio Galvão
Mestre em Direito pela Universidade Federal de Pernambuco. Membro do grupo de pesquisa Constitucionalização das Relações Privadas – CONREP/UFPE. Advogada.

Cláudia Fialho
Possui graduação em Direito pela Pontifícia Universidade Católica de Minas Gerais (2001), mestrado em Direito Privado pela Pontifícia Universidade Católica de Minas Gerais (2012) e doutorado em Direito pela Pontifícia Universidade Católica de Minas Gerais (2017). É professora Adjunto I na Pontifícia Universidade Católica de Minas Gerais e leciona na Faculdade Mineira de Direito (FMD) da Pontifícia Universidade Católica de Minas Gerais em Direito Privado. Tem experiência em Contratos, Sucessões, Família, Responsabilidade Civil e Direito das Coisas. Coordenadora das pós-graduações lato sensu em "Direito 4.0: estratégias com Inteligência Artificial", "Direito e Governança Aplicados ao Terceiro Setor", e em "Regularização Fundiária", IEC, PUC Minas. É Coordenadora de Eventos na PUC Minas, *Campus* Lourdes. É associada do Instituto Brasileiro de Estudos em Responsabilidade Civil (IBERC). É integrante da Comissão de Responsabilidade Civil da OAB/MG. Graduanda em Psicologia pela Pontifícia Universidade Católica de Minas Gerais. Autora de artigos científicos. https://orcid.org/0009-0000-5397-3509.

Daniela B. Paiano
Pós-doutora e Doutora em Direito Civil pela USP. Professora na graduação, mestrado e doutorado em Direito Negocial da UEL. Associada ao IBERC, IBDFAM e às Civilistas. Orcid: https://orcid.org/0000-0002-8926-6555. danielapaiano@hotmail.com

Epifanio A. Nunes
Mestre em Direito, Governança e Políticas Públicas pela Universidade Salvador (UNIFACS); Pós-graduado em Direito Público e Privado pelo Centro Universitário (UniFTC); Graduado em Direito pelo Centro Universitário (UniFTC); Graduado em Comunicação Social com Habilitação em Relações Públicas pela Universidade do Estado da Bahia (UNEB); Graduando em Administração de Empresas e Gestão Pública (UNIFATECIE). Foi consultor em Políticas Públicas do Programa Nacional de Segurança Pública com Cidadania para a proteção de Jovens em Território Vulnerável (PROTEJO – PRONASCI); Consultor Jurídico; Professor. E-mail: epifanioanunes1@gmail.com. ORCID: https://orcid.org/0000-0001-5819-5056.

Fabíola Albuquerque Lôbo
Doutora em Direito pela Universidade Federal de Pernambuco. Professora Titular do Departamento de Direito Privado do Centro de Ciências Jurídicas (UFPE). Professora dos Cursos de Especialização em Direito Civil CCJ/UFPE. Membro do grupo de pesquisa Constitucionalização das Relações Privadas – CONREP/UFPE.

Gabriela Nascimento Lima
Advogada, Mestre em Ciências Jurídicas pela Universidade Autônoma de Lisboa-UAL. Especialista em transformação de conflitos e estudos de paz pela cátedra de paz da Unesco – Universidade de Innsbruck (Áustria) e pelo instituto Santa Bárbara da California. Conselheira Estadual da OAB-CE. Presidente do IBDFAM-CEARA. Currículo Lattes: http://lattes.cnpq.br/1520059474205820. Telefone de Contato: (85) 9-8857-7932.E-mail: Orcid: https://orcid.org/ 0009-0002-9790-952X

Geovana de Carvalho Filho
Especialista em *Compliance* e Proteção de Dados Pessoais, pelo Instituto de Estudos Previdenciários, Trabalhistas e Tributários (IEPREV). MBA em *Compliance* Empresarial pela Universidade Federal do Paraná (UFPR). Pesquisadora do Grupo de Estudos de Direito Civil do Programa de Pós-Graduação em Direito Civil da Universidade Federal do Paraná – Virada de Copérnico. Advogada. Endereço do currículo *lattes*: http://lattes.cnpq.br/2264450057394735. Endereço eletrônico: geovanac47@gmail.com. Contato telefônico: 41 984 214 850. ORCID: https://orcid.org/0000-0001-5651-4172

Giselda Maria Fernandes Novaes Hironaka
Professora Titular da Faculdade de Direito da USP. Membro da Comissão de Juristas para Atualização Reforma do Código Civil de 2002. Ex-Procuradora Federal vinculada à AGU.

Glenda Gonçalves Gondim
Doutora e Mestre em Direito das Relações Sociais pelo Programa de Pós-Graduação em Direito da Universidade Federal do Paraná. Pesquisadora do Grupo de Estudos de Direito Civil do Programa de Pós-Graduação em Direito Civil da Universidade Federal do Paraná – Virada de Copérnico. Associada do Instituto de Estudos Brasileiros sobre Responsabilidade Civil (IBERC). Professora de Direito Civil. Professora adjunta da Universidade Federal do Paraná. Advogada. Parecerista. Endereço do currículo *lattes*: http://lattes.cnpq.br/1467343310523080. Endereço eletrônico: glendagondim@hotmail.com. Contato telefônico: 41 999 836 236. ORCID: https://orcid.org/0000-0002-5952-3143

Gustavo Simões Pioto
Tabelião de Notas e Protesto de Títulos no Estado de Goiás, Especialista em Direito Notarial e Registral, Direito Civil e Direito Processual Civil. Mestrando em Direito. Advogado (2000/2014).

Juliana Marques Cunha
Mestranda em Direito pela Universidade Católica de Pernambuco, com pós-graduação em Direito Contratual pela Universidade Federal de Pernambuco, membro do Instituto Brasileiro de Direito de Família – IBDFAM, membro do Grupo de Pesquisa CONREP – Constitucionalização das relações privadas da UFPE e advogada. E-mail: julianamcunha.adv@gmail.com.

Manuel Camelo Ferreira da Silva Netto
Doutor em Direito Civil pela Universidade do Estado do Rio de Janeiro (UERJ). Mestre em Direito Privado pela Universidade Federal de Pernambuco (UFPE). Graduado em Direito pela Universidade Católica de Pernambuco (UNICAP). Advogado. Mediador Humanista. Pesquisador do Grupo de Pesquisa Constitucionalização das Relações Privadas (CONREP/UFPE/CNPq) e do Grupo Proteção do Ser Humano na Era da Biopolítica (UERJ/CNPq). Membro da Comissão de Diversidade Sexual e de Gênero da Ordem dos Advogados do Brasil – Seccional Pernambuco (CDSG/OAB-PE). E-mail: manuelcamelonetto@gmail.com.

Marcos Catalan
Doutor *summa cum laude* pela Faculdade do Largo do São Francisco, Universidade de São Paulo. Mestre em Direito pela Universidade Estadual de Londrina. *Visiting researcher* na *Università degli studi di Parma* (2025-). Estágio pós-doutoral no Mediterranea International Center for *Human Rights Research* (2020-2021). Visiting Scholar no *Istituto Universitario di Architettura di Venezia*

(2015-2016). Estágio pós-doutoral na *Facultat de Dret da Universitat de Barcelona* (2015-2016). Professor visitante na *Facultad de Derecho de la Universidad de la República*, Uruguai, na *Universidad de Granada*, Espanha, na *Universidad de Córdoba*, Argentina e na *Universidad de Huánuco*, Peru. Pesquisador sênior (CNPq). Cofundador da Rede de Pesquisas Agendas de Direito Civil Constitucional. Associado fundador do IBDCONT. Associado fundador do IBERC. Diretor do Brasilcon (2024-). Sócio fundador do CSMC: família e patrimônio.

Maria Helena Leiro Bancillon de Aragão
Doutoranda em Direito Privado pela Universidade Federal de Pernambuco (UFPE). Mestre em Direito Privado pela UFPE. Pós-graduada em Processo Civil pela Faculdade Baiana de Direito. Bolsista da Coordenação de Aperfeiçoamento de Pessoal de Nível Superior. Advogada. E-mail: helena.bancillon@gmail.com.

Maria Rita de Holanda
Doutora em direito civil pela Universidade Federal de Pernambuco, com pós-doutorado pela Universidad de Sevilla e em Direito e novas tecnologias pela Mediterranea International Centre for Human Rights Research da universidade Reggio Calábria na Itália, pesquisadora do Grupo de Pesquisa CONREP – Constitucionalização das relações privadas da UFPE e do Grupo Direito Civil e Ação da UNICAP, professora Adjunto da graduação e do programa de pós-graduação em direito da Universidade Católica de Pernambuco – UNICAP, professora adjunta da Universidade de Pernambuco – UPE, presidente da comissão de direito e tecnologia do IBDFAM/PE e advogada. E-mail: mariarita.holanda@unicap.br

Mariana Gomes Pedrosa Bezerra
Advogada. Professora. Conselheira Federal da OAB. Vice-Presidente da Comissão Especial de Direito das Sucessões da OAB Nacional. Presidente do IBDFAM, núcleo Cariri. Currículo Lattes: https://wwws.cnpq.br/cvlattesweb/PKG_MENU.menu?f_cod=D3FCC52754B23476C5E02F8F46D03C84. E-mail: marianagpb@hotmail.com Orcid: https://orcid.org/0009-0000-2474-9233

Paula Falcão Albuquerque
Doutora em Direito pela UFPE. Mestra em Direito pela UFAL. Pesquisadora do grupo de pesquisa Constitucionalização das Relações Privadas (CONREP), da UFPE e do grupo de pesquisa Direito Privado e Contemporaneidade, da UFAL. Professora. Advogada. E-mail: paula.falcao@hotmail.com.

Rita de C. R. T. Espolador
Doutora em Direito Civil pela UFPR. Professora na graduação, mestrado e doutorado em Direito Negocial da UEL. Associada ao IBERC, Agendas e às Civilistas. Orcid: https://orcid.org/0000-0002-4177-9001. rita.tarifa@gmail.com

Roberta Candeia Gonçalves
Doutora em Direito, Estado e Constituição pela Universidade de Brasília. Mestra em Ciências Jurídicas pela Universidade Federal da Paraíba e em Filosofia e Ciências Sociais pela Universidad Complutense de Madrid – UCM. Professora da Universidade Federal da Paraíba. E-mail: roberta.candeia@academico.ufpb.br. ORCID: 0009-0003-3901-5330

Rodolfo Pamplona Filho
Rodolfo Mário Veiga Pamplona Filho, conhecido como Rodolfo Pamplona Filho, é Professor Titular da Graduação e Pós-Graduação Stricto Sensu (Mestrado e Doutorado) da UFBA – Universidade Federal da Bahia e Professor Titular do Curso de Direito e do Mestrado em Direito, Governança e Políticas Públicas da UNIFACS – Universidade Salvador. Líder do Grupo de Pesquisa CPJ –Centro de Pesquisas Jurídicas no Curso de Direito da UNIFACS – Universidade Salvador (com orientandos de graduação, PIBIC e mestrado), desde 2000, e do Grupo de Pesquisa Direitos Fundamentais e Reflexos nas Relações Sociais no Curso de Direito da UFBA – Universidade Federal da Bahia (com orientandos de graduação, PIBIC, mestrado e doutorado), desde 2007. Possui Graduação em Direito pela Universidade Federal da Bahia (1994), Mestrado em Direito pela Pontifícia Universidade Católica de São Paulo (1997), Mestrado em Direito Social pela UCLM – Universidad de Castilla-La Mancha (2012) e Doutorado em Direito pela Pontifícia Universidade Católica de São Paulo (2000). Tem experiência acadêmica e profissional na área de Direito, com ênfase em Direito do Trabalho, Direito Civil, Direito Processual e Metodologia da Pesquisa, atuando principalmente nos seguintes temas: responsabilidade civil, direitos da personalidade, direitos fundamentais, direito civil (parte geral, obrigações, contratos e família), direito processual do trabalho e relações trabalhistas em geral (individuais e coletivas). Atua no magistério superior desde 1996. Possui diversos artigos publicados em periódicos classificados nacionais e internacionais. Autor, coautor, organizador e coorganizador de diversos livros técnicos na área de Direito e em outras áreas de Ciências Humanas e Sociais, além de poesia e obras musicais. Orientador de teses de Doutorado, dissertações de Mestrado, monografias de final de curso de graduação em Direito (TCC) e bolsas de iniciação científica. Membro da Academia Brasileira de Direito do Trabalho (tendo exercido sua Presidência, Vice-Presidência, Secretaria Geral e Coordenação Regional da Bahia, sendo, atualmente, Presidente Honorário da instituição), Academia de Letras Jurídicas da Bahia (tendo exercido a sua Presidência em três mandatos, depois de ter exercido sua Secretaria Geral por três gestões anteriores), Instituto Baiano de Direito do Trabalho (tendo exercido a sua Presidência), Academia Brasileira de Direito Civil (ABDC), Instituto Brasileiro de Direito Civil (IBDCivil), Instituto Brasileiro de Direito de Família (IBDFam) e Instituto Brasileiro de Direito Contratual (IBDCont). Apresentador do Talk-Show Papeando com Pamplona. Poeta. Juiz do Trabalho concursado, com posse e exercício em 10/07/1995, sendo, atualmente, Titular da 32 Vara do Trabalho de Salvador/BA, desde 26/06/2015. Site: www.rodolfopamplonafilho.com.br Instagram: @rpamplonafilho ORCID: https://orcid.org/0000-0003-4994-7740.

Rosana Sampaio Pinheiro
Possui graduação em Letras pela Universidade Federal de Minas Gerais (2014) e em Direito pela Pontifícia Universidade Católica de Minas Gerais (2019), mestrado em Direito pela Universidade Federal de Ouro Preto (2024) e é doutoranda em Direito Civil pela Universidade de São Paulo. Professora na pós-graduação lato sensu "Regularização Fundiária", IEC, PUC Minas. Membro do Grupo de Pesquisa Direito, Patrimônio, Desenvolvimento e Inovação (PODE), vinculado à UNIVILLE. Membro do ICOMOS Brasil. Presidente do Instituto de Direito do Patrimônio Cultural Brasil. Autora da obra "Registro e Indicação Geográfica no Direito do Patrimônio Cultural" (Ed. Conhecimento, 2025). https://orcid.org/0000-0002-8905-9118

Sarah França Mendonça Placido
Mestra em Direito Público pela FDA/Ufal. Advogada com atuação em Tribunais Superiores.

Tathyanna Maria Monteiro
Mestranda em Direito Civil pela Universidade do Estado do Rio de Janeiro (UERJ). Pesquisadora do Núcleo de Estudo e Pesquisa em Biodireito vinculado à UERJ (NEPBIO). Professora convidada da Pós-Graduação da Pontifícia Universidade Católica do Rio de Janeiro (PUC-Rio). Advogada. Orcid: https://orcid.org/0009-0009-4431-5526

Vitor Almeida
Doutor e Mestre em Direito Civil pela Universidade do Estado do Rio de Janeiro (UERJ). Professor Adjunto do Departamento de Direito Civil da UERJ. Professor Permanente do Mestrado e Doutorado do Programa de Pós-Graduação em Direito da UERJ. Professor do Departamento de Direito da Pontifícia Universidade Católica do Rio de Janeiro (PUC-Rio). Professor Colaborador do Mestrado Profissional em Direito Civil Contemporâneo e Prática Jurídica da PUC-Rio. Advogado e Parecerista. Orcid: https://orcid.org/0000-0001-9585-791X

Esta obra foi composta em fonte Palatino Linotype, corpo 10
e impressa em papel Offset 75g (miolo) e Supremo 250g (capa)
pela Gráfica Formato.